黑龙江省教育科学"十三五"规划基础教研专项重点课题
核心素养视域下的学校"金字塔"型情智课程体系研究与实践（JYB1320050）研究成果

"语"出不凡 致青春绽放的我们

张 巍 主编

哈尔滨工业大学出版社

图书在版编目（CIP）数据

情智路上　最美的遇见.3，"语"出不凡　致青春绽放的我们/张巍主编.—哈尔滨：哈尔滨工业大学出版社，2021.12

ISBN 978-7-5603-9863-1

Ⅰ.①情… Ⅱ.①张… Ⅲ.①活动课程-初中-教学参考资料 Ⅳ.①G632.3

中国版本图书馆CIP数据核字（2021）第258958号

"语"出不凡　致青春绽放的我们

"YU" CHUBUFAN　ZHI QINGCHU ZHANFANG DE WOMEN

策划编辑	闻　竹
责任编辑	赵凤娟
封面设计	郝　棣
出版发行	哈尔滨工业大学出版社
社　　址	哈尔滨市南岗区复华四道街10号　邮编150006
传　　真	0451-86414749
网　　址	http：//hitpress.hit.edu.cn
印　　刷	哈尔滨博奇印刷有限公司
开　　本	787mm×1092mm　1/16　印张8.5　字数142千字
版　　次	2021年12月第1版　2024年6月第2次印刷
书　　号	ISBN 978-7-5603-9863-1
定　　价	198.00元（全三册）

（如因印装质量问题影响阅读，我社负责调换）

编　委　会

主　编 张　巍
副主编 张　蕊　苗　绘　张绍宝
副主编 张　宇　卜向男　马林阿　任旭来　杨　虹
　　　　　王　玮　梁清杰　沈彬彬　吴　丹　王丹丹
　　　　　孙迎春　高　莹　齐文娟　黄海英　周　凯
　　　　　王亚香

语言的表达能力,不仅体现了声音的音质和音色,更体现出一个人思考的深度、思维的广度、见识的宽度、情商的高度,还体现在肢体语态等能够显现出内在休养的表现上。因此,让语言迸发出强大的力量,让语言成为各个环境场景中的亮点,这样的能力尤为重要。

无论是日常攀谈还是正式发言,语言都可谓是交流的工具、思维的载体。重视语言,善用语言,让语言释放智慧与力量,往往能达到事半功倍的效果。具有口才天赋的人能把平淡的话题讲得妙语连珠,而笨嘴拙舌的人就算他讲的话题内容很好,人们听起来也是索然无味。因此,挖掘语言的宝藏,品味语言的艺术,有助于人们更好地传递信息、交流意见、沟通情感。学校开设的语言能量课程,有助于学生提升语言表现的能力。

《"语"出不凡,致青春绽放的我们》作为"语言能量"课程的教参,围绕辩论、解说、朗读、脱口秀、演说等语言展示形式,进行既专业又生动的解说。本书将会向你讲述语言表达的思维支撑、语言表达的要点、语言的动作神态等综合能力提升的要领。其中的许多案例来源于学生喜爱的校园活动,同学们一定倍感亲切!

此书一定能为你的语言助力加油,让你成为活动中最耀眼的小明星。希望本书能够助力你在未来的各个舞台中,人生的每一个语言环境中、每一个生活场景中绽放精彩!

张 巍
哈尔滨市第四十九中学校党支部书记兼校长

第一章	走进解说的美丽世界	1
第二章	有一种时尚叫朗诵	11
第三章	熟悉的"陌生语"——口语交际	24
第四章	"朗"其感悟,"读"析人生——语言能量课程之校园朗读者	39
第五章	真理愈辩愈明	50
第六章	即事感怀,有兴而发	64
第七章	主持让你大放异彩	77
第八章	演说的力量	98
第九章	"秀"出真我	116
照片集		125

第一章 走进解说的美丽世界

一、解说含义我知道

解说是将特定区域内的自然和人文环境的特性经由各种媒体或活动方式传达给某些特定的对象。通俗意义上讲就是解说员用解说词向大家做介绍。其中解说词是最为关键的。

什么是解说词呢？它是"口头文学",依靠文字对事物、事件或人物的描述、叙说,词语的渲染来感染受众,使人们在对其所表述的内容有所认识和了解的同时,起到进一步加深认知和感受的作用。

二、解说就在我身边

不要觉得解说离我们很遥远,其实我们的生活处处存在着解说。例如,文物古迹解说、专题展览解说、专题活动解说、电影解说、赛事解说,包括现在非常流行的电商直播对商品的解说等。可以说,解说就在我们身边,解说无处不在。

例一:2008年北京奥运开幕式《击缶而歌》解说词

一道耀眼的光环,激活了古老的日晷。独特的多媒体手段,拉开了开幕式的帷幕。日晷将光反射到场地的缶上。缶是中国古老的打击乐器,由陶或青铜制成。早在夏商时代,就有了击缶的演奏。此刻,缶面上的灯光和着有节奏的缶灯依次亮起。整齐而震撼的声音以光波的律动向我们传递光阴的概念。和着如鼓般的击打声,场上出现了巨大的光影数字。每一次怦然心动的声响,每一次光影数字的更迭,都预示着北京奥运的分秒临近。就让我们穿越时空,一同倒数,让震撼的节奏,激荡千年祖国的万里长城疆土,激荡中华民族的奔腾血脉,这一时间与中国的奥运时间光耀莅临!今夜星光灿烂,八月的中国洋溢着如火的热情。诚邀八方来客,广纳四海宾朋。

例二：CCTV 大型纪录片《故宫》解说词

北京紫禁城,最终成为中国明清两代统治天下的最高政治中心;一座世界建筑艺术史上独一无二的经典之作,从此傲然于世;成为我们人类历史上迄今能看到的最大的宫殿建筑群;最终成为我们全人类共同的历史文化遗产。

例三：《舌尖上的中国》解说词

不管在中餐还是在汉字里,神奇的"味"字,似乎永远都充满了无限的可能性。除了舌之所尝、鼻之所闻,在中国文化里,对于"味道"的感知和定义,既起自于饮食,又超越了饮食。也就是说,能够真真切切地感觉到"味"的,不仅是我们的舌头和鼻子,还包括中国人的心。

例四：电影《流浪地球》解说词

谁敢想象在 2075 年,人类把地球推离了太阳系。故事是这样的,因为太阳持续老化,加速膨胀,300 年后太阳将吞没地球,所以人类不得不带着地球离开太阳系,寻找新的家园,制定了流浪地球的计划。耗费了全球的人力、财力、物力,在地球上建造了一万座行星发动机,并且建立了国际空间站"领航员号",在前面为地球开路,来保证地球的航行安全。而在每个行星发动机的下面,都会建造一个地下城,因为伴随着地球的推进,地球表面将不再适合人类生存。但是所有的地下城加起来只能容纳 35 亿人,也就是说全球有一半的人将无处可去,自生自灭。谁去谁留只能通过抽签来决定。

解说词的类别不同,它的特点和作用也不尽相同。有的解说是对视觉的补充,加深观众的认识感受。有的解说是对听觉的补充,让听众犹如身临其境,让观众或听众在解说员的讲解下理清逻辑思路,加深理解。尤其是一个集体的发展状况和前进步伐造就了集体文化,文化显示了一个集体的深度,我们往往只能看到其表面,无法去感知,更没有办法去深层次地了解,而这份深度就需要优秀的解说员去解说。由此可见,优秀的解说员担负着将一个集体的文化精神、价值理念明确清晰地传达给人们的重任。

三、解说锦囊我来学

(一)创作优质解说词

解说前最重要的莫过于创作优质的解说词。在创作之前需要先了解解说词的特点。由于解说的目的及解说对象的特点,解说词有明确的主题和说明重点,不能面面俱到,即使是拓展性内容,也不能游离解说的主题。所以,要想写好解说词,首当其冲就是要确立好主题。同时,还需注意解说词是一个有机的整体,但各个部分又有相对的独立性,具有解释、深化、概括的作用。由于解说的目的是让观众对解说对象加深认识,增进了解,获得更多的信息,因此语言文字必须雅俗共赏。解说词不能是干巴巴的说明和说教,而要通过富于感染力的、形象的语言对实物和形象进行描绘。所以说,解说词要具备实用性、大众化、文艺性等特点。

例如,在贵阳电视台以航拍为主要手段的系列专题片《飞越贵阳》中,解说词优美流畅,成为片子成功不可或缺的条件。以森林篇《林城秀色》为例,在介绍了以人工林为主的环城林带之后,画面出现了以秀丽的自然山水闻名的花溪公园,解说词这样写道:

> 环城林带延伸到了贵阳南郊花溪,略嫌单调的绿色骤然生动起来。绿色林带本来只是一串项链,现在加上花溪青翠奇巧的山和蜿蜒秀丽的水,仿佛项链上镶嵌了几个光彩熠熠的玉坠。人的手和大自然的手就这样和谐地握在一起,构成了一幅引人入胜的优美画卷。

在进行解说词创作的时候必须要充分考虑画面的存在,还应注意语言风格与内容的贴切,含混不清、模棱两可、张冠李戴是大忌。需要在创作解说词前对作品有深刻的理解、准确的把握,也应有驾驭语言的能力。

(二)学做优秀解说员

有了优质的解说词,还需要优秀的解说员做解说。怎样才能成为一名优秀的解说员呢?

第一,需要做好前期准备工作,将解说词熟记于心。

第二,要注重仪表。解说员的外在形象要端庄大方。选择适合解说员的服装,要整洁干净,令人舒爽无压力。

第三,清晰流利地表达。普通话标准,声音清晰,表达准确、生动,这是对解说员最基本的口头表达要求。在语言表达上要注意解说速度的快慢、音量的高低、声音语气具备吸引人的魅力,根据解说的内容使用正确的语调、重音、节奏。

第四,得体的言行态势。解说员要终始保持精神饱满、大方庄重、亲切自然的状态。言行举止是一个人教养和修养的表现,尤其是在大庭广众之下,我们必须要树立自己代表集体这样一个观念,做到彬彬有礼,落落大方。

第五,适当利用表情和态势语,寻求一种情感的共鸣与交融。表情是人类的第二语言,表情配合语言,往往能传达出丰富的内涵和诉求。优秀的解说员要做到热情的眼神、恰当的手势、自然的走动等。

四、解说案例我来析

在校园中,我们常常会针对学校的发展历史、校园环境、班级文化、专题展览等方面进行解说。

(一)校园文化解说分类

1. 学校历史解说

这类解说主要是针对学校的历史发展,通过解说员的讲解,能够带领听众重温历史,再现昨日的故事,加深听众的认识和感受。

2. 校园环境解说

这类解说主要是针对校园的自然环境和人文环境,如校园的建筑、楼廊的文化展示等。通过解说员的讲解,能够带领大家深入了解校园环境。

3. 班级文化解说

这类解说主要是将班级的文化内涵配以声情并茂的解说词的描述,能使观众身临其境,深度了解班级文化。

4. 专题展览解说

这类解说是帮助大家在观看展览时更深入地了解所展的物品或人物形象。

(二)班级文化展示案例

为了促进学生的全面发展及个性的张扬,让班集体形成强大的凝聚力,焕发班集体旺盛的生命力,哈尔滨市第四十九中学举行了以"我为班级代言"为主题的班级文化展示活动。

各位班主任对活动意义、活动形式及活动内容等进行了细致的部署和指示。首先在班级进行动员,让全体同学参与到班级精神、班级标志、班级口号、班级旋律、班级制度、班级特色等的设计之中。然后让大家群策群力选择解说形式,再精心挑选解说员,从仪表、表情、声音、动作、态势等细节指导解说员的解说。

班徽是班级的标志,是整个班级精神的提炼,所以,介绍班级文化首先要介绍班徽。

1. 班徽示例

十一班的班徽,是数字11被数字4和9所环抱。整个班徽以橘红色为主色调,橘红色代表着初升的太阳,寓意班级像旭日东升般充满着活力,而整个图案则象征着11班在四十九中的怀抱中茁壮成长。

班级口号具有极大的鼓舞作用,它能让学生明确目标,是班级文化的重要组成部分。

2. 班级口号示例

做一个温暖、勤勉、自律、坚强的人是老师对我们的期待,而这正是我们所有同学努力奋斗的目标。

班歌是一个班级精神文化的载体,能够表现班级的精神和风貌。

3. 班级旋律示例

  当老师看到可爱的同学们时,所表现出来的是由衷的喜爱。在四十九中学习、生活的这一段时间,老师最朴素的想法就是希望同学们开心、快乐,看到同学们发自内心的笑容。所以,班级选择了《你笑起来真好看》这首歌作为主旋律。

  为了能够在众多班级的展示中脱颖而出,一些班级采用新颖多样的形式进行展示,快板、三句半、诗朗诵、舞蹈、情景短剧、手语操……内容丰富充实。还有的班级把语文写作的手法也加入其中,采用欲扬先抑的手法,在"吐槽"班级的同时,从不同层面、不同角度展现了班集体的精神内涵和风采特质。

范例一

  小组评比热情高,组员汗水可不少,每逢周末看成绩
  ——新高!
  好人好事都上榜,人人努力做榜样,学习活动都像样
  ——好样!
  丰富多彩的活动,颁奖盛典很隆重,学生做老师很轰动
  ——精彩!
  第二课堂活动好,航模剪纸做体操,强身健体展才艺
  ——热闹!

范例二

  学生1:接下来的几分钟,我们将向同学们介绍三班的精神文化。
  学生2:"吐槽"这个词,大家肯定不陌生。有一档节目,就叫《吐槽大会》。那么你可能会问了:"这跟精神文化有什么关系?"

学生3：还真有关系。今天，我们两个决定临阵倒戈一次。来吐槽吐槽这些年，我们班的"丰功伟绩"，说一说我们班不为人知的"黑历史"。

班徽、班歌、班级活动、班级口号、班主任治班理念、班训、任课教师的风采……在各班解说员的动情演绎下彰显得淋漓尽致。各班级通过展示凸显了自己班特有的气质和风采，提高了学生的语言表达能力，也激发了同学们更加热爱班集体的热情，形成了班级独有的精神印记，并将此内化为热爱班集体的实际行动，成为最好的自己，创造最棒的班集体。

五、解说问题我来思

在解说后还可以不断地总结思考在过程中出现的问题及解决办法。例如，可以利用观察记录、笔记思维导图等方式对解说重点进行整理，借鉴网络、专家、书籍及自我的经验和感受整理解说资源；还可以建立解说员自我认知资料库，思考"我在解说时的优点""遇到危机时的处理方法""需要改善的地方""我曾解决的困难"等让解说越来越完善。

作业：请你结合书中内容设计一个解说词。

范例一

四十九中学一楼走廊解说词

走廊也许是人们很少注意的地方，可我们学校一楼走廊设计的每个细节都处处体现了用心。走进四十九中的大门，入目而来的是几面作品展示墙。从左至右，年级依次增高。这些作品都是同学们在美术课上所画。可爱又生动的艺术字，简单大气的素描画，展在大厅里，很是美观。我们现在看到的作品展，反映了学校对于德智体美劳全面发展的重视，同学们优秀的作品也体现了教育成果。

走廊的墙壁上，是各个高校的简介。看到这里，你可能想知道为什么学校要在一楼放这么多高校简介。只要再转个身，你就会明白——一楼都是八、九年级，看着各个高校的简介，即将面临中考的学子们会倍受鼓舞，在最后的冲刺阶段里，充满前行的动力。"高校墙"不仅仅是装饰,更是学校对莘莘学子的鼓励。

这就是四十九中学一楼的走廊,细节中,用心处。走进学校,体会书香之美。

——哈尔滨市第四十九中学校八年三班　唐钰涵

点评:解说虽短,但角度独到,有自己的思考,观察到了别人不易注意到的点,能够把每个细节解说全面。

范例二

四十九中学校园历史解说词

1963年,一条筑梦之路悄然起航。勤奋求实、志向高远、积极实践、勇于创新,是这个学校的学风;勤学、慎思、笃行、创新,是这个学校的校训,伴随着每一位莘莘学子的未来之旅。

这座占地面积14 800平方米的校园,曾几何时,它只是和兴路上的一个不知名的学校,经过近60年的不懈努力,在一位位德高望重的校长、一位位严谨求实的老师的带领下,取得了卓越的教育教学成绩,将昔日奠基的努力化作今日的辉煌。

2004年,我校更新了所有的教学设备。正所谓:工欲善其事,必先利其器。实验室、微机室、资料室、图书馆等,无一不丰富着学生们的校园生活,大屏智能电脑、通告打卡机等,为教师的工作和学生的学习带来了无限便利。

在如此优秀的环境之下,四十九中学不负众望,成为一个人才辈出的地方。中考学子三度折桂,各大奖项蜂拥而至,聚成一块块荣誉的拼图,灿烂而又盛大。

回望校园历史,心中波澜澎湃。眺望四九未来,筑梦的道路仍未停止……

——哈尔滨市第四十九中学校九年四班　王潇含

点评:该解说词介绍了四十九中学的发展历史,凸显出学校所取得的瞩目成就,并表达了对四十九中学未来的美好祝愿。

范例三

我的家乡解说词

我的家乡位于祖国北部边陲——黑龙江省漠河市,区域地理位置居中俄界河黑龙江之滨,是全国纬度最高的城市,素有"金鸡之冠""天鹅之首"的美称。其东与塔河县接壤,西与内蒙古自治区呼伦贝尔市额尔古纳市为邻,南与内蒙古自治区根河市和呼中区交界,北隔黑龙江与俄罗斯外贝家加尔边疆区(原赤塔州)和阿穆尔州相望。境域总面积18 427万平方千米。

漠河历史悠久,早在旧石器时代已有远古人类聚集。由于漠河市地处高纬度地区,受太平洋气流影响显著,有依山傍水的有利条件和得天独厚的生态环境,森林内植物繁茂,野生动物繁多,造就了远古人类理想的居住场所。在漠河市北部的北极镇有一条发源于老金沟的小河,流经北极镇北极村,汇入黑龙江,在北极村境内,因"水深如墨",故名"墨河",后演化为漠河,漠河市由此得名。

漠河市辖西林吉、劲涛、图强、兴安、北极村、古莲六镇。全市总人口10余万,人口密度每平方千米4.7人。境内群山连绵,沟谷纵横。漠河市属于寒温带大陆性季风气候,由于本地受大陆和海洋季风交替影响,局部小气候变化多端。昼夜温差大,有"一日四季"之说。冬季漫长而寒冷,始于9月中旬,止于次年5月下旬,长达8个月之久。冬季平均气温在-25 ℃到-30 ℃之间,极端最低气温达-52.3 ℃。春季较短,多大风天气,且干旱少雨,是火灾多发期。夏季酷热而湿润,日照时间长,极端最高气温可达38 ℃。每当夏至前后,总会有极昼、极光现象;秋季天高气爽,天气持久晴朗。

漠河森林资源广茂,树种繁多。主要有樟子松、落叶松、白桦、杨树、柳树等。矿产资源丰富,矿种有黄金、煤炭、大理石、石灰石等20余种,矿产地55处。野生动植物资源种类繁多,有马鹿、梅花鹿、驯鹿、棕熊、紫豹、飞龙、野猪、獐、狍、雪兔等珍禽异兽400余种,黑龙江名贵的冷水鱼更是享誉海内外。这里是极好的垂钓、狩猎场所。这里的绿色植物保持了天然、纯净、无污染的特色,牙格达(红豆)、都柿、草莓、山葡萄、山丁子等是制酒、饮料的最佳原料,猴头、木耳、蘑菇、蕨菜、金针菜等山野产品遍布群山,名贵中草药多达300余种。

漠河市是全国最北的旅游区,有丰富的旅游资源,原始森林探秘、考古追踪、名胜游览、风景观赏,尤其是绚丽多彩的北极光和神奇的漠河白夜,构成了丰富、多样化的漠河旅游资源格局。"极昼"和"极夜"现象是漠河的招牌旅游项目,也是漠河可供观赏的最具特色的自然现象,是漠河的第19处和第20处景点,诗人称之为"白昼聚光山有色,黑夜凝江水无声"。每年的"极昼"和"极夜"时期,正是漠河的旅游高峰期,特别是每逢夏至,前来观赏"北极光"和"极昼"的游人络绎不绝。中俄大界河——黑龙江起源于漠河,江水晶莹,曲折回环,顺流而下,尽览两岸秀丽景色和异国风光。原始森林繁茂葱郁,山风送爽。野外探险,篝火野宿,尽添大自然神秘的色彩。古老的漠河,历史文化源远流长,满清、日伪时期的古迹遗址随处可见,尤以慈禧太后的"胭脂沟"和"古黄金之路"闻名于世。

漠河以其独特的地理位置和森林、冰雪、大界河等自然景观,尽揽春情、夏景、秋实、冬雪于一身,一年四季不失姝容;以其便利的交通,畅达的通信,吃、住、行、购、娱一条龙的服务体系吸引了无数游客,不负"金鸡之冠""天鹅之首"的美称。

这里自然和人文景观的异彩纷呈,也正以日新月异的崭新面貌、人们特有的豪爽和豁达,迎候八方宾客的到来。

——哈尔滨市第四十九中学六年一班　王玥童

点评:从地理位置、历史沿革、气候特点、自然资源、天然奇观、旅游特色等方面全面细致地介绍了漠河,看过介绍后对地杰人灵的漠河充满了无限向往。

第二章　有一种时尚叫朗诵

一、朗诵是一门艺术

朗诵是一门用声音表达作品和朗读者思想感情的艺术。近年来,肇始于中央广播电视总台的文化情感类节目《朗读者》,朗诵类节目以优质的人文内核、时尚的节目形态,激起一股文艺清流,成为一种文化现象。

朗诵,原来还可以成为一种时尚!

来吧!伙伴们,序幕已徐徐展开,让我们携手走进朗诵的盛宴!

《诗经·大雅》有这样的记载:

"吉甫作诵,穆如清风。"

汉代的《周礼·大司乐》中有对"诵"的解释:

"倍文曰讽,以声节之曰诵。"

朗,即声音响亮有力;诵,即背诵。期诵,就是用响亮有力的声音,结合各种语言手段来完善地表达作品思想感情的一种语言艺术。

朗诵就像清风一样,听着很舒服。"倍文"就是背书,约等于普通的说话。而"诵"要"以声节之",这就强调了"诵"要有节奏、有轻重。节奏是为了格律之美,而轻重则是为了更好地表达情感。

现代意义上的朗诵,指大声朗读,就是把文字作品转化为有声语言的创作活动。

朗诵是口语交际的一种重要形式。近年来,朗诵越来越普及,成为人们闲暇时间净化心灵、分享情感的一种方式。

朗诵不仅可以提高阅读能力,增强艺术鉴赏,更为重要的是,通过朗诵,读者可以陶冶性情,开阔胸怀,文明言行,增强理解;可以有效地培养对语言词汇细致入微的体味能力,以及确立口语表述最佳形式的自我鉴别能力。因此,要想成为口语表述与交际的高手,就不能忽视朗诵。

二、了解朗诵形式，丰富认识

朗诵没有固定的形式，正所谓万法无形，人们可以根据实际情况，采用或者创造适合自己的朗诵形式。

朗诵有自由朗读、范读、指名朗读、评读、角色表演读等形式，具体介绍如下。

（1）自由朗读。自由朗读是指断断续续、反反复复、写写画画、用心琢磨的，既不影响别人读书，也不被别人所影响的身心投入的朗读。

（2）范读。范读读得好，学生会自然地加以品味、体验、模仿。久而久之，教师的朗读功夫会逐渐转化成学生的朗读能力。

（3）指名朗读。指名朗读是阅读课中最常见的。它的目的是了解个别学生把握文章的程度，再有针对性地进行教学。

（4）评读。评读要与理解课文紧密结合。评读可以分自评和他评两类。

（5）角色表演读。通过表情、肢体语言辅助表达情感，让人产生身临其境的感觉。

三、满足需求，培养审美

朗诵也满足了社会、家庭及个人层面的不同需求。

1. 社会需求

时代在发展，文明在进步。从获取物质文明到追求精神文明，人们的生活状态和生活节奏都发生了变化，教育也发生着变革：坚持德智体美劳全面培养，发展素质教育。朗诵艺术作为一门有声语言艺术，在表达时需要普通话来支撑，因而在促进和推广普通话上发挥着自己的作用。

2. 家庭需求

在家老大，出门害怕，不愿表达，不会说话。这句顺口溜是很多孩子的现实写照。说话——敢于说话——会说话，这个简单的说话过程也是诸多家长的期盼。

3. 个人需求

艺术社会化已初步形成。社会艺术形式在街头巷尾、在餐厅、在校园，在各类活动中完美绽放。艺术与个人修养密不可分,尤其是校园里的学生们,在学习书本知识的同时,增加了社会知识,可谓是理论与实践相结合。

朗诵这门有声语言艺术,通过朗诵者对作品的理解和情感表达把文字作品转化为带有音韵美的再创作的有声语言形式,发挥着重要作用。

(1)有利于深入地体味文字作品。

看文字作品具有一定的局限性,除去一目十行的粗读不说,就算是细读,也只是凭借着一条途径传入大脑。看文字作品,不但要看,还要将作品变为有声语言,同时,更需要认真领会,准确地表达文字作品的精神实质。

(2)有利于提高语言表达能力。

由于对文字作品的深入理解,作品中的修辞手法、构思布局等启迪着我们,用语言将这些表达出来的愿望就迫使学生合理运用各种技巧尽可能完美地表现出文字作品的精妙,对于学生的写作能力、语言表达能力的提高,都起着非常大的作用。

(3)有利于发挥语言的感染力。

将文字转化为语言,能够提高学生的理解能力,而通过每个人对作品不同的理解,可以表达出不同的情感,听者也会发出感叹:比我自己看作品好多了。

(4)让学生更自信、更礼貌、更有气质。

学习朗诵,除了发音与语法的学习,还有礼仪与形态的学习。学生通过学习朗诵,能够变得更自信、更礼貌、更有气质。

四、掌握有效的学习方法,提高素养

朗诵作为一门有声语言艺术,如何推广这门艺术,让大众对其有更高的认可度呢?

(1)促进普通话推广,展示汉语风采。

(2)培养朗诵、播音、主持、表演等艺术人才。

(3)提高语言组织能力和语言表达能力。

(4)提高人际交往能力和综合文化修养。

(5)提高艺术修养和审美能力。

(6)提高胆识,勇于展示自己。

(7)开发智力,提高创造力和想象力。

(8)使一部分学生在将来通过专业院校考核,走上职业语言艺术之路。

在此基础上,掌握朗诵技巧,达到朗诵要求是朗诵者应该学习的。

通过声音的高低、节奏、音流等变化,来传达作品的思想、情感、意趣、审美,而使诵者和听者在瞬间获得对作品的理解和感动——共鸣。准确地把握作品内容,透彻地理解其内在含义,是作品朗诵重要的前提和基础。当然,在这之前,最为主要的还是语句的流畅性,只有多读才能顺畅地朗读。

要查字典,读准字音;要大声朗读,注意停顿和语气,不能读破句子;可以跟着名家视频模仿朗读,要多练习、多参加朗诵比赛、多在人前展示朗读;重点词要采用重读、轻读,或者延长语调等方式朗读;带有感情地朗读最为常用的方法就是身临其境,体会作者的喜怒哀乐等,然后根据感情进行朗读。

那么,首先要掌握普通话语音和发音技巧。

(一)练好普通话

(1)朗诵要综合运用口腔和鼻腔的共鸣,把每一个音节都念全,不能只念声母,不念韵母。口形要呈枣核形,这样音节、音素才可以读全。

(2)要念好声调。朗诵的诀窍就是要把汉语拼音掌握好。

(3)要对平舌和翘舌音的区别进行强调。

(4)要掌握朗诵的规律,做到"耳到、舌到、眼到"。

(5)注意变声。知道哪些读轻声:表示语气的助词、结构助词、表示某些虚化的词头或词尾、表方位的词。

(二)朗诵

(1)朗诵,要求声音清晰、响亮,需要洪亮的嗓音来表达。朗诵比朗读的要求更高一些。朗诵要对作品的中心思想有理解,要和作者有强烈的共鸣,这是语言再创造的前提。

(2)朗诵的要求。朗诵是一门绘声绘色的语言艺术,要有规范的语言基本功,要求口齿清晰、字正腔圆、声情并茂。朗诵要能够再现作品的思想内容。朗诵应该都是接近生活的艺术语言,而不要盲目地模仿腔调。朗诵还要求有美感。

(3)各种诗的朗诵方法有所不同,需要分别对待,分别做细致的分析。首先要看体裁和内容,然后再决定用怎样的声调和方式来表达。

（三）朗诵中的常见概念

（1）重音。要强调的词或者词组，我们称为重音。

（2）停顿。停顿就是说话的间隙，是说话和朗诵生理的需要，是根据人的心脏和呼吸来决定的，有时也是表达思想感情的需要。

（3）语调。语调指全句抑扬变换，特别是语句末尾。例如："这样做，行吗？""行！""他聪明？""聪明！"

（4）速度。速度指朗诵的节奏是快还是慢。吐字的速度是由作品的特点和思想内容所决定的。

总之，速度、重音、停顿的掌握都是朗诵所必需的。一个人的声音是天生的，好的嗓音是朗诵的前提条件，要注意嗓音保护。如果声音条件不是太好，通过刻苦的训练，能够找到声音的共鸣点，也是可以很好地朗诵的。

另外，要注意朗诵的仪表和仪态。平常可以在家对着镜子或者家人来练习。

首先，朗诵要充满自信。其次，要选择适合的背景音乐，因为音乐能或多或少地掩盖掉一些朗诵的瑕疵，还能更快地将观众带入情景之中。最后，可以借助表演服装和道具，增强艺术表现力。

推荐观看《经典咏流传》《朗读者》《中国诗词大会》等有关朗诵的视频节目。

五、参考案例，增强修养

朗诵是一种比较精细、高级的有声语言艺术。朗诵者必须具备一定的文学修养，这是朗诵表情达意的前提；朗诵者必须具备一定的语言修养，这是朗诵表情达意的关键；朗诵者必须具备一定的舞台表演艺术修养，这是朗诵表情达意的重要条件；此外，朗诵者还必须具备一定的政治思想修养、社会知识修养，这是朗诵表情达意的基础。朗诵艺术就是以上各方面修养的综合体现，缺少哪一方面的修养都不可能成为一个合格的朗诵者。

朗诵，一般都在舞台上，在大庭广众之中进行。因此，朗诵者必须具备一定的表演技能，要有优美的语音、端庄的仪态、丰富的表情。朗诵者还可以适当化妆，可以运用灯光布景，可以进行配乐。所有这些，都是为了增强朗诵艺术的表演效果。

只要是朗诵，即使是在小的范围内进行，都会带有表演的性质。朗诵者要向听者展示自己的文学素养和口语艺术才能,听者要对朗诵者的文学修养、口语才能和表达效果等进行评价,这些都具有表演活动的明显特点。

[经典案例]

《朗读者》

《朗读者》是由中央广播电视总台央视综合频道推出的文化情感类节目,由董卿担任主持人和制作人。

《朗读者》包括:《朗读者第一季》《朗读者第二季》《朗读者第三季》。

《朗读者》以个人成长、情感体验、背景故事与传世佳作相结合的方式,选用精美的文字,用最平实的情感读出文字背后的价值,节目旨在实现文化感染人,鼓舞人,教育人的传导作用,展现有血有肉的真实人物情感。

《朗读者第一季》于2017年2月18日起每周六晚8点播出,于2017年5月6日收官;《朗读者第二季》于2018年5月5日起每周六晚8点播出,于2018年8月4日收官;《朗读者第三季》"一平方米"特别节目于2020年12月11日起每周五晚8点30分在央视综艺频道播出,于2020年12月25日收官。《朗读者第三季》于2021年9月18日起在央视综合频道晚间黄金档播出。

★ 节目特色

《朗读者第一季》以"访谈+朗读+轻解析"为模式,嘉宾围绕当期的主题词分享人生故事,通过朗读一篇散文、一首诗或者一封家信,甚至一段电影剧本,把观众带入情景之中。

《朗读者第二季》嘉宾的开合度更大,除了科学家、企业家、文化艺术大家,还展示了更多元的领域,有丰富性、稀缺性和代表性的人物;《朗读者第二季》话题的开合度除了延续每期一个主题词,也有全社会关注的话题,如环境保护、器官捐献等话题;《朗读者第二季》突破舞美定式,尝试和动物保护专家的跨时空朗读等形式。

《朗读者第三季》同时打造了"一平方米"和"一万公里"两个新的节目样态:"一平方米"就是朗读亭直播活动,"一万公里"则是节目组走出演播室,走向更广袤的大地,去聆听远方谁在朗读。《一平方米》是《朗读者第三季》"一大两小"内容布局思路下的衍生节目之一,节目以讲述《朗读者》"一平方米朗读亭"72小时慢直播故事的形式展开,对走进朗读亭的每位"朗读者"共同创造的内容和故事剪辑编排,赋予朗读内容更强的感染力。《朗读者第三季》借助新媒体升级、主题升级等,从"一个人,一段文"转换为"读天地人心",从单向传播转换为双向互动,让普通人的生活成为可供观照的读本,让人人皆可成为朗读者。除了新媒体升级,节目在主题选择上将更加具有社会性、共情性。节目将话语权分发给每一位普通观众,让小小的一平方米朗读亭成为交流经验的场所,让人们畅所欲言地表达自己,发出独一无二的声音。节目将视线更多地投向生活中的普通人和日常生活,聚焦于社会话题,以及亭外真实的车水马龙和城市日夜。通过朗读与大众的生活相连接,让观众能够在观看节目的过程中产生共情和共鸣。

★ 节目评价

1. 总体评价

《朗读者》也许是无心之举,但结果却相当有意义。《朗读者》所传递的责任感、温情符合中国人的传统价值;《朗读者》选择的人、讲述的故事,更多强调了"爱"和各种"责任"。(《新京报》评)

《朗读者》的出现已经是一个好现象,作为一档有关于"文化"本身的节目,它让观众树立"慢一点,感受美好"的生活观念,它在向大家传达一种"拾起阅读习惯"的文化理念。(人民网评)

不少人把《朗读者》喻为传播文化的又一股"清流",以此肯定该节目的创办意义。而节目中朗读嘉宾分享各自的动人故事,带给观众文学、文字以外的享受及思考,则让这股"清流"更加透彻、明亮;《朗读者》的魅力并不仅仅在于朗读本身,每位嘉宾在朗读之前分享的个人故事,同样很精彩,很吸引人。而且,嘉宾分享的故事往往与要朗读的内容有一定关联,起到了很好的铺垫作用。(红网评)

2. 分季评价

《朗读者第一季》让人物回到现实的身份与位置,而不再是按照既定程序和市场逻辑的表演。这种讲述也因而不再是猎奇式,或炫耀性,而需要在公众面前去展示本真,让人物自身的人文素养和价值观形成社会共识的基础,并以此形成一

种感召的力量。（人民网评）

《朗读者第一季》用了"朗读"作为外壳，内核依然是分享嘉宾的故事、传递回忆和温情。它更像一个精简的谈话节目，并且董卿掌握对话的节奏远胜于多数谈话节目的主持人，一颦一笑都显得真诚，她也不会时不时就出神，或者生硬地切换话题。（《新京报》评）

《朗读者第二季》除了延续第一季的阅读理念，还在形式上进行了不少革新。像第一期里薛其坤所朗读的《大学》，因为是文言文的缘故，节目播出时同步更新了文言文的翻译字幕；单人朗读的形式也有所变化，薛其坤的《大学》和贾平凹的《山本》片段都由多人集体朗读。这种多人朗读的模式打破了棚内录制的局限，当多位清华物理学院士在图书馆、家中朗读，电视节目本身对朗读的边界得到了拓展，节目倡导的"随时随地即可朗读"的理念也得到了直观展示。（《北京日报》评）

《朗读者第二季》延续了《朗读者第一季》所承载的人文情感，又拓展了对于梦想与生命的理解，在温情中也有对环境保护、器官捐献等社会议题的讨论。（《湘声报》评）

《朗读者第三季》以时代讲述者、思想对话者、图景描摹者的姿态重归受众视野，携思想深度、审美高度和情感温度为受众打造出一场场"心灵盛宴"。

《经典咏流传》

★ 节目背景

《经典咏流传》响应落实中国共产党第十九次全国代表大会报告中"推动中华优秀传统文化创造性转化、创新性发展"的精神，用"和诗以歌"的形式将传统诗词经典与现代流行相融合，在注重节目时代化表达的同时，也深度挖掘诗词背后的内涵，讲述文化知识、阐释人文价值、解读思想观念，为现代文明追本溯源，树立文化自信。

★ 节目模式

《经典咏流传》由撒贝宁主持并朗诵诗词。以明星或普通人为代表的经典传唱人，用流行歌曲的演唱方法重新演唱经典诗词，带领观众在一众唱作歌手的演绎中领略诗词之美。

歌曲演唱完毕,由传唱人、其他嘉宾讲述歌曲创作背景、时代意义。最后进入鉴赏嘉宾团的鉴赏时刻,由康震解读经典背后的诗词人文背景,鉴赏团成员负责歌曲点评,带领观众共同品鉴歌词文化内涵。

★ 节目特色

《经典咏流传》将中华经典的诗词文化与电视媒介、网络平台有机结合,兼顾诗词文化上的意境悠远和表现形式的通俗易懂。经典传唱人不仅有艺术名家,也有后起之秀,还有许多热爱生活的普通人,他们结合自身的音乐风格,将经典诗词转化为优美的歌曲,用现代的唱法和曲调来演绎传统经典。通过鉴赏团成员对传唱歌曲的专业点评,将经典和流行有机结合在一起,挖掘诗词背后的故事,以现代人更喜闻乐见的方式,去学习诗词,"推动中华优秀传统文化创造性转化、创新性发展"。

★ 节目评价

《经典咏流传》在文化传递和音乐创新上都达到了一个新的美学高度,在满屏喧嚣浮躁的泛娱乐化包围中脱颖而出,坚守自己的艺术品质和文化立场,将经典诗词与时代背景紧密结合,让观众重新感受到中国传统文化的独特魅力和不竭的生命力。它带给观众的不仅是复苏文化记忆的历史呈现,更是民族文化发展的时代强音。(《光明日报》评)

《经典咏流传》立足于"再造当下的流行和未来的经典"的定位,意识到将文学性和音乐性合二为一,采取星素结合、老少同台、中外交融的形式,将传统文化的传播和传承上升到全民参与的高度、美学引领的深度。该节目以作品扎实、嘉宾多元、创作精心、表演真诚,使得每首诗词与歌都给人留下深刻的印象,并迅速流传开来。(《人民日报》评)

《经典咏流传》用创新的诗和歌的结合,回到了诗歌的起源,也让诗歌回到了生活,完成了传统文化的创造性转化和创新性发展。文以载道,歌以咏志,让文学名篇在音乐中重获新生。让观众在歌唱中学诗词、背诗词,或许是经典最合适的传承方式之一。(《广州日报》评)

《经典咏流传》从经典作品的优选、艺术传统的继承、现代词曲的演绎创作到表演形式的设计等各个环节,都需要编导、创作、表演人员具备丰厚的古典文化修养及对于经典的透彻体悟能力与准确传达能力。这样才能让改编作品传达古诗词的神韵,观众不仅知其文词,亦能得其深意。(《大连日报》评)

《经典咏流传》把古代诗词和当代音乐结合起来,受到了广大人民群众的喜爱,《苔》《明日歌》等的刷屏,正是因为缺乏流行元素与传统文化相结合的优秀作品,缺少偶像与经典传唱人对经典作品的传播引领。通过《经典咏流传》的一些优秀歌曲推广给中小学生,让孩子们有自己的歌曲,也让中华民族传统文化的经典烙印在下一代的心中,这是非常好的推广中华文化的手段。(《人民音乐》王黎光评)

《中国诗词大会》

★ 节目背景

《中国诗词大会》是继《中国汉字听写大会》《中国成语大会》《中国谜语大会》之后,为贯彻落实习近平总书记关于弘扬中华优秀传统文化的指示精神,为让古代经典诗词深深印在国民大众的脑子里,成为"中华民族文化基因",而由央视科教频道推出的一档文化类演播室益智竞赛节目。《中国诗词大会》以"赏中华诗词,寻文化基因,品生活之美"为宗旨,通过演播室比赛的形式,重温经典诗词,继承和发扬中华优秀传统文化,带动全民重温那些曾经学过的古诗词,分享诗词之美,感受诗词之趣。

★ 节目制作

《中国诗词大会》在题目设置上以中华优秀传统文化为主题,题目涵盖豪放、婉约、田园、边塞、咏物、咏怀、咏史等丰富的诗歌类别,节目中的所有题目几乎全部出自中小学课本。为营造出具有视觉冲击力的比赛场面,节目还运用了舞美、动画、音乐等视听手段。《中国诗词大会》反复强调"人生自有诗意"这几个字,节目的所有玩法、规则都是为了表达这一内容——传达诗词之美及喜欢诗词的这些人背后的故事。

★ 节目特色

《中国诗词大会第一季》设计了嘉宾解读环节,点评嘉宾结合现场嘉宾作答的题目,讲述诗词中的故事,既挖掘了节目的深度,又增加了看点。

在《中国诗词大会第二季》中,诗词内容进一步拓展,入选节目的诗词从《诗经》到毛泽东诗词,时间跨度达数千年,涵盖中国文学史。同时,还增设具有"一对一"对抗的"飞花令"环节。

而在《中国诗词大会第三季》中,节目聚焦"人生自有诗意"主题,进行多方面探索创新。在题库上,将鲁迅先生的古体诗词首次纳入题库范围,用上自《诗经》下至近现代数百篇经典诗词激发观众情感共鸣;在赛制上,将主赛场百人团设置为少儿团、青年团、百行团和家庭团,开设由40人预备团组成的第二现场;在环节上,设置了"诗词接龙""超级飞花令"的环节;同时,节目还邀请十位非遗传承人拍摄视频短片,用剪纸、蛋雕、糖画、木雕等方式形象呈现题目。

在《中国诗词大会第四季》中,节目参赛选手趋向选择素人,选手覆盖空乘人员、工程师、保安、出租车司机、个体户、公务员等33个行业。参赛选手低年龄选手比例偏高,旨在希望通过选手间更多的交流互动,突出体现中华优秀传统文化对社会各界,特别是对青少年群体的影响。同时,题库首次尝试按主题分类,分为节令类、咏物类(花草鸟兽类)、乡情类、亲情类、爱情类、友情类、英雄类等十多个主题,分类标准大致也是按照古诗词在日常生活中的应用频率高低及主题立意的吻合度。

★ 节目赛制

在"个人追逐赛"中,四位挑战者与百人团同步答题,如果百人团答错,其面前的花朵将会消失,答错的数量即为选手得分。每位选手最多答六题,答错者在绝地反击自救环节中随机选择"横扫千军""你说我猜""出口成诗"其中一种方式进行自救。自救成功者将继续答题,失败则终止答题。总分最高者进入攻擂资格争夺赛。第一期在个人追逐赛中胜出的选手直接进入擂主争霸赛。在个人追逐赛中胜出的选手与百人团得分最高者对决,选手们进行飞花令、超级飞花令、诗词接龙三轮比拼,获胜者进入擂主争霸赛。第一场百人团和预备团中得分最高的两位选手直接进入攻擂资格争夺赛,获胜者进入擂主争霸赛。攻擂资格争夺赛获胜者与上一场擂主进行比拼。擂主争霸赛共有九道抢答题,抢到并答对者得一分,答错则对方得分,率先获得五分者即为该场擂主。第一场个人追逐赛中胜出的选手直接与攻擂资格争夺赛胜出的选手对决。(根据节目整理)

★ 节目评价

1. 总体评价

《中国诗词大会》在与观众共享诗词之美、感受诗词之趣、传承文化基因的同时,为推动教育部、国家语委"中华经典诵读工程"的全面深入实施起到了示范性引领作用,切实发挥了语言文字在传承发展中华优秀传统文化、革命文化和社会主义先进文化中的重要作用。节目在传承弘扬中华文化基因、增强文化自信和文化自觉方面持续发力,实现了传播中华优秀传统文化的创作初心。在传承和弘扬中华优秀传统文化方面,《中国诗词大会》无疑给出了一份漂亮的答卷,是一个较为完美的载体。

《中国诗词大会》以经典诗词为切入点,从诗经楚辞、唐诗宋词到近现代诗词、毛泽东诗词,汲取中华民族生生不息、发展壮大的丰厚滋养,对中华优秀语言文化进行深耕细作、潜心挖掘,让观众深入了解诗词有关创作背景、出处典故、文化内涵、家国情怀。注重用诗词立德树人,加大针对青少年群体的设计力度,以春风化雨、润物无声的方式,体现对中华优秀传统文化、革命文化和社会主义先进文化的传承弘扬。(中华人民共和国教育部评)

2. 分季评价

《中国诗词大会第一季》带动了全民学习、诵读古诗词的潮流。这种从形式到内容的创新推广方式,真正实现了让中华优秀传统文化的继承与发扬有了全民基础。这档节目是传统文化精髓与新媒体艺术的完美融合,兼具文化经典重塑和社会文化重构的软性功能,具有很高的文化价值和传播价值。节目站在古代智慧与现代文明的交汇处,以古论今,在古诗词中寻找当代人的情感诉求和价值诉求。(《成都日报》《新闻战线》评)

《中国诗词大会第二季》创新性地利用现代传媒手段实现了诗词娱乐化,用健康的娱乐化方式实现了"扩群",体现了中国人精神中对于优秀传统文化的呼唤与眷恋。该节目带着深埋于每个中国人心中的文化基因,用中国人耳熟能详、打动人心的诗词,在带领全中国电视观众重温中华经典诗词的同时,也完成了一次跨越千年、沟通古今、领略中华优秀传统文化魅力的精神之旅。(《浙江日报》《光明

日报》评)

《中国诗词大会第三季》把古典诗词这一中华文化精华,用有趣的题目、紧张的对抗、精彩的解读及温暖的深情,传达给每一个中国人。节目在唤起人们内心深层的对中国古典诗词、优秀传统文化认同感的同时,关照当下的生活和人生。(《中国新闻出版广电报》《广州日报》评)

《中国诗词大会第四季》的关键词在于"创新"。增设"绝地反击"环节,在"飞花令"基础上再加"超级飞花令",这些都是增添节目"好看指数"的有效手段。而在视听应用题里融入古画、民乐等元素,则让诗词变得多元立体起来。节目努力在举旗帜、聚民心、育新人、兴文化、展形象上进一步寻求突破,首先注重突出积极昂扬的节目基调,精选出一批鼓舞士气、振奋精神、滋养心灵的诗词内容,用诗意激发大众为新时代拼搏奋斗的精气神。其次注重用诗词立德树人,加大针对青少年群体的设计力度,充分体现出近年来中小学中华优秀传统文化的教育成果。节目还注重将新时代观众的情感诉求和文化期许与节目创新同频共振,从服务大众心理情感需求的角度创新题目、赛制、选手、嘉宾、舞美等关键环节,通过浓缩生活中的诗意增强观众的文化获得感和幸福感,激发大众的文化创新创造活力。(《文汇报》《中国纪检监察报》评)

《中国诗词大会第五季》跳出单一的演播室呈现方式,用"身临其境题"的答题方式让诗词文化回归原本的天地之韵律、造化之机巧。此外,节目利用科技,将诗文、图画、影像综合调度,打造了具有观赏性、渗入性和代入感的舞台视觉效果,让诗情诗意在身临其境中得到丰富和延展,更使舞台上不仅有诗词比拼的交锋,更有文化时空的流转。总的来说,节目构建了一个意蕴丰厚的文化场域,酣畅淋漓地展现了中国文化的灵动和中国人民的诗意人生。(《人民日报海外版》评)

《中国诗词大会第六季》用一个个鲜活的开放式命题更主动地激发人们去发现和赋予生活以诗意和美好。(北青网娱乐评)

第三章　熟悉的"陌生语"——口语交际

一、走进口语交际的丰富世界

口语交际是听话、说话能力在实际交往中的应用。听话、说话是口语交际的重要组成部分,是知识与能力的综合应用和体现。在平时的训练中,要让口、耳、眼、手等多种感官并用在语言实践中,提高口语交际能力。在社会生活中,口语交际历来具有举足轻重的作用,具备较强的口语交际能力,有利于促进人们的思维发展,为终身的学习、生活和未来的工作奠定基础。

下面几个日常生活中的口语交际你能做到吗?

(1)能认真听别人讲话,努力了解讲话的主要内容。

(2)听故事、看音像作品,能复述大意和精彩情节。

(3)能较完整地讲述小故事,能简要讲述自己感兴趣的见闻。

(4)与别人交谈时态度自然大方、有礼貌。

(5)有表达的自信心。

(6)积极参加讨论,对感兴趣的话题发表自己的意见。

二、探索口语交际的趣味奥妙

在日常生活中,你会遇到哪些情况来进行口语交际呢?让我们一起来看看比较常见的交际情境例析。

1. 说服别人

小丹的家长反对她阅读旅游地理类的杂志,理由是那些都是闲书,没什么用。小丹请求你帮助她说服家长。把你要说的话写在下面,要求语言得体,有理有据。

解析:

面对问题时,我们总有自己的一些想法、观点和处理问题的方式,并且还想让别人接受我们的这些观点、意见、建议等,这就需要大家有说服别人的能力。

既然要说服他人,就不能把自己的观点强加给对方。必须动之以情、晓之以理,以情动人、以理服人,让对方心服口服。

答案示例:

"叔叔,旅游地理类的杂志可以帮助我们增长知识,很多历史文化、古今文明,还有风土人情都能在杂志里学到,对我们以后的学习也大有帮助,还能丰富情感,提升文化品位。这样的杂志还是很有用的,叔叔您让小丹看看吧。"

2. 邀请他人

四十九中学读书节定在4月23日,这也是世界读书日,班里准备在这天下午1点,在本班教室开展关于读书的主题班会活动。4月22日下午,你去邀请语文老师吴老师参加这次班会活动。请你将对吴老师说的话写在下面。

解析:

既然是邀请他人,首先一定要说明邀请对方参加什么活动,邀请的原因是什么。其次是要将活动安排的相关细节及注意事项告诉对方,诸如时间、地点、参加人员、做哪些准备等。最后要注意敬辞、谦辞的运用。

答案示例:

"吴老师,明天下午1点,我们班在教室里召开有关读书的主题班会,请您到现场指导。"

3. 劝阻他人

几个学生在放学的路上发现了一只受伤的小猫,大家都好奇地围了上去。其中一个同学踢了猫一下,说:"咱们把它扔一边啊,看看它还能不能活。"假如当时你也在场,你想劝阻他,你将怎样说?(说话要注意场合和对象,做到简明、连贯、得体)

解析:

劝告是一种常见的口语交际形式。劝告的关键在于双方要处于平等的地位,要讲究必要的技巧,以达到告之以理、导之以行的目的。不要以势欺人、以理压人;要心理相容,让对方心服口服。

如果正面劝告,就对被劝告者直陈道理,注意因势利导,层层深入;也可以直话曲说,通过曲折含蓄的语言旁敲侧击,以达到劝告目的。

答案示例:

"你看,它都受伤了,你还忍心再伤害它吗?再说了,小猫也是生命,凡是生命我们都应该尊重。即使我们帮不了它,也别让它再受伤了。"

4. 采访他人

有人把生活垃圾倒入小区的角落,导致小区角落里的环境特别差。因此,四十九中决定组织一次社会调查,呼吁大家保护环境。

假如你是这所中学的学生,准备采访一位正在小区散步的老人,向他了解对乱倒垃圾现象的看法,你会怎么说?请写出来。

解析:

采访是人与人之间的一种交际方式,是互相沟通、彼此交流,也是一种情感的交流方式。采访前要做好充分准备,要明确采访的主题、所采访的对象及要提问的问题等。

掌握采访技巧,采访时就可以得心应手,采集到富有价值的素材。采访者也要打开自己的心扉,努力搭建心灵沟通的桥梁,以心换心、以诚换诚、以情换情。

答案示例:

"老大爷,您好!我是四十九中学的学生,想问您一下,有人把生活垃圾随便倾倒在小区的角落中,对这种做法,您怎么看?"

5. 介绍他人

四十九中学举办"心阅四季"读书交流活动,邀请了作家丁立梅老师到学校举行座谈会。

根据下面提供的材料,请你以会议主持人的身份把丁立梅老师简要介绍给同学们。

材料:

丁立梅,作家,江苏东台人。江苏省课外阅读指导委员会专家组成员。喜欢用音乐煮文字。代表作品《风会记得一朵花的香》《有美一朵,向晚生香》《丁立梅的写作课》《遇见》《暖爱》。作品《花盆里的风信子》入选新加坡中学华文课本。作品《有一种爱叫相依为命》入选全国中等专科院校《语文》教材。作品集《你在,世界就在》繁体版在中国台湾、香港发行。被读者誉为"最暖人心的作家"。

解析:

介绍他人就是让大家对被介绍人有一个基本的、大概的了解。介绍时,一般只介绍姓名、单位、职务,有时也可强调其才能、成果,便于新结识的人相互了解与信任。

答案示例:

"用心、动情的阅读会让你的人生四季美好如春,流淌在四季中的美好时光应该有属于书香的光阴!徜徉在文字中,会让我们与美好的心灵对话,收获内心的澄澈;行走在文字里,会让我们深谙生活的智慧,拥有丰盈的心灵;漫步在文字中,会让我们的生活不再是周而复始的枯燥,而是闪烁着斑斓的色彩!学校将陪伴你开启'心'的阅读,用心去读、动情去读!'阅'在四季中,悦在每一天!这里是'心阅四季',让我们共同阅读,共同成长!

这样的一段开场白,同学们一定都非常熟悉吧?这就是我们在本学期正式启幕的一项活动。有人问我,这个活动的缘起是什么?除了因为阅读本身的诸多好处,还因为一个人,那就是丁立梅老师。首先让我们从一个小短片来了解一下丁立梅老师与我们这项阅读活动的缘分。丁立梅老师是著名作家,有多部作品入选国内外语文教材,是'最暖人心的作家'。因为有了暖心的梅子老师,也让我们的活动变得温暖起来,于是我们将四十九中学的阅读活动命名为'心阅四季',其中本学期有'书动我心'和今天的'梅香四九'两项活动,当然这些都是与梅子老师密切相关的活动。"

6. 动员他人

最近,四十九中学正在组织爱心助学活动,主要内容是帮助云贵贫困山区的学生们建一个爱心图书馆。作为本次活动的志愿者,请你向全班同学做一次捐书动员。要求中心明确,语言简洁,富有带动性。(60字左右)

解析:

动员一般是发动人参加某项活动。捐书动员,目的是让全班同学为贫困山区的学生捐献图书,因此,动员时应强调捐书的目的、意义,语句要富有带动性。

答案示例:

"同学们,我们每天坐在宽敞明亮的教室中学习,可是贫困山区的学生连可以阅读的书籍都没有。作为四十九中学的学子,我们应该去帮助贫困山区的学生。对于我们来说不起眼的一本书,却能让那些贫困山区的学生们享受到阅读的乐趣!同学们,让我们行动起来,献出自己的一份爱心,托起一片希望!"

7. 评价他人

下面是两位同学在专题讨论会上就读书的最高层次的问题所做的发言,现场抽取你作为幸运观众对两位同学的发言做点评。

甲:我认为读书的最高层次应该像开垦矿石的劳工,不断淘汰矿渣,只取那纯粹的宝石。

乙:我觉得读书的最高层次应该像勤劳的蜜蜂,不断采撷花的芳香,并把花香、花味酿成更高档次的蜜。

解析:

现场点评需要我们有一定的分析判断能力,需要我们有能清晰阐明自己观点的口语表达能力,具有一定的难度。进行这样的口语交际要做到逻辑清晰、简明扼要、语言得体,还要能清楚地表明自己的观点。

答案示例：

"甲的观点是，读书的最高层次是去粗取精，汲取书中的精华；乙的观点是，读书的最高层次是要融会贯通，消化吸收，灵活运用，最后内化为自己独有的东西。我认为，读书应当学会思考，各种书都要涉猎，丰富自己的知识储备，最后一定要通过分析归纳，将别人的精神成果变为自己的知识。"

三、日常口语交际的锦囊妙计

在生活中，有很多时候说话者不看谈话对象，听话者没有听懂言外之意，这样就形成了沟通的障碍。生活中的交际是很重要的，而交际的其中一种方式是通过对话完成的，这就要求我们在交际的时候要注意听话和说话，掌握听话与说话的技巧。

（一）"听"的要求

在接受他人信息、听人说话时，我们首先得会"听"，要听全面，听懂话，听深入。

1. 听全面

听全面就是要耐心地听，要把别人说话的内容一字不落地听完，只有这样才能完整地把握信息。在听别人说很长的一段话时，要认真仔细，要高度集中注意力，一般不要打断别人说话。为了防止疏漏，或者记忆有误，听的同时可以随时记下一些重要的内容。

2. 听懂话

听懂话就是要仔细地听全，把说话者表达的意思真正领悟了。一是记一些关键用语，二是领会说话者的意图，三是要抓住说话者所传递信息的中心思想。

3. 听深入

听深入就是对别人说的内容既要能听出言外之意、弦外之音，又要做出恰当合理的心理反应。

(二)"说"的要求

说话是一种语言艺术,说话能力是多种能力的综合体现。要提高说话能力,可以从说得正确、说得清楚、说得得体这三点要求入手。

1. 说得正确

说得正确就是指说话时发音吐字要准确、语意要正确。

从语音方面来说,就是发音要准确,不能让人产生误会。例如,"和谐社会好"不能说成"河蟹射虎好"。

从语意方面来说,就是说出的话意思要正确,不能让人产生歧义。有些语句从字面上看是完全相同的,但却有两种或两种以上的意思。在书面语言中,要正确加以理解,会使用标点符号;在口语中,我们可以采取巧用停顿等方式来远离歧义。

2. 说得清楚

说得清楚就是指说话时条理要清晰,层次要分明。

说话前,要考虑说话的中心思想,并且围绕中心,理清思路,考虑话怎么说,以什么方式开头和结尾,怎么铺展内容,怎么突出重点,怎么渲染情感。做到胸有全局,说话就会顺当得多。

说话时要有一定次序,说话者要注意说话有条理、有顺序、有层次。

说话的内容通常由开头、中间、结尾三个部分组成。开头部分可以引出谈话主题,摆明自己的观点。中间部分要围绕谈话主题进行分析和阐释。这一部分是说话的主体,说话时,要特别注意这一部分逻辑是否清楚。可以用"打腹稿"的办法,说话前先理一理"序",可以用一些顺序的提示词——第一,第二,第三……或者首先,其次,再次……同时,将各层次的主要意思浓缩成一句话。这样不仅便于记忆,而且说话时能突出层次内容,既井然有序,又能让听者了然。结尾部分要总结自己说话的内容,突出主旨。

整个说话的过程应当针对听者的接受心理,按轻重缓急安排好先后顺序,处理好详略。

(三)说得得体

说得得体就是要讲究说话艺术,追求效果。

说话不仅要说得清楚明白,还要争取使听话人产生共鸣,受到鼓舞。这就要求说话者对说话的对象和说话的形式进行一番琢磨,选择最好的方案。说话者要分析听话的对象,针对不同的对象,组织得体的话语。

所谓得体,就是说话要合时、合情、合势,一切以恰当得体、恰到好处为原则。选择得体的话是很重要的。说得得体要注意以下两点。

一是看对象说话。要注意,对不同性别的人说不同的话,对不同年龄的人说不同的话,对不同文化程度的人说不同的话,对不同工作岗位的人说不同的话,对不同发展方向的人说不同的话,对心境不同的人说不同的话……

二是看场合说话。同样的话在不同的场合下对同样的人说,所产生的实际效果是不一样的。场合有庄重和一般之分,有喜庆欢快和悲痛沉重之分,有正式与非正式之分,有自己熟悉的人与陌生人之分(即内外有别),有适宜多说和不适宜多说之分,都需要视不同场合说不同的话。

除此之外,还要注意体态、表情的恰当运用。说话者还要注意说话时的声音,尽量做到和谐悦耳,富有节奏感和音乐美。同时,说话时还可借助修辞手法,增强语言的感染力。

学了这么多关于口语交际的内容,下面我们来做两个练习。

(1)沉浸体验活动。

【情境】在一次数学考试中,铃声响了,老师让每个小组的组长把数学卷子收上来。小菲的最后一道大题还没写完,正在奋笔疾书,可是她的小组组长小玉因为老师的催促把她的卷子都收走了。小菲因此失去了一直保持着第一名的名次,所以她对小玉很不满。小玉希望小菲不要误解她,于是她对小菲说:＿＿＿＿＿＿
＿＿＿＿＿＿＿＿＿＿＿＿＿＿＿。

如果你是小玉,你认为该如何说才合适呢?请你在下面的两种说法中选择一种,并说说你的理由。

①"我也是因为履行自己的职责才收走了你的卷子,希望你能理解我,我不希望我们因此产生隔阂,向你解释一下,希望你不要生我的气。"

②"这事儿也不能怪我呀,你答得也太慢了,老师还一直催着我快点收,你就

理解理解我吧！事情都过去了,你下次加快点速度吧!"

(2)一句话接龙。

方法:同学们围坐成一圈,推选出一名主持人,然后从主持人开始,每人说一句话,按顺时针方向,递接者以自己前面那位同学所说的最后一字为自己所说的第一个字。例如,天气真热/热浪逼人/人人盼望天凉快/快点下雨呀/呀,天上一点云也没有/有人搬来电风扇……谁接不下去,就罚谁说个绕口令。

规则提示:刚开始接龙的时候,递接者说的那句话可以很宽泛,不要求与前面同学说的有逻辑联系。接龙一段时间之后,可以提出前后句之间要有逻辑联系,还可以想出其他附加条件,从而不断增加难度。

四、日常口语交际中的"高级配置"

日常口语交际有很多小细节,它可以让我们与人沟通得更和谐。在前面学习的基础之上,这些内容可以让你与人交流得更容易、更轻松、更有效。

(一)交际时配置礼貌用语

礼貌用语有很多,常用的礼貌用语有以下几种。

1. 问候语

这是见面时向对方表示关心的礼貌用语,也就是平时所说的打招呼,如"您好!""早上好!"等。熟人见面互相问候能表明彼此友好的关系。陌生人初次相识,问一声"您好"或"您好,见到您很高兴",能使彼此关系融洽起来。营业员对前来办理业务的用户问候一声"您好",能表现出营业员对用户的热情和友好。社交场合问候的对象还包括对方的亲属、朋友、老师、上级等有关人员,这也是对对方关心的一种表现,如"老师最近很忙吧！请转达我对他的问候！"等。

2. 征询语

这是主动询问对方的需求和意见,以示关心和尊重的礼貌用语。例如:"我能为您做些什么吗？""您还有什么别的事情吗？""这样会不会打扰您？""您不介意的话,我可以看一看吗？"这些话都表示出对他人的关心和尊重。要帮助别人做些事情,当然是好意,即使如此也要征询一下对方的意见,从而避免因对方不同意造成的不愉快。

3. 感谢语

这是在对方帮助了自己或表示出帮助意愿及接受对方的赠物或款待时,对他人表示感谢的礼貌用语。例如:"谢谢!""麻烦你了,非常感谢!"如果在感谢时说明感谢的原因,就更能表明自己的真诚,效果也会更好。例如:"谢谢您支持我们工作。""谢谢您送我的花,我非常喜欢。""谢谢你把书借给我,我到处买不到。"应当指出的是,回绝别人的帮助时不应该说"不用"或"我不要",而应该说"不,谢谢"。

4. 道歉语

这是在无法满足对方提出的要求,或妨碍了对方,给对方增添了麻烦时用的礼貌用语。例如:"很抱歉!这件事实在没有办法做到。""真不好意思,我的钢笔水刚用完。""真对不起,让您久等了!""对不起,打扰了!""对不起,请稍候!"等。该道歉时应及时道歉,并用歉意的目光注视对方,这样才能表明道歉的诚意。

应该指出的是,说道歉语并不意味着犯了错,我们在介入他人行为之前都应说"对不起",以表示我们对他人的尊重。例如,当我们提醒别人带上自己忘了的东西时,可以说"对不起,这是您的书包,请您拿好"。

5. 应答语

这是在对方呼唤、感谢自己或者提出某种要求、表示歉意时用的礼貌用语。例如,当别人呼唤自己时,可以说"行,请您稍候"或者"好,马上就来";当别人感谢你时,可以说"您不必客气,这是我应该做的"或者"不用谢,照顾不周的地方请您多多包涵";当对方提出某种要求时,可以回答"请您吩咐""我明白了,我尽力满足您的要求";当别人对我们表示歉意时,我们可以说"没关系""您不必介意";等等。这些礼貌应答语中包含着谦虚和真诚,对方听了会感到愉快。

6. 赞美语

这是对对方的行为表示赞赏和肯定的礼貌用语,例如:"你做得很好""太棒了""你真了不起""你手真巧""这太美了"等。赞美他人,可以激发、鼓励和帮助他人建立自信和自尊,从而带来愉快、亲密的合作关系。说这类话既要热情,又要坦诚,切忌言不由衷。口不对心的溢美之词,小题大做的阿谀之语,非但不能令人愉快,还会引起别人的反感。生活中有些人不爱赞美别人,认为赞美了别人就贬低了自己,其实这是一种心理误区,应该克服。

7. 慰问语

这是在对方付出劳动后表示关心、体贴的礼貌用语。例如:"您辛苦了""让你受累了""给你们添麻烦了"等。这些简单的话语中包含了对他人的体贴与理解,体现了对对方价值的肯定,能让对方感到温暖。

其他礼貌用语还有很多,如欢迎语:"您好""欢迎光临""再次见到您,真是十分高兴";询问语:"请问您贵姓""请问您在哪里工作";祝贺语:"祝你生日快乐""祝你演出成功";告别语:"再见""祝您一路顺风""希望不久的将来还能在这里见到您";"请"字语:"请帮助我一下""请您留步""请多指教";等等。在人际交往中,要根据不同的场合和需要使用礼貌用语,表现出应有的修养,使对方感到欣慰和愉快。

在我们的学习生活中,该怎样记住和有效地应用它们呢?

在我们的日常交际中,最基本的是要掌握以下十个字:"您好,请,对不起,谢谢,再见"。运用这十个字的顺口溜是:"您好"不离口,"请"字放前头(放在请求别人做事的话之前),"对不起"时时有,"谢谢"跟后头(用在别人帮助我们之后),"再见"送客走。

为了方便大家掌握,我们把用于不同情境和场合的礼貌用语归纳成"七字诀",供大家参考。

[常用礼貌七字诀]

与人相见说"您好",问人姓氏说"贵姓",问人住址说"府上"。
仰慕已久说"久仰",长期未见说"久违",求人帮忙说"劳驾"。
向人询问说"请问",请人协助说"费心",请人解答说"请教"。
求人办事说"拜托",麻烦别人说"打扰",求人方便说"借光"。
请改文章说"斧正",接受好意说"领情",求人指点说"赐教"。
得人帮助说"谢谢",祝人健康说"保重",向人祝贺说"恭喜"。

老人高龄说"高寿",身体不适说"欠安",看望别人说"拜访"。
请人接受说"笑纳",送人照片说"惠存",欢迎购买说"惠顾"。
希望照顾说"关照",赞人见解说"高见",归还物品说"奉还"。
请人赴约说"赏光",对方来信说"惠书",自己住家说"寒舍"。
需要考虑说"斟酌",无法满足说"抱歉",请人谅解说"包涵"。
言行不妥"对不起",慰问他人说"辛苦",迎接客人说"欢迎"。
宾客来到说"光临",等候别人说"恭候",没能迎接说"失迎"。
客人入座说"请坐",陪伴朋友说"奉陪",临分别时说"再见"。
中途先走说"失陪",请人勿送说"留步",送人远行说"平安"。

(二)积累敬辞与谦辞

在日常交际中,恰当运用一些敬辞与谦辞可以让我们更得体地与人沟通。

常用敬辞与谦辞集锦

卫冕:指竞赛中保住上次获得的冠军称号。

惠赠:敬辞,指对方赠予(财物)。

惠允:敬辞,指对方允许自己做某事。

家父:谦辞,对别人称自己的父亲。

家母:谦辞,对别人称自己的母亲。

驾临:敬辞,称对方到来。

见教:客套话,指教(我),如有何见教。

见谅:客套话,表示请人谅解。

借光:客套话,用于请别人给自己方便或向人询问。

借重:指借用其他人的力量,多用作敬辞。

金婚:欧洲风俗称结婚五十周年。

金兰:可用作结拜为兄弟姐妹的代称,如义结金兰。

进见:前去会见(多指见首长)。

进言:向人提意见(尊敬或客气的口气),如向您进一言、大胆进言。

晋见:即进见、觐见。书面语为朝见(君主)。

垂问:敬辞,表示别人(多指长辈或上级)对自己的询问。

垂爱:敬辞,称对方(多指长辈或上级)对自己的爱护(多用于书面语)。

久违:客套话,好久没见。

久仰:客套话,仰慕已久(初次见面时说)。

问鼎:借指在比赛或竞争中夺取第一名。

伉俪:(书面语)夫妻,如伉俪之情。

劳步:敬辞,用于谢别人来访。

劳驾:客套话,用于请别人做事或让路。

令爱(媛):敬辞,称对方的女儿。

令郎:敬辞,称对方的儿子。

令亲:敬辞,称对方的亲戚。

令堂:敬辞,称对方的母亲。

令尊:敬辞,称对方的父亲。

留步:客套话,用于主人送客时,客人请主人不要送出去。

名讳:旧时指尊长或所尊敬的人的名字。

内眷:指女眷。

内人:对别人称自己的妻子。

赏脸:客套话,用于请对方接受自己的要求或赠品。

舍间:谦称自己的家,也称舍下。

舍亲:自己的亲戚。

台端:古代对官吏的尊称,今为对人的敬称。用在平辈之间,或机关发给个人的函件上,犹言尊处、尊驾或阁下。

台甫:敬辞,旧时用于问人的表字。

台驾:敬辞,旧时称对方。

台鉴:旧式书信套语,用在开头的称呼之后,表示请对方看信。

泰山:岳父的别称。

泰水:岳母的别称。

托福:客套话,意思是依赖别人的福气,使自己幸运。

外舅:(书面语)岳父。

待字:指子女待嫁,如待字闺中。

挡驾:婉辞,谢绝来客访问。

丁忧:遭到父母的丧事。

鼎力:敬辞,大力(表示请托或感谢时用)。

斗胆:形容大胆(多用作谦辞)。

方家:大方之家的简称,多指精通某种学问、艺术的人。

父执:父亲的朋友。

付梓:把稿件交付刊印。

高堂:(书面语)指父母。

割爱:放弃心爱的东西(婉辞)。

割席:指与朋友绝交(典出管宁、华歆)。

阁下:敬辞,称对方,多用于外交场合。

更衣:婉辞,指上厕所。

股肱:比喻左右辅助得力的人(书面语)。

光顾:敬辞,商家多用以欢迎顾客。

光临:敬辞,称宾客来到。

归天、归西:婉辞,人死之称。

归省:(书面语)回家省亲。

桂冠:光荣的称号。

贵庚:敬辞,问人年龄。

贵恙:敬辞,称对方的病。

过誉:谦辞,过分称赞。

海涵:敬辞,大度包容(多用于请人特别原谅时)。

寒舍:谦辞,称自己的家。

合卺(jǐn):成婚。

红案:炊事分工上指做菜的工作。

白案:炊事分工上指做主食的工作。

候光:敬辞,等候光临(多用于请帖)。

候教:敬辞,等候指教。

后学:后进的学者或读书人,多用作谦辞。

后裔：已经死去的人的子孙。

麾下：指将帅的部下，也作敬辞，称将帅。

惠存：敬辞，请保存，多用于送人相片、书籍等纪念品时所题的上款。

惠顾：惠临，多用于商店对顾客。

惠临：敬辞，指对方到自己这里来。

五、日常口语交际的策略活动

语文这门学科是和各学科融合最紧密的一个学科，也是和生活联系最为密切的一门学科。因此，为了提升同学们口语交际的能力，在平时的学校活动和语文学习中教师都可以为学生搭建交流的平台，使其在活动中、在实践中自然而然地提升口语交际能力。

活动策划可以多角度、各方面考虑实施。

语文课上可以设计如下活动。

（1）介绍自己喜欢的一首古诗或宋词等，从题材、内容、语言、结构等多方面阐述喜欢的原因。

（2）开一次小型的辩论会，可以围绕现实生活中的实际问题展开辩论，锻炼学生的语言表达能力。例如，针对集体生活中值日生不尽责一事可以展开讨论，正方：享受权利是人生最快乐的事；反方：尽义务是人生最快乐的事。

（3）交流自己喜欢的对联，从思想内容和语言艺术角度阐述喜欢的原因。

学校也可设计相应的语言表达活动。

（1）校园朗读者。找自己喜欢的一段文字进行朗诵，并说明喜欢的理由。

（2）校园演说家。从学校设定的演说主题中选择自己喜欢的主题进行演说。

（3）心阅四季。在每周的广播晨会上由一名同学向大家推荐一本自己喜欢的书籍，选取自己最喜欢的一段文字，用心、动情地阅读，并分析其中的深层次含义。

在经济发达、重视信息的社会中，人们往往根据一个人的说话水平和风度来判断其学识修养和能力。拥有好口才，往往能轻而易举地打开人与人之间交流的大门。无论一个人多么聪明，接受过多么高深的教育，穿着多么漂亮的衣服，拥有多么丰厚的资产，如果没有办法表达自己的思想，就没有办法和人进行有效的沟通。因此，学会正确的表达是十分重要的，也是非常必要的。

第四章 "朗"其感悟,"读"析人生
——语言能量课程之校园朗读者

一、校园朗读——情智共生的语言载体

董卿在《朗读者》第一期节目中这样介绍:"朗读者就是朗读的人,在我看来可以分为两部分来理解,朗读是传播文字,而人则是展现生命,将值得尊重的生命和值得关注的文字完美结合,就是我们的《朗读者》。"

《朗读者》以个人成长、情感体验、背景故事与传世佳作相结合的方式,选用精美的文字,用最平实的情感读出文字背后的价值,从而实现文化感染人、鼓舞人、教育人的传导作用,展现有血有肉的真实人物情感。

"校园朗读者"是在此基础上让学生们选取适合初中生阅读的优秀的名家作品,选取适合的角度,从中感悟故事内容、人物形象、情感内涵、思想意义等,并结合校园生活、人物自身经历把它介绍给同学们,达到思想启迪共鸣、调整心理认知、乐观面对生活目的的一个校园文化活动。

二、选材——广泛涉猎又取之有度

教育家说:书是智慧的钥匙。政治家说:书是世代的生命。

经济家说:书是致富的信息。文学家说:书是人类的营养品。

史学家说:书是进步的阶梯。奋斗者说:书是人生的向导。

求知者说:书是饥饿时的美餐。探索者说:书是通向彼岸的船。

迷惘者说:书是心中的启明星。学生们说:书是不开口的老师。

书籍有科普类、知识类、文学类、故事类、卡通类等,十分驳杂,并且书籍又有好坏之分。

我们应该怎样来选择适合自己的书籍呢?

在这浩如烟海的书籍中,选择适合自己的读物是尤为重要的。读好书,可以

使人博闻强识、获益匪浅;读坏书,则使人偏离正轨、碌碌无为。

美国思想家、文学家、诗人爱默生有三条可行的读书规律:

一是不读问世不到一年的书;

二是不读没有名气的书;

三是不读自己不喜欢的书。

那么,初中生究竟该选择什么类型的书籍呢?

第一,要选择能够加强课内知识学习的书籍。读书有益,但人的精力是有限的。学生应该选择与学校知识有相关联系的书籍,如选择与中考文学常识相关的书籍——中国古典四大名著,选择能够教会自己如何思考、如何表达的《林清玄散文》等。

第二,要选择能够开阔眼界的书籍。一个人的眼界阅历,直接决定了他的成长方向,关乎着他的未来。这一类书籍有介绍异域风情、描绘风雨人生的《撒哈拉故事》;让人从另一面来看待人类发展,将其概括成为认知革命、农业革命、科学革命三大板块的尤瓦尔·赫拉利的《人类简史》等。

第三,要选择能够提高阅读能力的书籍。读之有效,不厌其烦;读之无趣,弃之如敝履。例如,赫塔·米勒的长篇小说《呼吸秋千》,被誉为一部气势磅礴、夺人心魄及令人谦恭的小说,甫一出版便获得了德国书奖。故事背景设定于"二战"结束时,主人公是17岁男孩,他被送到乌克兰劳动营。这些曾在"二战"中与纳粹政权合作过的德国人,受尽非人的待遇。作者以大角度描绘了这个悲惨的年代。书中有许多耐人寻味、品鉴的内容,可以帮助学生更好地提升阅读能力。

第四,要选择能够丰富、健全人格的书籍。书中的内容、人物品质,都是能够极大程度地影响当代青少年思想品行的,其意义在于潜移默化地改变人。例如,《我的生活:海伦·凯勒自传》这本书是一部励志经典,能让我们变得更加坚强。

三、要点切入——多彩纷呈的展现

朗读,是每一个学生所应具备的能力。这不仅能够展现一名学生的语文底蕴,即生字量的积累、句子含义的理解、人物形象的概括、思想主旨的提炼,也能够展现其读文章时的情感流露、人物特点的掌握情况等。所以,朗读绝不只是对文字内容的盲目浏览,更是要对其精神思想有一定的认识挖掘。"朗读者"就是将其欣赏的一部作品,就其中的某一角度进行整理,结合作品内容和自身的解读认知,用语言展现给大家。

欣赏一部作品,可大致从以下角度入手:结构、语言、情感、主题、内容、形象、意境、表现手法等。那么对朗读者来说,情感、主题、内容、形象这四个点是最有生活气息,最有挖掘价值,最适合初中生把握、交流,最易引起情感共鸣的。所以,朗读者要抓住交流的主要角度,这是极其必要的。怎样抓重点角度? 其核心原则就是一定要"细",即交流的要点一定要小,不能大范围地笼统介绍,否则面面俱到,也就面面不到了。

范例一:

濮存昕在《朗读者》节目中朗诵了老舍的散文《宗月大师》节选,内容讲的是老舍对曾经将自己领进学堂的刘大叔的感恩之情,并发表感言:我想,我也会对帮助过我的人心存感激。濮存昕老师从一个广为人知的切入点,把这一话题表达得淋漓尽致。

范例二:

一位学生在读完《海底两万里》后说:"我佩服阿龙纳斯教授那种诚恳待人的精神;佩服康塞尔那种对待主人礼貌、诚实的态度,无论什么事都是他抢先帮主人做;还佩服尼摩船长的勇敢精神,他在关键时刻去帮助教授。"他从人物品行上把书中人物概括得准确凝练。

范例三:

一位同学在感悟《西游记》一文中这样写道:"这本书展现了师徒四人坚持不懈、永不退缩的精神,即使路途中困难重重,也绝不屈服。他们不怕困难、勇往直前,他们互帮互助、互相信任、团结合作,体现了团队精神。《西游记》这本书让我明白了很多道理,也给了我深深的启示:在学习上,遇到困难要像孙悟空那样,不怕困难,'斩妖除魔',勇往直前;在生活中,要像唐僧一样处事冷静,顾全大局;在其他方面,要像沙僧一样任劳任怨。"简单的笔墨,细腻的语言,把极具故事色彩的小说从意义影响方面描摹得恰到好处。

范文校正:

触动心灵的文字

假期,我偶然间读到了中国现代作家沈从文的散文《鸭窠围的夜》,下面,我将触动我心灵的文字分享给大家:"火光煜煜,且时时刻刻爆炸着一种难于形容的声音。火旁矮板凳上坐有船上人,木筏上人,有对河住家的熟人。且有虽为天所厌弃还不自弃的老妇人,闭着眼睛蜷成一团蹲在火边,悄悄地从大袖筒里取出一片薯干,一枚红枣,塞到嘴里去咀嚼。有穿着肮脏身体瘦弱的孩子,手擦着眼睛傍着火旁的母亲打盹。屋主人有位退伍的老军人,有翻船背运的老水手,有单身寡妇,借着火光灯光,可以看得出这屋中的大略情形,三堵木板壁上,一面必有个供养祖宗的神龛,神龛下空处或另一面,必贴了一些大小不一的红白名片。这些名片倘若有那些好事者加以注意,用小油灯照着,去仔细检查,便可以发现许多动人的名衔,军队上的连副、上士、一等兵,商号中的管事,当地的团总、保正、催租吏,以及照例姓滕的船主,洪江的木牌商人,与其他人物,无所不有。这是近十年来经过此地若干人中一小部分的题名录。这些人各用一种不同的生活,来到这个地方,且同样地来到这些屋子里,坐在火边或靠近床上,逗留过若干时间。这些人离开了此地后,在另一世界里还是继续活下去,但除了同自己的生活圈子中人发生关系以外,与一同在这个世界上其他的人,却仿佛便毫无关系可言了。他们如今也许死掉了,水淹死的,枪打死的,被外妻用砒霜谋杀的,然而这些名片却依然将好好地保留下去。也许有些人已成了富人名人,成了当地的小军阀,这些名片却仍然写着催租人、上士等的衔头。……除了这些名片,那屋子里是不是还有比它更引人注意的东西呢?锯子、小捞兜、香烟大画片、装干栗子的口袋……"

　　沈从文阔别故乡十多年后,记述了湘西普通民众的生活方式和生命哀乐,反映了湘西单调而快活的生活及人们乐天知命的坚韧的生活态度。同时也表达了对湘西停滞、寂寞的生存状态的忧戚。在"常"与"变"中思索人类的生存和命运。

——2019届7班　侯皓轩

　　如果从对文章内容的认识来说,该文准确具体地把握了沈从文想要表述的思想,把在鸭窠围这个静谧的夜晚中所感触到的心曲吐露得极为真挚、优美、感人,清晰地捕捉到了过去与现实的对比、"常"与"变"的思考。但是,所有类型的人物,其故事、经历、曾经与不可知的未来的变化,具体如何,仍未可知。更何况整体的介绍对于一个初中生而言,能有多少收获,能带来多少思考,又能够引发多少感悟？这是不言而喻的。如果能就其中一个点,进行具体细致的挖掘,效果一定会更好。例如,可以选择该文中关于自然美、人情美、人性美的任意一个点,来细细品味,大家就能够听懂,同时也更有利于学生们在记叙文写作中写景、抒情、塑造人物形象等方面的能力提升。

作品人物网这样赏析:且让我们沉浸到作品营造的氛围中,来静静倾听——先是泊船时钢钻头敲打着沿岸的大石头,发出好听的声音;船泊定后,烧火煮饭的声音便弥漫于夜色笼罩之中;待黑夜占领了全河面时,声音变得更丰富了:船上岸上的说话声,吊脚楼里妇人唱小曲的声音,笑嚷声,小羊"固执且柔和的声音","一个唱曲时清中夹沙的妇女的声音",吊脚楼里的女人与水手分别时琐碎的嘱托声,猜拳声,远处不知什么地方的锣鼓声……总之,是声音及由此而展开的想象,构成了这篇散文的主体。

沈从文把与众不同的湘西人文特点,用声音全面具体地展现出来,让人叹为观止!

四、气场——朗读应具有的魅力

我们参与朗读活动,除了选择好的书籍,细化取材角度,选择合理的内容与大家分享,更重要的是还要有一定的气场。因为我们此时的朗读,不是私下里的了解领悟文本，而是要把我们在作品中所收获的最主要的信息与听者交流，从而达到思想上的共鸣，所以，气场就不可或缺了。

怎样才能具备相应的气场呢？

第一，要想具备气场，必须熟悉自己要交流的文章内容。

一个朗读者，之所以上台怯场，就是因为自己对资料内容不够熟悉，因此缺少自信。反复练习，录音录像，把朗读内容熟稔于心，然后通过自我批评实现进步，这是非常可行的方法。

第二，要想具备气场，必须注意自身的衣着。

适合自己的服装，能够彰显一个人的气质，充分表现其内涵，让自我身心舒畅，让观众赏心悦目。服装的选择不仅要适合自身，还要契合朗读内容、舞台气氛，只有这样才能取得想要的表演效果。

第三，要想具备气场，必须注重情感的表达。

朗读者的情感是由所读文章内容和所讲要点决定的。介绍美丽景色，情感要舒缓细腻；陈述故事内容，情感要平静自然；赞美人物形象，情感要抑扬顿挫；讴歌时代精神，情感要慷慨激昂。

第四，要想具备气场，要注意互动与沟通。

台上讲解的内容无论多精彩，只是一人独说。在自己的朗读内容中适当地设计简单的、易于回答的问题，往往会有意料之外的收获。这样，依靠台上台下的配合，会形成紧密的互动，使场面热烈、氛围浓厚。"讲"与"听"共同产生的舞台震撼力，一定是朗读者独自所无法达到的境界。

五、朗读——规划人生的意义

哈尔滨市第四十九中学校精心设计了一系列校园语言类活动，"校园朗读者"就是其一。这一活动不仅能够增长学生的见识，拓展学生的视野，也能够促进同学之间的交流，增进大家的友谊，更能够加深学生与学校之间的融合度，加强学生的归属感，给学生提供表现自己的机会，积极发展个人才能，从字里行间、人物品质、思想内涵上给大家以精神的慰藉、鼓舞，为自己的人生观、价值观确立正确的方向，让中学生的课余生活变得精彩而有内涵。

"校园朗读者"既是学校组织调动学生们提升读书热情的一个载体，也是以个例来引领其他学生成长的有效方式。

怎样让自己的演讲更生动、更震撼,达成共识呢?

从宣讲内容出发,从文本立意出发,有益于听者接受。为了让效果明显,朗读者可以从文本中摘抄典型文字例举,或者从其他方面搜集整理图画来使朗读更具感官性,或者借助音乐创设相应意境,达到"讲"与"听"的和谐统一。

语言的能量是无穷的。品自己之所读,选自己之所喜,悟自己之所思,联听者之所好,尽自己之所能,达和谐之统一,是为"校园朗读者"之最高境界。

练习:请你结合下文内容对其中一篇进行朗读感悟的宣讲。

范例一:

今天我要推荐的这本书,叫《三国志》,顾名思义,它讲述的是三国期间发生的事。《三国志》被后人称为正史,是二十四史中评价最高的"前四史"之一。《三国志》记载了从魏文帝黄初元年到晋武帝太康元年,魏、蜀、吴三国鼎立60年的历史。

在《三国演义》中,给我印象最深刻的故事是诸葛亮"草船借箭"。《魏略》中写道:"权乘大船来观军,公使弓弩乱发,箭着其船,船偏重将覆,权因回船,复以一面受箭,箭均船平,乃还。"可见,草船借箭确有此事,但故事的主人公却不是诸葛亮。但不可否认的一点是,《三国演义》文学色彩偏重,需要刻画人物形象,让读者记忆深刻,而《三国志》只是如实地记载了发生的事情,十分真实。所以我长大后比较喜欢看《三国志》而非《三国演义》。

我记忆较深刻的一件事,就是小学老师要求读《三国演义》。我听《三国演义》的评书时,第一章就是《张飞怒鞭督邮》。我当时觉得张飞的长相和他的作风好像啊,还上网查了相关资料。这一查可不得了,映入眼帘的主人公居然是刘备!可见,历史上的刘备未必那样柔弱,张飞也未必那么粗野,而想要刻画人物,就不得不与历史有出入。

当然,我不是不提倡大家读《三国演义》,而是我觉得,通过读《三国演义》获得兴趣后,再去读一读《三国志》,更能激发对三国时期历史的兴趣,更能扩大知识面。

——哈尔滨市第四十九中学校八年九班　张桐语

点评：文章选取了多个角度来展开自己对三国时期历史的认识，内容、人物、写作特点齐头并进，但深度略为单薄。但作者具有还原历史真相的意识，生活中懂得提出"为什么？"难能可贵。

范例二：

第一百个客人

午饭高峰时间过去了，原本拥挤的小吃店，客人都已散去，老板正要喘口气翻阅报纸的时候，有人走了进来。那是一位老奶奶和一个小男孩。

"牛肉汤饭一碗要多少钱呢？"奶奶坐下来拿出钱袋数了数钱，叫了一碗汤饭，热气腾腾的汤饭。奶奶将碗推向孙子面前，小男孩吞了吞口水望着奶奶说：

"奶奶，您真的吃过午饭了吗？""当然了。"

奶奶含着一块萝卜泡菜慢慢咀嚼。一转眼功夫，小男孩就把一碗饭吃个精光。

老板看到这幅景象，走到两个人面前说："老太太，恭喜您，您今天运气真好，是我们的第一百个客人，所以免费。"之后过了一个多月的某一天，小男孩蹲在小吃店对面像在数着什么东西，使得无意间望向窗外的老板吓了一大跳。

原来小男孩每看到一个客人走进店里，就把小石子放进他画的圈圈里，但是午餐时间都快过去了，小石子却连五十个都不到。

心急如焚的老板打电话给所有的老顾客："很忙吗？没什么事，我要你来吃碗汤饭，今天我请客。"像这样打电话给很多人之后，客人开始一个接一个到来。"八十一，八十二，八十三……"小男孩数得越来越快了。终于当第九十九个小石子被放进圈圈的那一刻，小男孩匆忙拉着奶奶的手进了小吃店。

"奶奶，这一次换我请客了。"小男孩有些得意地说。真正成为第一百个客人的奶奶，让孙子招待了一碗热腾腾的牛肉汤饭。而小男孩就像之前奶奶一样,含了块萝卜泡菜在口中咀嚼着。

"也送一碗给那男孩吧。"老板娘不忍心地说。

"那小男孩现在正在学习不吃东西也会饱的道理哩!"老板回答。

呼噜……吃得津津有味的奶奶问小孙子:"要不要留一些给你?"没想到小男孩却拍拍他的小肚子,对奶奶说:"不用了,我很饱,奶奶您看……"

一念善心助长一棵幼苗,棵棵幼苗可以组成繁茂森林。

人人有爱,社会有情。

——哈尔滨市第四十九中学校七年九班 刘墨

点评:该文倾向于《朗读者》的节目样例,在结尾处以深邃并有概括性的语言加以归纳,有很强的感染力,言简意赅,深入人心。

范例三:

在人生道路上,我们总会遇到或听到许许多多感人的事情。其中有些事并没有发生在自己身边,做这些事的也是一些普通人。但是当你了解之后,不禁会为这些人赞叹,被这些事打动。

提到夏伯渝,这个名字很多人可能没听说过。他是中国登山协会成员,在截肢之后凭借顽强意志刻苦训练,向珠穆朗玛峰发起挑战。

那是1975年,他和国家登山队的队员一起向世界之巅发起冲锋,当他们爬到距离顶峰200米的时候,前进受阻,被迫原地宿营。当天晚上,一位藏族队员发现睡袋丢了,在海拔那么高的地方,晚上入睡必须有保温措施,否则身体会冻伤。夏伯渝一直被队友们称为"小火炉",他把自己的睡袋给了那位藏族队员,他想着自己身体好,一晚上没睡袋没事。

结果第二天当夏伯渝醒来时,发现自己的双脚不能动弹了,因为严寒的侵袭,他的下肢被严重冻伤,最后不得不截肢。

登顶珠穆朗玛峰一直是夏伯渝的梦想,在距实现目标200米的地方,却遭受如此重的打击,夏伯渝一度消沉。但是当他得知装上假肢还能继续爬山时,他的斗志又马上燃烧起来。

夏伯渝开始恢复锻炼,对此时的他来说,必须比别人付出数倍的努力才能达到登山要求,但夏伯渝坚持了下来。30多年间,他还经历了癌症等其他病痛,但他没有动摇,始终坚持高强度训练。

辛苦付出,终有回报。2012年,夏伯渝登上了海拔7 500米的慕士塔格峰,他的下一个目标是珠峰。夏伯渝痛恨珠峰,珠峰夺去了他的双脚,同时,他又如此渴望征服珠峰,为了这一天,他准备了40年,夏伯渝要向珠峰再次发起挑战。

夏伯渝的故事深深打动了许多人,他顽强拼搏的意志,他永不言败的坚持,让我们不得不为之叹服。

我们的人生道路上也会遇到许许多多的挫折与失败,当我们感到沮丧时,想一想夏伯渝,我们还有什么不能坚持的呢?

——哈尔滨市第四十九中学校七年十三班　李泽昊

点评:夏伯渝的故事带给人们深深的触动,该文很好地讲述了夏伯渝的人物经历,把他身上的闪光点、可贵的品质全都挖掘了出来,并从内心深处发出强烈的呐喊:生活中我们也要懂得坚持,勇敢地去面对苦难。

范例四:

同学们,利用假期时间,我阅读了一部让人感慨至深的作品——《百年风雨路》。

你们知道北斗卫星吗?接下来我给大家讲一讲北斗卫星成功发射的故事。

从2000年10月第一颗北斗一号试验卫星成功发射,到2020年6月23日北斗三号最后一颗全球组网卫星完成部署,20年来,44次发射,中国先后将4颗北斗试验卫星,55颗北斗二号、三号组网卫星送入太空,完成全球组网。北斗精神倾注着责任与担当,浸透着爱国和情怀,满含着拼搏和创新。我们要弘扬北斗精神,不懈探索,砥砺前行,让科技之光闪耀世界。"北斗精神"告诉我们,所有的梦想都需要出发,都需要行动,都需要经历一个探索的过程,它由顺利和挫折组成,人生亦如此。那鲜艳的五星红旗因为北斗人而更加光彩夺目!仰望星空,北斗璀璨,脚踏实地,行稳致远。

  有一位老人在2016年9月1日的《开学第一课》上给我留下了深刻的印象,他就是104岁的秦华礼老爷爷。他给我们讲述长征故事、红军精神、南邮精神。然而在2020年,108岁的秦华礼老爷爷与世长辞了。在他刚刚107岁时,曾去烈士纪念馆看望他的战友。他步履蹒跚,手臂不住地颤抖,深深地弯下腰,眼中泛着闪闪的泪光。他总说他要用一生来建设战友用生命换来的祖国!他也真的做到了,他为党献出一生。在南京邮电学院任职时,尝建校酸甜苦辣,桃李满天下。退休后还做演讲,讲革命传统、革命历史。秦老的精神告诉我们:伟大的人也是平凡的人,平凡的人亦能做出伟大的事。哪一个成功的人,不是从小事做起的呢?一位老人,一种执着,奉献一生,不言放弃。

——哈尔滨市第四十九中学校六年九班 于越

  点评:秦华礼的人物经历,可以说是老一辈无产阶级革命家的缩影,他把自己的整个人生用一部作品切实地记录了下来。他的事迹,值得人们追寻;他的人生,值得后辈敬仰;他的贡献,堪称英模典范!

第五章　真理愈辩愈明

一、辩论含义我知道

辩论就是对不同的观点，双方展开争论。彼此用一定的理由来说明自己对事物或问题的见解，揭露对方的矛盾，以便在最后得到共同的认识和意见。

辩论赛在形式上是参赛双方就某一问题进行论辩的竞赛活动。实际上是围绕辩论而展开的一种知识竞赛，是一项可以提高思辨能力、多角度思考问题、全面看待事物、丰富课余知识、培养团队精神、锻炼思维表达的活动。

二、辩论就在我身边

事不说不清，理不辩不明。一件事往往是"公说公有理，婆说婆有理"，遇到一些容易产生分歧的问题，怎么办？为了更好地解决问题，找出真理，往往要进行辩论。辩论是一种在生活和社会活动中经常用到的口语交际方式。大到联合国关于国际事务的争端，小到学习、工作中出现分歧时的争执，都有可能涉及辩论。

1. 历史中的辩论

《三国演义》中诸葛亮曾在江东"舌战群儒"，一举促成孙刘联盟。

孔明听罢，哑然而笑曰："鹏飞万里，其志岂群鸟能识哉？……吾主刘豫州，向日军败于汝南，寄迹刘表，兵不满千，将止关、张、赵云而已……当阳之败，豫州见有数十万赴义之民，扶老携幼相随，不忍弃之，日行十里，不思进取江陵，甘与同败，此亦大仁大义也。寡不敌众，胜负乃其常事。昔高皇数败于项羽，而垓下一战成功，此非韩信之良谋乎？……坐议立谈，无人可及，临机应变，百无一能，诚为天下笑耳！"这一篇言语，说得张昭并无一言回答。

2. 日常生活中的热点辩论

随着"互联网+"时代的来临,智能手机走进千家万户,同学们几乎人手一部手机,但是也带来了视力下降、网络成瘾等问题。因此,教育部明令禁止学生将手机带入校园,大家对此有什么意见和看法?

共享单车,绿色出行,低碳环保,这种极为普遍、便捷的交通工具在我们的生活中发挥着重要作用,骑车上路已经成了一道风景。但是《中华人民共和国道路交通安全法》规定,12周岁以下的儿童禁止骑自行车上路。对此大家有什么看法?

3. 中考情境试题中的辩论

(1)(2018·襄阳)《见字如面》节目播出后,越来越多的人认识到家书在寄托情感方面的重要作用。学校拟开展"手写家书"活动,可同学李明却说:"有了网络和手机,还用得着用笔墨写信吗?"听了他的话,你该怎样劝说他积极参与活动?

(2)(中考模拟·山东)随着微博、微信的迅速发展,人们可以通过手机等移动终端随时随地获取海量的碎片化信息。毫无疑问,我们现在已经进入了碎片化阅读时代,似乎一切信息、知识唾手可得,阅读显得如此轻松、容易。针对这一现状,某班级准备就碎片化阅读的利与弊分正反两方展开辩论,请你选择一方,在辩论会上陈述观点。

4 课本中思想家的辩论——庄子与惠子游于濠梁之上

庄子与惠子游于濠梁

原文:庄子与惠子游于濠梁之上。庄子曰:"鯈鱼出游从容,是鱼之乐也。"惠子曰:"子非鱼,安知鱼之乐?"庄子曰:"子非我,安知我不知鱼之乐?"惠子曰:"我非子,固不知子矣;子固非鱼也,子之不知鱼之乐,全矣!"庄子曰:"请循其本。子曰'汝安知鱼乐'云者,既已知吾知之而问我。我知之濠上也。"

译文：庄子和惠子一起在濠水的桥上游玩。庄子说："鲦鱼在河水中游得多么悠闲自得，这是鱼的快乐啊。"惠子说："你又不是鱼，哪里知道鱼是快乐的呢？"庄子说："你又不是我，怎么知道我不知道鱼是快乐的呢？"惠子说："我不是你，固然不知道你（的想法）；你本来就不是鱼，你不知道鱼的快乐，这是可以完全确定的。"庄子说："请你回归最开始的设定，你说'你哪里知道鱼快乐'这句话，就说明你很清楚我知道，所以才来问我是从哪里知道的。现在我告诉你，我是在濠水的桥上知道的。"

5. 专业领域的辩论

在舞蹈培训课期间，5岁女童小季帮练习下腰的小丁起身，却导致小丁跌坐在地上，不幸脊髓损伤、截瘫。一审法院判决培训中心承担90%的责任，小季及其监护人承担10%的责任。后来，中级人民法院二审法院就舞蹈中心到底有没有监护责任、舞蹈中心管理上有没有过错、5岁的小季有没有过错等相关问题，在法庭上展开庭审辩论，最后做出二审改判，判决小季不负法律责任，由培训机构承担受伤女童小丁各类费用211万余元。

从古时孟子、庄子一代大思想家充满睿智的哲辩思维到现在日常生活中家长里短的广义辩论，从应用性极强的法庭辩论、议会辩论到主题性大型辩论赛事，辩论无处不在，无时不有。由此可见，了解和认识辩论、参与辩论是多么重要。辩论可以提高人们的表达能力和应变能力，在实践中锻炼思维。掌握辩论的技巧，不仅可以丰富认识、增长才智，还可以全面地看待事情和处理问题。

三、辩论锦囊我来学

（一）辩论前的准备

（1）搜集。辩论开始前，要有针对性地搜集材料。既要搜集能证明自己观点的材料,也要搜集能反驳对方观点的材料。

(2)整理。选择的事例要有说服力,要简洁。可以引用名人名言,还可以根据观点对材料进行梳理、归纳。

(二)辩论赛的流程

辩论赛的流程见表5.1。

表5.1 辩论赛的流程

流程	任务	时间	规则
开篇立论	由一辩立论,进行辩论陈述	正反方时间各为3分钟	陈述本方观点,要求逻辑清晰,言简意赅,有说服力
攻辩	针对对方立论环节的发言进行回驳和补充自己的观点	每一轮攻辩阶段为2分钟	由正方二辩开始,选择反方的二辩或三辩其中一人进行攻辩。正反方交替进行。攻辩双方必须单独完成本轮攻辩,不得中途更换
自由辩论	正反方辩手自动轮流发言,同一方辩手的发言次序不限	时间为10分钟,双方各5分钟	发言辩手落座为发言结束,即为另一方发言开始的计时标志,另一辩手必须紧接着发言,若有间隙,照常累计时间
结辩	由四辩进行辩论总结	时间为3分钟	辩论双方应根据辩论赛整体态势进行总结陈词,不要脱离实际和一味读稿

(三)学写最强辩论词

电视节目《最强大脑》的主持人蒋昌建曾参加首届国际大专中文辩论赛,并荣获"最佳辩手"称号。复旦大学辩论队舌战狮城,力挫群雄,点评嘉宾杜维明给予了复旦大学辩论队极高的评价。而复旦四辩蒋昌建结辩陈词最后的那句"黑夜给了我黑色的眼睛,我注定用它寻找光明"也成为华语辩坛不朽的经典,在很多人看来它代表着一个时代,一个人们相信辩论是为了真理的时代!可见好的辩词是多么重要。

一辩辩词:

大家好!哲学家康德主张,人不分聪明才智、贫富美丑都具有理性。孟子认为人性本善,所以进一步又加了一句,每个人都有恻隐之心。而佛家说,一心迷是真身,一心觉则是佛。正因为人性本善,所以人随时随地都可以放下屠刀、立地成佛。我方主张人性本善,就是主张人性的根源点是善的,有善端才会有善行。

我方不否认在人类社会中存在恶行,但是恶行的产生是由外在环境所造成的,所以恶是结果而不是原因。如果硬要说恶是因不是果,也就是说人性本恶,那么人世间根本不能产生真正的道德。

虽然英国哲学家霍布斯极力主张在人性本恶的前提下人类可以形成道德。但是想想看,如果人性本恶,人类一切道德规范都是作为人类最大的利己手段,当道德成为手段时,道德还是道德吗?也就是说,人一旦违犯道德而不会受到处罚,人就不会遵守道德的约束了。深夜两点我走在道路上看到红灯,如果人性本恶我就会闯过去,因为不过是为了个人方便。但事实上并不是如此,仍然有许多人遵守交通规则。而根据人性本恶的前提假设,霍布斯认为,必须有一个绝对的、无所不在的权威监督每个人履行道德规约。如果人性本恶,没有一个人会心甘情愿地遵守道德规约,但是事实证明:人是有善行、有道德、有利他的行为的。如果人性本恶,那么我们只有两种选择:第一种是活在一个"老大哥"无时无刻不监督我们的世界中;第二种是人类彼此不再相信。如果这样的话,一位老奶奶跌倒了有人把她扶起来,人们却说这个人居心不良;而我们在辩论会中建立起来的友谊都是虚假的装腔作势。但是我们会发现,在人类历史中,没有一个绝对权威的君主曾经产生过,但是舍己为人的事情在不断地发生。而在生活中,为善不为人知的人更是比比皆是。这难道不正是人性本善的最佳引证吗?(国际大专辩论赛)

此段辩词能紧紧围绕"人性本善"这个辩题展开论述,论点明晰,论据充足,简短有力;引证恰当,分析透彻;语言表达不仅清晰流畅,而且层次清楚,逻辑严密。

(四)争做最佳辩手

1. 表达方面

把握开局主动,要保持充足的自信,确保每句话都有"战斗力"。对准辩论的焦点,用干净利落的话语瓦解对手的观点。要注意根据表达的需要,调整语速、语气、语调。用语文明,发言内容健康,不进行人身攻击。在双方观点对立时不要情绪激动,要保持平和的心态,有礼有节进行辩论。

2. 倾听方面

对方发言的时候,一定要静心地聆听。从他们的措辞、语调、音量中,尝试判断其观点的薄弱环节。辩手要高度集中注意力,听清、听准、听懂对方的发言,快速思考,及时发现对方观点和语言表达上的问题。抓住对方论据的疏漏,指出对方论证方法的错误,在攻辩和自由辩论中,集中攻击这些环节,力求先声夺人。

3. 应对方面

抓住对手主要观点中的核心部分,展开正面进攻,进行逻辑分析,迅速做出反应,积极应对。一定要鲜明地表达己方的观点,切不可模棱两可,含糊其词。辩论需要团队协作,在辩论过程中要注意保持内部观点的一致性,不要出现同意对方观点,失去己方立场的情况。辩友之间要进行有效的合作,配合默契,观点统一。

四、辩论案例我来析

在校园中,我们常常会针对校园建设、班级学风、社会热点等方面进行辩论。

(一)明确校园辩论分类

(1)小型辩论会,全体参与。这类辩论具有新闻的特点,针对现阶段的校园、班级热点问题展开论述,人人都可以参与,表明看法。准备好辩论提纲后,同学之间就可以进行对辩练习,互相进行评议。通过摆事实、讲道理,提高反应能力和思辩能力。

(2)大型辩论赛事,具有对抗性。这类辩论是有主题的辩论,主题具有深刻性。班内进行选拔最能代表班级实力的同学组成辩论队。双方各四名辩手,选出一辩、二辩、三辩、四辩参加校内的辩论赛。辩论经过初赛、复赛、决赛等过程,最终评选出优胜队伍,颁发荣誉证书和奖杯。决赛现场有主持人、嘉宾评委、学年学生参加,经常有现场互动环节,以增强辩论的氛围。

(二)明解校园辩论展示案例

案例一:

辩题:"计算机时代需要/不需要练字",班级搭建辩论台,学生分为正方和反方两大阵营,鼓励全体同学参与,大胆发言。

正方:古人说过"字如其人",一个人字的好坏就代表着一个人的性情。练字能使人修身养性、身心愉悦。

正方:练字不仅让人内心宁静,还能保护视力。只靠计算机不仅伤害眼睛,还可能沉迷其中,染上网瘾。

正方:我方观点是,计算机时代需要练字。写一手好字是一种艺术,文字的艺术是人类特有的,汉字书法是中国独创的表现艺术!

正方:汉字是中华民族的传统文化之一,每一画都有着不同的意义,我们应该传承中华文化。汉字也是一门艺术,具有独特的美感,让人赏心悦目。

反方:计算机时代不需要练字。我们应该适应新的时代变化,科技在高速发展,有了键盘输入、语音输入,沟通交流等非常快捷,不需要再花时间练字了。

反方:我方认为不需要认真练字。使用计算机可以对文档进行快速编辑,复制粘贴能大大地提高书写效率,节省大量的时间,排版也更加美观。

反方：计算机时代不需要练字，计算机里的字体样式美观大方，远远超过普通人的书写。用大量时间和精力去练字，往往不如计算机呈现的效果理想。计算机与生活的联系越来越紧密，许多文件的下发和传送都以电子版呈现，尤其是远距离办公、学习等场合，必将取代传统的文字书写。

评析：正、反双方辩手能够围绕辩题组织材料，论点明晰，论据充足，引证恰当，条理清楚，逻辑严密。

案例二：

辩题："不可以说谎/可以讲善意的谎言"。对抗性辩论，组建辩论队伍，确定辩手。

正方一辩发言：不可以说谎。

各位辩友，大家好！我方的观点是"不可以说谎"。说谎直白地说就是骗人，人们欺上瞒下，欺诈盈利。以说谎来做文章，社会将会混乱不堪。孔子说："人而无信，不知其可也"，看来早在春秋战国时期，人们就认识到诚信的重要性。当今社会，创建诚实守信的社会，人们更不应说谎，哪怕是善意的谎言，也应止于口。一个人经常说谎，久而久之就会失去人们的信任。一个谎言的背后会有更多的谎言，就像滚雪球一样，越滚越大，终有真相暴露的一天。说谎会给他人提供错误的信息，使他人做出错误的判断，出现错误的行动。说谎者由于缺乏诚信，往往心理还要承受巨大的压力，因害怕他人知道真相而如履薄冰，战战兢兢度日。说谎者只是单一地从自身出发，缺少与他人的有效沟通，以自己的意识为主做出决定，可能违背他人的知情权，损害他人的利益。善意的谎言本身就是假话，尽管给一名乞丐身上披上国王的衣服，那也改变不了乞丐的命运，实质上它还是谎言，意味着欺骗。

反方一辩发言：可以讲善意的谎言。

大家好,我是反方一辩选手,我方观点是可以讲善意的谎言。首先我们来分析题目,可以把善意与谎言这两个词提炼出来,善意的意思是善良的心意,好意;而谎言的意思才是对方辩友所说的蒙蔽与欺骗他人,从而给他人造成心理上、经济上的危害和痛苦。所以当我们把善意与谎言结合起来时,善意改变了谎言的本质,它在谎言的基础上做了修饰,让谎言即刻变成理解他人、宽容他人的一种言语,而不是居心叵测,去欺骗他人。

善意的谎言是一种处世的方式,是一种高情商的体现。现在网络上有一个流行词语——"直男",意思就是一个人什么话都直说,让别人听了感觉很不舒服,觉得这个人情商很低。所以善意的谎言出于善意的动机,只有你以维护他人的利益、自尊为出发点时,才会费心在谎言上稍做修饰。因此,善意的谎言无碍于诚信。如果把善意的谎言带到生活中去,当贫穷的母亲把仅有的饭菜留给儿女,同时隐瞒了自己还饿着肚子的事实,难道您还指责善良、崇高的母爱"不诚信"吗?有个成语是"望梅止渴",这个成语故事发生在三国时期,曹操为了让大家加快脚步,就说前面有一片梅林,士兵听了之后有了精神。这个故事能说明曹操不讲诚信,欺骗大家吗?我想当时如果没有曹操那善意的谎言,恐怕大家早已丢失了性命。莎士比亚说:"生活中,善意的谎言可以让生活增添色彩。"善意的谎言让人与人之间的关系变得融洽,让世界充满和谐。最后,我想问一句:"大家敢保证从小到大一句谎话都没有说过吗?"

评析:作为辩论双方的一辩选手,首先代表双方进行立论发言,深刻阐述本方的观点,理由充分,从不同层面进行解读,反问句式加强说理气势,层次清楚,逻辑严密。

五、辩论问题我来思

在辩论过程中,哪些同学表现特别出色?我们从中学到了什么?有哪些地方可以做得更好?在辩论后,我们要不断地总结思考辩论时出现的问题及解决办法。例如,从辩题入手,明晰议论文写作与辩论的相同点和不同点。学习现场辩手论辩的语言表达技巧、举手投足的肢体语言和辩论的气势。不断反思和借鉴大型辩论赛事的经验,会让辩论越来越完善,真理越来越明晰。总而言之,辩论是一种综合能力,不仅可以培养学生的语言表达能力,还可以培养学生的辩证思维能力、逻辑思维能力。

范例一:

各位评委,对方辩友,大家好!有志者、事竟成,破釜沉舟,百二秦关终属楚;苦心人、天不负,卧薪尝胆,三千越甲可吞吴。所谓有志,包含两层含义,一是有志向的,立身行事,有切合实际的目标;二是有志气,也就是有坚定的意志决心,足以变成赤诚,最终获得成功。当然,努力也是至关重要的。汉代史官司马迁立志写出史记,承受苦难,历经十载终成旗帜;晋代书法家王献之立志练好书法,十八缸冷水中成就一代书法大师;游客徐霞客少年立志要游遍名山大川,经过30年考察,写出60万字的《徐霞客游记》……历代成功者无不是先立志而后成功。文王拘而演《周易》;仲尼厄而作《春秋》;屈原放逐,乃赋《离骚》;左丘失明,厥有《国语》;孙子膑脚,《兵法》修列;不韦迁蜀,世传《吕览》;韩非囚秦,《说难》《孤愤》;《诗》三百篇,大底圣贤发愤之所为作也。这些人都是有志之人,正因为有志向,所以在人生的低谷,他们才能有坚强的意志与决心摆脱所有的困难而最终有所成就。俗话说,世上无难事,只怕有心人,有作为的人就是敢于立志之人,正由于敢于立志,下决心去做事,才能克服种种困难最终取得成功。

点评:此部分是开篇立论陈词发言,是正方观点的展示。要注意分析题目后阐释观点,紧紧围绕观点来摆事实、讲道理,删除与论点无关的文字。作为支持观点的材料,三个即可,过少不充分,过多则烦琐。材料要准确,有说服力,否则容易成为对方攻击的对象。

范例二：

　　烈日下的戈壁，一颗种子努力扎根，汲取水分，终成耐得住风沙的胡杨，一朵海星花不畏燥热，扩大根系，终成五彩气旋的小花，惊艳于世。人生亦是如此，在人生的波涛与洪流中，只有在逆境中激发拼搏的力量，化作一只小舟，方能摆渡到成功的彼岸。

　　逆境，缔造辉煌。痛苦、失败是一种逆境。克服逆境中的困难往往就是成功的契机，坚韧不拔的努力迟早会有所收获。数十年的跋涉困苦是李时珍的逆境，正因如此，才会有《本草纲目》的诞生，才会有他在医药学上的成就；十年辛苦是曹雪芹的逆境，于是才有了《红楼梦》的问世，才有了中国古代文学的又一座高峰；官场的黑暗和残酷的现实是郑板桥的逆境，于是才有了住寒舍、画青竹的一方净土，才有了"扬州八怪"之首席。

　　人生从来就是一场艰难的逆境旅行，生活磨砺着我们，我们必须承受逆境中的磨砺。鹰在汹涌澎湃的海浪中拼搏以对，所以才看到了人生中最壮丽的海景；梅花在寒冷的冬日顽强以对，所以立于风霜雨雪之中看到了一个洁净的冬天。承受逆境中的磨砺会很痛，但这种痛就是成长的内涵。在磨砺的过程中，我们失去了不谙世事、轻浮急躁，也会收获精明干练、成熟稳重，这种得失交换其实是值得的，更是生命的必然。好比练习芭蕾舞，只有经历过钻心的苦痛，才会成为真正的舞者，才会找到艺术的真谛。人类正是历尽磨难而甘之如饴，才将我们的生命演绎得如此波澜起伏、跌宕有致、如诗如画、如梦如歌。

　　孟子曾经说过："故天将降大任于是人也，必先苦其心志，劳其筋骨，饿其体肤，空乏其身，行拂乱其所为，所以动心忍性，曾益其所不能。"泰戈尔曾说："只有经历过地狱般的磨砺，才能练就创造天堂的力量。只有流过血的手指，才能弹出世间的绝唱。"正如司马迁所说："盖文王拘而演《周易》；仲尼厄而作《春秋》；屈原放逐，乃赋《离骚》，左丘失明，厥有《国语》"。珍珠的圆润光泽就是来自沙砾的磨蚀。这个世界上，也许尽如人意的事并不多，只有多一些忍耐，多一些等候，多一些磨折，只有在逆境中拼搏,才能获得成功。

在生活中坦然而执着,顺境中,居安思危;逆境中,自强不息。只有如此,我们才可以去留无意,宠辱不惊,坐看庭前花开花落,笑望天间云卷云舒。

——哈尔滨市第四十九中学 张云菲

点评:辩论时要做到观点明确,赞成什么、强调什么、突出什么要明确果断,决不能含糊其词。说理简洁更能表达辩论的观点,举例可以简短有力,不用过多。多议论,少描写和抒情。

范例三:

立论陈词正方:顺境更有利于人的成长。

顺境就是良好的境遇,逆境与之相对。人的成长指的是人从自然人转变为社会人,以及充分社会化的过程,以身心的健康发展和社会角色趋向成熟两个指标来体现。虽然顺境和逆境都是人成长过程中必然面对的人生境遇,但比较而言,顺境更有利于人的成长。

首先,从人的身心发展来看,一方面,科学的营养供给、健全的公共卫生体系,比起匮乏的物质保障、欠缺的公共卫生服务,更有利于人的生理成长。另一方面,顺境更有利于人心智的成长,人心智的成长包括认知能力的提升、性情的陶冶、品格的养成。在逆境中,学习环境是压制性的,可以认知事物;但是在顺境中,提供的是鼓励性的教育氛围,更有利于认知的系统发展。在逆境中可以认识到人生的艰辛,但也容易产生焦虑和痛苦,甚至产生对他人的疏离感和不信任;而在顺境中,我们更可以体会到家庭的温暖、社会的关爱、友情的可贵,从而拥有宽容开放、健康的心态。在逆境中,对人品格的培养是有条件的,很容易超出基本的心理承压范围,造成人格的扭曲;而在顺境中,对人品格的培养,却是潜移默化的,通过积极的教育手段和良好的性情陶冶,锻造更健全的人格。

其次,从人的社会化进程来看,一方面,顺境更有利于满足人生各阶段的成长需求。当我们还是孩童的时候,顺境中家庭的关爱让我们具有了自信心和自主意识;而在破碎的家庭中长大的孩子,容易自卑多疑。青少年的时候,顺境中良好的教育,可以使我们学业有成,谋生有道;而缺乏教育,则会失去成长依托,迷失生活方向。当到了成年乃至老年的时候,顺境使人在自我肯定中获得终生成长的动力;而逆境的冲击,容易使人意志消沉,自我否定。另一方面,顺境更有利于人社会角色的成熟,因为人的成长总是以其独立的担当、恰当的社会角色为标志的。逆境中的困顿,容易使人产生挫败感,从而打断终生成长的进程;而顺境中持续的社会发展、健全的制度安排、和谐的日常生活,为人的社会角色成熟提供了良好的空间。

好风凭借力,助我上青云。凭借顺境的"好风",我们可以展开成长的双翼,在人生的天际飞得更高、更远。谢谢!

(国际大专辩论赛)

点评:陈述理由做到以理服人,条理清晰、严谨,逻辑性强,说理深刻。举例简短有力,用事实说话,胜于雄辩,语言犀利。

总结陈词(正方中山大学队)

对方刚才最后一句话说,父母亲是父母亲,但成长还是自己的成长。但是有没有一个父母亲不希望自己的孩子更好地成长呢?对方今天其实要告诉大家,天下的父母说,如果你让你的孩子幸福的话,那么你错了,因为你如果不忍心看到你的孩子受苦,那是不让他成长。如果一个老师不对一个学生苛刻地要求的话,那么你错了,因为如果你不对他苛刻地要求的话,这个孩子就没有办法成长。所以今天如果在座的各位是身处名校、受过良好的教育的话,那么对不起,您没有成长。

对方又告诉我们《西游记》的故事,我们非常感动,但是《西游记》到底是有利于孙悟空的成长呢,还是有利于我们在座普普通通的人成长呢?孙悟空被压500年可以练就不坏金身,可是如果您被压了500年,恐怕也很难泰山压顶不弯腰吧?孙悟空在炼丹炉里,可以炼得火眼金睛,可是如果我在炼丹炉里,恐怕就要变成北京烤鸭了。所以其实今天对方辩友告诉我们的有两点,第一点,他告诉我们,其实您在逆境中,要付出更多的努力。顺境中,你也许只付出了三分,逆境中,你也许付出了八分,所以三分努力叫顺境,八分努力叫逆境。可是有没有人在逆境中意志消沉、借酒消愁呢?不是有一句话叫"举杯消愁愁更愁"嘛。我没有付出努力,是不是因此我就没有身处逆境了呢?如果我们有人在顺境中珍惜现有的资源,加倍地努力,付出十二分的努力,是不是在对方眼中,因为我们有了这些良好的资源、父母的关爱,因而即便我们非常努力,我们依然需要身处逆境呢?

  第二点,对方辩友其实要告诉我们的是,如果您在逆境中,能够激发您的潜能。所以当我们看到一个盲人要过马路的时候,不应该去帮助他,因为您应该告诉他,黑暗的世界更有利于激发潜能,可是我们如何能忍心呢?如果我们看到处于战乱和饥荒中的儿童的时候,对方辩友也应该告诉大家,我们不应该对他们施以援手,因为我们何尝忍心,对他们的帮助让他们转逆为顺,从而失去成长的动力呢?所以今天对方辩友可以说,有许许多多伟大的人物,他们在逆境中成长了,没错,他们成长得非常好,但是我们为什么对他们心怀敬佩呢,不正是因为他们身处逆境,却能够创造出生命的奇迹吗?但是我们今天应该谈的是普普通通的老百姓,你可以高呼逆境如何获取历练,但您有什么权利让我们不去追求幸福的生活呢?如果逆境让我们有了动力,那是因为我们在顺境也拥有阳光,谢谢!

嘉宾点评

杨振宁(诺贝尔物理奖获得者):我想了想我个人的经历,我经历过逆境,也经历过顺境。所以假如我要做一个结论的话,我想顺境有顺境的好处,逆境有逆境的好处。每一个年轻人,不管他是在顺境,还是在逆境,如果他能够抓住当时的优点,能够充分利用的话,那么我想他是两方面都得到好处了。假如我要有一点点意见的话,我觉得大家恐怕讲得太快了。我猜想你们因为要辩论,所以有点着急,所以赶快要讲出来。可是我自己觉得,慢慢地讲出来,有时候这个效果还要更好一点。

(国际大专辩论赛)

第六章 即事感怀,有兴而发

一、即兴发言含义我知道

即兴发言广泛应用于口语交际中,是口语交际的重要组成部分,那么什么是即兴发言呢?

即兴发言是指在事先无准备的情况下,就某个问题发表见解、提出主张,或表达某种情感、某种愿望。广义的即兴发言既包括在公开的、较正式的场合讲话,如发表演讲;也包括一些非正式场合的讲话。即兴发言既能培养我们快速构思的能力和出众的口才,又能锻炼我们的心理素质。

二、即兴发言就在我身边

即兴发言存在于我们生活的方方面面。例如,你的作文获奖了,老师让你即兴发表一个获奖感言;班会上老师让你讲一讲你对某件事的看法;家庭聚餐时,爸爸妈妈让你代表他们和亲戚们说几句话;等等,都属于即兴发言。可以说即兴发言一直在我们身边,参与我们的生活,输出我们的思想,传达我们的观点,是我们与外界联系的重要交际方式。而那些经典的即兴发言如璀璨的星光,点缀了自己的人生,也照亮了世界。

范例一:俞敏洪励志即兴发言

人的生活方式有两种,第一种方式是像草一样活着,你尽管活着,每年还在成长,但是你毕竟是一棵草,你吸收雨露阳光,但是长不大。人们可以踩过你,但是人们不会因为你的痛苦而产生痛苦;人们不会因为你被踩了而来怜悯你,因为人们本身就没有看到你。所以我们每一个人,都应该像树一样成长,即使我们现在什么都不是,但是只要你有树的种子,即使你被踩到泥土中间,你依然能够吸收泥土的养分,自己成长起来。当你长成参天大树以后,在遥远的地方,人们就能看到你;走近你,你能给人一片绿色。活着是美丽的风景,死了依然是栋梁之材,活着、死了都有用。这就是我们每个同学做人的标准和成长的标准。每一条河流都有自己不同的生命曲线,但是每一条河流都有自己的梦想,那就是奔向大海。我们的生命,有的时候会像泥沙。你可能慢慢地就会像泥沙一样,沉淀下去了。一旦你沉淀下去了,也许你不用再为了前进而努力了,但是你却永远见不到阳光了。所以我建议大家,不管你现在的生命是怎么样的,一定要有水的精神,像水一样不断地积蓄自己的力量,不断地冲破障碍。当你发现时机不到的时候,把自己的厚度给积累起来,当有一天时机来临的时候,你就能够奔腾入海,成就自己的生命。

俞敏洪的这段即兴发言运用恰当的比喻和排比巧妙地阐释了两种不同的生活方式,极具感染力和说服力,给广大青年带来正能量。

范例二:董卿《2007年欢乐中国行元旦特别节目》"金色三分钟"即兴发言

刚才莫文蔚为我们带来了一首歌曲叫《忽然之间》,真的,忽然之间,好像2006年就过去了,忽然之间,好像2007年马上就要来到了……我真的是怕时间不够长,不够将所有的祝福都送出,我也怕我们的祝福不够深,及不上你们对我们的那份真情,我也担心,所有的礼物不够多,不够让所有关注我们的观众都能够有所收获。在这里我只能说,无论今晚,还是明晚,还是今后的每一天,我们所能做到的就是尽心尽力地在我们的工作岗位上做出最好的节目来回馈你们,为你们带去更多的快乐。

在《2007年欢乐中国行元旦特别节目》中,接近零点时,现场突然出现两分半钟的空挡,导演马上让董卿救场发挥。董卿临危不乱,用自己临场发挥的词句组织最后的时间,肢体的把握和语言的掌控制造了完美的现场效应,成为播音主持中一个完美的救场案例。

范例三:《中央广播电视总台 2019 主持人大赛》新闻类金奖得主邹韵的即兴主持

即兴主持题目:76 岁大连退休老人刘增盛,为了不让工作负担很重的年轻人总给自己让座,在身上挂着一块"勿需让座"的 LED 显示牌。

邹韵:大家好,欢迎收看本期的《新闻聚焦》,我是邹韵。今天,我们要说的是一个人,一位老人,甚至有人管他叫作——硬核老头。原因很简单,平时我们在坐地铁、坐公交的时候,看到老人,我们会自觉地站立起来让座。但是这位老人很特别,在身上写了"勿需让座",他对于年轻人的这种关照和心疼,也真的是让人动容。但是在我看来,能够让这个民族经历五千年的风霜,有很重要的一个原因,就是我们有很多有大智慧的、高贵的、复杂的精神。而在这其中,尊老爱幼是很重要的一个部分。刘增盛老人给我们这些年轻人让座,这是一种情分,而我们这些晚辈,给像刘增盛这样的老人让座,给他们更多的关注,是一种本分。也正是这种情分和本分的相互交融,让我们的社会得以发展,而更重要的是,他身上的那个红红的灯,点亮了我们对老人更多的关注的一种提示,也正是老人对我们的心疼和关照,点亮了我们对向真、向善、向美的生活有更好的期待和憧憬。谢谢大家。

《中央广播电视总台 2019 主持人大赛》有一个环节是 90 秒即兴考核,主持人现场抽题,选手即兴主持,考验选手的认知能力、思维能力、语言组织能力和表达能力等,这个环节最考察选手的主持能力。

三、即兴发言技巧我来学

(一)即兴发言的特点

1. 临场性

即兴发言顾名思义就是未经事前酝酿,就眼前的情景、感受而讲话,是临场发挥,所以要求发言者思维敏捷、反应迅速,能够随机应变、出口成章。

2. 针对性

即兴发言不是随意发言,是根据眼前情景或者感受而做的正式讲话,所以要注意环境、场合和对象,要针对听众的特点和要求进行发言,不能不看对象、无的放矢。同时,要贴近生活实际,以饱满的热情感染听众。

3. 简洁性

即兴发言虽然没有篇幅的限制,但优秀的即兴发言常常以简练、含蓄取胜,语句简明扼要、开门见山,必要时还可以有点幽默感。

(二)提升即兴发言语言能力的方法

1. 积累多方面知识

丰富生活阅历,增加锻炼机会。只有具有丰富的知识储备,并经常锻炼说话能力,才能做到厚积薄发、出口成章。卡耐基说,一切充分的演讲,都来自于充分的准备。即兴发言没有充分准备的时间,但是优秀的即兴发言一定有充分的积累。正所谓"台上一分钟,台下十年功",每一次完美的即兴发言背后,都藏着数不清的汗水,"读书破万卷",方能"下笔如有神"。

主持人董卿在这方面有许多经典案例。例如,在《中国诗词大会》上,当得知博士李滚虽然家境贫困,但却依然坚持自己的梦想的时候,她这样鼓励他:每一个人在成就梦想的道路上,都需要一种坚持不懈的精神,需要一种"咬定青山不放松"的精神,需要一种"乱云飞渡仍从容"的劲头。"在云端里爱诗,在泥土里生活,在岁月中一直洒脱",这是她送给一位非常热爱古诗词的老哥——老雷的一首诗。"你在读书上花的任何时间,都会在某一时刻给你回报"是当她得知外卖小哥在送外卖的路上依然在背诵古诗词的时候,为他鼓励的一番话。每位参赛选手都能得到董卿中肯而充满诗意的点评,这源于董卿丰富的知识储备和说话艺术。

2. 善于切中主题,随机应变

在没有准备的情况下讲话,讲什么内容,这是发言者遇到的第一个问题。即兴发言的话题是根据当时特定的场合、对象而定的。一般来说,要做到:抓住触媒,善于辐射,随机应变。现场的具体对象、环境气氛、言谈花絮,都可以成为即席发言的触媒。

3. 体现发言者自己的个性特点

不要人云亦云,讲俗话、套话,而要有"语不惊人死不休"的匠心,显示出自己的特色。美国演员珍惠曼因在电影《心声泪影》中成功扮演一个聋哑人而获奥斯卡奖,她在领奖时只说了一句话:"我因为一句话没说而得奖,我想我应该再一次闭嘴。"这样的即兴发言不落俗套,意味深长,堪称妙语。爱尔兰剧作家萧伯纳的语言也极具个人风格。一天早晨,高而瘦的萧伯纳在公园散步,迎面走来了一个矮而胖的巨商亨利。亨利洋洋得意地说:"啊!萧伯纳先生,我一看到你,就知道世界上正在闹饥荒!"萧伯纳淡然一笑,回敬道:"啊,亨利先生,我一看到你,就知道世界上为什么会闹饥荒!"这两则案例都体现了说话者高超的语言能力和思维能力,彰显了独特的人格魅力!

(三)提升即兴发言综合素养的技巧

即兴发言要求发言者具有多方面素质,首先要做好心理建设,不怯场,要自信;其次要注意仪表;最后要善于运用一些技巧。

1. 心理建设

(1)正确认识怯场心理。怯场是一种常见的心理表现,许多极具口才的著名人士在讲话时也不能避免。古罗马演说家西塞罗第一次演讲时"脸色苍白,四肢和心灵都在颤抖"。美国著名作家马克·吐温第一次演讲时"嘴里仿佛塞满了棉花,脉搏快得像赛跑的运动员"。事实上,每个人都有怯场的心理,只是轻重程度不同,只要多加训练,都会克服。

(2)应有充分的自信。一位心理学家曾做过这样的试验:当一位很胆怯又不具有自信心的女孩子,在被人有意地充分肯定、赞扬了一段时间后,其自信心大为增强,言谈举止与从前判若两人。所以说,我们应该充分地相信自己,暗示自己:我能行!

(3)放下负担。排除各种杂念,不要去想是否失败,不要去想观众是否厌烦,不要去想是否冷场,要做到"目中无人",只有这样才能获得最佳的心理状态。

(4)具体调节方法。深呼吸,自我暗示,进行自我安慰、排解、鼓励,如"讲得好坏没关系,只要我讲完了就是胜利""听众是不会注意我的每一句话的"。演讲时可扫视全场,避免专注某一点,从而避免紧张。

2. 注意仪表

(1)不良习惯。

①两脚并拢,昂首挺胸,很有精神,却显呆板,不能给人自然美。

②两脚叉开,不能给人谦虚的感觉。

③呈"稍息"姿态,一只脚还不停地抖动,给人不严肃、不稳重的印象。

④摆弄衣角、纽扣,低头不面向观众,给人胆怯之感。

⑤耸肩或不停地晃动身体,扭腰,将手插在口袋里,给人懒散的感觉。

⑥摸鼻子、擦眼睛,用手拢头发,给人不端庄、不清洁的印象。

(2)亮相训练。

目的:克服怯场心理,培养良好习惯。

内容:仪表、表情、走姿、站姿、鞠躬、环视、正视。

要求:仪表——服装整洁得体,适度淡妆。

表情——精神饱满,落落大方,从容镇静,面带微笑。

走姿——轻快、稳健,目视前方,上身略前倾。

站姿——抬头、挺胸、收腹,两臂自然垂于身体两侧。

鞠躬——上身前倾45度,目视下方点头,然后抬头起身,目视观众。

正视——目视正前方,可集中看一点,也可不聚焦某一点、某一人,而是把观众作为一个整体来看。

环视——面带微笑,以诚挚的目光正视前方,以正视方向为起点,眼睛随头部转向左方45度,然后转向右方45度。

3. 技巧点拨

(1)常用切入方法。

①以歌词来切入。例如,有人为了表示自己在生活中的不如意境地,于是在他的发言开头唱道:"我是一只小小鸟,想要飞呀飞,却怎么样也飞不高!"这种切

入点新颖生动,有助于激发听者的兴趣。

②名人名言切入法。例如,关于《信念永不倒》的即兴发言:"著名黑人领袖马丁·路德·金有这样一句名言:'这个世界上,没有人能够使你倒下——如果你自己的信念还站立的话。'是的,只要信念不倒,我们在任何不利的情况下都不会趴下,都能闯出一条路来。"开头引用名言,紧扣主题,增强了发言的感染力。

③自报家门式切入。即兴发言如果是演讲,一开场即进行自我介绍,或介绍个人经历、性格爱好,或表明立场观点。这样开头显得诚挚坦率,能活跃气氛,很快吸引听众的注意力。例如,在一次礼仪小姐大赛中,有一位叫江南的女孩做了这样一段即兴演讲:唐代大诗人白居易有一首词:"江南好,风景旧曾谙。日出江花红胜火,春来江水绿如蓝。能不忆江南?"我就是"能不忆江南"中的"江南"。

(2)结束语技巧。

①充满激情式结尾。这种结尾是发言者利用一些感情激昂、动人心弦的语言对听众的理解和情感进行呼吁,以此来结束发言。例如,这是一位青年在讲《榜上无名,脚下有路》时的结尾:朋友们,青春无权闲适,光阴无权荒废。要使人生放出光彩,只有不断攀登,才能"一览众山小",只有以苦为舟,才能到达理想的彼岸。一句话,叹息无出路,爱拼才会赢!

②诗词佳句式结尾。例如:在结束演讲之前,我想把郭小川的一段小诗献给大家……

(3)内容的组合。

①散珠连缀法。在特定场合即兴讲话时,尽管对马上说出完整的话没有把握,但脑子里肯定会闪现出一些"灵感"的火花,跳出一些思维点。所谓"散珠连缀",就是把这些"灵感"或"思维点"快速筛选,快速整理,按一定的顺序和结构将这些支离破碎的"灵感"和"思维点"连缀起来,以形成较完整的发言网络。

②并列排比法。例如:有人认为,青春像一座山,背负一路感伤;郭敬明也曾说,青春是道明媚的忧伤。你眼中的青春是什么样的?

针对这一话题展开即兴发言,我们就可以运用并列排比法展开演讲:

青春是希望/是朦胧/是忧伤/是攀登/是责任/是坚强……

③逻辑联系法。例如:以"理解万岁"为主题做一次即兴发言。

A.人人需要理解。

B.我要从自己做起,去理解身边的朋友、父母。

C. 只有人们互相理解,我们的生活才会更加轻松,社会才会更加和谐。

四、学生即兴案例我来析

(一)观看建党百年庆祝活动即兴发言

范例一:

一世纪风雨兼程,九万里风鹏正举。今天,是您一百周年的生日,百年沉浮,都将化为您的生日祝福。

"唱支山歌给党听,我把党来比母亲",庆祝会场上歌声嘹亮,电视机前人声鼎沸。是儿童咿呀学语的跟唱,是少年清脆悦声的演唱,是青年雄浑坚定的高唱,是老人低沉浑厚的歌唱,不论年龄,不问身份,都在为您放声歌唱:

歌唱您的百年风雨,带领人民建立建设中华人民共和国。在那满街腥云、遍地狼烟的年代,在那迷雾重重、不知何方才是出路的时代,是您点亮了光,散发着热,指引着不知所措的中国人民走向光明的未来。

歌唱您的百年不悔,带领党员始终坚持以人民为中心。深藏功与名的老英雄张富清,坚持守岛卫国32年的王继才,他们是您理念的践行者,是不忘初心、牢记使命的贡献者,是为实现中华民族伟大复兴的先行者,他们也正是您的化身。

歌唱您的百年辉煌,带领中国实现站起来、富起来、强起来。从小岗破冰、深圳兴涛、海南弄潮,到浦东逐浪、雄安扬波,逐步成为世界第二大经济体;从蛟龙入海、嫦娥登月,到悟空测宙、祝融探火,不断建设现代化科技强国。

"雄关漫道真如铁,而今迈步从头越"。百年恰是风华正茂,百年归来仍是少年!万语千言只能化作一句话:祝您生日快乐!

点评:该即兴发言用优美的语言、严谨的结构表达了对党和祖国深切的热爱。发言完整、清晰,可见平日用功至深。

范例二：

"中国人民也绝不允许任何外来势力欺负、压迫、奴役我们，谁妄想这样干，必将在14亿多中国人民用血肉筑成的钢铁长城面前碰得头破血流！"习近平总书记这有力的声音久久回荡在天安门广场上，激荡起人们心中澎湃的心潮。

"忆往昔峥嵘岁月稠"。回眸历史的长河，暗无天日的漫漫长夜，只因"七一"拨开了黎明前的迷雾，诡谲云涌的大海上，一艘红船乘风破浪，驶向中国梦的彼岸。一百年风雨兼程，中流砥柱；一百年拼搏进取，辉煌无数；一百年坚守初心，世界立足。我们相信，在中国共产党的领导下，属于中华民族的盛世才刚刚开始。

"数风流人物，还看今朝"。公共卫生事件应急体系建设的推动者钟南山院士，全面建成小康社会的推动者黄文秀同志……他们坚守党员的初心与使命，始终坚持"江山就是人民，人民就是江山"，为国为民，至死不渝。

"待到山花烂漫时，她在丛中笑"。眺望未来之中国，必将在吾辈的建设下更加灿烂辉煌。一个国家的发展，刻印着青年的足迹；一个民族的进步，寄望于青春的拼搏。同学们，我当代青年，定要脚踏实地，埋头苦干，仰望星空，耕耘星海。能坚定地说出"请党放心，强国有我！"

点评：该即兴发言用三句诗描写了党的过去、现在和未来，对党的认知深刻精准，言之有物，逻辑严谨，是一次精彩的发言。

（二）以"感恩"为主题的班会上的即兴发言

范例一：

俗话说，滴水之恩，当涌泉相报。说的正是对待他人的帮助要怀有一颗感恩之心,不仅要报答,还要把这份感动、这份爱传递给更多的人。

　　胸怀感恩之心,就会义无反顾。钱学森具有坚定的回国报国的信念。因为他知道,是祖国培养了他,祖国需要他!反观我们自身,从牙牙学语开始,父母就不辞辛劳地照顾我们、呵护我们、教育我们。当我们逐渐长大走进校园,我们享受着安静的校园环境、愉悦的学习氛围,这都是我们的老师、学校和全社会共同努力营造的环境。我们生在红旗下,长在春风里,目光所至皆是祥和安宁,远离战火的纷争。这并非因为我们生在一个和平的时代,而是因为我们生在一个强盛的国家——中国!

　　作为华夏子孙,我们在父母的疼爱里、在社会的保护下、在祖国的怀抱中茁壮地成长,成长为一代可以肩负起使命、挑得动担子的青年人,我们更应对祖国怀有感恩之心,用爱和温暖去回报社会、报效祖国!

　　点评:该即兴发言抒发了对祖国的感恩之情,思想端正,格调高雅,有理有据。只有常怀感恩之心,才能即兴说出这样动情的语言。

范例二:

　　凋零的花瓣暗示生命的终结,枯萎的落叶显示生命的休止,雍容的牡丹彰显生命的华贵,繁盛的大树昭示生命的粗犷。当我们呱呱坠地时,上天便赋予我们一颗感恩之心,让我们常常感怀生命,领悟生命的美好。

　　生命给予我们灵巧的双手,我们用双手创造了文明,创造了民族的辉煌;生命给予我们敏捷的耳朵,我们用耳朵听世界万籁的声音;生命给予我们明亮的双眸,我们用黑色的眼睛看这大千世界的名山大川,看这沧海桑田的巨变,看我们用双手创造的春华秋实;生命给予我们丰富的情感,我们在嬉笑怒骂中感受喜怒哀乐,表露我们内心的情感。

　　生命不仅带给我们健全的身体,也赋予我们那无可比拟的华彩,让我们思考、奋斗,绽放我们美好的青春!我们要感恩生命所带来的一切美好,不断奋斗,实现自我的生命价值,更要怀着感恩的心,珍视美好的生命!

点评:感恩生命,感恩生命所带来的一切美好。该即兴发言思想深邃,敬畏生命、热爱生命、珍惜生命,令人思考生命的价值和意义,非常精彩!

(三)语文课堂上学生谈"幸福的瞬间"即兴发言

范例一:

幸福滋生在爱中,在爱中长大的小孩,该多让人羡慕。但于我而言,有些幸福,只存在于一个看似微不足道的瞬间。

十五岁那年苦夏,树叶尖都生着焦躁的气息,热浪泛在空气中,鼻腔里都是燥热的味道。很长一段时间,我都在这样的环境下奔走在三点一线——家、学校、车站。那年尤其难熬,由于疫情,我不得不戴上口罩,呼吸喷洒出的热流都闷在狭小的空间里,脸颊时常绯红一片。早出晚归也给本就燃起来的心再填了一把火。但当车门打开那一刻,我突然看到拿着雪糕,站在夜幕里的身影。路灯给她并不高大的身影镀上光边,脚下的影子拉得很长。那团火忽地就被浸灭了。毫无缘由,又突然有一种更为温和炽热的情感代替着充斥在我的胸腔中。

我知道,爱总会回来。

或许我们都渴望着幸福,在同一片艳阳天下祈求雨露的滋润,但在这时,不要忘记回头看看那些可能早已记不清的东西,有些幸福,就藏在那一瞬间。

点评:青年的所有焦躁和不安在母亲的呵护下渐渐平缓。发言者从习以为常的小事中品味幸福的味道,语言细腻,真实生动。

范例二：

在这段孤苦无依的岁月里，我想成为自己的太阳。

雏鹰不是一直活在翅膀庇佑下的弱小生命，它总有一天会成为搏击天空的雄鹰。在那几天，或许我学会了成长，又或许终有一日，一切都会如愿以偿。

住在亲戚家已经整一年了，有时自己也无法相信，竟然撑了那么久。从最初离开自己舒适区的茫然无措的小孩，到现在已经开始学会好好照顾自己，独自面对很多事情。最为难忘的，还是学会洗衣服吧。如果是在以前，这种事情离我太过遥远，只是在亲戚家，不好麻烦他们，必须自己动手。当我发现在自己的双手下，衣服也可以变得光鲜亮丽时，幸福感像一团松软的棉花糖，充盈在心中，使整个胸膛都温暖滚烫。好像在阴雨过后，我终于成为自己的太阳。

在初中这段青春的日子里，我们不断成长，成为更好的自己，幸福也伴随其中。所以走过的路，都生出了鲜花。

点评：从痛苦中品味幸福的瞬间，发言新颖别致、不落窠臼，对生活有深刻的认知，真实感人，体现了发言者达观的人生态度。

（四）爷爷寿宴上的即兴发言

范例一：

今天是爷爷的寿辰，我在这里代表晚辈向您送上最真诚的祝福：祝您寿比天高、福比海深、事事顺心、幸福长伴、吉祥如意、富贵安康！您一生操劳，为工作与家庭倾注了太多的心血，把全部的爱与关怀都给了家人，为了儿女们能健康快乐地成长，您将工作上的烦心事、身体上的疲惫全数隐藏，一个人撑起了家中的一片天。您就像一棵常青树，永远荫蔽着儿女子孙。您常教育我们,要认认真真做事,堂堂正正做人。现在,儿女们都已经成家立业,孙子孙女们也都已渐渐长大,我们定会像您期望的那样勤劳质朴、努力好学、严于律己、宽以待人,也一定会接过您肩上的担子,做一棵能让您放心乘凉的大树!爷爷,您的一言一行都为我们晚辈树立了良好的榜样,您是儿女们的好父亲、儿媳们的好公公、孩子们的好爷爷。最后,再次祝愿我亲爱的爷爷,生命之树常青,生命之水长流,福如东海长流水,寿比南山不老松!

点评:该即兴发言用语准确、内容丰富,而把爷爷比作常青树,更是恰当精准,体现了说话者高超的语言表达能力。

范例二:

今天是爷爷的寿辰,能够代表晚辈向爷爷祝寿,我的心情十分激动。在这里祝福爷爷日月昌明、松鹤长春、天伦永享、笑口常开,子孝女贤福东海,身强体健寿南山!

爷爷一生都在忙碌着,年轻时为工作投入满腔热血,勤勤恳恳,任劳任怨;成家后,又为家庭扛起了太沉的重担,精打细算,默默付出。时光荏苒,子女们渐渐长大,成家立业,可爷爷的脊背却一点点地弯了下去。您用自己的半生辛劳换取儿女的健康成长,如今又以亲身行动教导着孙辈做人的道理。爷爷常说,人要善良,要诚实,要乐于助人,您自身也一直遵循着这些原则,一生都不曾违背。身为孙辈的我们,永远以爷爷为榜样,为有您这样的爷爷感到自豪!

亲爱的爷爷,千言万语道不尽我对您的爱。最后再次祝福您身体健康、心情舒畅!我们一定不会辜负您的期望!

点评:该即兴发言脉络清晰,逻辑严谨,以时间为顺序描写爷爷的辛勤付出和善良的品性,层层深入,体现了说话者严谨的思维和良好的表达能力!

第七章　主持让你大放异彩

一、主持的魅力

主持是一门艺术。

主持人是指具有采、编、播、控等多种业务能力,在一个相对固定的节目中,集编辑、记者、播音员于一身。主持人用主持词将各项内容联系成一个整体。

主持词是指主持人在节目进行过程中使用的书面文案。如今在各种演出活动和集会中,主持人往往成了主角,而主持人在台上所使用的主持词,则是集会的灵魂之所在。有人把主持词比喻成音乐指挥、报幕员、导游,这不无道理。主持词根据使用的情境不同分为不同的类型:电视栏目主持词、文艺活动主持词、会议主持词、庆典主持词等。

主持的魅力就是主持人所具备的,并通过主持的节目所表现出来的、为受众所接受并能吸引广大受众的力量。

二、主持在身边

不要觉得主持离我们很遥远,其实我们的生活处处可见主持,如升旗校会主持、春节联欢晚会主持、体育比赛主持、活动主持、会议主持等。可以说主持就在我们身边,主持无处不在。

例一:《2021年中央广播电视总台春节联欢晚会》主持词(节选)

主持人:任鲁豫、李思思、尼格买提、龙洋、张韬

任鲁豫:玉鼠追冬去,金牛送春来。

尼格买提:全国和全世界的观众、听众朋友们,随着辛丑牛年的款款来临,中国中央广播电视总台2021年春节联欢晚会在这里和您见面啦!

李思思:即将辞别的旧岁,极不平凡。我们在风雨中前行,经历了太

多太多。

张韬:这一年,我们哭过、笑过、拼过,这一年,我们每个人都了不起。

龙洋:浮云难蔽日,雾散终有时。

任鲁豫:今晚在这阖家团圆、辞旧迎新的时刻,我们要向所有的中国人,深情地道一声,你们

合:辛苦了。

李思思:朋友们,我们的晚会正在通过央视综合频道、综艺频道、中文国际频道、国防军事频道、少儿频道、农业农村频道、4K超高清频道和8K超高清试验频道,以及央广音乐之声、经典音乐广播、文艺之声、中国交通广播、华语环球广播和大湾区之声、南海之声等同步直播。

尼格买提:与此同时,央视频、央视新闻新媒体、央视网、央广网、国际在线、云听等新媒体平台同步播出。总台英语、西班牙语、法语、阿拉伯语、俄语频道和43种外语新媒体将联动全球170多个国家和地区的600多家媒体对春晚进行直播和报道。

龙洋:通过这些传播平台,我们晚会的盛况将在同一时刻传遍神州大地,传遍五洲四海。

张韬:通过这些传播平台,我们要向全国各族人民,向港澳台同胞,向全世界的华侨华人送去新春的祝福。

任鲁豫:大家

合:过年好!

任鲁豫:谢谢,俗话说,年到家,喜盈门。

李思思:辞旧迎新之夜,我们给您报喜了。

任鲁豫:庚子鼠年,我们全部脱贫,全面小康。

李思思:庚子鼠年,我们用大爱书写了抗疫史诗。

任鲁豫:庚子鼠年,我们还战胜了严重的洪涝灾害。

李思思:庚子鼠年,十三五圆满收官,十四五全面擘画。

任鲁豫:这一年是大事多多,喜事连连。

李思思:因此啊,我们也可以骄傲地说,向辛丑牛年交上了一份可以载入史册的答卷。

任鲁豫：新的一年，我们要用为民服务孺子牛、创新发展拓荒牛、艰苦奋斗老黄牛的"三牛精神"继续拼搏奋斗。

任鲁豫：亲爱的朋友们，现在已经到了庚子鼠年的最后时刻，再过几分钟，伴随着农历新年钟声的敲响，我们将迎来又一个春夏秋冬。

李思思：鼠去牛来，这是一次意义特殊的年轮交接，因为它一头接续着即将挥就的百年史诗，一头开启了第二个百年的壮丽蓝图。

尼格买提：亲爱的朋友们，如果要为过去的这一年留下临别赠言，我想说，经过这一年，我们更加懂得，没有一个寒冬不可逾越，没有一个春天不会到来。

龙洋：我想说，经过这一年，我们更加坚信只要大家有一分热发一分光，点点微光照向同一方向，就能汇聚成无穷力量。

张韬：我想说，经过这一年，我们更加勇敢，一个从伤痛中走来的英雄不惧灾难，一个从磨难中奋起的国家格外坚强。

任鲁豫：朋友们，冬去春来，时光从不怀恋过去，大江一如既往地奔腾。

李思思：风正潮平，自当扬帆踏浪。

尼格买提：任重道远，更需策马扬鞭。

任鲁豫：亲爱的朋友们，2021年农历新年的钟声马上就要敲响了。我们将迎来的是辛丑牛年，新的一年，让我们发扬"三牛精神"，九牛爬坡个个出力，形成奋斗合力，在新的一年里，再立新功，再创佳绩。

任鲁豫：亲爱的朋友们，辞旧迎新的时刻，让我们深深地祝福，祝福伟大的祖国风调雨顺、国泰民安、万民康健。

任鲁豫：农历新年的钟声马上就要敲响了，现场的朋友们，大声地告诉我，你们准备好了吗？

任鲁豫：让我们一起迎接这个美好的春天，来，倒计时！

合：十九八七六五四三二一，过年好！拜年啦！

任鲁豫：今宵的守岁，我们喜气洋洋。

李思思：今宵的团圆，我们欢乐吉祥。

尼格买提：我们和玉鼠再见，感慨万千。

龙洋：我们向金牛报道，金春你早。

张韬：我们在春天里，向春天问好。

任鲁豫：开局"十四五"，开启新征程。

李思思：我们油已加满，整装待发。

尼格买提：我们劲已鼓足，绝不服输。

龙洋：山再高，往上攀，总能登顶。

张韬：路再长，往前走，定能到达。

任鲁豫：我们在春天里，为祖国和人民祝福。

李思思：唯愿山河锦绣、国泰民安。

尼格买提：唯愿和顺致祥、幸福美满。

龙洋：旧岁已展千重锦，新年更进百尺杆。

张韬：举目已觉万山绿，宜趁东风马蹄疾。

任鲁豫：朋友们，让我们更加紧密地团结在以习近平同志为核心的党中央周围，同心同德，顽强奋斗，乘风破浪，扬帆远航，奋进在全面建设社会主义现代化国家的新征程上，为实现第二个一百年的奋斗目标，为实现中华民族伟大复兴的中国梦而

合：努力奋斗！

任鲁豫：亲爱的朋友们，2021年的春节联欢晚会要跟您说声再见了，再次祝福大家新春快乐，明年的春晚

合：再见！

例二：《中国诗词大会》主持词（节选）

蒹葭苍苍，白露为霜。所谓伊人，在水一方。

中国是一个爱诗的国度，中国人是一个爱诗的民族。我们从祖先三千多年前留下来的《诗经》里，依然可以找到今天我们所渴望的生活的样子。

青青子衿,悠悠我心,那是一份相思;
执子之手,与子偕老,那是一份承诺;
如切如磋,如琢如磨,那是一份修为;
靡不有初,鲜克有终,那是一份告诫。

这世世代代相传的精神财富,早已融入了我们的血脉里,塑造着我们的容貌,淬炼着我们的思想。

今天就让我们继续在《中国诗词大会》的舞台上,去追寻这些民族的文化基因,去拥抱那最美的诗和远方。

今日长缨在手,何时缚住苍龙。

1935年10月,已经转战万里的毛泽东,带领七千红军战士来到六盘山。回顾沧桑的过往,面对未知的前途,毛泽东毅然写下了豪情万丈的诗词:

六盘山上高峰,红旗漫卷西风。

这是一位政治家、一位诗人的胸襟和抱负。而今天,当我们再一次读起这些诗词的时候,也有了更深刻的领悟。历史总是要向前的,历史只会眷顾坚定者、奋进者、搏击者,而不等待犹豫者、懈怠者、畏难者。

所以,在我们《中国诗词大会》最后两场的比赛当中,我们也希望所有的选手,都能够依然发扬拼搏的精神,长缨在手,缚住苍龙。

例三:《戏曲大舞台》主持词

合:尊敬的老师,亲爱的同学们,你们好!

甲:中国的戏曲源远流长,有着鲜明的民族风格,是人们喜闻乐见的文艺形式。

乙:戏曲包含文学、音乐、舞蹈、美术、武术、杂技及表演等多种因素,它是我国文化史上光辉的一笔。

甲:戏曲在不同地区所展示的风格也不同,如京剧的雍容华美,昆剧的典雅精致,越剧的轻柔婉转,梆子戏的高亢悲凉,黄梅戏的悠扬委婉……真是几天几夜都说不完。

乙：为了感受戏曲的博大精深，品味它悠长的韵味，就让我们一起走进这个民族文化的瑰宝——戏曲的天地之中吧！

合：我们宣布，"戏曲大舞台"语文综合学习活动现在开始！

甲：本次活动共分四个板块。每组基础分100分。一，展示一些同学们收集的戏曲知识，每正确展示一次，该小组得10分。前面同学如果展示过了的内容，后面再展示不得分(时间控制在15分钟内)。二，小组必答题每题20分，答对加分，答错不扣分，限时30秒。三，抢答题听到"开始"后才可以答题，犯规则取消答题资格，由其他小组获得答题资格，答对每题该小组加10分，答错一题扣10分，限时30秒。四，戏曲演唱部分：四个小组各有一次机会，依次派若干名同学上台演唱一个戏曲片段(要求有舞台动作)。另三个小组评分并略做点评(每组评分最高30分，最低20分，不演唱的0分)。

乙：接下来的这个"各显神通"板块是为大家展示一些同学们收集的戏曲知识，每正确展示一次，该小组得10分。掌声欢迎！

甲：下面进行第二板块：小组必答题。每题20分，答对加分，答错不扣分，限时30秒。掌声欢迎！

乙：下面进行第三版块：抢答题。听到"开始"后才可以答题，犯规则取消回答本题资格，由其他小组获得答题资格，答对每题该小组加10分，答错一题扣10分，限时30秒。

甲：接下来请大家聚精会神听戏曲，下面播放录音。

甲：下面进行第四版块：南腔北调唱戏曲。首先有请第一组同学带来的粤剧《三娘教子》，掌声欢迎！

乙：请欣赏第二组同学带来的川剧《红梅记》，掌声欢迎！

乙：请欣赏第三组同学带来的川剧《白蛇传》，掌声欢迎！

甲：请欣赏第四组同学带来的黄梅戏《女驸马》，掌声欢迎！

乙：下面由记分员公布今天比赛的结果。

甲：通过今天的活动，大家一定对中国戏曲有了一定的了解。

乙：希望大家能保护中国戏曲，并把它发扬光大！

合：我们宣布"戏曲大舞台"语文综合活动到此结束！

三、主持快乐学

(一)主持词优质创

主持词的写作没有固定格式,它的最大特点就是富有个性。不同内容的活动,不同内容的节目,主持词所采用的形式和风格也不相同。

1. 准备充分,关注主题

(1)提前准备,尽早介入。撰写会议或活动主持词,必须要了解会议或活动的整体情况,掌握全部内容。例如,会议或活动的主题、目的、参加人员、流程等。

(2)明确主题,周密策划。明确活动主题以后,通过主持词的写作将主题贯穿于所有的项目之中,从而使活动主题步步深化。说开场白—前后串联—形成高潮—结束,丝丝入扣,不断将活动推向高潮。

(3)敢于创新,多元并举。根据情境的不同,确定不同的风格:庄重、严肃的活动,如会议、新闻等内容,要平稳、厚重,有一定的程式;庆典、文艺、少儿等活动要欢快亲切、生动活泼;联欢活动要亲切感人,富有鼓动性。同时,后两类活动的主持词应新颖、鲜活,表现新的时代主题,反映新的生活内容。

2. 精彩开场,聚焦目光

要把握好吸引观众、创设情境、导入主题三个环节,知道如何吸引观众的视线,如何把握观众的心理,怎样导入主题。

所以,主持词开场白的写作非常重要。必须遵循以下三个原则。

(1)先声夺人,吸引目光。

范例:

"全国和全世界的观众、听众朋友们,随着辛丑牛年的款款来临,中国中央广播电视总台2021年春节联欢晚会在这里和您见面啦!"(《2021年中央广播总台春节联欢晚会》主持词)

通过对所有来宾的问候,将观众的注意力全部吸引过来。这样的问候,可以让所有的人都聚焦目光,调动起观众、听众的参与热情并迅速投入节目的欣赏中去。

(2)情境设置,亲切自然。

范例:

第一季,我们走过华夏文明的腹心;第二季,我们看到五千年孕育的生机;第三季,2020年,无疑是一个特殊的年份,中华民族和全人类共担风雨、共克时艰,必将在煌煌史册上写就多难兴邦的新一页!一代人有一代人的责任,或许回望祖先们走过的历程、留下的创造、挥洒的情感、坚守的风骨,更能让我们体会到中华民族究竟曾为世界文明贡献过什么,而今天的我们又该为后世子孙留下些什么。(《国家宝藏》主持词)

主持词通过对特定时期的设定,把人们置身于古今大的背景下,提出"为后世子孙留下些什么",让观众乘坐"时空穿梭机",容易引起情感上的共鸣。

(3)速入主题,开心欣赏。

开场白再精彩,也不能无休止地朗诵下去。所以,将观众的情绪调动起来以后,应迅速切入主题,让观众进入第一个节目的欣赏。

范例:

本季《国家宝藏》将与九座享誉世界的历史文遗产携手做出回答。它们是据坤灵之正位,仿太紫之圆方,六百年紫禁城……金风震铄,宏观大起,三千三百年安阳殷墟!(《国家宝藏》主持词)

第三季《国家宝藏》在情境设置后迅速进入主题。主持词的开场白虽然从篇幅上可长可短,但应该达到吸引观众、创设情境、导入主题的目的。

3. 寓教于乐,富于内涵

要想实现目的主持词写作,应尽量丰富文化内涵,不断提高自己的文化知识和素养。可以加入一些与历史文化、地域特色有关的典故、诗词、文化常识等内容。

《2020年中央广播电视总台中秋晚会》主持词(节选)

任鲁豫:今人不见古时月,今月曾经照古人。作为古今文明辉映的洛阳是一个有故事的地方,而故事的开头必定是一个"中"字。

孟盛楠:所以,咱河南人无论走到哪里,都愿意把一句话挂在嘴边,那就是"中不中啊"。

任鲁豫:作为河洛儿女,我对大中原是情有独钟,而且也倍感骄傲。

孟盛楠:中华文明的重要发祥地就在中原,洛阳也被称为最早的中国。

任鲁豫:可以说二里头冶炼青铜的炉火照亮了华夏的文明,也为那龙门山色、白马晨钟,还有大运河的灯影,古丝绸之路上的驼铃声,平添了儒释道玄理的深邃。

孟盛楠:鲁豫啊,我发现你一说起家乡,滔滔不绝,如数家珍,而且还文采飞扬,宛若诗仙附体嘛。

任鲁豫:不是我的文采好,李杜诗篇万古高。比如那句非常经典的"谁家玉笛暗飞声,散入春风满洛城"。

孟盛楠:李白的名篇。

任鲁豫:还有那句非常经典的"洛阳城里见秋风,预作家书意万重"。

孟盛楠:张籍的佳句。

4. 关注对象,艺术性强

面对不同的人物群体,不同情境下的主持词要根据对象增强艺术性。这样具有主体针对性的语言能够拉近与主体的距离,容易被接受。写作者要把自己当作观众的朋友,用心去体会、交流,用谈心、聊天的语气,让听众或观众感到亲切自然,产生感情共鸣。

以少年儿童为主体来写作主持词,表达上应尽量采用具有少年儿童特征的语言。如果成年人是主体,主持人往往这样开场:"尊敬的各位领导、各位来宾、女士们、先生们,大家好!我是主持人……"但这对孩子们来说就不会产生亲切感,无法引起共鸣。

范例：

通知小朋友,小喇叭节目开始广播啦！嗒嘀嗒、嗒嘀嗒、嗒嘀嗒——嗒——嘀——。亲爱的小朋友晚上好,小喇叭又开始广播了。今晚的节目,我们先从一首好听的儿歌开始……下面我们来听《亡羊补牢》……亲爱的小朋友,你此刻正在收听的节目是《小喇叭》,我是春天姐姐,下面我们请小朋友来小喇叭讲故事……

5. 诗词散文,增光添彩

俗话说:"诗乃心语,情乃诗魂"。写诗重在一个"情"字,有感情、激情、热情之别。首先要有感情,才会触景生情,这就是激情;但又必须热心于写,这就需要热情。写作主持词要有激情、有热情,只有这样才能亲切、感人。加入诗词、散文或者以诗词、散文的样式来写作,就会起到事半功倍的效果,更有利于主题的表达。

诗词写作手法的运用,能够提高主持词的艺术感染力。散文诗写作手法的运用,将散文的外观和部分写作手段与诗歌的语言、灵魂结合为一体,为表达主题服务。

诗词和散文诗的这些特点,都成为主持词写作中经常借鉴的写作手法。例如,在主持词写作中,运用诗词写作中的对仗、押韵技巧,可以让主持词读起来朗朗上口,听起来具有音乐的节奏美;在大段的抒情性的描述中,则可以借鉴散文诗的写作特点,可以分行,也可以不分行,可以段落形式出现。

6. 注重结尾,留下余韵

活动或节目进入尾声时,主持词切忌粗疏草率。

俗话说,"编筐编篓,难在收口"。主持词的结尾要调动各种技巧和手段,或掀起高潮,给人以鼓舞和欢笑;或波澜不惊,给人留下回味和思考。

《2017年中央电视台元宵晚会》主持词结束语精选

金鸡啼鸣耀神州,明月熏风逐春来。

谁家见月能闲坐,何处闻灯不看来。

灯圆月圆人团圆,国逢盛世歌舞喧。
一曲笙歌春似海,万家灯火也如年。
又见三春到,心问百福多。
迎人花气醉,春日惠风和。
万象回春日,兴家立业时。
又是一年好光景,元夜再迎锦绣天!
祝福我们的好收成、好心情前所未闻!
祝福我们的新故事、新梦想前所未闻!
金鸡报晓喜填新趣,闻鸡起舞天耀中华!

自从1985年在中央电视台的春节晚会上第一次出现主持人的身影以来,主持词这门艺术形式已经发展了近40年。主持词已经成为各种演出活动和集会中不可或缺的重要组成部分。可以说,主持词是我国艺术门类中很特殊的艺术形式,具有很高的艺术价值,值得人们回味、欣赏。

(二)主持人自信当

主持形式有报幕式的主持,有串场式的主持,有播报式的主持,有操作式的主持,有解说式的主持,有组织式的主持,有访问式的主持,等等。这样的划分,主要在于主持人的思维方式,一类是背诵已经准备好的主持词,或眼看提示器说出,或稍加变动说出,或边动边说;另一类则是在准备好思路的基础上即兴组织语言。前一种情况比较容易适应,后一种情况就要依靠一定的语言能力和知识基础。

主持人是沟通节目与受众的中介,主持人与节目的相容度越大,成功的理想效果就越大。从一定意义上讲,主持人是提高节目质量的关键。

1. 查资料,立信心

中学生尝试担当节目主持人,首先需要有强烈的自信心,自信来源于对这项工作的责任感,更源于主持前的扎实准备。

获中国第一届主持人"金话筒奖"的杨澜,开创了中国电视第一个深度高端访谈节目《杨澜访谈录》。杨澜主持的节目大多很高端,采访的大多是政界、商界、文化界名流和成功人士。如果在采访前不做大量的准备工作,问的问题没有专业水准,被采访者就没有说话欲望,观众也没有观看欲望。杨澜曾经谈道:"在我的采访中,大约有 1/4 的提问是临时发挥的,另 3/4 要靠严密、充分的背景准备,做功课的重要性怎么强调都不过分。"这样她能建立信心,与被采访者平等对话,并就专业领域的问题进行交锋和碰撞,以求能够挖掘出被采访者最真实而深刻的思想。

2. 精语言,树风格

主持不同的节目,语言风格应该因主题和内容而不同。将节目的内容、特色、节目之间的内在联系用生动的艺术语言连缀起来(即"串联词"),根据所主持的活动内容而定。

3. 善观察,激情感

在节目主持过程中,要凭借自己敏锐的观察力,善于根据现场情况激情激趣,诱发表演热情,活跃欢乐气氛。

1996 年 5 月,中央电视台第一次组织"心连心"艺术团下乡,在江西革命老区遂川做首场慰问演出的那天,场面非常热闹。不料节目进行到一半,正值关牧村演唱《多情的土地》这首歌的时候,天空乌云密布,落下了阵阵雨点,顿时场面开始骚动不安。歌声一停,赵忠祥快步走到台前,对乡亲们说:"关牧村的动情歌声,把她自己的眼睛唱湿润了,也把老区人民的眼睛唱湿润了,连老天爷的眼睛也给唱湿润了!老乡们!我们演员都商量好了,如果雨下大了,只要大家不走,我们演员就决不会走!"

4. 诚交流,情动人

主持人是观众的忠实"服务员",必须热情诚恳,用语亲切自然,既不可呆板晦涩,又不可哗众取宠、故弄玄虚。

在 2017 年 9 月的《开学第一课》"中华骄傲"主题里迎来了一位最年长的嘉宾,他是 96 岁高龄的北京大学教授、著名翻译家许渊冲。因为许渊冲先生年龄已高,董卿为了方便与坐在椅子上的老人家对话,也为了表达自己的尊敬,三次跪在地上进行访谈,一直保持着和老先生平视或者仰视的角度,听着老先生说着自己对于翻译事业的执着故事。提问的时候还靠近老爷子的耳边,缓慢地说。

四、主持词精心赏

在校园中,我们常常会举行各种活动,从会议、赛事、纪念活动、文艺演出等方面进行主持,针对不同的活动设置不同的主持词。

(1)会议主持词:主题校会、班会等。

(2)纪念日活动主持词:纪念"一二·九"运动主题班会、庆祝中国共产党成立100周年主题班会等。

(3)庆典活动主持词:开学式、毕业典礼等。

(4)比赛活动主持词:学校运动会、校园演讲比赛、校园演说家比赛、校园"朗读者"等。

(一)校园主持分类析

1. 会议主持词

此类主持词带有一定的引导性。要交代背景、意义、人员,说清议程,明确重要内容、精神。

(1)"为梦而驰 不负青春——哈尔滨市第四十九中学校中考励志大会"主持词。

主持人1:岁月流转,往事随风,蓦然回首间,2021年中考冲锋的号角已吹响。此时,距离中考还有87天。

主持人2:87天,短暂而又意义非凡。

主持人1:为了共同相聚,立下铿锵的誓言。

主持人2:为了厉兵秣马,擂响出征的战鼓。

合:现在我宣布,以"为梦而驰 不负青春"为主题的中考励志大会现在开始。

主持人1:首先介绍与会领导……

主持人2:请欣赏"为梦而驰 不负青春"主题先导片。

主持人1:老师们呕心沥血的付出、父母殷切守望的目光……

主持人2:太多的期许汇成一股暖心的奋进力量,激励毕业班学子从不停息的脚步。

主持人1:学校是梦想的摇篮,无数四九学子,从这里起飞,拥有了属于自己的一片天际。

主持人2:暖心的学哥学姐们,在学习间隙录制了视频给2021届毕业生加油鼓劲。

主持人1:听着来自省、市重点高中学哥学姐们宝贵的中考冲刺秘籍和温暖由衷的鼓励,毕业班的同学们内心立刻充满了方向和动力。

主持人2:在同学们的身边,有这样一群人,他们呵护着你们的成长,这其中有你们的挚爱亲人,还有你们的敬爱师长。

主持人1:他们是你们精神的依靠,是你们心灵的港湾!请欣赏《梦想里的萱草香》。

主持人2:距离中考还有87天,同学们渴望飞跃,期待创造奇迹。

主持人1:因为每个人心中都有梦,因为同学们身后有强大的助力团队。

主持人2:九学年备课组的老师们,为同学们带来了梦想的锦囊。

主持人1:春风化"语"的语文组老师送给同学们一首词——《水调歌头 四九誓师》。

主持人2:"数"慧人生的数学组老师们嘱咐全体同学在中考冲刺的日子里要做好"三勤":勤提问、勤动手、勤积累。

主持人1:巾帼"英"雄的英语组老师们为全体九学年同学提出宝贵建议,给出信心:"Fighting! Fighting! Fighting!"

主持人2:"理"直气壮的物理组老师们用物理知识寄语同学们。

主持人1:出神入"化"的化学组老师温情提示同学们:前行的路上,光影漫溯,心中的梦想,正逆着洋流,乘风破浪!

主持人2:九年二班学生代表何芊凝、九年十一班学生代表曹芮涵同学代表全体同学发言。

主持人1:请九年级各班同学在领誓同学的带领下,共同道出心之所向,呐喊出梦想的誓言!

主持人2:同学们因心中有梦,所以步伐变得铿锵,所以路途不再迷茫!

主持人1:有这样一些同学,学校也将他们所取得的优异成绩、点滴进步——捕捉。

主持人2:在这样一个发出青春誓言的日子里,学校为他们隆重颁奖。

主持人1:有这样一个人:每日晨昏,在走廊里都会出现她逐班巡视的身影。

主持人2:每天都有她走近同学们的身边,与同学们倾心交谈的场景。

主持人1:她就是同学们的大班任张巍校长。

主持人2:下面请张巍校长为全体毕业班同学送上充满温暖与力量的寄语。

主持人1:请张巍校长带领全体九年级教师共同宣誓。

合:我宣布大会到此结束。

(2)团会主持词。

2021年4月20日,哈尔滨市第四十九中学校团委举办"学党史 守初心 凝聚青春力量——争做堪当大任的时代青年"党史学习教育主题团课。以下是本次活动的主持词。

主持人:春意正浓,万物始盛。为进一步加强党史学习教育,使全体青年学生做到学史明理、学史增信、学史崇德、学史力行,以昂扬的姿态庆祝建党100周年,特举行主题教育活动。

主持人:参加本次活动的人员有:各位领导,全体团员青年,入团积极分子和少先队员代表。

主持人:第一项,从党史中回顾百年光辉历程,读懂党的初心。请团委书记王冬梅老师带领同学们学习党史,讲红色的党史故事。

第二项,感悟红色故事,传承红色基因。通过学习强国平台、黑龙江共青团公众号的"青年大学习"多媒体方式观看红色故事。用红色故事回顾党的光辉历程,用心灵感受祖国前行的步伐,用行动践行爱党、爱国的精神。

第三项,践行初心使命,青年担当作为。团员代表良策、曹芮涵同学以"党的百年光辉历程给我们的深刻启示"为触点进行深刻发言。

第四项,团委老师总结。

2. 庆典活动主持词

此类主持词根据学校举办活动的不同,其主题、内涵、节目内容均采取不同的形式和风格。这类活动充分调动教师、学生的参与积极性,体现学校的精神面貌,展示班集体的精神风貌,体现学生自身的优势、特点,领会活动的精神内涵,从而更好地投入学校生活。

我们都是追梦人

——哈尔滨市第四十九中学校六年三班主持词

开场词:亲爱的老师、同学们,大家好。我们来自六年三班,今天,我们表演的节目叫《我们都是追梦人》。

主持人1:曾经,有一群追梦人,当中华人民共和国刚刚成立、百废待兴的时候,为了保卫国家安全、维护世界和平,他们放弃国外优厚待遇,回到祖国努力钻研。1960年11月5日,中国仿制的第一枚导弹发射成功。

主持人2:1964年10月16日15时,中国第一颗原子弹爆炸成功,使中国成为第五个有原子弹的国家;1967年6月17日上午8时,中国第一颗氢弹空爆试验成功。

主持人3:1970年,我国用长征号运载火箭,成功地发射中国的第一颗人造卫星——东方红一号,成为继苏联、美国、法国、日本之后,世界上第五个独立研制并发射人造地球卫星的国家。

合:听,这是动听的《东方红》飘荡在茫茫太空里的声音。

主持人4:在这群"两弹一星"的科研工作者中,有些人名垂青史,更多的人则像影片中那样,甚至连名字都没有留下。但我们的祖国、我们的人民不会忘记他们,而作为中国的后浪、未来的希望,我们新时代的中学生,更要做中国梦的追梦人,共筑祖国的美好明天!

展现班级特质风采 焕发集体生命活力
——哈尔滨市第四十九中学校班级文化展示活动主持词

主持人:伴随着春季新学期新征程的开启,同学们开启了新的学习生活之旅。为了促进学生的全面发展,让班集体形成强大的凝聚力,焕发班集体旺盛的生命力,哈尔滨市第四十九中学校特举办六、七年级"我为班级代言"主题班级文化展示活动。

主持人:此项活动依托四十九中学德育校本课程"精神印记"课程的教育理念,展现班集体风采,得到了张蕊副校长、张宇主任的高度重视和大力支持。

主持人:首先请张蕊副校长对活动的意义、活动的形式及活动的内容等进行细致的部署和指导。

主持人:现在请各班同学"为班级代言"。

主持人:各班的风采在各班讲解员的动情演绎下展示得淋漓尽致:形式新颖多样,有快板、三句半、朗诵、舞蹈、情景短剧、手语操等;内容丰富充实,从不同的层面、不同角度展现了班集体的精神内涵和风采特质,有班徽、班歌、班级活动、班级口号、班主任治班理念、班训、任课教师的风采等。

主持人:真的太精彩了。各班级通过展示凸显了自己班特有的气质和风采,这一定会成为班级成长历程中最难忘的回忆,镌刻在每个同学美好的记忆中,也定会激起同学们更加热爱班集体的热情,形成班级独有的精神印记,并将此内化为热爱班集体的实际行动,成为最好的自己,创造最棒的班集体。

主持人:现在我宣布,班级文化展示到此结束。

3. 比赛活动主持词

此类主持词是十分重要的,它对于比赛活动氛围的影响极其重大。像一条线贯穿比赛活动的始终,将各个项目流畅地连接在一起,使整个活动井然有序,更能将活动氛围调动起来,让所有人都积极地参与其中。

脱口忆四九 情深意更浓
——哈尔滨市第四十九中学"四九记忆"脱口秀活动主持词

主持人:花开花落,云卷云舒。时光如箭矢一般在光阴的轨道上穿行。记忆里总有一些人、一些事成为我们心底最美的风景,予我们温暖,给我们力量,助我们前行。为了丰富同学们的学习生活,调动同学们热爱班集体、热爱学校的热情,并内化为自己前行的精神动力,特举办以"四九记忆"为主题的脱口秀比赛活动,共同追忆四九故事,展示四九学习风采。

主持人:请大家用热烈的掌声欢迎与会的各位领导。参加本次活动的领导有张蕊校长、张宇主任、王泽东老师。

主持人:"四九记忆"是依托学校"精神印记"德育校本课程开展的一项有意义的课程活动,是从学生的视角用心、用文字解读生活的一项课程活动,更是解读四十九中人精神特质的一项课程活动。

主持人:有请张蕊校长讲解本次赛事的重要意义,并对所有参赛选手进行赛前指导。

主持人:有请选手倾情展示。

主持人:请评委亮分。

主持人:请张宇主任宣读比赛结果。

主持人:愿四九学子身披洒满阳光的羽翼,置身于青春的驿站。人间骄阳正好,风过林梢,同学们正当年少。走的路定会繁花盛开、人声鼎沸,去更远的地方,见更亮的光。期待同学们的激情燃烧成明天的希望!用汗水谱写奋斗的篇章!现在我宣布此次活动圆满结束。

弘扬长征精神

——哈尔滨市第四十九中学校"纪念建党100周年班集体展示活动"主持词

班长A：同学们，今天我们的班会主题是"弘扬长征精神"。

班长B：中国工农红军的长征是一部伟大的革命英雄主义史诗。它向全中国和全世界宣告，中国共产党及其领导的人民军队，是一支不可战胜的力量。

班长A：红军长征，铸就了伟大的长征精神。长征精神是中华民族自强不息的民族品格的集中展示，是以爱国主义为核心的民族精神的最高体现。

班长B：有谁知道，红军为什么长征吗？

同学C：我知道，直接原因是第五次反"围剿"失败。

班长A：有谁知道，长征经历了哪些重大战役吗？

同学D：我知道，四渡赤水。

同学E：我知道，巧渡金沙江。

同学F：我知道，飞夺泸定桥。

班长B：同学们说得都对。红军长征凭借着坚定不移的信念，走过了艰辛，踏遍了苦难，那些寒暑冬夏汇成了最壮丽辉煌的史诗。你们听，历史的声音撞击着时空，呼啸而来。

班长A：今天，我们一起梦回长征。你们看，战士们的脚步近了。

班长B：一次次的绝地逢生，一次次的转危为安。这，就是长征精神！它谱就了举世罕见的伟大史诗，铸就了无与伦比的精神丰碑。

班长A：同学们，红军长征虽已成为过去，但长征精神永远不会过时。长征精神在新时代中已有了新含义，请同学们用它来开创未来，用它来证明实力，用它来富强中华，让长征精神永远留在我们的心中！

五、主持问题巧实践

(1)"信"即诚信，是中华民族的传统美德之一，也是社会主义核心价值观之一."信"是立身之本、交友之道、为政之要,所以,我们要讲究信用,诚实做人。××中学学生会将开展以"诚信"为主题的综合学习实践活动,请你参与并完成任务。

请你从主持人的角度,为本次演讲比赛设计一段开场白。(2019年贵州省铜仁市中考题)

参考答案:

同学们,大家好!今天我们演讲比赛的主题是"诚信"。诚信是中华民族的传统美德,是我国自古以来尊奉的道德原则,一个人只有诚信才能得到别人的信任和尊敬。人无信而不立,诚信是立身之本。坚守诚信关乎个人,更关乎国家。国家不诚信就难于在世界民族之林立足,个人不诚信就难于成功。今天就让我们一起领略诚信的力量!

(2) 2006年12月20日,教育部、国家体育总局和共青团中央联合发出《关于开展全国亿万学生阳光体育运动的通知》(以下简称《通知》),要求从2007年开始,开展全国亿万学生阳光体育运动。《通知》中提出的口号是:"健康第一""达标争优、强健体魄""每天锻炼一小时,健康工作五十年,幸福生活一辈子"。

为落实《通知》要求,某中学初三(1)班准备召开"走进'阳光',迎接奥运"主题班会,请做好以下工作:根据要求,请你为主持人设计一段开场白。

要求:开场白中要有"阳光体育"和"民族素质"这两个词语。

参考答案:

全国亿万学生阳光体育运动开始了。强健体魄,为民族素质的提高而努力是我们义不容辞的责任。我们要积极参加阳光体育运动,迎接2008年奥运会的到来。看,福娃正在张开双臂,迎接世界各国朋友的到来。让我们和福娃一起,迎接奥运,走进阳光,走向明天。

(3)学校将五月定为"大阅读"主题月,将开展一系列活动,请你积极参与。学校正在筹备"电子阅读与传统阅读孰优孰劣"的辩论活动,请你为主持人写一段最后的总结发言。

参考答案：

同学们,电子阅读和传统阅读各有利弊,变的是阅读方式,不变的是对精神世界的追求。让我们把电子阅读与传统阅读结合起来,在阅读中感受美好、传承文化。

第八章 演说的力量

一、追溯历史,探寻起源

在西方,人类的演说历史可以追溯到公元前3 000年左右。在公元前25世纪,古埃及人伯塔·霍特为了指导伊雷斯法老的儿子,曾写下了《箴言集》,其核心内容就是如何进行有效的谈话。在史诗巨著《伊利亚特》及《奥德赛》中,诗人荷马首次提出演说艺术。举世闻名的苏格拉底、柏拉图、亚里士多德、德摩斯蒂尼等都是这一时期的著名演说家。

在东方,据《墨子·非攻下》记载,公元前21世纪,夏禹在出征三苗之前鼓舞士气,举行誓师动员大会,标榜自己受命于天。殷商时期,盘庚为了将都城迁到殷,曾发表了3次演说。到了春秋战国时期,文化思想极其活跃,诸子百家和策士说客如雨后春笋,纷纷涌现。演说风气盛况空前,出现了"百家争鸣"的局面。也涌现了一批诸如孔子、孟子、商鞅、苏秦、张仪等为代表的能言善辩之士,同时也是一群了不起的演说家。

二、拆文解字,连贯释义

"演"指当众发挥自己的技巧。

"说"指用语言表达自己的观点。

演说是指在听众面前,就某一问题表达自己的意见或阐明某一事理。演说是为达到某种目的而集中系统地进行语言表达,是展现一个人口才的最好形式,是一个人面对群众的谈话。它的特点是声形合一,情景交融,感召力强。

三、演说魅力,力量无限

一个真正有本事、有能力的人,除了自身要具备德行、知识、修养、智慧,还必须具备良好的口头语言表达能力。语言是一个人思想和个人修养的外在表现,而公众演说则是一个人领导力的极致体现,它已经成为政治、经济、文化、科技等领域的人士必须掌握的一门核心能力。中央电视台《对话》节目《全球大调查问卷》中有这样一个问题:"您认为在未来十年中最有竞争力、最有希望成功的人应具备哪些素质?"令人惊奇的是,有26位商界巨子无一例外地选择了交际能力、交流能力、公关能力等与口才密切相关的素质。由此看来,一个人在融入社会时,口才越来越显示出其独特的优势。

张 仪 轶 事

《史记·张仪列传》中记载,有一天,张仪到相国家做客吃饭,不料恰巧此时相国家的一块价值连城的玉璧丢失了,于是主人大怒,甚至怀疑是张仪偷走了,便将他抓住,一番拷打无果后,将其逐走。

回到家后,妻子看着狼狈归来的张仪抱怨道:"你若是不做游说之士的话,就不会遭到这样无端的羞辱。"听了妻子的话,张仪并没有正面回应,只是非常平静地问妻子:"你看看我的舌头还在吗?"妻子感到莫名其妙,回答:"还在啊,怎么了?"张仪听了后,淡淡地说道:"舌头在,就够了!"

后来,张仪就真的凭借他的舌头,在波澜壮阔的战国末期翻云覆雨,出使游说各国诸侯,使诸侯纷纷由合纵抗秦转变为连横亲秦,他本人也因此被秦王封为武信君。"张仪舌"也因此成为典故,寓意能说善辩的辩才和安身进取之本。

古人云:"一人之辩,重于九鼎之宝;三寸之舌,强于百万之师。"自古以来,会说话,能演说,不论是在安居乐业的太平盛世,还是在战火纷飞的混乱时局,都是一门不可小觑的本领。

四、打造自己,赢在演说

1. 演说稿的概念

演说成功的关键在于演说稿。演说稿是在较为隆重的仪式上或某些公众场合发表的讲话文稿,是进行演说的依据,是对演说内容和形式的规范和提示,它体现着演说的目的和手段。演说稿是人们在工作和社会生活中经常使用的一种文体。它可以用来交流思想、感情,表达主张、见解;也可以用来介绍自己的学习、工作情况和经验等。演说稿具有宣传、鼓动、教育和欣赏等作用,它可以把演说者的观点、主张与思想感情传达给听众或读者,使他们信服并在思想感情上产生共鸣。它是在大会上或其他公开场合发表个人的观点、见解和主张的文稿。演说稿的好坏直接决定了演说的成功与失败。它像议论文一样论点鲜明、逻辑性强、富有特点,但它又不是一般的议论文。它是一种带有宣传性和鼓动性的应用文体,经常使用各种修辞手法和艺术手法,具有较强的感染力。

演说未必都使用演说稿,不少著名的演说都是即兴之作,由别人经过记录流传开来的。但重要的演说最好还是事先准备好演说稿,因为演说稿至少有两个方面的作用:其一,通过对思路的精心梳理,对材料的精心组织,使演说内容更加深刻和富有条理;其二,可帮助演说者消除临场紧张、恐惧的心理,增强演说者的自信心。

2. 演说稿的分类

演说稿的分类如图8-1所示。

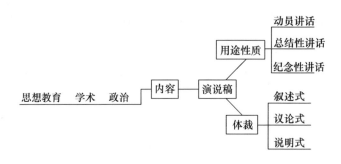

图8-1 演说稿的分类

3. 写好演说稿的方法

(1)了解对象,有的放矢。演说稿是讲给人听的,因此,写演说稿首先要了解听众对象,了解他们的思想状况、文化程度、职业状况如何;了解他们所关心和迫切需要解决的问题是什么;等等。否则,不看对象,演说稿写得再花工夫,说得再天花乱坠,听众也会感到索然无味而无动于衷,也就达不到宣传、鼓动、教育和欣赏的目的。

(2)观点鲜明,感情真挚。演说稿观点鲜明,显示着演说者对一种理性认识的肯定,显示着演说者对客观事物见解的透辟程度,能给人以可信性和可靠感。如果演说稿观点不鲜明,就缺乏说服力,就失去了演讲的作用。演说稿还要有真挚的感情才能打动人、感染人、有鼓动性。因此,它要求在表达上注意感情色彩,把说理和抒情结合起来,既有冷静的分析,又有热情的鼓动;既有所怒,又有所喜;既有所憎,又有所爱。当然这种深厚动人的感情不应是"挤"出来的,而要发自肺腑,就像泉水喷涌而出。

(3)口语性。口语性是演说稿区别于其他书面表达文章和会议文书的重要方面。书面性文章无须多说,其他会议文书如大会工作报告、领导讲话稿等,并不太讲究口语性,虽然由某一领导在台上宣读,但听众手中一般也有一份印制好的讲稿,一边听讲一边阅读,不会有什么听不明白的地方。演说稿就不同了,它有较多的即兴发挥,不可能事先印好讲稿发给听众。因此,演说稿必须讲究"上口"和"入耳"。所谓上口,就是说起来通达流利。所谓入耳,就是听起来非常顺畅,没有什么语言障碍,不会发生曲解。具体要做到:

①把长句改成适听的短句。
②把倒装句改为常规句。
③把听不明白的文言词语、成语加以改换或删去。
④把单音节词换成双音节词。
⑤把生僻的词换成常用的词。
⑥把容易误听的词换成不易误听的词。

只有这样才能保证说起来朗朗上口,听起来清楚明白。

参考案例

《父与子的战争》(有删改)

——马丁

今天我想跟大家聊聊我的父亲。我爸出生在浙江的农村,20世纪50年代的时候他就考上了大学,他就是那个时代中国主旋律的最杰出的代表。他学好了数理化,从此走遍天下,建设四个现代化,遇见什么都不怕。

我爸40岁的时候我出生了,我在我妈肚子里就开始琢磨,将来的日子一定差不了。他中年得子,他一定会溺爱我的,对不对?

非常幸运的是,父亲跟我的想法不谋而合。我记得小时候他经常慈爱地把我叫到他的身边。

"马丁过来,你知道什么是四体不勤五谷不分吗?你站好了!你瞧你那吊儿郎当的样子,坐没坐相,站没站相,成天油嘴滑舌,数学还没有我当年一半的成绩好。你哪里像我呀?"

大家都听出来了,我父亲对我的评价很高,他觉得我是一个吃不得苦、扛不起事,没有继承他任何优点的小混蛋。我对他的评价也不低,我觉得他是一个守旧抠门,完全没有任何生活情趣的老顽固。

老顽固和小混蛋碰到一块了,必然会撞出许多父子宫斗戏。

说实话,当时我和我爸爸的战争环境是很残酷的,我体力、财力、智力各方面都不占优势,我只能游击战,逮机会偷袭他一下。

我总结出来了,我爸最大的软肋是,从来不会夸别人。

有一年过春节,我妈做了一桌子菜,特别丰盛,我和我姐闷头使劲吃,特高兴。我爸拿起筷子,夹起一块我最爱吃的红烧肉放嘴里了,然而,他说出一句最能烘托合家团圆、其乐融融氛围的过春节的评语:

"怎么这么咸呢?你打死卖盐的了是吗?不要钱呀?"我妈的脸"唰"地拉到这儿。

我也夹了一块放嘴里,"不咸呀,一点都不咸,很好吃啊,姐你说是不是?"我姐说"嗯"。我妈的脸又回来了。

气氛刚有缓和,我爸不依不饶,把矛头指向了我,"你这么小的年龄就学会了趋炎附势、颠倒黑白、指鹿为马",他连用了三个成语,"你不是说肉不咸吗?行,这盘你都吃了,全归你,不许吃米饭,不许喝水。"

我爸一辈子都不会懂得家庭不是法庭,不能只讲道理、只讲原则。家之所以温暖,亲人之所以成为亲人,是因为我们之间可以多讲情、少讲理。

当然我爸也不都是缺点,优点也有很多。他最大的优点就是:如果有一百句评价一个事情的评语,他特别能够精准地找到最难听的那句送给我。

期末考试,我考了全年级第二名,全年级第二哦,拿到卷子回家邀功。我妈特高兴,转身准备去给我做我最喜欢吃的红烧肉。

我爸说:"等会等会,我看看。"看完卷子,笑眯眯地转头,对我说了一句所有的家长都可能在那个时候说的话。你们猜是什么,有猜得着的吗?"第一名是谁呀?"

就是著名的这一句"第一名是谁呀?"当时我就石化了,一盆冰水浇脑袋上。行,较劲是吧。

第二年我考了全年级第一,"啪"把卷子摔他面前,我心想看这回你还能说什么。

我爸拿起卷子,"唉,这道题我给你讲过吧,你怎么又错了?"

我愣了,然后我爸对着我说出了他这辈子唯一会的一句人生格言:人最大的愚蠢之处就在于在同一个地方摔倒两次。大家脑补一下当时我热血上涌那个样子。

我就站在那里,直勾勾地站在那,也看着他,反击道:"爸,我觉得人生最大的愚蠢就在于他明明想夸他的孩子,但是他不会夸。"

中国式的父亲,我觉得最大的问题不在于打骂,而在于三个字——不认同。

我爸对我深深的不认同,从小带给我深深的挫败感,这种失败感会转化为深深的逆反。你不是想让我学理科吗?我偏不!你不是想让我像你一样成为一个工程师吗?我偏不!你不是想让我凭技术走遍天下吗?我偏不!

随着时间的推移,我长大了,他老了,我们父子之间权力的天平开始倾斜。家里越来越多的事我说了算,我小时候他习惯性地否定我,现在我也习惯性地否定他。

有什么家里的大事要商量,我爸说:"我觉得吧……""你别觉得,听我的。"每次这种时候,我内心都会有一种报复的快感,这种感觉特别爽。

时间到了2012年,我爸病了,癌症。

把他送进了医院之后几天,我的女儿马琪朵出生了。我给他看照片,我爸特高兴,笑得合不拢嘴地说:"哎呀,我这大孙女真漂亮,一看就是我们马家人,不行,我得赶紧出院,我哪怕抱她一下,亲她一下,我就可以瞑目了。"

我们就说:"爸,你说什么呢,你肯定很快就好了,然后你就出院了,然后你就陪着孙女一起长大。"我爸听了我说这话之后,那几天的饭量明显变好,脸色也红润了很多。

我就看着天空,暗暗地祈祷:"老天爷,请你保佑我爸,让他真的好起来,我跟他作战还没作够呢。"

可惜,老天爷没听见我的祈祷,我爸的病情恶化得很快,他被送进了ICU,他戴上了呼吸器,别说回家了,连说话都说不了。

我内心清楚地知道,我爸和我在一起的日子不会太多了,但是他有一个愿望,我要帮他完成这个愿望,我要把我的女儿抱到医院去让他看一眼,我一定要这样做。

所有人都反对,我妈,我姐,我太太,医生也不同意,说:"你干吗呀,ICU呀,你把一个未满月的孩子抱进去,万一传染了什么病毒怎么办?你疯了吧你?"我就是疯了,我当时就像疯了一样去跟所有人"作战",说服每一个家里人。

我去找院长,我说:"求求你了,我不能让我爸带着遗憾走,我一定要做这件事,我给你下跪行不行?"我成功了,他们同意了。

然后我来到我爸的病床前,我看着他,他那个时候神志已经有点不清醒了。我就轻轻地把他摇醒,我说:"爸,我现在就回家,把马琪朵给你抱过来,让你看看她,好不好?"

我爸的眼睛一下就亮了,特别清澈。我知道他特别高兴,特别期待。然后我就跟他说:"爸,你别睡着了,你千万别睡着了,我很快就回来。"

我爸特别想说话,他盯着我的眼睛,但是他说不出来,然后他用尽全身的力气,做了一个特别轻微的动作。

我说:"怎么了,爸,你不想见你孙女了吗?"他就是那么固执,生命最后一刻了,他还那么固执,为自己孩子的孩子的健康要拒绝自己最后一个心愿。

我说:"不行,爸,这回你必须得听我的。"我爸就看着我,就那样看着我。我就哭着坐在他床边,拉着他的手说:"爸,我再也不跟你作对了,但是这回请你听我的。"

僵持了很久，我对他说："我听你的，我知道你是为了我们好，为了我的孩子好。"我跟他聊了很多，那天晚上，聊了很多从来没聊的话。

我一直想跟他聊天，但是我没找着机会，直到最后一个晚上，我才跟他说了那么多。我跟他说："爸，你放心，我一定把女儿养好，让她特别健康地长大。爸，你放心，我一定照顾好妈妈，我让她又快乐，又健康，又长寿。"

我说："你放心，我一定会好好的，你在天上也会为我骄傲的。爸，谢谢你。"我爸没力气了，他不摇头也不点头，但是他的眼泪就像我现在这样，顺着眼角不停地流。

这就是我和我父亲的最后一次对话。我爸走了，这场父子之间的战争终于落下了它的帷幕，没有赢家，但是有很多遗憾。

我的父亲，他身上有着无数中国父亲的缩影。我的父亲，他传统守旧，但是他一辈子都守着做人的良善和职业的尽责。

我的父亲，节俭甚至吝啬，但是当我买房的时候，他把省吃俭用的每一分钱都拿出来了，毫不犹豫。我的父亲，一辈子都在奋斗，为了家人，为了孩子，为了孩子的孩子，但是他唯独忽视了他自己。

爸，如果有来世，我希望还和你做一对父子，我们交换一下位置，我做爸爸，您做儿子。

我会亲手给你做红烧肉，然后告诉你，和家人一起吃饭就是世上最好的美味。我会在你考试了之后大声地夸你，告诉你只要你努力了爸爸就会为你骄傲。我会把所有的道理和原则都放在地上，用我们父子之间的爱打开我们之间的心门。

爸，给我一个机会，让我把你给我的所有的爱加倍地都还给你，让我们再续一次情缘。

爸，我很想你。

谨以此篇演讲，送给我最爱的父亲马文龙，也送给世上所有有爱的父亲和儿子！谢谢大家！

五、演说力量，我来把握

克里斯·安德森说："在我们生活的这个时代，留名史册的最好方式或许不再是著书立说,而是起身发表演说……因为文字及其相伴而生的激情,能以难以想象的速度传遍世界每一个角落。"

当你勇敢走上舞台去为大家分享思想,你就是在为你内心的风景做导游。想让自己能更好地展示,让你的"游客"热爱你所介绍的"风景",去学习本章内容教给我们的那些技巧,提升表达和演讲技能,让自己的想法产生更大的影响力吧!

(一)演说的声音和腔调

演说的语言要准确清晰,即吐字正确清楚,语气得当,节奏自然;要清亮圆润,即声音洪亮清晰、铿锵有力、悦耳动听;要富于变化,即区分轻重缓急,随感情起伏而变化;要有感染力,即声音有磁性,能吸引听众,引起共鸣。

(二)丰富的肢体动作

演说一般由三要素组成:文字、语言和肢体动作。其中文字部分占7%,语言部分占38%,肢体动作占55%,可见肢体动作在演说中的重要性。

好的演说离不开肢体语言的配合,主要体现在面部表情、手势动作和眼神三个方面。

人们在交往过程中,观察对方最多的地方就是脸。演说者演说的时候,人们会从演说者的面部表情对演说者做出判断,这是拉近演说者和听众之间距离的简单有效的途径。

手势动作也称手势语言,手势是最自由和最强有力的体态语,是运用手指、手掌和手臂的动作变化来传达信息的一种无声语言。手势语言便捷、灵活、变化多样,不但能辅助语言,有时还可以替代语言。

演说者的眼神必须注视听众,而且眼神要适当地在听众中来回扫动,眼睛的视线焦点要在场内均匀分布,各有兼顾。尽量一小段时间注视一个人,接着转向另一个人。

(三)营造气场

演说需要有气势,需要豪言壮语,不然就会使整个演说失去力度。演说中一连几处的排比句式,无疑会加强语言的力度,会给人们无限的希望和力量。另外,还需要演说者有意识地营造一种轻松愉快的演说氛围。煽情是演说中常用的手段。演说者如果能巧妙地运用情感的力量,将演说中的一些"动情点"最大限度地激发出来,并保证其畅通、完整地传递给听众,将会产生不可思议的效果。

(四)打造融洽的互动

高明的演说者会采用互动的方式,让观众"动"起来——身动起来,心动起来。互动能带动全场听众的情绪,可以让演说者与听众产生强烈的思想共鸣。如何在演说中让听众与自己的演说互动起来呢?通常来说有以下三种常见又行之有效的技巧。

1. 话题互动

演说者可以让听众之间相互讨论问题,通过抛出话题引发听众思考,发表不同看法。

2. 提问互动

演说者在提问互动的环节经常使用的提问句型有:要不要?对不对?好不好?是不是?可以不可以?要还是一定要?同意还是不同意?是前者还是后者?是第一种还是第二种?

3. 游戏互动

演说者可以以共同游戏的方式与听众进行互动,这不但可以增强听众的好奇心和参与意识,还可以提高听众的注意力。但是要注意的是,游戏的内容一定要和演说的内容相呼应。

(四)有特点的开场白

1. 自我调侃式

在演说中,演说者用诙谐的语言巧妙地进行自我介绍,会使听众倍感亲切,能够无形中缩短与听众之间的距离。

2. 故事式

演说者在开场白中讲一个切合主题、有内涵、有新意的故事,能够与听众快速建立好感。哈佛大学教授霍华德·加德纳说过这样一句话:"讲故事是最简单的、最有凝聚力的工具。"这样不仅可以充分展现自己风趣幽默、阅历丰富的一面,还能赢得听众的信服。

(五)演说者演说前需注意的细节

1. 熟悉场地

争取熟悉你要发表演讲的环境。提早到达并巡视讲台,练习使用麦克风和其他辅助视觉设施。

2. 熟悉你的演说稿

如果你不熟悉你的演说稿或者对它不满意,你的紧张感就会增强。演练你的演说稿,并且做必要的修改。设想你自己演说时的情景,想象你自己在侃侃而谈,声音洪亮,吐字清晰,充满自信。

3. 放松自己

集中注意力于内容上,而不是形式。做些准备活动松弛紧张的神经。要意识到在场的人们希望你成功。

参考案例

《寒门贵子》(有删改)
——刘媛媛

前些日子,有一个在银行工作了十年的HR(人力资源管理师),他在网络上发了一篇帖子,叫作《寒门再难出贵子》,意思是说在当下,我们这个社会里面,寒门的小孩儿他想要出人头地,想要成功,比我们父辈的那一代更难了。这个帖子引起了特别广泛的讨论,你们觉得这句话有道理吗?

先拿我自己说,我们家就是出身寒门的,我们家都不算寒门,我们家都没有门。我现在想想,我都不知道当初我爸跟我妈那么普通的一对农村夫妇,他们是怎么样把三个孩子——我跟我两个哥哥,从农村供出来上大学、上研究生。我一直都觉得自己特别幸运，我爸跟我妈都没怎么读过书，我妈连小学一年级都没上过，她居然觉得读书很重要，她吃再多的苦也要让我们三个孩子上大学。我一直也不会拿自己跟那些家庭富裕的小孩做比较，说我们之间有什么不同，或者有什么不平等，但是我们必须要承认这个世界是有一些不平等的，他们有很多优越的条件我们都没有，他们有很多的捷径我们也没有，但是我们不能抱怨，每一个人的人生都是不尽相同的，有些人出生就含着金钥匙，有些人出生连爸妈都没有。人生跟人生是没有可比性的，我们的人生是怎么样，完全决定于自己的感受。你一辈子都在感受抱怨，那你的一生就是抱怨的一生，你一辈子都在感受感动，那你的一生就是感动的一生，你一辈子都立志于改变这个社会，那你的一生就是斗士的一生。

英国有一部纪录片，叫作《人生七年》，片中访问了十二个来自不同阶层的七岁小孩，每七年再回去重新访问这些小孩。到了影片的最后就发现，富人的孩子还是富人，穷人的孩子还是穷人。但是里面有一个叫尼克的贫穷的小孩，他到最后通过自己的奋斗变成了一名大学教授。可见命运的手掌里面是有漏网之鱼的。而且，现实生活中寒门子弟逆袭的例子更是数不胜数。所以，当我们遭遇到失败的时候，我们不能把所有的原因都归结到出身上去，更不能抱怨自己的父母为什么不如别人的父母，因为家境不好，并没有斩断一个人成功的所有可能。

当我在人生中遇到很大困难的时候，我就会在北京的大街上走一走，看着人来人往，而那时候我就想："刘媛媛，你在这个城市里面真的是一无所依，你有的只是你自己，你什么都没有，你现在能做的就是单枪匹马在这个社会上杀出一条路来。"

这段演讲到现在已经是最后一次了，其实我刚刚在问的时候就发现了，我们大部分人都不是出身豪门的，我们都要靠自己，所以你要相信，命运给你一个比别人低的起点，是想告诉你，让你用你的一生去奋斗出一个绝地反击的故事。这个故事是关于独立、关于梦想、关于勇气、关于坚忍，它不是一个水到渠成的童话，没有一点人间疾苦，这个故事是"有志者事竟成，破釜沉舟，百二秦关终属楚"；这个故事是"苦心人天不负，卧薪尝胆，三千越甲可吞吴"。

六、演说平台,在我身边

在网络时代,说话能力和说话的空间被短信、键盘、邮件等诸多手段挤到了最边缘化的位置。《超级演说家》的播出,无疑在向大家传递一种信息:所有的成功其实都离不开准确有力的语言表达,在日趋激烈的社会竞争和生存压力面前,语言能力的缺失往往会成为致命的绊脚石。"中国人羞于表达情感",似乎已经成为一种国际上的共识,就在这种"孤独的羞涩"中,我们逐渐与家人失去沟通,与朋友少了联系,与环境慢慢隔绝,将自己彻底孤立起来。但当那些选手站在《超级演说家》的舞台上后,激情的演说让他们意识到自己过去长久以来的缺失。他们与失和的家人取得谅解,他们重新寻找到自信与人生的方向,他们再度坚定了自己的信念,重新焕发斗志。

台上的选手通过演说对自己重新定位,台下的观众通过倾听产生共鸣,因共鸣而又促使他们产生行动。人们都在被演说改变着。

《超级演说家》作为一档非歌舞类选秀节目,以说话为卖点并不具有更加明显的先天优势,但在节目制作团队的倾力打造之下,观众发现原来一档说话节目也可以如此紧张刺激,动人心魄,这次冒险尝试最终也收获了意料之外的成功。这无疑给内地缺乏原创动力和冒险精神的电视台和电视人提供了值得思考和借鉴的模板,势必会给内地电视节目的勇于创新带来正面的积极影响。(新浪娱乐评)

在我们的校园,学生们用语言传递力量,用声音传递情怀,用演说诠释思想,用演说震撼心灵。诠释家国情怀,传递语言能量,哈尔滨市第四十九中学举办了"校园演说家"活动。

哈尔滨市第四十九中学德育校本课程中有一门课程——"语言能量",旨在引导学生们重视语言的能量,用语言传递思维,用语言表达思想。在"情智共生"办学理念的指引下,丰富学生的校园生活,开展多彩的学生活动,提高学生的演说能力和思辨能力。

比赛中,选手们用优美的声音、激昂的语调、动情的演说,把现场气氛一次又一次推向高潮,使在场的学生和评委老师们享受了一场视听盛宴。选手们更用自己深刻的思想和敏锐的洞察力为听众们讲述了一个又一个感人的家国故事,诠释了他们对"家国情怀"的独特认识,传递了语言的魅力。活动从班级报名选拔、初赛到决赛,最终有十二名学生脱颖而出。《我最爱的中国红》《我心中的一座山:钟南山》《一生只为大国重器》《情怀之种子,家国之栋梁》《渐冻生命的疫路前行》《不曾分离的家与国》《祖国我为你骄傲》……一个个主题鲜明的演说把听众带回了一幕幕感人的场景中。

"校园演说家"活动历届获奖演说稿

1号选手

大家好,我是王择源,来自六年二班。

我今年十一岁,10月4日刚刚过了十一岁生日。用我妈的话说,我应该还在小学"混着"。大家听到这个"混"字肯定会想:这家伙,胆大包天啊,竟然用"混"来对待学习。其实,我的小学真的是"混"过来的。

五年前的"六一"前后,我突然生了很严重的病,在家养了三个月。三个月的艰难过程早已淹没在混沌的记忆中,只有那漫长感,在一片混沌中格外清晰。三个月后,在妈妈的惴惴不安中,我开始了"混"的学习生涯。

刚上小学的疲惫、约束,裹挟着年龄幼小、身体不适,铺天盖地而来。常常是在回家的路上我就酣然入睡,而暮色渐沉时分在车中醒来,迷迷糊糊中意识到作业还没完成,就会"无边落木萧萧下,不尽泪珠滚滚来"。在哭哭啼啼中,一笔一画,龟速而认真地完成作业。那时候真的是好累呀!

我在艰难中一点点适应着学习生活,但病痛却仍舍不得离开我。时而我就会早早地起床去针灸,一针就得一动不动地挺半个小时。之后再急三火四赶到学校,常常是第一节数学课都下课了,惹得数学老师跟妈妈抱怨,总不听课怎么行呀!

有时病得厉害了,体力消耗太大,回家后基本上是与我那张小床亲密接触,完成作业就成了"天方夜谭"。妈妈就帮我出主意:数学作业尽量别落下,语文作业就完成听写、背诵。你看,我是不是又在"混"了,我妈还帮着我"混"。更有趣的是,老师也帮着我"混"。"王择源,作业多就别写了。快考完试,休息吧!看把我们累的。"你看,我是不是"混"得挺有水平,妈妈、老师都站我这边。

其实,我真觉得我"混"的水平挺高的。事实可证,四年级上学期,我因病情复发在家休息了三个月,期末考试语文得了103.5分,数学得了104.5分。尽管比别人差了些,但那可都是我在生病间隙自学的结果。妈妈说中国有一位了不起的作家史铁生,他在重病期间写了一部《病隙碎笔》,你说我是不是也可以写部《病隙求学》了。

伴随着生病、治病、学习、玩乐的"混日子"的时光终于结束了,我上中学了。尽管身体没有完全康复,但"日子"却不敢再"混"下去了。学习任务重,强度大,时间长,还有那些比我健康的家伙们,比我早学、多学了那么多。在没有从"头"开始的时候,我就已经落后了。怎么办?爸爸妈妈帮我制定了如下策略。首先,认清当前形势——我们起点比他人低,别人已经爬上了二三层楼,而我还在地下室,我要承认这一点。其次,明确战略思想,要有打持久战的准备——我们一层一层地追赶,最终目标是四年后的升学考试。再次,采取正确战术——把能学会的,紧紧抓在手里;落下的,一点点补;难题尽量做,不强求。最后,也是最重要的是,要严格要求自己,态度认真,脚踏实地,自强自律。别看我说得头头是道,其实,我知道妈妈是挺紧张的,要不怎么会看到我的成绩进步,会高兴得与亲爱的苗校长亲密拥抱呢?真是情难自抑呀!

但这一个多月,我过得也的确辛苦。累了,歇一会儿,再坚持;困了,睡一会儿再起来;没记住,就一遍一遍重复;不会的错题一次一次推演。你看,小学可"混"得,初中就"混"不得了。

讲到这里,我想大家也听明白了,我说的"混"不是真的"混"日子。而是面对困难不惧怕,迎难而上战胜它;病痛折磨当调剂,乐观坚强面对它;低谷落寞莫灰心,头脑清醒跨越它;漫长征途莫怯懦,全力以赴征服它。同学帮助多有爱,恩师照拂力量大;父母关怀强后盾,千难万险有何怕!

同学们,我的演讲结束了。未来的日子,我会以更阳光、更健康的心态来面对,努力拼搏,同大家一起为四十九中学增光添彩!

2号选手

大家好,我是闫紫涵。

我今天要和大家分享的话题是"我们为什么要学习?"相信大家和我一样,都有过这样的经历,每每子夜降临,繁星点点,天地寂寥,睡意深沉的我们,依然没有完成当天的作业!此时,你们可追问过自己,我们为什么要学习?学习真的那么有用吗?即便是考上了大学,每年毕业的大学生多如牛毛!我们就一定不会失业吗?从小学到现在,七年如一日,一直都像个机器人一样在学习、学习、学习!我早已身心疲惫!我深深厌恶了学习!

但是,我认真地思索了我的人生,以及学习在我人生中的作用!我是要做一个忙忙碌碌、疲于生计的普通人?还是做一个朝九晚五的平凡公务员?抑或是做一名传道解惑的大学教授?或者做一名受人尊敬的科研工作者?或者做一名救死扶伤的白衣天使?这样的人生要通过什么才能获得?

我们拥有看似漫长却又短暂的一生,我们的人生充满了未知和无限的可能。在学习的道路上,我曾经一百次地想过放弃,这次我选择坚决不让未来的自己感到遗憾!

努力学习,不一定会事业辉煌,但却可以看到更大的世界。努力学习,不一定能前途无忧,但却可以拥有更多选择的机会。努力学习,不一定会提高你的智商,但却能开阔你的视野。努力学习,不一定会延长你生命的长度,但一定会拓展你生命的宽度。努力学习,不一定能让你成为完美的人,但却能让你变成一位有文化的人。

记得有这样一个段子,当酒逢知己时,有文化的人会豪情万丈地说:"人生得意须尽欢,莫使金樽空对月。"而没文化的人只会说:"来来来,感情深,一口闷!"当看到夕阳下一群翱翔的飞鸟时,有文化的人会说:"长天共秋水一色,落霞与孤鹜齐飞。"没有文化的人会说:"快看呀!好大一群鸟。"这也是学习与不学习的区别所在!

时间马不停蹄地飞奔,我们到底做什么才算没有浪费生命?鸟的一生就是捉虫迁徙,鱼的一生就是游来游去,作为一种更高级的生物,人类可以选择和创造更有意义的生活。

同学们,如果你还有一丝对美好未来的憧憬,那么,请把高飞的心收回,请把激战正酣的手机游戏放下,请把充斥着肥皂剧的电视关掉! 你想要一个有意义的人生吗?如果答案是肯定的,就请拿起书本,进入最佳学习状态吧!

吾生虽有崖,但学而无崖!书山有路勤为径,学海无涯苦作舟!

我是演说家,我是闫紫涵。谢谢大家!

3号选手

敬爱的老师,亲爱的同学们:大家好! 我是来自六年三班的于欣彤。

在开始我的演讲之前,我想问问大家,你们是否在同学面前出过丑,是否因此感到不好意思,并且难受好多天?最近,在深圳某小学五年级的课堂上,就发生了类似的事。一个小男孩太困了,趴在课桌上睡着了。老师看到这一幕,就让全班同学一齐鼓掌,被掌声惊醒的男孩,连眼睛都没有睁开,立马跟着大家一齐鼓掌,引得同学们哈哈大笑。

老师把视频发给男孩的妈妈,他妈妈感到很不好意思。她跟男孩说:"你看同学们都在笑你呀!"男孩却说:"哪里在笑我?我多可爱呀!"从男孩被惊醒,到立马笑嘻嘻地鼓掌,几乎不到3秒钟,可见他的应变能力真是一级棒。他没有因为自己在课堂上出丑而闹脾气,反而在妈妈批评他时说自己很可爱,这样善于从积极的角度看待问题,非常值得我们学习。也让我们相信,他一定是个很乐观的孩子。

乐观的孩子,无论处于多么不好的境地,都能发现积极的一面! 当作业忘记带来学校,被老师批评时,乐观的孩子会想:没事,刚好让我长点记性,下次再也不丢三落四;当好朋友不跟自己玩了,乐观的孩子会想:或许他认识了新朋友,那我也可以去认识新同学,找新朋友呀!

刚刚跨进初中的校门时,很多同学都相信这里是我们一展才华的舞台。然而,初中生活与小学有很大的不同,繁重的作业和考试的失意,很容易让人灰心丧气,自怨自艾。我们不再相信自己的能力,甚至想放弃自己当初的梦想。这种时候,我们是否能够战胜自己,取决于我们的心态。

教育专家孙云晓说:"乐观的孩子,人生才会充满希望,而孩子是否乐观,是教育成败的根本标志。"

如果你没有乐观的特质,不用担心,因为乐观是可以培养的。

首先,我们要承认每个人都有害怕的时候,但要勇于面对。来参加演讲比赛,其实我很害怕,想放弃,可到了班内选拔比赛时,其他报名的同学更害怕,都退出了,我只好来了。来都来了,我只能尽全力做好!这就是勇于面对困难!我们要知道,人生不如意十之八九,比你强的人太多了!这次比赛如果我进了前三名,明年我还来,开心啊!如果进不了前三名,明年我也来,不服啊!

其次,我们要努力学习,多读书,提高解决问题的能力。当我们知识多、见识广、应对困难办法多的时候,自然而然就会信心十足,就能乐观起来,更有勇气去克服困难,取得成功。

大作家雨果说:"当命运递给我一个酸的柠檬时,让我们设法把它制造成甜的柠檬汁。"

同学们,我们刚刚开始初中生活,初中四年足以塑造一个人,前面也许会有更多、更大的困难等待着我们,让我们一起以乐观的心态,脚踏实地地努力去迎接挑战,取得成功!

第九章 "秀"出真我

你想成为一名优秀的脱口秀演员吗?你想掌握脱口秀的技巧吗?……想做到这些,就必须准确知道脱口秀的含义是什么,这是进行脱口秀表演的前提与基础。

一、解说含义记心中

脱口秀是口才展示的意思,是英语词组 Talk Show 音译过来的,是指一种由观众聚集在一起,讨论主持人提出的话题的广播或电视节目。

一般脱口秀都有一列嘉宾席,通常由有学问的或者对那档节目的特定问题有类似经验的人构成。在节目的表现形式上,不仅有现场观众参与的谈话节目,也有无现场观众的谈话节目;不仅有带嘉宾的谈话节目,也有不带嘉宾的谈话节目;不仅有在演播室现场录制的谈话节目,也有利用卫星通信技术让不同地域的嘉宾同时进行交流的谈话节目。

随着科技的进步及人民生活水平的提高,脱口秀渐渐地走进了人们的视野中,人们也更加了解脱口秀。既然脱口秀获得了这么多人的关注甚至是喜欢,那么它有哪些作用与意义呢?

二、脱口秀意义我了解

(1)脱口秀的话题大多比较亲民,与人们的生活息息相关。嘉宾们的讨论,使人们对身边这一事物或者事件有了多角度的认识,从而做出更加理性的判断与选择。

(2)当代社会压力较大,而脱口秀却给人一种轻松的讨论环境。每个参与讨论的人都可以说出自己不同的观点,即使许多人否认你的观点,当你的观点与台上嘉宾的观点不谋而合时,你更加能够坚定自己的选择,对自己的生活更有信心,能够对自身起到治愈的作用。

(3)对于脱口秀嘉宾来说,能够在台上阐述自己的观点,畅所欲言,无关对错,这种美好的体验与感受是许多经历都无法替代的。

（4）参与辩论的嘉宾来自各行各业，有着不同的人生阅历，因此对于事件的看法更加全面。而从他们的辩词中，有关部门及民众可以发现更多社会问题，从而进行整改。

三、脱口秀在我身边

可能并不是每个人都进行过脱口秀表演，但是，脱口秀在我们的生活中非常常见，给我们的生活带来欢乐与启发，给人以警醒。

（一）《今晚80后脱口秀》

东方卫视推出的《今晚80后脱口秀》刚一播出就获得了广大观众的喜爱与支持。其舞台设计蕴含着80后的风格，但是节目形式却跟紧时代步伐。主持人和嘉宾们语言幽默，常常引得观众捧腹大笑，但是面对关键性社会问题时，都会摆出明确的立场，具有社会正义感与国家荣誉感，使观众在笑过之后进行深入思考，起到教化的作用，同时又不显得枯燥与无味。由于其将欧美许多元素与中国20世纪80年代的元素结合起来，成为中国唯一一档欧美风格脱口秀节目。节目十分巧妙地将中国传统相声与欧美脱口秀融合在一起，其中讨论的问题也面对社会主要群体，具有时代性。

《今晚80后脱口秀》的经典语录有：
(1) 容易走的都是下坡路。
(2) 别拿命不好当失败的理由。
(3) 自由和健康比金钱重要。
(4) 尊重别人的最佳渠道，是尊重他最宝贵的东西。
(5) 占有得越多，不代表你越丰富，匮乏的那个部分，才决定你的品格。
(6) 原谅别人的同时，也是放过自己。
(7) 钟表：可以回到起点，却已不是昨天。
(8) 核桃：没有华丽的外表，却有充实的大脑。
(9) 指南针：思想稳定，东西再好也不被诱惑。

(10) 花瓶：外表再漂亮，也掩不住内心的空虚。

(11) 树叶得势时趾高气扬，失意时威风扫地。

(12) 历史的标点全是问号，历史的幕后全是惊叹号。

（二）《晓松奇谈》

在《晓松奇谈》这档节目中，高晓松成为这档节目的特色，网友们都用这样一段话形容他，"长头发可不一定见识短，四十载中西练达，谈天说地，无门五类，不偏不邪，笑对千金裘马，亦侃风花雪月。"高晓松的确非常有才华，不仅在音乐方面有着过人之处，写下了许多知名歌曲，如《同桌的你》《白衣飘飘的年代》等，至今被人传唱，同时，在影视方面也颇有建树，人生经验较为丰富。他像和老朋友聊天一样，在轻松的氛围下，向观众发表对于事件的不同见解，输出自己的观点，给人以深刻启迪，却不显得枯燥。而这档节目能够脱颖而出的根本原因，除了高晓松自身，更离不开节目内容的广度与深度。在这个娱乐节目泛滥的时代下，《晓松奇谈》可谓是脱口秀节目中的一股清流，其涉及层面非常广，涉及科学、音乐、体育、历史等各个层面，涵盖古今中外，不仅提高了观众的审美水平，更拓宽了观众的视野，使观众在观看节目的同时学到了知识。

（三）《金星秀》

《金星秀》之所以走在脱口秀节目的前列，离不开的是它的独特，首要的就是主持人金星突破常规、独具一格的主持特色，使该节目倍受关注。首先，从语言风格来讲，以泼辣犀利著称。在我国内地，许多主持人对于某些观点都保持中立态度，而金星却大胆发表自己的看法，直言不讳，爱憎分明，表达清晰，具有自己的个性特色。其次，节目中所选择的脱口秀主题都是人们争辩已久的热点话题，而所请嘉宾也具有一定的热度，直接走向人们的关注点。最后，攻击性的批评也好，尖酸的调侃也罢，最后都不会背离自己的出发点，非常客观地从各个角度给出自己的见解与意见，把人们引向积极的道路。

（四）《吐槽大会》

《吐槽大会》这档节目具有一定的创新性，在传统脱口秀节目上进行了许多创新,对节目形式及节目内容都进行了创新。在节目形式上,通过吐槽的方式发表自己对于不同人物及事件的看法,这种方式为当今生活压力巨大的人们给予了疏散压力的途径,氛围比较轻松,自由发表个人见解,可以算是一种独特的解压方式。在节目内容上,都是选取当红明星,本身就自带槽点,而嘉宾也都极具才华,这些原创段子手都深受观众喜爱。

《吐槽大会》的经典语录有:

(1)人生在世,都想留下点什么。但你得知道,最清晰的脚印,往往印在最泥泞的道路上。选择了前进,就不要抱怨犹疑。没有一点努力会浪费,你今日撒下的种子,或许会在想不到的某一天,悄悄地生根发芽。

(2)努力也许不等于成功,可是那段追逐梦想的努力,会让你找到一个更好的自己,一个沉默努力充实安静的自己。

(3)很多时候,我们之所以做不成一件事,是因为不够重视。想完成一件事,就要首先提升这件事在自己心中的存在感,重视它、研究它,一点一滴求进步,一步一步去完成。你有没有用心,时间会给你答案。

四、脱口秀方法我知道

脱口秀演员在舞台上侃侃而谈,使许多人误以为带来优秀的脱口秀表演非常轻松,其实这里面有许多的技巧与方法需要我们了解。

(1)拥有良好的心态,提升自信心。脱口秀不仅要给观众带去良好的听觉享受,也要注重观众的视觉体验。所以,有一个良好的心态就显得尤为重要,参与者要做到的就是保持自信,无论观众什么反应,都要在心中肯定自己。同时,也可以与观众进行互动,来拉进与观众的距离。

(2)仪容仪表对于脱口秀演员来讲也特别重要。脱口秀演员的外在形象要与所讲的内容相适宜,衣着要整洁,令人舒爽、无压力。

(3)沉着应对突发情况。脱口秀一般互动度较高,常常与观众互动,这时就避免不了发生一些突发情况,因此需要有较快的反应能力。所以我们在平时的训练中就要尤其注意,而最有效的方法就是锻炼思维,根据不同情况,做出不同假设,并且思考解决方法。

（4）加强面部、体态练习，提升综合表现力。首先，我们可以常常练习，知道如何微笑才能笑得真诚，具有亲和力，因为在舞台上，不敢保证立马进入状态，表情可能会略显僵硬。其次，要注意手势的运用，使自己所说的更能让人相信。最后，要注意体态，做到站有站相，目光坚定，接受他人的视线，培养自信。

（5）注重积累，提升语言表现力。要保证脱口秀有一个丰富、具有可听度的内容，离不开我们平时的积累。在看杂志、看书、与人交流等过程中，都要注意观察，把听到、看到、想到的趣事、要事、重要观念、好句子等记下来，并在恰当的时候运用。

（6）加强诵读训练，提升自我表现力。既然要讲给在座的观众听，就一定要让他们听清楚，这时声音的清晰度与声音的大小就显得格外重要。因此，我们在平时要经常进行诵读训练，从而做到能让人听得清，却又不吵；强调重点，却又不觉得刻意。

五、脱口秀优秀作品展示

我和爸爸是校友

杨：首先我想问大家一个问题，有谁跟我一样，父子两代都是四十九中的学生？请举手！（停顿，抬头看观众）谢谢大家！

之所以问这个问题，也许是源于心里的一丝骄傲和自豪吧，因为现在咱们所在的这所学校，很久之前，就已经出现在我爸爸给我讲的故事里，那时候四十九中的一切，都是故事里的事。

我爸爸跟我讲，他刚刚升入四十九中的时候，咱们的学校还没有自己的校舍，而是借用林大附中的教室上课，每天都要重复咱们现在考试之前需要做的事情——把所有的东西带回家。而且每天只能上半天课，因为另外半天人家学校自己还要上课。直到他上初二，咱们现在的教学楼才建好，他们才不是"寄人篱下"的"流浪学生"。每当说起这个，我都能从他脸上的表情看出他对当时新校舍的喜爱。爸爸说，他们刚搬到新校园的时候，每天都要带一个大兜子去上学，放学的时候每人从杂草丛生的校园里带走一两块乱石，一个学期以后，操场才在他和同学们的努力下成为一块平地。他还告诉我，当年他们每周都要大扫除，每个人带着刷子,蹲在地上清理走廊和教室里因为新建留下的各种污迹。他说他们是新四十九中的参建者。

转眼到了我该上初中的时候,当在私立校和四十九中之间抉择的时候,爸爸毅然决然地让我放弃私立校,他给我的理由是,希望我在人生观、价值观形成的青春期阶段,有一段积极并且健康的历程,能够接触到形形色色的同学,而不是变成一部学习的机器。于是,两年前我成了四十九中故事里的人。

冯:在我们上初中快两年的时候,我们就深刻地意识到 8 班是个怎样的班级。今天啊,我就来好好地吐槽一下 8 班。首先,我要吐槽的是我们"聪明绝顶"的数学老师。他平常对我们和颜悦色,但当我们犯错时,他也会严厉地批评我们,并纠正我们的错误。是他教会了我们如何严谨地面对学习和生活。我们的语文老师一讲起古诗词来,满脸满心都是诗情画意,带我们在古诗的意境里畅游。我们的英语老师,有时像猴子。

杨:什么?

冯:猴子啊。

杨:猴子像话吗!

冯:啊,那就孙悟空吧。我设计的一个小包袱,大家莫要在意。

杨:错了就是错了,找那么多借口干吗?

冯:像孙悟空时,她神通广大,无所不能,为我们打倒"妖魔鬼怪"。她有时候像猪八戒,把所有的事情都交给我们,让我们学会独立。她有时像沙和尚,任劳任怨,默默无闻地帮助我们。她有时像唐僧,满嘴净是那些大道理、心灵鸡汤什么的。她就像西天取经的师徒四人,带我们通往西天。

杨:打住! 我就说,咱们班同学早晚被你说死。

冯:啊……那就是通往成长的道路上! 她带着我们在通往成长的道路上越走越远。对了! 她还是一位慈母呢。都说自古慈母多败儿,我们老师离这个标准就差了一点——她是慈母,但她绝不败儿! 下面我再来"吐槽"一下我们班的班级活动。我们 8 班拔河比赛从未赢过。也许别的班说我们太弱了,我想,也是啊。可能我们班不太擅长这个领域吧。

我们班啊,最擅长的还是纪律。在"流动红旗"这个领域中我敢说,我们班要是称第二,那就没有班敢称第一。"流动红旗"每个月都会"光顾"我们班,那真是挡也挡不住啊!现在是,以后还是!在艺术节中,我们班人人都散发着艺术气息。郑新瀚的街舞展示,朱奕萱的 drawing show 都仅仅是我们班的冰山一角而已。

杨:咱们啊,都是四十九中的人,要用自己的行动,来续写四十九中的故事。努力上好每一堂课,认真完成每一份作业,积极参加每一项活动,用自己的成长和进步回馈恩师们的付出。虽然不是每一位同学都能成为改变母校历史的弄潮儿,你我都只是再普通不过的升斗小民,但是我们仍然可以通过自身的努力,尽可能地做一名合格的中学生。在我们成长的道路上,坚定地走好每一步,做一个好人,对于这个社会是有着非常重要的意义的,因为我们每一名同学生下来都注定会改变这个世界。我爸爸是一名人民法官,他经常告诉我,只要他一直坚持做一名公正严明的法官,这个社会就会因为他这样一个曾经四十九中的学生的存在,而变好一点点。我希望每一位从四十九中走出去的同学,都能成为那种难能可贵的年轻人,一辈子都疾恶如仇,绝不随波逐流,绝不趋炎附势,绝不摧眉折腰,绝不放弃自己的原则,也绝不绝不绝不绝不失望于人性。所以,亲爱的同学们,当我们每一个人都像这样拥有足够的能力和底气时,我们必将为四十九中的故事添一份厚重,增一分色彩。

而当我们各自完成自己的学业,走上社会,成为这个庞大社会机器上一个个零件的时候,我们又该为这个社会做些什么呢?到那一天,希望大家都能记住,我们曾经是哈尔滨市第四十九中学的学生,我们要继续用自己的每一分成绩,讲好四十九中的故事。希望四十九中的校友们,聚是一团火,散是满天星,谢谢大家!

点评:首先,这篇脱口秀开头通过问问题的方式与观众进行了一个互动,与观众进行眼神交流,从而拉近了自己与观众的距离,同时又缓解了自身的紧张状态;其次,一句故事里的事,更给人以提示,说明接下来要讲故事,勾起了观众们的好奇心;再次,用"聪明绝顶"和像孙悟空、猪八戒、沙和尚等词来形容老师,使幽默感增加;最后,宣扬正能量,发起呼吁,使这篇脱口秀更加具有实际意义。

四十九中学强磁场

每天,当我的双脚迈入四十九中的大门时,强相互作用会把我牢牢吸引。

早读课上,同学们有时异口同声地朗读课文,即使有风吹草动,朗读课文的声波也能发生衍射,绕过障碍继续传播。有时各自背诵不同的篇目,也会产生驻波,方向相反,因为虽然朗诵的内容不同,但是频率相同、振幅相同,因为大家的目标一致。

四十九中学的课堂,有时是匀强的电场,总是有条有理地讲解知识,带领我们顺着电场线平行移动,整齐划一,同学们齐心协力向同一个方向迈进;有时是等量正电荷的等势面,由两个极端向四周放射,各层次的同学都能在自己的电场线上拼搏,互不干扰,却又构成电场这个集体。不会忘记课堂上老师生动的教授,那是生物能以声能为中介转化为学习的动能。不会忘记课间围着老师刨根问底的身影,那是努力提高机械效率、热效率的具体实践。辛勤的老师消耗自己的时光,乘以全身心的力气,形成师德的冲量,这些冲量来自四十九中大家庭动量的贡献,这些冲量又为我们大家的全面发展做正功。

四十九中的学生都是活跃的分子,永不停息地进行无规则运动。运用整体法可以看出青春澎湃的共性,运用隔离法不难发现各有所爱的个性。爱好体育的同学,是最活跃的气态分子,每次体育课和课外活动都在篮球场、足球场上做定常运动。爱好交流的同学,是居中的液态分子,大家交朋结友,相互吸引,存在表面张力。爱好读书的同学,是稳定的固态分子,相当一大部分属于晶体,在文学素养、理科思维等方面各有所长,表现各向异性。

四十九中能及时调整学生们的动态。当摩擦因数过大阻碍发展时,我会接到班主任通过热传递送来的温暖。当我面临的电压过大难以跨越时,任课老师会及时为我串联一个电阻分压。当我与同学发生争执时,大家纷纷撒盐使坚冰融化。四十九中,你是我的参考系,我是质点,在你心中运动,因为和外力大于零,我有了自己的加速度;你是我的附着层,附着力大于内聚力,我是分子,向你运动,使你扩大,为你添彩;你是我的飞轮,我是活塞,飞轮左右摇摆,活塞上下运动,我因你产生动力,你的精神在我们这里发扬;你是我的三棱镜,我从远方直线传播的光线,经过你的折射,我的优点更加色彩分明,经过你的反射,我的缺点已经被折回;你是我的恒星,我始终都沿椭圆轨道围绕焦点运动。

点评:这篇脱口秀既表达了自己的情感,具有一定的文学性,同时又把一些学科专业名词引用进来,如"强互相作用""声波""频率""振幅""电场"等,这些学科专业名词引用得比较恰当,具有幽默感。这些学科专业名词大都来自书本知识,营造了一定的气氛,且生动形象,体现了作者对于四十九中的喜爱。

"苍穹逐梦 羽翮已就
誓搏百日 奋翮永翔"誓师大会

"我来说说我的家"班级介绍活动

"我为班级代言"班级文化展示活动

"校园辩论赛"活动

"校园演说家"活动

"理想点亮未来"升旗仪式

"四九记忆"脱口秀活动

"我为班级代言"班级文化展示活动

"校园演说家"活动

"校园演说家"活动

"校园演说家"活动

"校园演说家"活动

黑龙江省教育科学"十三五"规划基础教研专项重点课题
核心素养视域下的学校"金字塔"型情智课程体系研究与实践(JYB1320050)研究成果

影动我心 听生命拔节的声音

张 巍 主编

哈尔滨工业大学出版社

图书在版编目（CIP）数据

情智路上　最美的遇见.2，影动我心　听生命拔节的声音/张巍主编.—哈尔滨：哈尔滨工业大学出版社，2021.12

ISBN 978－7－5603－9863－1

Ⅰ.①情… Ⅱ.①张… Ⅲ.①活动课程－初中－教学参考资料 Ⅳ.①G632.3

中国版本图书馆 CIP 数据核字（2021）第 258959 号

影动我心　听生命拔节的声音
YINGDONGWOXIN　TING SHENGMING BAJIE DE SHENGYIN

策划编辑	闻　竹
责任编辑	马　媛
封面设计	郝　棣
出版发行	哈尔滨工业大学出版社
社　　址	哈尔滨市南岗区复华四道街10号　邮编150006
传　　真	0451－86414749
网　　址	http：//hitpress.hit.edu.cn
印　　刷	哈尔滨博奇印刷有限公司
开　　本	787mm×1092mm　1/16　印张 13.75　字数 236 千字
版　　次	2021年12月第1版　2024年6月第2次印刷
书　　号	ISBN 978－7－5603－9863－1
定　　价	198.00元（全三册）

（如因印装质量问题影响阅读，我社负责调换）

编 委 会

主　编　张　巍

副主编　张　蕊　王宝庆　潘英媛

编　委　张　宇　周　凯　孙孝颖　褚衍萍　陆　爽
　　　　　梁筱涵　韩璐璐　王丹丹　郑　敏　阎慧婷
　　　　　李春阳　侯颖慧　王云娟　刘　霞　孙迎春
　　　　　史文博　苗　雪

前言
PREFACE

早在几千年前,孔子就提出"兴于诗,立于礼,成于乐",强调审美教育对于人格培养的作用。蔡元培先生也曾说过:"美育是最重要、最基础的人生观教育。"美育对学生的成长起着至关重要的作用。如今,在核心素养视阈背景下,学生审美情趣的培植尤为重要,审美情趣包括:具有艺术知识、技能与方法的积累;能理解和尊重文化艺术的多样性;具有发现、感知、欣赏、评价美的意识和基本能力;具有健康的审美价值取向;具有艺术表达和创意表现的兴趣和意识;能在生活中拓展和升华美等。

近年来,随着影视事业的蓬勃发展,大量具有真挚感人的情感元素、富含深刻哲理寓意、激发学生探究意识的影视作品走进学生的生活。在观影过程中,虽然学生也会受到影视内容的触动,但是常常只是停留在浅层次的感受上。因此,学校开设了影视赏析课程,并编纂本书,旨在引导学生在深入赏析影视作品过程中,丰盈情感、提升智慧。

本书由三章构成,即影中悟情、影中析理、影中寻问。"影中悟情"围绕亲情、友情、师生情、家国情等贴近学生生活的主题进行观影赏析;"影中析理"紧贴生命生活、人性美好、职场励志等主题赏析思考;"影中寻问"则建立了影视与学科的联系,在影视作品中寻找主题,以学科知识为依托进行项目研究。

本书所选中外经典影片,具有极高的赏析价值。学生可以在欣赏的过程中,重温剧情、感悟美好感情、深思成长启示、寻找答案奥秘,助力自身成长成才!

张　巍

哈尔滨市第四十九中学校党支部书记兼校长

第一章　影中悟情

主题一　亲于血脉　情暖人心

第一课	用我的智慧、真心展现一个明媚世界	3
第二课	用我的不离不弃支持你的璀璨人生	7
第三课	默默守望,护你远航	10
第四课	用我的严格、认真塑造你的璀璨道路——冷峻严苛的柔情	14
第五课	静默真情暖人心——以"慈爱"化"不解"	18

主题二　交汇于心　携伴同行

第一课	梦想的路上充满荆棘,同行的伙伴深情相助	22
第二课	人生的路上会有异样眼光,相依的伙伴助力重拾信心	25
第三课	青春岁月的青涩情谊,成长路上的美好印记	28

主题三　润物无声　大爱无疆

第一课	真心普大爱,真爱传真情	31
第二课	智慧暖心灵,爱心创奇迹	34
第三课	救赎心灵哀歌,润泽生命之路	37

主题四　爱国之至　中华魂魄

第一课	拳拳爱国心,殷殷报国情	40
第二课	此生无悔入华夏,初心不改担使命	43

第三课　用青春、热血、激情，背负国家荣耀 ·············· 46

第四课　小人物、大情怀、英雄本色、人民至上 ·············· 48

第二章　影中析理

主题一　矢志不渝　向阳而生

第一课　命运以残酷待我,我却以拼搏拥抱生活 ·············· 53

第二课　贫穷只能束缚生活的空间,却无法禁锢放飞的梦想 ·············· 57

第三课　初心犹在,何妨屡败屡战? ·············· 60

第四课　比智慧更难得的是努力,比努力更难得的是坚持 ·············· 63

第五课　握紧的拳头最有力——团队力量无穷大 ·············· 66

主题二　品味人心　又见美好

第一课　勇敢善良的心,遮掩罪恶,再见和平 ·············· 70

第二课　温柔坚定的心,接纳缺憾,重塑完美 ·············· 75

第三课　仁爱怜悯的心,面对黑暗,释放光芒 ·············· 80

第四课　宽容喜乐的心,遇见真情,再现美好 ·············· 84

主题三　生活百态　人生百味

第一课　世界以痛吻我,我却报之以歌 ·············· 89

第二课　纵有万人阻挡,我亦追寻远方 ·············· 91

第三课　当你迷失了自我,请寻回遗失的光芒 ·············· 94

第四课　愿你放慢脚步,欣赏沿途的风光 ·············· 96

主题四　感悟职场　追逐梦想

第一课　谦逊踏实,诚实可靠——务实型(Realistic) ·············· 99

第二课　讲求效率、细致耐心——事务型(Conventional) ·············· 103

第三课	喜欢钻研、好奇独立——研究型（Investigative）	107
第四课	有创造力、追求完美——艺术型（Artistic）	110
第五课	领导才能、为人务实——经营型（Enterprising）	113
第六课	善解人意、乐于助人——社交型（Social）	116

第三章　影中寻问

主题一　魅力化学

第一课	视觉之旅——奇妙的微观世界	123
第二课	视觉之旅——化学是环境的保护者	129
第三课	视觉之旅——你能看懂的化学奥秘	137

主题二　光影中的语文元素

第一课	用国学知识打开影视知识之门	143
第二课	用写作技巧洞悉影视作品之法	155
第三课	用人物形象塑造影视作品之魂	159

主题三　找寻历史的蛛丝马迹

第一课	光影中重返原始社会，感受历史的魅力	165
第二课	品评思想精髓，传承历史文化	168
第三课	感知时代主旋律，勇担历史责任	172
第四课	感知战争灾难，铭记历史教训	175

主题四　数学新"视"界

第一课	从数字感悟数学的美	179
第二课	数学带给我们的视觉震撼	184
第三课	数学的美丽境界	187

主题五　信仰　奋斗　关爱——生命中不可或缺的力量

第一课　信仰的力量引领方向 …………………………………… 191

第二课　奋斗的力量助力梦想 …………………………………… 193

第三课　关爱的力量润泽成长 …………………………………… 195

主题六　物理学——人类文明璀璨的明珠

第一课　学好物理,将一切不可能变为可能 …………………… 198

第二课　锲而不舍,顽强拼搏,成就辉煌人生 ………………… 201

第三课　精神之光,当之无愧的英雄 …………………………… 205

第一章
影中悟情

YINGZHONGWUQING

主题一　亲于血脉　情暖人心

亲情是黑夜中的点点星光,照亮我们走向幸福和希望的道路;亲情是失意时的股股热流,坚定我们面对考验和磨难的意志;亲情超越了时空,编织了人生美丽的彩虹。

婴儿来到这个世界,睁开眼看到的第一个场景,就是和亲人的会面,大家都翘首以待这个新成员的到来。亲人之爱源自血浓于水,恒于骨肉情深。亲人的爱是最无私的给予,是最真挚的支持,是最珍贵的记忆。亲情可以说是每个人接触到的第一种情感,朴实无华却又弥足珍贵,润物无声却又撼动人心。

亲情更是影视作品中的热门题材,观看影视作品,每每让人感同身受,潸然泪下,心情久久不能平静!

家人中有祖辈、父辈,有姐妹兄弟,每一个人因其不同的性格特点、人生经历,有不同的情感诠释方式。下面就让我们在影视作品中,去感悟不同类型却同样饱含着真情的爱!

第一课　用我的智慧、真心展现一个明媚世界

每位父母都竭尽全力想让孩子看到一个最精彩的世界,欣喜地看着

孩子学会走路、学会说话,第一次走进校园、第一次走向社会……有这样一种亲情,充满生命的智慧,给予孩子一个明媚灿烂的美丽世界。

爱不是简单的给予,而是富有智慧地助力孩子的成长!善意的谎言其出发点是为他人着想,为他人的幸福和希望着想。生活中难免遇到艰难险阻,为了让我们的生活少一些风雨,多一些亮色,父母常常会通过善意的谎言来给予我们温暖。

善意的谎言,会起到润滑剂、催化剂、煽情剂或者是兴奋剂的作用,能让父母的养育更有正能量。跟残酷的现实比起来,孩子更喜欢美好的幻想;跟中肯的建议比起来,孩子更喜欢贴心的"谬赞";跟毫不留情的羞辱比起来,孩子更喜欢发自肺腑的鼓励。

生活中,其实也需要善意的"谎言"。

亲情至真,如长白山顶的积雪,纯洁而永恒。

经典放映室

《美丽人生》中有这样一个用善意的谎言为孩子撑起一片晴空的父亲。影片主人公圭多是一个乐观幽默、善良憨厚的犹太青年。在惨无人道的集中营里,圭多不愿意让儿子乔舒亚幼小的心灵就此蒙上悲惨的阴影。他一面千方百计找机会和女监里的妻子多拉取得联系报平安,一面保护和照顾幼小的儿子,他骗儿子这是在玩一场游戏,遵守游戏规则的人最终能获得一辆真正的坦克。就这样一家人终于迎来了纳粹的战败,但却没能一起逃出集中营。

动人微镜头

有这样一个场景,一定会让你感动……

天真好奇的乔舒亚对圭多的话信以为真。当解放来临之际,一天深夜纳粹准备逃走,圭多将儿子藏在一个铁柜里,千叮嘱万叮咛让乔舒亚不要出来,他打算趁乱到女监去救妻子多拉,但不幸被纳粹发现。当纳粹押着圭多经过乔舒亚躲藏的铁柜时,他用小丑的姿态乐观地、大步地走向这场游戏的结局。不久,就听见一声枪响,历经磨难的圭多惨死在纳粹的枪口下。天亮了,乔舒亚从铁柜中爬出来,站在院子中,这时一辆真的坦克开到他的面前,上面下来一个美军士兵,将他抱上了坦克。最后乔舒亚终于与母亲重逢。

同学们,看了这部影片,你觉得圭多为什么要用小丑的姿态大步走过去?你认为圭多给乔舒亚留下的最宝贵的财富又是什么?

 观影部落格

同学们,相信这部影片会让你们感受到善意的谎言中所蕴含的智慧。哪怕是生命的最后一刻,圭多也依旧带着微笑面对。一个个"谎言"其实是父亲给自己孩子编织的美丽的梦,他不惜牺牲性命,努力给孩子一个美好的童年记忆,一个充满希望和光明的世界。圭多用自己平凡又不简单的一生,告诉孩子如何鼓起勇气面对生活困境。孩子乐观地迎接生活的每一次磨难就是对父母真心付出的回报。

也许我们的家人也在用善意的谎言,或是其他充满智慧的教育方式,给予我们满满的爱。下面的观影感悟,一定会触发你进行思考吧!

> 影片结尾,儿子如愿坐上了坦克,他的笑容里满是幸福。但这一切,都是他的父亲用生命换来的。最后儿子与母亲相遇,两人紧紧拥抱在一起,笑得那么甜。虽然,结尾是让人悲痛的,但体现出了父亲的伟大与父爱的无私。总体来说,这部电影包含了两面,一面是生活的甜蜜,但另一面却是遇挫的绝境。在这部电影中,两者形成了鲜明的对比,让我觉得十分沉重。但是主角的乐观心态让我相信,不管处于多么困难、多么艰苦的困境,只要乐观,不放弃,坚持拼搏,每一个人,都值得拥有一个美丽的人生。
>
> ——《观看〈美丽人生〉有感》 索艺萌

的确,乐观的人会让身边的人也感受到美丽。做个积极乐观的人吧,用乐观构建自己的美丽人生……圭多积极乐观面对生活的态度,其实就是他给孩子最好的礼物,这是一份用生命换来的珍贵财富。父母的爱是伟大的,不计回报,不畏付出,他们想给孩子富足的条件、充实的生活、丰富的内心世界,是父母的舍己付出,换来了孩子的绚丽人生。所以,给父母一个大大的拥抱,欣然接受他们的教导,做好每一件事,深情地说一句"我爱你",都是对父母的感恩。

"对不起,儿子,爸爸也只是第一次学着当爸爸,所以爸爸也会犯错误。""爸爸,我也是第一次当儿子。"这是一对父子时隔多年的对话。马飞曾在马皓文入狱的几年里成了一个"非主流"的孩子,放弃了自己的学习。但从父亲出现的那一刻起,他开始走上了一条截然不同的道路。在马皓文的引导下,马飞眼中暗淡的光被重新点亮,他开始发现世界的美丽,渴望拥抱自己的人生。正是父亲的鼓励让他一步步前进。时隔多年,马皓文在东沛大桥一案中找到了翻盘的机会,但即将登上太空的马飞却认为不应该让世界知道自己的父亲曾入过狱,即使受了冤屈。马皓文是一个骄傲的人,但他却为了儿子选择不再申诉,他放弃了唾手可得的荣誉重回。这是他第一次低头。在成功着陆的返回舱外,马皓文说:"这个魔术太牛了,能再变一次吗?"时光仿佛调换了他们的角色,马飞也许终于理解了父亲,就像父亲当年理解他。他们心中的桥永远不会塌。

——《观看〈银河补习班〉有感》 王艺瑾

正是父亲的不离不弃、另辟蹊径、奉献牺牲,才让儿子在一次又一次的逆境中砥砺前行,积极寻找解决问题的方法。从洪水中逃出生天,在太空化险为夷,圆满完成任务……是父亲带着儿子感悟了成长的真谛。

原钢厂工人陈桂林下岗后,为了得到女儿的抚养权,他忍受种种压力,最后在一群落魄兄弟的帮助下,造出了一部"钢"的琴。对女儿真切的爱,想要助女儿实现梦想的决心,成了这架"钢"琴的灵魂。父亲带给女儿的并不是世界上最动听的旋律,但一定是饱含真情的爱。

上面几位父亲,向孩子诠释了人生的更多可能性。实践是检验真理的唯一标准,能放手给予孩子感受自然、体验生活的权利,才能真正开阔孩子的眼界、挖掘思维深度,让他们自主思考、热情生活。这是给孩子最好的礼物,也是他们从父母那里得到的宝贵传承。

每个孩子的成长环境、家庭背景、性格特点等各不相同,如果用完全统一的标准和方式去教育评价孩子,那一定是不严谨、不公平的。所以,要充分了解孩子的内心世界、尊重其真实想法、给予他们自由发展的空间、创新开放的思维,让孩子更灵活地思考问题的真相、更乐观地感受生命的真谛。保持对世界的好奇、对生活的希望,才能创造耀眼的人生光芒。

智思成长路

回溯你的成长经历,你的父母对你说过善意的谎言吗?你是否能够理解他们善意的谎言?为什么?

你认为《美丽人生》中父亲圭多送给孩子最珍贵的礼物是什么?你的父母给过你什么珍贵的、令你难忘的礼物?

每位父母都有自己的教育智慧,谈谈你父母的教育智慧。

第二课　用我的不离不弃支持你的璀璨人生

父母的爱是倾尽所有的,是义无反顾的,是纯洁真挚的。无论孩子有什么样的身体状况,父母都将孩子视为自己的珍宝;无论孩子是否健康,孩子都是父母的一切,是他们的希望。以下几位父母,他们用自己的不离不弃、生死相依,成就了孩子的璀璨人生。

人们都说,父爱如山,深切沉静,无须多言却震人心魄;母爱如水,伟大无私,事无巨细却感天动地。孩子是父母身上掉下来的肉,是父母心尖上的宝。父母默默站在孩子身后,尽他们全力支持着孩子追寻梦想的脚步。

你可能会对父母的唠叨感到烦躁、对家庭的不富裕有所埋怨,但是我们要接受自己的家庭,理解父母。

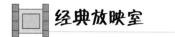
经典放映室

《七号房的礼物》讲述了这样一个故事。1997年,只有6岁儿童智商的智障男子李龙久和可爱的女儿艺胜相依为命。生活虽然简单清贫,却充满幸福。某天,执着为女儿买美少女战士书包的龙久意外卷入一起案件。龙久因智力问题,搞不清状况,稀里糊涂就被投入了监狱。龙久孩子般纯洁的心渐渐感动了七号房中的几个"大坏蛋",他们甚至不惜冒险将艺胜带入牢房与父亲相会。黑暗冰冷的监狱内,七号房阳光满溢。

动人微镜头

有这样一个场景,一定会让你感动……

"爸爸,谢谢你把我带到这个世上!"

"能成为女儿的爸爸,谢谢你!"

龙九和艺胜在监狱中过生日时,彼此表达着此生成为父女的感谢。

父亲李龙九被诬陷判处死刑。后来,有机会平反的时候,为了女儿的安全,面对来自警察局局长的威胁,他还是选择了"认罪"。这是单纯的龙久能想到的保护女儿的最好方法。可能真的要做了父母才能明白亲情的伟大,才会察觉到父母的付出。艺胜努力念书,长大成了一名检察官,还了父亲一身清白,用这种形式表达着对父亲的感恩和爱意。

龙久最后为什么选择承认罪行?你怎么看待龙九的决定?

 **观影部落格**

真正的自由,是源自内心的自由。

我们经常能听到身边有这样的事,某某某为了长大后能给家人治病,选择了学医;为了继承父辈的使命,投身警察事业。这样的反哺,是传承真实的体现。

剧中在气球上的那一幕,那个飘扬的气球,成为傻爸爸与乖女儿美好生活的定格画面,仿佛父女两人已经看到了之后相互依偎的幸福生活。绳索被铁丝网轻轻勾住,即便是再绚烂的梦境,也有被现实羁绊住的那一刻。傻爸爸与乖女儿在静静享受这份来之不易、弥足珍贵的瞬间,仿佛时间暂停,看着夕阳西下、鸟雀归巢。互相支撑陪伴,这对父女诠释着最纯洁的爱。

> 看完电影后,我内心很压抑,泪流满面,我非常同情小女孩艺胜和她爸爸。看到小女孩艺胜对爸爸的爱和信任,看到她在那么艰苦的环境下也没有抱怨生活,没有放弃为爸爸洗刷冤屈,生活在这么富足环境中的我却没有珍惜围绕在我周围的一切,有些惭愧。我觉得我应该珍惜拥有的一切,努力学习,回报父母深沉的爱。
>
> ——《观看〈七号房的礼物〉有感》 李天瑜

父亲、母亲并不只是一个简单的称呼,他们更代表着责任、付出、牵绊,因为你是上天给他们最好的礼物,所以他们倾其所有。

1999年10月3日,在贵州马岭河风景区,正在运行的缆车突然坠毁,在缆车坠落的那一刹那,车厢内的夫妇,不约而同地使劲将年仅两岁半的儿子高高举起。孩子只是嘴唇受了点轻伤,而他的双亲却先后死去。这就是歌曲《天亮了》背后真实的故事。可能是作为父母的本能,可能是对孩子深深的爱与希望……不论因为什么,他们都在紧要关头,选择用双手托起了孩子生命的希望,天亮了,所有的黑暗和恐惧终将消散。

不要怀疑父母的付出和倾注,他们牺牲了很多自己珍爱的东西,只为你快乐成长!

又如《海洋天堂》中一位踌躇的父亲带着有天生缺陷的儿子,孤独地坐在船上,他无望地看着辽阔的大海,然后牵起儿子的手,两人一齐跃身跳入大海……

为了大福能够快乐地生活下去,留在最心爱的海洋馆,王心诚决定教会大福在海洋馆"上班"。他费尽心力教大福自己坐公共汽车,还自制龟壳扮成海龟,陪着大福游泳。因为他知道,大福最喜欢海龟了,他告诉大福自己会变成海龟,一直陪伴在他身边。王心诚离开了人世,但没有遗憾,大福学会了在海洋馆"上班"。

父亲虽然离开了,但却化作了一颗星星一直在大福身边守护着这个来自星星的孩子。是父爱让不可能变成了可能。他不仅带给大福生命,更是让大福有了快乐生活下去的能力。父母能带给孩子的东西是有限的,但也是无尽的。常怀感恩之心,才是对父母恩情的最好回馈。

 智思成长路

你和父母之间有哪些难忘的回忆,和大家分享一下。

观看《七号房的礼物》《海洋天堂》,你对父爱有了怎样深刻的感受?

第三课　默默守望,护你远航

有一种爱叫亲情无价,有一种陪伴叫家人相依,有一种守护在心灵深处。血浓于水,亲人会在你辉煌时为你振臂喝彩,在你失意时给你安慰鼓励,在你悲伤时给你一个大大的拥抱……他们即使已经离你而去,却是你心底最充沛的一股力量,始终支持着你,送你走上人生巅峰。

很多人走远了,但他还离你很近;很多人离开了,但他没有真的离开。有一种爱是默默守护着你,在你每次回头时,都会看见他们在你身后,用热切的目光注视着你。

经典放映室

《你好,李焕英》中女儿贾晓玲从小到大就没让妈妈为之骄傲过,她因为成绩差只能去读成人教育。为了让妈妈开心,她叫人伪造戏剧学院的录取通知书,结果在升学宴上被人揭穿,妈妈也颜面尽失。但是因为知道女儿是不想自己失望,妈妈并没有过多责怪她。在骑车回家的路上,贾晓玲对妈妈说自己长大以后肯定会有出息,买敞篷车带她去兜风,让她在人前人后都风光。

还没等到诺言兑现,一场突如其来的车祸却夺走了妈妈的生命,贾晓玲也因此意外穿越回了妈妈生活的那个年代,她拼命想改变妈妈的命运,但是令人没想到的是其实妈妈也和她一起穿越了。

动人微镜头

升学宴上,伪造录取通知书一事被揭穿,母亲李焕英在她的老对手王晴面前颜面尽失。贾晓玲不断向母亲道歉,并承诺自己今后一定会有出息。她的母亲一句埋怨的话都没有,只是微微一笑,回答道:那必须的。

病房里趴在母亲床前的贾晓玲伴着一道白光,穿越回20世纪80年代,从天而降,用表妹的身份待在母亲李焕英身边想让母亲今后过上更好的生活。其实,贾晓玲做的一切都被母亲看在眼里。厂里同事看见贾晓玲炫耀电视机的样子就对李焕英说:"这是你表妹呀?她来干吗的?"李焕英欣慰地笑着说:"让我高兴来了。"贾晓玲为她做的一切,她全看在眼里。

回顾整部影片,你认为李焕英对女儿贾晓玲最大的期望是什么?

观影部落格

亲人的爱一直都在，从未消散。即使他们不在你身边，但也一定以一种坚定的方式守护着你。他们无条件地站在你身后，在你回首时总是给你一个微笑、一个拥抱。世间最长情的告白永远是陪伴，家人的陪伴是一个人内心情感的最终归宿与依靠。很多人深在幸福之中而不自知，总是抱怨父母唠叨，觉得自己的自由受到了限制、天性被压抑了。但有一天失去了家人的陪伴时才后悔莫及，却已是无法再重来。所以珍惜当下吧，享受他们围绕在你身边的每一个瞬间。是父母的爱支撑着你，自信地走向成功的彼岸。人们眼中的世界，就是父母给予的世界。一个人接收到亲情的温暖，并将之辐射出去，这就是爱的释义。

  看到贾晓玲经历的"子欲养而亲不待"，我懂得了母爱是平凡的，但母爱也是伟大的、无时无刻不在的。每个孩子都以为自己很爱妈妈，其实妈妈对孩子的爱更多。孩子们单纯的爱和父母们无私的爱构建了一个温馨的家庭，也将温暖默默地传递。

  这不由得让我想到了自己的母亲，母亲每天晚睡早起，日夜操劳，辛辛苦苦，任劳任怨，从未说过一句苦。当我生病时，是妈妈陪伴在我身边，无微不至地照顾我。当我考砸后很失落时，是妈妈鼓励着我。当我成绩好扬扬得意时，是妈妈告诫我，虚心使人进步，骄傲使人落后。当天气转凉时，妈妈便拿出外套对我说："穿上吧，小心着凉了。"当我学习遇到困难时，妈妈便会倒一杯茶给我，让我提神。母爱真的很伟大，以前我不明白，为什么母亲能为孩子牺牲那么多？直到看完《你好，李焕英》我才明白，原来母亲的爱很简单，她们最大的心愿就是自己的孩子健康、平安、快乐！

  爱不一定要说出来，也不一定轰轰烈烈，平淡的生活也能给人安全感，发自心底的声音才最美！让我们学会生活，学会感受，学会爱，让歌从心底唱起，让爱在歌中飘扬！

——《观看〈你好，李焕英〉有感》 高澜菲把握当下,不要等到失去时再懊悔难过,多一次对父母的孝顺,再一次平心静气地与他们交流,多一点包容和关怀。没有人必须接受你的坏脾气和不良情绪,亲人也不能。

  12岁墨西哥小男孩米格,自幼有一个音乐梦,但音乐却为他的家庭所禁止。每年的亡灵节,逝去的家人都会返回人间与亲人团聚。米格在追寻音乐梦想的路上,不小心触碰了一把吉他而踏上了亡灵的土地,米格被多彩绚丽的亡灵世界震撼。凭着对音乐梦想的追求,米格不仅回到了人类世界,在家人的支持下,成功实现了自己的音乐梦想,还与逝去的祖辈重逢,重新找回了太奶奶对父亲埃克托的记忆。

  这部电影令我感触最深的是那首《请记住我》,是埃克托写给自己女儿可可的。他爱他的女儿,也怕被遗忘,害怕没人会记得他来过这个世界,害怕他的一切就像是随手可删的文案,转瞬一片空白。他怕女儿忘记他的爱,他希望自己不在女儿身边的时候,女儿不要忘记自己永远爱她。他把自己全部的爱凝聚到这首歌中,多纯粹的音乐,多简单的爱。

  亲人是漫漫冬夜里温暖你的人。谢谢这部电影教会了我们最纯粹的爱。

——《观看〈寻梦环游记〉有感》 单子涵

埃克托被朋友背叛,又不被家人理解,成为亡灵之后,如果不再有人记得他,就会彻底消失。在关键时刻,他偶遇了米格——自己的曾曾曾孙。世上一切相遇都有它的原因,是祖辈的血脉交融,是亲情的自然凝聚,让两个人成就了整个家族。

人生没有第二次,所有流逝的时光都不能再重来。要想不留遗憾,就得用心感受身边的人、事、物。不要总想着等待,珍惜当下的点滴幸福,勇敢去表达爱与感谢。对亲情的报答也完全不需要等到成年之后、成功之时,因为亲人对你的支持并不在意你如何回报,而只是想要看到你幸福、快乐。

智思成长路

请分享一个你和亲人互相支持的小故事,让我们感受亲情的力量。

你与亲人之间有没有什么遗憾?再给你一次机会,你会怎么做?

回顾日常生活,有没有那么一次,你忽视了身边最亲近的人,忽略了他们的感受和爱,你打算如何弥补?

第四课　用我的严格、认真塑造你的璀璨道路
——冷峻严苛的柔情

　　每位家长对孩子的教育方式各不相同,有的循循善诱,有的开明灵活,有的不善言语,还有一类"人狠话不多",被戏称为"虎爸虎妈",时刻严格要求,用最严厉的言行,诠释着最用心的爱。

　　你的父母会不会严格规范你的言行?会不会管控你的娱乐时长?又会不会为你规划学习和生活?这种管理可能让你叫苦不迭、苦不堪言,你便开始羡慕"别人家"的父母。但你能理解父母这么做的初衷吗?

　　因为他们的严格要求,你做事越来越认真,容不得半点马虎;因为合理规划,你的生活变得有规律、高效;因为对底线有敬畏,你品行高尚,为人所称道……

　　我们一起来看看以下这几位父母的做法。

经典放映室

《摔跤吧,爸爸!》中马哈维亚·辛格·珀尕曾是印度摔跤冠军,因生活所迫放弃了摔跤。他本寄希望于儿子,想让儿子帮他实现梦想——赢得世界级金牌,结果却生了四个女儿。本以为梦想就此破碎的辛格却意外发现女儿的惊人天赋,他不顾反对、白眼,坚决不让女儿的天赋浪费,一辈子只能像印度其他女孩一样无法安排自己的命运。与妻子再三商量后,他们约定用一年时间按照摔跤手的标准训练两个女儿:换掉裙子、剪掉长发,让她们练习摔跤。最终她们赢得一个又一个冠军,也成了激励千千万万女性的榜样。

动人微镜头

当女儿得了全国冠军要去体育学院时,父亲没有苦口婆心的劝告,更没有依依不舍,只有一句话:我希望你永远不要忘记,自己是怎么走到今天的!这句话让女儿受益终身。因为人总是容易在自己小有成就的时候,自以为是、自我膨胀,被现实迷惑。

如果你是这位女儿,你对父亲的话会有怎样的思考呢?

观影部落格

都说父母不应该把自己的梦想强加在孩子身上,而电影里气场强大的父亲却是个典型的"虎爸"。因向生活妥协,他没能将摔跤的梦想坚持到底,所以他把所有希望都寄托在孩子的身上,甚至把梦想强加在了两个女儿身上。她们被迫每天五点起床、剪掉心爱的长发,俨然一副男孩子的样子,没日没夜地练习摔跤。

女儿们最初是反抗的。她们想尽办法调慢父亲的闹钟、让电灯灯丝烧掉、装受伤等,用自己的方式反抗父亲的强权训练。但是,在父亲的魔鬼训练帮助她们逐渐打败比她们强壮的男性,被视为传奇时,她们得到了越来越多人的认可,也得到了自己对自己的认可,也理解了父亲。

时间过得飞快,一眨眼就是九年。一次意外,彻底改变了父亲的看法。一天他被邻居气冲冲地叫到后院,看到一个被打得落花流水的男孩靠在邻居身后,两个女儿在旁边低着头。问清楚后才得知,两个女儿把欺负她们的男生揍了一顿,这让父亲很惊讶,女儿竟有如此大的力气。把邻居送走后,他不顾家人的反对,坚决要让她们俩学习摔跤,就这样魔鬼式的训练开始了。

　　经过多年不懈的努力,这位父亲成功地把两个女儿送入了国家队。可运气并不太好,国家队的教练并没有真本事。他不想耽误女儿摔跤技能的提升,歇息时便对女儿进行指导,但这就抢了教练的风头。决赛时,教练把父亲锁在配电室,女儿便慌了神,一次次望向观众席,可就是看不到父亲的身影,她快速回顾着父亲的叮嘱,终于反败为胜,夺得了冠军,赛场上响起了印度的国歌。

　　"如果你生来没有翅膀,请千万不要阻止它们再次生长。"父亲的竭尽所能是正确的,如果他忽视或埋没了女儿的天赋,她们可能就是再普通不过的人,不会拥有这样的辉煌。

　　我虽然出生在一个普通的家庭,但也要信心满满地面对生活和学习,充分展现自身优势。另外坚持也是必不可少的条件之一,成功与失败之间只差一步坚持。

——《观看〈摔跤吧,爸爸!〉有感》 王茜岑

　　阴霾里的一束光,照亮了家中每一个生命的希望。

　　就像《奇迹男孩》里的奥吉,面对天生的缺陷他有过质疑、有过绝望,但家人的支持让他鼓起勇气重新面对生活。这个温暖的家给了他面对一切的决心和力量,没有人放弃他,父母也从来不会让他觉得自己是人群中的异类。又如《了不起的老爸》中,父亲希望通过自己的努力和帮助让儿子过上更好的生活,而自己就是他最坚实的后盾。肖大明和很多父母一样,即使不被孩子理解,也仍坚持着自己的选择。是的,"活下来的每一个人都不容易"。奥吉比起普通人要面对更多的责难、冷眼,所以我们没有什么理由不认真生活;肖尔东的生活可能会艰难,但父亲给了他更多的勇气。

　　一个人喜欢一种事物,最直观的感受应该就是能从中获得快乐和成就感。这

种快乐很多时候并不像买到一件喜欢的衣服、吃到一顿向往已久的美食、得到一次休息那么简单,它往往是更有意义、更富能量、更加长久持续的。每位父母都希望自己的孩子是快乐的、幸福的,更重要的是能让孩子实现自身的价值,创造属于自己的快乐。父母的严厉只是为了孩子能通过自身努力收获更多,不仅仅是当下,而是整个人生都能有所得。严苛的家庭管理、枯燥无趣的练习是难熬的,或许是有遗憾的,但坚持下来会发现,后来取得的巨大收获能让你真正爱上你一直坚持做的事。父母的希望就是你能活得更耀眼!

近几年常见一些反映教育现实题材的国产电视剧,比如《虎妈猫爸》《小别离》《小欢喜》等。这些剧中往往都会有一位要求很高、严厉较真的"虎妈",无论是行为习惯还是学习,她们对孩子的要求非常严格,很多孩子觉得苦不堪言。的确,可能对于有些人来说,这种教育方式并不够民主、开放,但我们不能全盘否定这种教育方式的合理存在。究其源头,它源于父母对孩子的期待,再深入思考后,我们会发现这种方式有利于确保孩子充分发展潜能,在不断尝试中相信自己能成功,在失败后能够重新振作。很多潜能都是在压力下被激发出来的,所以要相信自己的可能性和自己的抗压承受能力。当然,父母和孩子之间也需要互相理解,开放对话。要相信父母的本心和用意,他们只是希望你能有更大的能力去面对生活。

 智思成长路

你的父母是"虎妈""虎爸"吗?对于他们的铁腕教育,你想对他们说什么?请与父母进行一次深入交流。

如果你的同学对父母的严格要求不太理解,你会怎么劝导他呢?

第五课　静默真情暖人心
——以"慈爱"化"不解"

大家常说隔辈亲,祖孙情是一种传承希望、播撒未来的亲昵之情。但是由于年龄、阅历、习惯的较大差异,有些祖孙情可能并不被完全理解。祖辈的慈爱一点点融化了孙辈的幼稚单纯,用暖暖深情感动人心。

所谓父母子女一场,不过意味着你和他的缘分就是今生今世不断地目送他渐行渐远,你站在路的这一端,看着他渐渐消失在小路转弯的地方,然后,他用背影默默地告诉你:"不必追。"祖孙之情是家族的延续、是家庭的希望,是无所保留的付出,是倾尽所有的爱护。

经典放映室

《爱·回家》中为了方便找工作,妈妈把7岁的相宇送去了乡下的外婆家。一直生活在城市里的外孙子相宇,刚开始无法适应连游戏机、电池都没处买的乡下生活。外婆年事已高,不能说话,也不识字,两个人的沟通成了最大的问题。相宇蛮横地表达着不满,不断抱怨。为了买电池,偷卖外婆的银簪子;外婆得知外孙子想吃鸡肉,就炖了只鸡给外孙子吃,没有吃到炸鸡的相宇却把盘子踢翻了……

外婆默默包容着外孙子的一切,渐渐地相宇也体会到了外婆的良苦用心,适应并喜欢上了乡下生活。

动人微镜头

这一幕,你一定难以忘怀。

在外婆的关爱下,任性的相宇在改变。他会在外婆生病时,为她敷毛巾,做午餐;还把此前偷走的银簪子还了回去。但改变并不是一朝一夕的,一天下午,相宇正要和外婆坐公共汽车回家时,看到车上有自己喜欢的女孩,便又开始任性起来。他担心脏兮兮的外婆给自己丢脸,将她赶下了车。等到车开走,只剩下外婆孤零零的佝偻的身影。

想一想,你上一次拥抱自己的爷爷奶奶或者外公外婆,是什么时候的事了?

观影部落格

"子欲养而亲不待。"后辈的懊悔,往往来自在最应该表达爱意时,选择了沉默;在最应该陪伴时,选择了远离;在最应该给予关心时,选择了忽视。

《爱·回家》这部电影被很多人评价为"灵魂的救赎",可我认为这不单单是救赎,更是对现实生活的一种真实写照。

故事的情节很简单,妈妈因为生活艰难,决定把儿子送到乡下的外婆家。两个月的时间,外孙子对外婆的情感从厌烦到不舍,爱的情愫在心中生长,不禁让人潸然泪下。故事中的外婆,不识字,不会讲话,总是佝偻着背,拄着拐杖,但她会将女儿给的补品拿给生病的邻居,走着崎岖的山路到镇上买蔬菜……在她单纯的世界里默默地为外孙子做着一切。

慢慢地,外孙子被外婆的真情打动了,开始接受这个不完美但很爱他的外婆。在离开外婆家的前一晚,他一遍又一遍耐心地教外婆写"我想你了""我生病了"。可外婆年事已高,怎么都不会写,外孙子急得哭了起来,边哭边再三叮嘱:"以后如果身体不舒服,就给我寄一个空信封,这样我就能第一时间赶回来了。"

影片的最后,播放字幕"献给所有的外婆",人们被这份暖心的亲情深深打动。亲情看不见也摸不着,却将两个人紧紧联系在一起,即便从未谋面,即便有着巨大的生活差异,但都不影响对彼此的思念和牵挂。

——《观看〈爱·回家〉有感》 张晗硕

《孙子从美国来》中布鲁克斯父母委托老杨头照顾布鲁克斯期间,非亲祖孙在生活习惯、语言表达、思维模式以及文化观念等方面的相互排斥、对立,经过曲折的碰撞,渐渐转变成相互之间的包容、接纳以及关爱。

自负和任性让我们只会一再埋怨长辈的古板,却不会真正站在他们的角度去理解来自他们心底的爱。当你壮志凌云地想要单车环游地球旅行的时候,父母可能担心得整夜睡不着觉;当你斗志昂扬地想要远离家人去闯荡,父母可能已经为你做了很多准备,但又忧心忡忡。你觉得并不理解你的父母,恰恰是真正在背后默默支持着你的人。无论你的选择是什么,他们都想让你遇见更好的自己。哪怕你万分绝望,他们也会告诉你:你是独一无二的,你就是你!

 智思成长路

如果你经历了一场时空旅行,你会怎样对待你的孙辈呢?请给你的孙子/孙女写一封信。

主题二　交汇于心　携伴同行

> 友情是人们与接触较亲密的朋友之间所产生的感情,人们愿意为朋友付出自己所有的感情。它是一种很美妙的东西,可以让你在失落的时候变得高兴起来,可以让你走出苦海,去迎接新的人生。它是一种无法言说,又可以令你感到快乐无比的东西。

友谊是什么? 它是一种感觉、一种收获。友谊能引起笑声,友谊能擦干泪水。友谊的港湾是温暖的,友谊的微风吹拂心灵。努力、前行的道路上,总会有让彼此生活得更温馨、更舒适的人,从而收获彼此之间牢不可摧的友谊之情。

友情就是对方开心时为对方高兴,对方痛苦时为对方难过。它在你悲伤无助的时候,给你安慰与关怀;在你失望彷徨的时候,给你信心与力量;在你成功欢乐的时候,分享你的胜利和喜悦。

许多影视作品把友情作为故事的主线,唤起观众珍惜与自己共同努力、共同奋斗的亲密朋友。

第一课　梦想的路上充满荆棘，
　　　　同行的伙伴深情相助

梦想是人生旅途的里程碑，理应成为人人追求的目标，梦想是我们挑战难关的勇气。梦想是我们内心深处的渴望，梦想并不是随口说说而已，它需要我们的不懈努力才能实现。在追寻梦想的路上，与你志向相同的伙伴，是你前行的动力。在遇到挫折时，伙伴之间相互扶持，相互鼓励，一起继续前行。

梦想是什么？梦想就是一种让你感到坚持就是幸福的东西。在坚持梦想的路上，会有与你同行的伙伴，你们一起经历风雨，这其中有欢笑，有泪水，有分歧……在这个过程中，你们结下深厚的友谊，一生难忘。

经典放映室

故事开始于20世纪80年代，成东青（黄晓明饰演），农民出身，两次高考落榜，眼看就要屈服于命运，他最后一搏，背下整本英文字典，从明眸变成了近视眼，终于第三次考试，考上了燕大；孟晓骏（邓超饰演），精英知识分子，强烈自信，认定自己永远是最优秀的那个人。王阳（佟大为饰演），浪漫派，模样俊朗，热爱文学，梦想是当诗人。这样三个极端的人在燕大相遇，戏剧性地建立了友谊，共同度过大学时光。三人跟80年代莘莘学子一样，怀抱着一个美国梦。申请签证的结果是：两个成功，一个被拒。孟晓骏成功留学美国，准备一展抱负，却未料在美国根本找不到工作，只当了不久助教就辞职了，只得在餐馆当侍应助理。理想与现实的冲击，让他重新审视自己。王阳签证成功，却因一个一见钟情的美国女孩放弃了出国。成东青签证被拒，他只能留在燕大任教，却又因在外私自授课，被校方发现而除名，成了一个真正的"失败者"。一无所有的成东青，偷偷在肯德基办英语补习班,其独特的自嘲式教学法,渐渐吸引了不少学生。这是命运的安排,亦是成就他人生的契机。补习班渐成规模,成东青请王阳加入,后又邀请孟晓骏加盟,正式开办"新梦想"学校。三人凭借个人魅力,包括成东青的自嘲式教学法、孟晓骏的美国留学经验,以及王阳的创新电影式教学,让"新梦想"空前成功。"新梦想"再扩规模,成东青被媒体塑造成为"留学教父",不由自主地散发着领导者的光芒,孟晓骏不服气,二人渐渐貌合神离,王阳左右为难。孟晓骏远走沈阳,三人的友情面临重重考验。然而时代变换又把三人再次凝聚起来,共同面对"新梦想"的困境。

动人微镜头

有这样一个场景,从此三人成为一起追逐梦想的伙伴:

刚开学,新生成东青游览校园时,无意中卷进了孟晓骏和王阳的争执吵闹中,从此以后,开始跟着孟晓骏和王阳混。起初俩人一直没把成冬青当作朋友。一次在一堂讲座上,孟晓骏和王阳因为冒犯了一位老教授,被老教授的学生群起围攻。他们跑出教室,老教授的学生紧追不舍,说时迟,那时快,成东青在学生们即将冲出教室时奋不顾身地拦在了他们面前,张开双臂,挡住了大门,独自承受雨点般的拳头。孟晓骏和王阳已跑远,突然,他们又停了下来,相视后,立马往回奔去。影片中最讲兄弟义气的一幕出现了:孟晓骏和王阳被成东青的行为感染,调头折返,上演了一出"拯救成东青"的兄弟情感大戏。"如果我之前还没有资格成为他们俩的朋友,现在,我可以了。"至此,成东青"转正"了!他征服了孟晓骏和王阳。

(思考:如何看待这三个人的友谊?这份友谊对于他们共同创业实现梦想有怎样的帮助?)

观影部落格

同学们,对于这部电影中三个人的情谊,你是怎么理解的?在你们所看过的影片中,还有哪部电影体现了为了实现共同的梦想,同行的伙伴全力相助?

俗话说得好:"三个臭皮匠,也能顶个诸葛亮。"团队的优势在于思维的碰撞和能力的互补。就像影片中的成东青、孟晓俊和王阳,他们三人一个性格保守、一个激进、一个中庸。作为"新梦想"的领导人,成东青从农村出来上大学,英语说得不好,也不善于沟通,但是恰恰最后走向了成功,这跟其他两人有密不可分的关系。孟晓俊性格激进,梦想着站在美国的土地上。他们的性格相差太大,常发生争执,而王阳总是会在他们争吵的时候出现,进行调停和化解,这又是一种互补。王阳为人比较洒脱,可以说是比较中庸,也正是这种性格使得他可以在成东青和孟晓俊之间将他们的性格中和,从而组成一支优秀的团队,在成功的路上发挥着各自的优点,将他们的事业逐渐推向了高峰。成东青用他失败的经历教导学生失败后怎样站起来;王阳用他流利的口语言传身教并摸索独特的教学方法;孟晓俊也发挥着了解美国签证流程的优势组织开展签证讲座等。团队中的每个人都释放着自己的能量,他们三个人就是团队的缩小版。每个公司、每个团队中都有分工,每个人都发挥着自己的能力,履行着自己的职责,当大家都能尽力发挥自己的能量的时候也就是事业成功的时候。

——《观看〈中国合伙人〉有感》 周子煜

《缝纫机乐队》这部电影讲的是一群有音乐梦想的人,为了自己的梦想克服一切困难,不惜一切代价的故事。一群平凡的人,因为对摇滚的痴迷、热爱与不舍,努力维护着摇滚的痕迹,包括那个"摇滚公园"。尽管在追梦的路上迷路了,遇到了很多坎坷,但是他们彼此相互支持,结下了深厚的情谊,最终实现了共同的梦想。

——《观看〈缝纫机乐队〉有感》 杨丹妮

撼动人心的那句话

1. 茫茫人海就像一片戈壁滩,我们就是滩中的沙砾,不过有你的陪伴使我不再感到渺小和孤独。
2. 在友谊面前,人与人之间,犹如星与星之间,不是彼此妨碍,而是互相照耀。

 **智思成长路**

当你与好友明确了努力的方向,在前行的过程中,如何相互鼓励?当你与好友意见不同时,应该怎么去面对与解决?

第二课　人生的路上会有异样眼光,相依的伙伴助力重拾信心

　　两个人之间建立友谊,需要彼此熟悉,相互了解。在观念与生活习惯方面迥异的两个人,因善良、纯真而走近,并为彼此改变,最终成为心灵相通的伙伴。他会在你遭受不公之时挺身而出,在你心灰意冷之时倾力相助,总会出现在你最需要的时刻。

There are all kinds of people in this world. It happens that we have become friends. This is not fate. It is just that we should be friends.

这世界上有各种各样的人,恰巧我们成为朋友,这不是缘分,而是我们本就应该成为朋友。

经典放映室

　　这是一个有趣的故事,1962年的美国,生活在社会底层的意大利白人托尼因为夜总会经营的问题失了业,他需要钱来养家,但除了跟别人比赛吃热狗挣钱外没有其他挣钱的门路。正在他发愁时突然接到了一个电话,一位在纽约享有盛名的黑人钢琴家雪利要去南方进行巡演,正在招聘司机。但是这不是一般的巡演,

当时的社会环境对黑人的态度并不友好,雪利作为一位黑人音乐家需要一个能"摆平麻烦"的人帮助他完成这次演出。

在这次巡演中,他们经历了许多事情,俩人从开始互有敌意到最后相互理解,最终成为亲密的朋友,克服肤色之分、观念上的不同,为对方考虑。

最后雪利没有接受托尼的邀请到他家做客,独自回到了豪宅,但是家里除了一个急于回家的仆人外,就只剩下了孤独。还好,导演给了我们一个温情的结局,雪利最终来到了托尼的家,托尼的亲友也高兴地接受了这位黑人朋友。

(思考:梳理一下两个人的友谊是如何建立起来的。这段友情之中最重要的是什么?)

剧中的小高潮就是雪利维权。雪利与托尼误入落日镇,日落后不允许黑人在这里逗留。在这样一个大雨的夜晚警察把他们拦下,无理地要求他们下车接受检查并说出了带有种族歧视的话语,生性暴躁的托尼一拳打倒了警察,因此二人被愤怒的警察关押了起来。牢房里,雪利理智地维护自己的权利,质问为什么自己也要被关押,警察却说:"就因为你的肤色。"这句话像一根导火索让他将一路受到的不公与歧视瞬间爆发,他强烈要求打一个电话。接下来总统回电话了,看着几位警察接到回电后吃惊的表情我们也替主人公觉得解气。转眼到了最后一次演出,不出所料,不公平的待遇又来了。在雪利要演出的餐厅,经理不允许雪利在那里用餐,因为这个餐厅不接待黑人。托尼要动用武力,雪利却对托尼说:"如果他只想让我演出,那我就只演出好了。"但托尼并没有让雪利隐忍,二人直接离开,看到餐厅经理听到罢演后气急败坏的样子,我想那正是他们的朋友关系真正建立起来的时候。两个人径直走出了餐厅,来到专门接待黑人的橘鸟酒吧。雪利受邀进行了一场精彩的钢琴表演,不出所料赢得了满堂喝彩。他演奏了更容易被底层人们接受的音乐,非常高兴,也非常放松。也许,这时候才是他自己。

 **观影部落格**

  人与人之间,不应该有任何不平等,朋友之间更没有高低贵贱之分,只有共同的经历、共同的成长、共同的信任,相互支持,彼此之间真心地了解对方。影片中两人从最开始的不友好、不信任,到最后成为能够理解对方、相信对方的一生的朋友。是一路上的经历,让他们深知对方的不易。我认为朋友没有成绩、家庭条件好坏等之分,只要懂得是非对错,能够理解对方,就能够成为一生的朋友。

——《观〈绿皮书〉有感》 张家硕

  每个人都有弱点,这是我们难以避免的,不必为此惭愧而逃避,打开自己的心扉,对自己宽容点,让自己的心灵找个栖息的地方。这部电影带给我一种希望,每一个人都不完美,心灵深处总会有裂痕,但那又何尝不是阳光照进来的地方呢?所以请温柔对待这个世界,以及世界里的人。人人生而平等,何有高低贵贱之分?人生短暂,我们要做的是把自己的温柔留给这个世界,让我们的生活永远被爱包裹着。

——《观〈弱点〉有感》 张芸菲

撼动人心的那句话

1. 我不够白,也不够黑,甚至不够男人。
2. 他怎么做到笑着跟他们握手的?因为去除成见,需要勇气。
3. 成为天才是不够的,还需要勇气去改变人们的心灵。

 智思成长路

1. 当你来到一个新的集体中,你会用什么样的方式与大家交往?你和朋友之间的信任是如何建立起来的?

2.在观看《绿皮书》《触不可及》《遗愿清单》后你对友情有了怎样深刻的感受?

_____
_____

第三课　青春岁月的青涩情谊，成长路上的美好印记

　　回忆青春美好岁月的点滴,一生可能都不会忘记,与同学结下的情谊在人生的漫漫长路中,虽然短暂,却十分深刻。友情得之不易,我们应好好珍惜,友谊天长地久。

　　"恰同学少年,风华正茂。"我们一起走过无忧的童年、懵懂的少年、青涩的青年,一起拥有过无怨无悔、刻骨铭心的青春。俗话说:"物以类聚,人以群分。"吃饭相聚欢天喜地、游玩相邀不离不弃、遇事相助无怨无悔的同学,早已是志同道合、情意匪浅的好姐妹、好兄弟、好朋友。

经典放映室

　　《阳光姐妹淘》是2011年5月4日上映的一部韩国喜剧电影,由姜炯哲导演执导,沈恩敬、姜素拉、闵孝琳等主演。故事采用了现实和回忆交错的结构方式,即在展示过去的同时也展现了现在。

　　影片讲述了曾经自称为"七公主"的中学姐妹淘小团体"Sunny"中的成员在25年后以中年妇女身份的重逢。娜美(沈恩敬饰演)刚刚从全罗道的小镇转学到首尔的新学校。由于过于紧张而说了方言,在新学校的第一天,她受到一群学生欺负,而帮助她的是一群女孩:擅长打架的春花(姜素拉饰演)、迫切希望割双眼皮的江美(金敏英饰演)、很会骂人的真熙(朴真珠饰演)、文学少女金玉(南宝拉饰

演)、梦想有一天成为韩国小姐的福熙(金甫美饰演)和总是很傲慢的秀智(闵孝琳饰演)。娜美迅速成为她们中的一员。她们把自己团队的名字改为"Sunny",发誓要永远在一起,然而,在她们准备学校的节目演出的时候,发生了一件事,导致这群女孩分道扬镳。

25年后,娜美(柳好贞饰演)和一个成功的商人结婚并且有了一个漂亮的女儿。她的生活看似完美,但是她总感觉生活仿佛缺少了一些东西。有一天娜美在医院探望她妈妈时无意中遇见了春花(陈熙琼饰演),她们欣喜若狂地看到了对方,但是,娜美得知了一个事实,那就是春花得了癌症,只剩下两个月的存活时间了。当娜美问春花有什么事情她能帮上忙时春花提了个要求,那就是希望娜美可以找到"Sunny"的其他成员。

动人微镜头

丈夫回到家,女主收到春花去世的消息。几个姐妹全部聚在一起,来到灵堂吊唁(喜剧让葬礼不再悲伤)。律师拿出遗嘱,春花留下足够的钱解决了姐妹们的所有问题(虽然有点不现实,但是很煽情)。几个姐妹在灵堂前跳"Sunny",满足了死者的心愿,大团圆结局。此时,画面在过去与现在来回切换,既有回忆过去七个人一起跳舞的情景,也有现实中在灵堂前跳舞的画面。每个人的脸上都充满了笑容,此时的她们又找回了当初的姐妹情谊。

(思考:如何形容电影中的姐妹情?春花的遗愿为什么是找到"Sunny"的其他成员?)

撼动人心的那句话

1.我们说好以后要再见,如果有因为自己飞黄腾达而显摆的丫头,大家就找过去惩罚她;如果有因为自己穷而大气都不敢出的丫头,要折磨她到有钱为止。虽然不知道我们之中谁会先死,但到死的那一天,不,就是死了,我们Sunny也不会解散。

2.那些我们一起经历的时光、做过的梦,在我们长大成人之后,会不会变了样子?你现在过得还好吗?如果过得不好的话,我可不会饶了你。

观影部落格

　　影片很好地诠释了"时光不老,我们不散"的友情,关于青春、关于成长、关于人生。无论身在何方,如不如意,成功还是落魄,依旧是当初的 Sunny 姐妹,是永远会在一起的 Sunny 姐妹。当初年少轻狂,意气风发,所谓"复仇",或许有些不懂事,可是友情是真挚、真诚、真实的,宝贵的友情一生一世永不变。珍惜现在与同学们相处的每一天,这是我们人生中最宝贵的财富。

——《观看〈阳光姐妹淘〉有感》 李冰莹

　　"重逢像一个把手,拎起年少回忆,提醒自己,曾经有多么张狂地青春。"看着这样的故事,联想到自己正值青春时期,要把与同学们相处的每一天深深地刻在脑海里。也要保护好自己的这份美好回忆,藏在心里最深处。珍惜自己的青春记忆,这将是我们与朋友最宝贵的情谊。

——《观看〈阳光姐妹淘〉有感》 刘奕君

 智思成长路

1. 《牛仔裤的夏天》中,牛仔裤被她们如此珍视的原因有哪些?

2. 你与好友之间,一定有许多有趣的经历。或者是你的同学感动你的行为,又或者是你们有过的小矛盾,请分享你和同学之间的一个小故事。

3. 未来的校园生活中,你打算如何与同学相处?怎么做才能把美好留存下来?

主题三　润物无声　大爱无疆

"国将兴,必贵师而重傅。"教师的品格在一定程度上决定着下一代生命的素养,教师的精神塑造着下一代生命的灵魂。只有真正经历了漫长的时光,才能从岁月的窖藏中品味出师生情的醇厚与悠远……

"饮其流者怀其源,学其成时念吾师。"师生情不会随着时间的流逝而消散;相反,它会随着时间的积淀而悠远绵长。师生情是一坛酒,醇香馥郁,熏香了漫长的岁月;师生情是一杯茶,清香扑鼻,澄澈了青葱的时光;师生情是一支烛,灼热明亮,照亮了前方的长路……

柔情的岁月,纷飞的思绪,真纯绵长的师生之情,无法用言语尽述……

第一课　真心普大爱,真爱传真情

季节更迭,岁月有爱,踏遍心田的每一角落,寻心灵的每一方寸,满是对亲爱的老师的深深敬意!"新竹高于旧竹枝,全凭老干为扶持。"老师们点点滴滴的言传身教、温暖如初的爱心陪伴,助力学生成长,甚至改变、影响学生的一生……

教育是人生的启蒙,也是终身的滋养!有这样一种关系,二者毫无关联,却又亲密无间,其中一方还会不遗余力,倾其所有,无怨无悔……这就是师生情。浓浓师生情最能触动我们的心灵,让我们情不自禁想起自己的初中老师,他们是那样兢兢业业,恪尽职守,在自己平凡的岗位上默默耕耘,静静守候,绽放芳华。岁月带走了他们的青春,却带不走他们倾注心血播撒的师爱……

经典放映室

开学第一节课,新上任的、雷厉风行的班主任苗老师就给平日懒散惯了的学生来了个下马威,学生无一不被苗老师严厉的态度所震慑。他们对古板严肃的苗宛秋老师又怕又恨。于是他们抱团对抗着苗老师的一次又一次的"压迫"。然而这位苗老师,在严厉的外表下,却有一颗爱生如子的真心,他用对孩子们无私的爱与奉献最终换来了同学们对他的由衷的爱。学生心目中的"苗霸天"也渐渐成为值得信赖、爱戴的苗老师……

动人微镜头

影片中有这样一个场景,至今让我泪目难忘……

影片围绕着苗老师最心爱的自行车展开,同学们为"泄愤"卸掉了自行车的挡板,泥点子溅了苗老师一身。就在大家渐渐从老师严厉的背后感受到老师的良苦用心,师生关系略有缓和的时候,苗老师的自行车却丢了。学生们自发分头去寻找,当大家满心欢喜地把失而复得的自行车找回时,等来的却是苗老师雷霆般的震怒……

爱是一个动词,这意味着爱需要付出脚踏实地的行动。爱的形式有很多种,温柔之爱,严厉之爱,忘我之爱……所有的行动无不以爱为载体,特别是对于成长中的学生,真诚无私的大爱,终究会赢得学生由衷的爱戴和尊重。看似雷霆般的怒吼,只为心疼学生为自己找自行车而丢失的学习时间,即使是最心爱的自行车,与学生的宝贵的学习时间比起来,也是那样微不足道……一"喜"一"怒"之间,掩藏着老师对学生无以言表的深深爱意。大爱无言,润物无声,这是爱的至高境界。

观影部落格

同学们,相信这部影片会让你们感受到浓浓的师生情。师生情,是一个永恒的主题。"桃李不言,下自成蹊。"师生情,是这个世界上,师生双方用理想与奋斗、付出与感恩心甘情愿汇聚的最难得的情缘。相伴一程,感念一生。

之前很憧憬看于谦出演的电影,总觉得这应该是一部搞笑电影。看完后,感受有所不同。苗宛秋是一位严厉又不失爱心的老师,他和这些鬼精灵们斗智斗勇,让我的心灵一次又一次被深深震撼。在一次又一次打交道的过程中,学生们终于开始走上正途,是老师改变了他们。最喜欢影片中的那句话:"有些人看似已经走远,但是从未离开。"一句"老师好",包含了多少难以言表的情感,感动于无私大爱的老师们!

——《观看〈老师·好〉有感》

师者如光,微以致远。同学们,请一定珍惜当下与老师相处的时光,学会用心去理解老师。老师的爱也许是默默的;也许是严厉的;也许是看似无情的,但是老师一定是在为我们的成长指明方向。时光一去不复返,千万不要在毕业离开老师后才发现老师对我们的好!所以,从今天开始,请重新换种角度,尝试理解、亲近你的老师。请用积极的参与、响亮的回答、热情的问好……向他们证明你发自内心地对老师的尊重和喜爱,努力学习,向上向善,追求卓越,成为他们所期待的样子。并深情地跟你的老师说一声:"谢谢您,我最亲爱的老师。"

智思成长路

1. 你最喜欢《老师·好》中的哪个人物?说说为什么。

2. 假如你是苗老师,你最终会选择离开吗?说说你的想法。

第二课　智慧暖心灵,爱心创奇迹

教育的核心是爱学生,没有爱的教育,一切无从谈起。但教育不能仅仅有教师之爱,还要让学生最终拥有独立自主的人格。"抓住每一天,让生活变得非凡起来。"面对"问题"学生的群体困境,老师们用满满爱心、智慧和永不放弃的耐心融化了孩子内心如冰雪般的冷漠,也最终赢得了学生对老师由衷的尊重和爱戴。

智慧的教育可以荡涤学生的心灵。在对学生的教育中,教师必须拥有智慧,讲究方法,善于思考,深爱学生,唯其如此,才能取得好的教育效果。没有教育的智慧,一切方法无从谈起。教育就是助推孩子成为他本可以成为的人,智慧的教师懂得观察和发现学生存在的问题。学生不是一块随意雕刻的石头,而是有着自己独一无二的天性的个体。优秀的教师能够帮助他们发挥天性中的长处,用自己的爱心向学生展现一个洒满阳光的精彩世界……

经典放映室

"放牛班"指的是马修老师到来前被称为"池塘之底"的班级。他的到来给这帮"问题"少年带来了新的希望。当他被告知这里的学生犯错会被禁闭时,他无比震惊。在一贯的暴力管理和严格惩罚下,学生变得非常叛逆。他们行为乖张,封闭自己,不愿与人交流……他们就像池底淤泥中的小草,需要阳光,渴望着春天。马修老师希望用音乐感化他们。他一边悄悄创作音乐作品,一边偷偷组织合唱团,尝试用音乐的方法打开学生们封闭的心灵,让学生们发现自己独一无二的嗓音,找到自己的价值……马修老师把一个个众人眼中放荡不羁、无可救药的"坏孩子",变成了一个个拥有曼妙歌喉的天使,他用自己爱的智慧,为孩子们带来了春天……

动人微镜头

有这样一个场景,让我们内心充满了感动……

"问题学生"皮埃尔由单亲妈妈抚养,他性格孤僻,比其他孩子更敏感。因屡次逃学而被公立学校开除,最后来到"池塘之底"。当马修发现皮埃尔具有很高的音乐天赋且拥有天籁般的嗓音的时候,毅然决然让他进入合唱团担任领唱,使他对音乐产生了浓厚的兴趣。当合唱团表演《黑夜》时,马修又给了他独唱的机会。他渐渐寻回最本真的善良,最终成为一名著名的指挥家。

马修老师包容的智慧、宽广的爱心和对任何一个受教育者永不放弃的耐心创造了爱的奇迹!他渐渐融化了孩子们内心的坚冰,也最终赢得了他们来自心底的尊重和信任!"永不放弃,总有希望在前面等待。"在"池塘之底",学生在马修老师的眼神里,读到了温暖、鼓励和期待,他们被音乐和爱彻底改变!

真正的师者并不是空洞地说教,真正的师者从不觉得学生需要改变什么。他从不觉得学生不完美,在他眼中,学生是学生的样子,只需变得更好。真正的师者带给学生的不是恐惧,不是无助,而是唤醒,是点燃……

有时候,也许没有苦口婆心的言说,但学生被教育了,这就是师者的智慧。

观影部落格

同学们,相信这部影片一定让你深受触动。每一颗心灵,都值得被珍爱、守护。因材施教的马修老师正是怀着师者仁爱的教育慧心,善于发现并呵护学生心灵土壤中的幼苗,使其不断长大,最后排挤掉杂草。他用富有魅力的音乐进行启迪,孩子们心灵得到净化,对音乐产生了浓厚的兴趣。在马修老师眼中没有十恶不赦的孩子,他能发掘孩子身上的闪光点,让其成为最好的自己。这正是爱的智慧!

正值青春的我,理想就是成为一名优秀的人民教师。我被这部影片触动深远,我渴望成为像影片中的马修那样的老师,使孩子们永远阳光温暖地向上成长着……

"凡事都有可能,永远别说永远。"这句话是马修老师听完孩子们哼的歌后写乐谱的时候说的,是啊! 未来的路还很长远,我们得拼命向前,不负青春不负己。马修老师用一己之力把音乐带进了孩子们心里,用音乐感化他们、教育他们,让他们的童年照进了耀眼的光彩,影响了他们的一生……教育工作者,责任重大,使命艰巨,一言一行都可能影响学生的一生,需以身作则,端言正行。一位好的老师可以拯救一群孩子的一生!

——《观看〈放牛班的春天〉有感》

师者,似火种,点燃着孩子的心灵之火;师者,似慈母,唤醒着孩子的向善之魂。无论行至多远,起点总会回溯到一位老师身上,那个改变了我们一生的老师,就像黑暗中的一盏明灯,让我们心向阳光;更像一股清泉,荡涤我们心灵上的尘埃,引领我们前行……

 智思成长路

1. 看到马修老师用音乐彻底改变了孩子们的命运,你对师爱有了怎样深刻的感受? 说说你的感想吧。

_____
_____

2. 说说你和老师之间发生过的让你至今难忘的一件事,快和大家分享一下吧。

_____
_____

第三课　救赎心灵哀歌，润泽生命之路

　　心灵没有枷锁才会真正快乐，而沟通是打开人与人之间枷锁的钥匙。在每一个流逝的日子里，不幸的事也许人人都会遇到，迷茫、彷徨、失落……幸运的是能邂逅自己心灵的捕手，重拾最珍贵的希望，开启新的征程。

　　生命是一场奇妙的旅行，有一种风景最为隽永，有一种美丽最为动人，那就是心灵相通，有爱的信任与陪伴。每一个学生都是独立的个体，处于叛逆期的孩子犹如走在黑夜中的荆棘丛里，迷茫、无助、矛盾、焦躁……有幸的是能在这个人生的十字路口遇到良师，促膝长谈，安抚自己情绪的同时分析问题，一点一点帮助自己走出困境。面对冷漠、怀疑，没有咆哮，没有嘲笑，更没有放弃，而是主动沟通，追根溯源，寻找解决的办法。人心这座城池，唯有以心灵为武器才能被攻破。老师暖心的行动犹如春日一轮暖阳，温暖了寂寞的心灵，滋养了种子的土壤，也丰盈了生命的底色。

经典放映室

　　威尔是麻省理工学院的一名清洁工，他的童年在虐待中度过，不堪的过往让威尔成了一个无比叛逆的问题少年。他很难走出自己的世界，为自己筑起了一道坚固的"防御体系"，他安于躲在那个"坏"里，不敢变"好"。然而威尔在数学方面却有着过人的天赋。他很快就解出了数学界顶尖教授兰博留在走廊黑板上的、和同事曾花了两年时间才解出的数学题。兰博教授一边积极帮助威尔，一边求助心理教师桑恩做威尔的心理医生。在桑恩不懈的努力下，兰博教授和威尔两人由最初的对峙，慢慢建立了互相启发的真挚友谊，威尔也从最初对这个世界不信任，到最终把自己的心灵向老师彻底敞开，走出了阴影，重新找回自我，重获了新生。

动人微镜头

有这样一个场景,一定会让你为之触动……

清洁工威尔是一个叛逆少年,他从一开始的抗拒,到后来信任并接受教授的帮助,其间的转折点出现在他和教授两人的第二次会面。当时,教授以朋友的身份亲切告诉威尔:"也许我可以通过知识分析你,但那不是真的你,除非你愿意谈你自己,否则我不知道你到底是谁。"最初,威尔以沉默回应教授,而教授则选择陪他沉默。这种选择表明了教授的态度:第一,他尊重威尔的沉默;第二,他会耐心等到威尔敞开心扉。正是这种尊重的态度,最终迎来了威尔彻底的改变。

德国哲学家雅斯贝尔斯说过:"教育的本质是唤醒,一棵树摇动一棵树,一朵云推动一朵云。"在老师无私的帮助下,威尔重获新生,释放心灵。相信自己,才能认清自己;相信自己,才能发展自己,超越自己,成就最好的自己。

观影部落格

心理学家阿德勒曾说过:"幸福的人用童年治愈一生,不幸的人用一生治愈童年。"放荡不羁、四处滋事的少年威尔正是不幸家庭的牺牲品。威尔天才般的数学能力,让曾获得"数学界中的诺贝尔奖"的兰博教授异常震惊。如果社区心理教师桑恩没有出现,威尔或许永远不会发现自己有"病",就这样一直混下去。他幸运地遇到了兰博、桑恩这些优秀的老师,在他们不遗余力的帮助下彻底改变了自己的人生。

无论对威尔还是桑恩来说,八次心灵的交流让彼此敞开了心扉。桑恩像捕手一样寻找踪迹,带威尔最终找到他内心中的"好人"。我认为影片中的心灵捕手是桑恩老师,当然从某种程度上讲,威尔也是桑恩的心灵捕手。双方在放下防御真诚的倾诉下,彼此的情感得到了双向的宣泄。尊重、信任、理解、包容……让威尔获得了新生。影片向我们传递的是教育应该从建立良好的信任关系开始,我们要珍惜与老师的相处,让师生关系更融洽和谐。希望自己在未来的学习中也可以遇到像桑恩、兰博这样的优秀老师!

——《观看〈心灵捕手〉有感》

父母在我们心里种下了精神和情感的种子,它们会随我们一同成长。在有些家庭里,父母种下的是爱、尊重和独立,而在一些家庭里,种下的则是恐惧、冷漠和叛逆。不幸的威尔又是幸运的,两位恩师的赏识与帮助,让他重获新生。就如教授所言:"人只有接纳自己的不完美,才能收获内心的轻盈。"只有救赎心灵,才能够拥抱残缺的过去,才能真正勇敢地改变自己,开启崭新的未来……

智思成长路

1. 在影片《心灵捕手》中,你认为谁是心灵捕手?快来分享你的想法吧。

2. 你喜欢两位教授吗?在他们身上你认为最打动你的是什么?快分享一下的感想吧。

主题四　爱国之至　中华魂魄

　　家国情是一种蕴藏于心的真切情感,是心之所系、情之所归,是人间最深厚、最持久的情感,是一个人立德之源、立功之本。常怀感恩之心,砥砺家国情怀,便铸成了每个时代的中国梦。使命呼唤担当,梦想照亮未来,秉承使命与担当,方能不负大国情怀。

※　　※　　※　　※　　※

　　爱国之志,中华魂魄;奋斗之行,时代强音。爱国需要用热血挥就、用奋斗书写。弘扬爱国精神,重在践履、贵在力行。

　　人生乐章里,爱国是最动人的音符;逐梦征程上,报国是最鲜艳的色彩!

第一课　拳拳爱国心,殷殷报国情

　　爱国情怀是古往今来不变的主题,是每一个华夏儿女都应该常怀于心的情怀。"不论树的影子有多长,根永远扎在土里。"

　　"师夷长技以制夷!"中华人民共和国成立初期我国急需各类科学家归国投身祖国的建设中来,以钱学森为代表的一批科学家不畏艰难险阻,放弃国外的优厚待遇,毅然决然地回到祖国的怀抱,以一颗拳拳赤子之心回报祖国。他们一生都在践行"爱国、创新、求实、奉献、协同、育人"的科学家精神,为党和国家事业努力奋斗一生,他们就是"中国的脊梁"。

经典放映室

《钱学森》讲述的是立志求学、涉险回国、建功立业的老一辈科学家钱学森的故事。钱学森是世界著名科学家,空气动力学家,中国载人航天奠基人,中国科学院及中国工程院院士,中国两弹一星功勋奖章获得者,被誉为"中国航天之父""中国导弹之父""中国自动化控制之父"和"火箭之王"。中华人民共和国刚成立时,钱学森已是美国最早研究火箭的组织——加州理工学院火箭研究小组的5名成员之一,是美国麻省理工学院终身教授,金钱、地位、声誉都有了,可他想:"我是中国人,我的根在中国。我可以放弃在美国的一切,但不能放弃祖国。"正是这种报效祖国的信念支撑着他在美国极力阻挠的情况下,历尽艰辛,终于回到祖国怀抱。回国后,他为中国航天事业的创建与发展做出了杰出的贡献。

动人微镜头

影片中有这样一些场景,看完之后你一定对当时的中国有了更深切的了解,对科学家的丰功伟绩深表敬佩。

影片比较完整地呈现了钱学森在美国的重大科研成果,以及回国后在一穷二白的祖国完成"两弹一星"重大项目的过程。影片启用了大量国家机密档案,通过史料与艺术创作相结合,揭秘了许多不为人知的内幕。其间穿插了关键性的历史文献和影像资料,如毛泽东、周恩来、聂荣臻、钱学森等的真实影像片段,给予观众生动而真实的感受,这在中国电影拍摄历史上尚属首次。

爱国,是一个永恒的主题。爱国,是一个国家繁荣昌盛的基石和动力,它不仅是中华民族的精神瑰宝,同时也将给热爱祖国的人们送去勇气和力量!

 观影部落格

近日,观看了人物传记电影《钱学森》,属实被钱学森的人格魅力折服:不顾导师的阻挠、优厚的待遇,毅然回到了中国,白手起家;弹体形变,力排众议,继续添加燃料,终发射成功;实验成功后,众人皆欢,而他只是微笑着在一边欣赏他种的"苹果"……

就是这样一位英雄,在艰难的年代,在特殊的战场上,以自己的那份固执和可贵的纯净,用自己特有的武器,为祖国的国防事业打了一场又一场胜仗,这,就是钱学森。

——《观看〈钱学森〉有感》 高旭

中华人民共和国成立初期,百废待兴,方方面面都需要学有所成的科学家。周总理向全世界海外学子发出邀请,呼唤他们回来报效祖国,参加建设。"祖国在期盼,五星红旗在呼唤。"一寸赤心,以身许国,他们的名字永远铭镌在中华民族伟大复兴的史册中。请同学们记住他们的名字:华罗庚、钱学森、师昌绪、邓稼先、梁思礼、朱光亚……

我以我心爱祖国,我以我行报祖国。作为新时代的中学生,真正的爱国情怀体现在平时的生活中,包括对父母、对老师、对同学、对班级、对学校的爱。同学们,让我们把满腔的爱国情怀,化为拳拳报国之心,献给亲爱的祖国吧!

 智思成长路

1.同学们,通过这一课的学习,你有什么感受?请记录下来,与未来共勉。

2.和平年代,远离了战争。爱国,已不是战场上抛头颅,洒热血那样的壮烈,从你自身的感受谈谈和平年代的爱国主义体现在哪些方面?

_____

_____

第二课　此生无悔入华夏,初心不改担使命

　　风雨五千年,泱泱大中华。哪一个华夏儿女不以自己是中国人而骄傲、自豪?随着社会的发展、科技的进步,世界各地的人们相互之间有了更多交流,地理位置也阻挡不了人类的脚步,在世界各地都能够看到我们中国人的身影。他们虽然身居海外,但是他们的身上流着中华民族的血统,寄托着浓浓的中国情。当他们身处危险之时,祖国没有忘记……

我们这次行动的决心,就是让恐怖组织知道,一个中国人都不能伤害。别怕,我们是中国海军,我们带你们回家。

——《红海行动》

经典放映室

《红海行动》以也门撤侨,保护中国侨民利益为背景,真实地再现了我国首次武装撤侨的过程。这部电影讲述了我军特种部队蛟龙突击队在局势紧张的非洲,在恶劣环境之下执行撤侨任务、解救中国公民的故事。

动人微镜头

看过影片,你一定会说中国狙击手太厉害了,弹无虚发,面对子弹也丝毫没有

畏惧。影片全方位地呈现了中国军人坚韧不拔的精神、责任与担当,我们感受到了军人可爱的品质。因为他们知道身后有强大的祖国做支撑,他们的行动是让全世界的中国人都知道:国家在我身后,我还怕什么!

影片中狙击手罗星追击索马里海盗时不幸身负重伤,自信中略带几分傲气的狙击手顾顺奉命接任。在撤侨救援行动中,他发现搭档观察员李懂具备狙击手的潜力,但也看出他内心胆怯的致命缺陷。顾顺提醒李懂,战场上的子弹是"躲不掉的",与其恐慌畏惧,不如沉着应对。这些训练有素的特种兵也是有血有肉的人。

"当一个国家弱小时,其中的每一个个体,都会直接或间接地受到凌辱和损害;当一个国家强大时,其中的每一个个体,都会直接或间接地获得尊重和收益。"同学们,奋斗的青春最精彩,让我们行动起来吧!每个个体强大了,我们的国家一定更强大。

五四精神的核心是爱国主义精神,爱国主义是中华民族精神的核心,是中华民族团结奋斗、自强不息的精神纽带。同学们,无论将来你走到哪里都要牢记,在我们的背后,是祖国的关怀和支持,爱自己的国家,爱自己的民族,是我们不能忘却的责任。

此生无悔入华夏!身在中国我们无比自豪,也正是有了无数为这个国家付出生命保卫我们家园的先辈,才有我们今天美好的生活。《红海行动》根据真实故事改编,在影片中"蛟龙"们为了完成使命,用生命参与战斗。为了挽救中国同胞,他们浴血奋战,就算最后舍身就义战死沙场,也要坚持到最后一秒钟。

(思考:他们是真汉子、真英雄,你从他们身上学到了哪些优秀品质,对自己的未来有什么启发?)

 观影部落格

这部影片体现出中国军人的豪迈与祖国的强大,"一个中国公民都不能伤害"体现了大国气魄,强军之梦已成现实;一句"接你回家"体现了大国尊严、中国军人的责任感;"不能让海盗进入他国领海"更体现出大国风范,中国军人热爱和平、守护和平。这部影片在向世人昭示大国已经崛起的同时,振国人之心,长报国之志。

——《观看〈红海行动〉有感》 张家硕

"当中国公民在海外遭遇危险时,中国大使馆会第一时间接我们回家。"这是近几年屡次出现的场景。当屏幕上出现中华人民共和国护照的那一瞬间,观影人瞬间泪流满面,每一滴眼泪都蕴含着感动和对祖国的骄傲与自豪,因为护照上面写着——中华人民共和国公民,当你在海外遭遇危险,不要放弃!请记住,在你身后,有一个强大的祖国。

同学们,每天我们通过媒体会了解到世界各地发生的真实骚乱事件,只能说:"我们没有生活在和平的年代,我们生活在了和平的国家。"与发生战乱而变得贫穷、饥饿的地区相比,我们是幸运的,生活在和平、富强的国家。最让我感到骄傲和自豪的是,祖国永远不会放弃我们,无论我们身处何方,遇到什么困难,祖国都会接我们回家——因为我们是中国人。

《战狼》系列电影令我难以忘怀,里面的人物具有真实的情感与性格。这部电影在揭露毒贩和雇佣兵的冷血与残暴的同时,也展现了什么是真正的军人,什么是真正的国家。军人牺牲自己去保护国人,国家也千里迢迢接每一个海外公民回家。这种家国情怀激起了我的爱国之心与民族自豪感。电影最后护照上的文字让我知道我的身后有一个强大的祖国。

——《观看〈战狼〉有感》 杜秋枫

 智思成长路

1.《红海行动》体现了中国军人精神,你认为中国军人精神都包括什么?

2."中华人民共和国公民,当你在海外遭遇危险,不要放弃!请记住,在你身后,有一个强大的祖国。"作为一名中国学生,你对这句话有何感想?

_____

_____

第三课　用青春、热血、激情,背负国家荣耀

"青年人要有梦想,有担当,这样国家才有足够的青春力量。"梦想不应仅仅是实现自我价值,更应与国家挂钩。每一个时代的每一个人拥有的梦想不同,或大或小,但它们都如一盏盏明灯,在黑暗的道路上给人以希望和方向。这些大大小小的梦想汇聚在一起,便铸成了每一个时代的中国梦,它需要我们勇于承担时代的使命,有梦方能追梦。

每个人都有自己的梦想,每个民族也都有自己的梦想,梦想指引着人们奋发努力的方向。中国梦是国家的梦、民族的梦,也是个人的梦,中国梦不是虚幻的,它需要奋斗不息的精神去实现。

经典放映室

《东方中国梦》这部根据真实事迹创作的纪实性电影,讲述了以王俊、李英睿、赵柏闻为原型的中国当代青年科学家怀揣"中国梦",努力拼搏,抢占全球基因研究技术制高点的故事,是世界上第一部反映以基因研究造福人类的正能量影片。以深圳华大基因研究院青年科学家的故事为原型,反映了海外留学人才归来报效祖国的事迹,热情讴歌了怀揣中国梦的留学人员的拼搏精神。

 **动人微镜头**

当代青年是实现中国梦的顶梁柱,身上更应具备"如百卉之萌动,如利刃之新发于硎"的豪气与精神,用逐风破浪的勇气、智慧与坚韧鼎力托起梦想。习近平总书记在纪念五四运动100周年大会上发表重要讲话,对五四运动的历史地位进行了总体评价,对新时代中国青年提出了六点期望,对新时代青年工作提出了三方面要求。"实践充分证明,中国青年是有远大理想抱负的青年! 中国青年是有深厚家国情怀的青年! 中国青年是有伟大创造力的青年! 无论过去、现在还是未来,中国青年始终是实现中华民族伟大复兴的先锋力量!"

2020年东京奥运会延期一年举行,这对运动员的生理和心理是额外的挑战。但中国健儿敢打敢拼,不断挑战极限、超越自我、屡创世界纪录。令人感动的不仅是一个个夺金瞬间,更是运动员们因为热爱而不停追梦的脚步和从心底燃起来的中国力量。实现中华民族伟大复兴的中国梦,就需要这样的精神。

同样怀揣着为国争光梦想的中国女排虽然在2020年东京奥运会上输了比赛、丢了冠军,但也改变不了中国人民对女排姑娘的喜爱,正像2019年9月30日,习近平总书记在接见中国女排运动员和教练员代表时说:"广大人民群众对中国女排的喜爱,不仅是因为你们夺得了冠军,更重要的是你们在赛场上展现了祖国至上、团结协作、顽强拼搏、永不言败的精神面貌。""女排精神"成了奋斗和拼搏的代名词,早已超越了体育的范畴,成了精神符号和时代坐标。

 观影部落格

"夺冠",短短两个字却寄托了从20世纪50年代开始的全国人民的希望,那是对中国女排的信任。陈可辛导演,用电影方式把女排精神活灵活现地向我们展现了出来。

以前我是一个不太关注体育比赛的人,自然也理解不了民众的热情和比赛带来的快乐。看了《夺冠》这部电影我有了许多感触:中国女排为什么人人皆知,人人敬佩? 是那种即使输了比赛也不放弃,坚持不懈迎难而上的精神。女排成员人人都具有这种精神,永远把国家荣耀放在第一位。同样,请同学们问问自己:"我们为什么而学习?"为了自己? 为了国家？为了以后的世界？同样的问题，不同的答案，但我们都是这个世界刚升起的新星，是未来世界的希望。我们要努力学习，学习女排精神，永不言弃，坚持到底，为国争光！

——《观看〈夺冠〉有感》 李雨菲

 智思成长路

1."爱国情怀是一个民族存在的火种！充满爱国情怀的英雄人物是一个民族的脊梁，一个没有英雄出现的民族是一个可怜的民族；一个有了英雄而不懂得珍惜的民族是一个可悲的民族。"说说你对这句话的理解。

2."家是最小国，国是千万家。"没有一个繁荣富强的祖国，哪来的成千上万安居乐业的家？家国情怀是每一个中国人必须具备的最基本的情感，谈谈你的家国情怀。

3."中国梦是国家的梦、民族的梦，也是个人的梦。中国梦不是虚幻的，它需要奋斗不息的精神去实现。"观影之后谈谈你的梦想是什么，如何努力去实现？

第四课 小人物、大情怀，英雄本色、人民至上

人民是我们党执政的最深厚基础和最大底气。为人民谋幸福、为民族谋复兴，这既是我们党领导现代化建设的出发点和落脚点，也是新发展理念的"根"和"魂"。

祖国有力量，民众有依靠。2021年9月25日，经历1 028个日日夜夜，在中国政府不懈努力下，在亿万祖国亲人的期盼中，孟晚舟，终于回家了！她在机场哽咽地说："有五星红旗的地方，就有信念的灯塔。如果信念有颜色，那一定是中国红！"不只是孟晚舟，只要中国同胞遇到危难，祖国就会在关键时刻及时出手。一句"祖国接你回家"折射出党和政府"人民至上"的执政理念，彰显了大国的担当与力量。

"以人民为中心。""江山就是人民，人民就是江山。""人民至上。"

——《人民至上》

经典放映室

大型电影纪录片《人民至上》是中华人民共和国成立六十周年60部献礼影片之一，以珍贵的影像，展现了在汶川发生特大地震时全国人民一同投入抢险救灾的真情实景，谱写了一曲团结一心、众志成城的生命之歌。尊重生命、以人为本、人民至上，这是中国共产党和政府在抗震救灾中一直遵循的理念。影片通过一个个催人泪下的真实故事，全景式真实展现了在汶川特大地震中，党和政府以及全国人民万众一心、众志成城、奋起抗震救灾的全过程。记录了大灾面前中国人民的坚强信心和无私大爱，以及涌现出来的许许多多可歌可泣的感人场景，讴歌了中华民族在党中央领导下顽强拼搏的民族精神，感人至深，催人泪下。

动人微镜头

谁是最可爱的人？两个20岁的人民解放军，小心翼翼地怀抱着刚刚出生的婴儿，担心孩子受凉而略显笨拙地披着被子，一脸的质朴与谦逊，接受采访时因紧张眼睛眨呀眨地，尽显"可爱"。服从是军人的天职，而这种无条件地服从是军人的单纯，不畏艰险、勇往直前地抢险救人则是军人有勇有谋的"莽撞"。军人是单纯的人加"莽撞的人"，是最可爱的人。

人民至上、生命至上是中国共产党理想信念、性质、宗旨、初心、使命的集中体现,它践行于党领导人民进行革命、建设、改革的全过程和各领域。人民,只有人民,才是创造世界历史的动力。

观影部落格

因为有很多默默无闻的人在背后为我们无私地付出着,才有了现如今和谐、美好的生活,是啊,"人民至上",电影的名字就已经阐述了一切。在人民遇到困难的时候,国家总会第一时间站出来解决问题。这部电影也让我庆幸生活在这个幸福、和平的年代,庆幸出生在中国——这个人民至上的国家。

——《观看〈人民至上〉有感》 张益

智思成长路

1. 地震带来的是巨大的毁灭,但大灾之下也喷涌出无边的大爱。影片中讲述的一个个感人的故事,催人泪下。收藏这些感人的片段,记录下你被感动的瞬间,当自己在学习中倦怠时,激励自己不畏困难勇往直前。

_____

_____

2. 没有生而英勇,只有选择无畏。平凡的事业,平凡的岗位,平凡的人生,不平凡的是一颗无私奉献的心。同学们,生活中你遇到过哪些感人的事迹,请和大家分享吧。

_____

_____

第二章
影中析理

YINGZHONGXILI

主题一　矢志不渝　向阳而生

没有哪种教育能赶得上在逆境中成长。人生美妙,其成长过程却复杂又充满不确定性。能勇于接受逆境挑战的人,生命就会日渐茁壮。只要坚定信念,绝处也能逢生。

成长是长途旅行,从起点到终点,在漫长的旅途中,人被磨砺并改变。成长的岁月像蝉脱壳一样,越是逆境,越能快速让人懂得如何顽强奋斗,如何徒手打造属于自己的一方天空。人不可以选择自己的成长环境,但却可以决定面对逆境时的人生态度。正是那些可歌可泣、令人感动的人生态度,让我们的世界更加美好、充满希望。

励志故事是影视作品中的热门题材,每每重温都会让人肃然起敬,潸然泪下,反复回味,发人深省!

第一课　命运以残酷待我,我却以拼搏拥抱生活

不是每个人都那样幸运,拥有健康的身体、平顺的人生。当不幸猝不及防地降临,是选择跌落在泥沼里,还是拼尽全力爬起来,坚定理想和

信念走过一程又一程?就有那么一些身残志坚的人,凭借超凡的意志力,收获了常人都很难取得的成功。

命运多舛,执着追求,挚爱陪伴下创造人类奇迹。

——《万物理论》

经典放映室

20世纪60年代的霍金是剑桥大学的学生,正在攻读物理学博士。然而21岁的他却突然患病,并被医生告知只剩两年寿命。这个噩耗使年轻的霍金备受打击,但在女友简·王尔德的陪伴和鼓励下,他重新振作。生病的霍金从行动不便到无法自理,再到不能说话,他的渐冻症让他感受到自己离死亡越来越近。他坐在轮椅上,他能自主活动的只有两根手指,甚至只能通过一台机器与外界交流。命运似乎从未眷顾霍金,但绝不向命运低头的霍金却凭借着坚强的意志,在学术上不断开创新的成就:无边界宇宙理论、灰洞理论、奇性定理……霍金无疑拥有"世界上最聪明的大脑",他不仅是科学探索之路上的巨人,同时也是生活中打不垮的斗士。

我们无法选择命中注定的客观环境,却可以在绝境中永不放弃。

动人微镜头

电影中有一个霍金在大学演讲的场景,台下的记者问他有什么生活哲学,这时霍金看到一位女生的钢笔掉到了地上,他的头脑里马上幻想着可以优雅地为这位女生拾起掉落在地上的红色钢笔的场景。回到现实,霍金怅然却又乐观地敲下他的一段答案:人类的潜力不会有边界,我们都是与众不同的。无论生活多么艰辛,你总会有自己的发光方式。生命不息,希望不止!这一场景的运用着实加深了大家对霍金这段话的感受。捡起一支钢笔,这么一件小事对于现实中的霍金来说已经是遥不可及,但他始终坚信,只要努力依然能创造无限可能。

(思考:霍金在记者提问那么严肃的问题时,为什么会幻想为女士捡钢笔?从霍金的回答又能看出霍金身上的什么特质?)

影中感悟

1. 困境无处不在,正确的打开方式是什么?

当霍金第一次听医生说自己得了不治之症的时候,他消沉过,颓废过,但不轻言放弃的性格和成就一番事业的决心拯救了他,他以超凡的毅力战胜了身体疾病,最终取得了伟大成就。

如果霍金没有遭遇疾病的重大打击,很难说他的人生会不会走向不同的方向。毕竟没有任何一种教育能跟身处逆境、破茧重生相比,后者更能刺激内在潜力,取得意想不到的效果。

2. 努力无边界,成功在于内在动力。

天时、地利、人和使我们更接近成功,但其中最重要的莫过于自身不懈的努力。即使面对重重困境,一次次遭遇挫折和失败,但只要不轻言放弃,一次次挑战极限,坚定成功的方向,一直向前,就一定能到达胜利的彼岸。

3. 乐观、豁达的人生态度,向阳而生的人生理念,会使艰辛的奋斗之路洒满阳光。

当我们不能改变已经发生的不幸,那么以什么态度来面对就至关重要。每天愁眉苦脸,以泪洗面?还是追悔失落,怨天尤人?霍金是最好的榜样。即使不幸如他,他却依然保持着幽默的风格,这种乐观豁达的人生态度,无疑是他走向成功之路的最好助力。

观影新播克

这部传记电影,表面看起来是一部励志片,而其实却是一部很感人的情感片。霍金一生永远对生活充满希冀,执着追求人生最伟大的梦想。身残无法选择,但如何过好自己的人生却是可以选择的。

生活中,霍金弥合了理智与情感,智识上他超越了时间与空间。虽然他说过奇迹和科学无法并存,但他也许忘了自己本身就是奇迹和科学的结合体。可见,人是可以创造奇迹的。严格意义上说,这不应该叫奇迹,而是努力过后的必然结果。正如霍金自己所说:"努力是没有边界的,不管生活看上去有多糟糕,总有你能够做的事情,并且能够成功!"

《逆光飞翔》

音乐天分超凡的男孩裕翔弹得一手好琴，却天生失明。他坚持不参加任何比赛，只希望能拥有像普通人一样的生活。他第一次离家北上念书，遇见热爱跳舞却因故被迫放弃梦想的女孩小洁。裕翔能"看见"世界上不被旁人看见的美丽，并从未放弃过这个世界。他就像一缕温暖的逆光，照进了小洁冰冷的内心，而小洁则带领着裕翔经历了他从未尝试过的冒险。两个看似永不会相交的灵魂，却成为彼此遗失的那份力量。两人身后的那道耀眼的逆光，正温暖着、鼓舞着他们向梦想展翅飞翔。

《听见天堂》

《听见天堂》是根据意大利著名盲人电影音效大师——米可·曼卡西(Mirco Mencacci)的经历改编而成的。意大利男孩米克虽然出生在穷乡僻壤，但他从小就梦想成为一流的电影大师。然而上天跟他开了一个最残酷的玩笑，米克玩弄一只来复枪时不幸走火，从此他只能淹没在巨大的黑暗中。这一度令米克感到沮丧万分，仿佛活着已没有了动力。盲校的唐老师让米克选择用耳朵代替眼睛，去记录他生活的点点滴滴。这时，他才发现：原来，不仅可以看见天堂，还可以听见天堂。最终，他在以炫丽的视觉艺术著称的电影产业里，成为一位专业的音效师与音乐家。《听见天堂》传递着这样一个人类共通的理念：不论处在何种状态中，每个人都有勇敢去追求梦想的权利。

感知悟情

1. 你觉得《万物理论》中霍金最令你感动的坚持是什么？
2. 每个人都有面临人生困境的时候，你遇到过哪些困难？又是如何克服的？

第二课　贫穷只能束缚生活的空间，却无法禁锢放飞的梦想

成长之路上总会遇到这样或是那样的坎坷不平，是以此为借口选择沉沦，还是咬紧牙关推自己一把？无论人生曾经有多糟糕，庆幸的是，我们永远拥有选择的权利！贫穷带来的只是环境的窘迫，绝不是精神的贫瘠，只要我们坚定地走向阳光，璀璨的人生就会与你不期而遇。

白描般真实，除了心灵的震撼，还有深深的感动。

——《风雨哈佛路》

经典放映室

这是一部由真人真事改编的电影，影片讲述了一位叫莉斯的小女孩是如何克服先天环境的不足，而考上最高学府哈佛大学的故事。

莉斯从小生活在贫民窟，父母都是瘾君子，家中没有稳定收入。后来父亲因为酗酒进入收容所，母亲吸毒染上艾滋，家里的房子被收走。在本该享受家庭温暖的年纪，莉斯却开始了流浪生活，睡地铁，在垃圾桶旁找东西吃……15岁时母亲的去世给了她致命的打击。不过，莉斯没有就此沉沦，她开始思考并审视自己的现状，她决定去读书。之后，莉斯一边读书一边打工，用两年的时间完成了4年的学业，最后考上了哈佛大学。

动人微镜头

莉斯终于如愿以偿免费考入了哈佛大学，记者问她怎么做到的时候，她说了

一句发自肺腑的话:"我怎么做不到呢?父母教会了我可能。"记者又问:"在地铁里睡觉,吃被丢弃的食物,你怎么看待?"莉斯沉着地说:"那是我生活的一部分,我觉得我被迫向前,必须要向前,没有退路。"现场所有人报以热烈的掌声。莉斯只是平静地走下讲台,因为她只是说出了心中最直白的想法:面对艰难的生活,只能做自己的救世主。

她只是在讲她的故事,但似乎又是你,是我,是每个从艰辛的童年中走出来的人的故事,因此能够引起观众的共鸣。《风雨哈佛路》被奉为经典励志电影。

(思考:是什么样的信念支撑着莉斯最后走进了哈佛大学的校门?)

影中感悟

1. 只要你想放弃,总能找到一百个借口;但只要你想坚持,没人能撼动你。

莉斯几乎占据了所有必须放弃人生的理由:一个极其失败的家庭,一批完全放弃人生的朋友,随时饿倒街头的人生际遇,没有任何一种因素支持她继续求学之路。然而,这一切都没能束缚莉斯奔跑的脚步。当你也被人生推到了墙角,想要放弃,莉斯为你做了最好的绝地反击的榜样。

2. 人的内在潜力是无穷的,只需要咬紧牙关推自己一把。

每个人对自己身上的潜力到底了解多少呢?也许不到最后时刻,谁也无法预料。因此,不要轻易对自己下判断,不要认为什么是不可能的,像莉斯一样推自己一把,恐怕最后的结果连自己都会大吃一惊。

观影新播克

《风雨哈佛路》虽然讲述的是莉斯考上哈佛大学的故事,但故事的本质是莉斯的认知觉醒,是一种从懵懂屈从到成熟自醒的蜕变。影片最励志的地方就在于莉斯做到了很多人做不到的事情,这是莉斯积极的人生观的体现。即使有着一对糟糕的父母,莉斯依旧心存感恩;居无定所,经常睡在地铁上,依然认为这是生活的一部分。你可以为生活中的不幸寻找借口,但也可以推自己一把,去创造更好的生活。

如果你现在处于低谷,困于生活,找不到任何可以支持自己坚持下去的希望,不妨看一看这部电影。一个无依无靠的小女孩儿都可以冲破生活的藩篱,相信你也一样能找到属于你的出路。"上帝关了一扇门,一定会为你打开一扇窗。"只要你朝着梦想飞翔,一定会到达心中理想的目的地。

光影蒙太奇

《当幸福来敲门》

克里斯·加德纳是生活在旧金山的黑人男青年,公司裁员让他丢了饭碗,妻子又因忍受不了长期的贫困生活愤而出走。他不仅要面对失业的困境,还要独立抚养6岁的儿子小克里斯,从此遭遇了一连串重大打击。但克里斯坚强面对着困境,打散工赚钱,同时也努力培养孩子乐观面对困境的精神。

最终,完全没有股票知识的克里斯靠着毅力和头脑灵活,在华尔街一家股票公司当上了学徒,并很快就掌握了股票市场的知识,随后开了自己的股票经纪公司,最后成为百万富翁,实现了自己的美国梦。

《舞动人生》

比利的家人是英国的底层矿工,他们参加罢工,挣扎在贫困的生活中。比利的父母认为比利应该学些男人的拳术。但因为一个小意外,比利发现了潜意识中对芭蕾的热爱,而一向挑剔、世故的芭蕾老师威尔金森也无意中发现了比利极具芭蕾天赋,二人一拍即合。可是比利的家庭条件决定了父母不可能理解儿子的喜好。大好机会就在当前,万一考上伦敦的皇家芭蕾学校,比利的芭蕾梦想将得到一个广阔的舞台;而父亲的强烈反对,让比利站在十字路口,艰难地选择着他的人生。最终,比利执着于梦想,战胜重重困难,实现了芭蕾梦。

感知悟情

1. 你是否想象过未来生活中会遇到什么样的困难?

2. 观看《风雨哈佛路》《当幸福来敲门》《舞动人生》,你最欣赏影片中三位主人公的哪些品质?

第三课　初心犹在，何妨屡败屡战？

有时候成长比成功更加重要。成长之路注定不平坦，现实往往会给你一次又一次的打击。但你要知道，失败也是一种力量，在执着者的眼中，它是成功的前奏，是成功的必经之途；在懦弱者的眼中，它仅仅是对意志的磨炼，意志渐渐被打磨光了，也就彻底失败了。所以，只要眼中有光，心中有方向，屡败屡战又何妨？

拥有喷薄而出的活力和创造力的电影。

——《卡特教练》

经典放映室

里士满高中篮球队原本从未在任何比赛中获胜过，是一支屡败屡战的队伍。这一切在卡特教练执教之后发生了根本性的变化，他相信这支队伍在他的带领下可以成为最优秀的篮球队。

在卡特教练的带领下，这支队伍开始走上坡路，最后成为无人能敌的长胜王。但是在1999年举行的国家锦标赛上，队员们的表现十分不尽人意。队员们学习成绩一落千丈，卡特教练关闭了训练馆，禁止队伍继续参加任何比赛。卡特教练坚持认为这帮小伙子首先是学生，其次才是球员。最终，队员们理解了教练的苦心，顺利获得学分，并在之后的比赛中一路冲进全州篮球总决赛。但这支无往不胜的高中篮球队并没能夺得全州总冠军。不过，篮球队中有6名队员都被大学录取，其中5人还获得了大学奖学金。

 动人微镜头

卡特教练带领着他的里士满高中篮球队终于冲进了全州总决赛。球队在争夺冠军的赛场上顽强拼杀,但最终并没有如愿获得总决赛的冠军。回到休息室,所有的队员都垂头丧气地坐在那里。这时,卡特教练说话了:"你们和冠军没有什么两样,你们从未放弃,冠军们永远都是斗志昂扬的。你们今天做的,远远比赢了重要,远远比明天报纸的体育头条重要。你们做到的是某些人一辈子追求的,你们做到的是超越自己。先生们,我非常为你们自豪。我是来训练男孩子的,但是你们成了男人。为了这个,我要感谢你们。"队员们凝神静气地听着卡特教练的话,所有人都被震撼了,他们再次鼓舞起人生必胜的勇气。虽败犹荣的队员们走出休息室,礼貌地和对手告别致意,和家人、朋友拥抱感谢。这场比赛输了,可是人生还有很多场比赛,拥有了冠军精神,才能不惧怕任何挑战,奋力向前。

(思考:为什么队员们会感觉虽败犹荣?他们是如何看待这场比赛的?他们走出休息室时与之前输球时的感受有什么不同?)

影中感悟

1. 如何定义成功,这是个值得思考的问题。

成功就如高高挂在枝头上的那些最圆最大的果实,是不是只有摘到它们,才算是成功?而中间经历的那些不屈不挠的奋斗过程算不算是一种成功呢?当你拼尽全力,只摘到了旁边那些很大但不是最大的果子就不算是一种成功吗?答案显而易见。成功的道路注定不平坦,成功也无法一蹴而就,只要不甘于失败,一次次跌倒再一次次爬起,一个个小成就注定积累为大成功。

2. 没有不能成长的差学生,只有还不够努力的好学生。

里士满高中篮球队的队员们是几乎被学校和家长同时放弃的一批学生,甚至连他们自己也已经自暴自弃。然而卡特教练却找到了让这些学生成长的方法。可见,永远不要对自己失望,即使经历再多失败,只要还有爬起来的勇气,有面对失败不放弃的信心,就永远有成功的可能。

观影新播克

输赢很重要,但更重要的是在追求结果中超越自己,在失败中成长,在成长中收获。

卡特教练总是喜欢问他的球员:"你最恐惧的是什么?"热血冲动的球员一开始很奇怪,可是到最后他们渐渐明白:"我们最害怕的不是一无所有,我们最害怕的是无法估计的力量。它是我们光明的一面,而不是让我们感到害怕的黑暗一面。当我们释放自己的精彩时,会向其他人昭示我们也能做到。当我们从恐惧中解脱出来时,就是迈向光明的开始。"影片告诉我们,屡战屡败不可怕,重要的是要屡败屡战、永不气馁。只要我们能战胜自己的内心,一切困难都是可以克服和打败的。所以请勇往直前,只要有坚持不服输的精神,无论最终结果如何,都对得起自己,对得起人生。

光影蒙太奇

《败者为王》

电影改编自羽坛天王李宗伟的真实经历,讲述了一个永不言弃的励志感人的故事。李宗伟从小就喜欢羽毛球,但是贫困的家境和父亲的反对,让打球的梦想成为一种奢望。李宗伟背着父亲偷偷练球,还差点儿被地下赌场利用。他的毅力终于打动了父亲,开始了正规的羽毛球训练,并被选入国家队。然而幸运的日子没过多久,打击接踵而来:队友排挤、落选、失恋,更是在国际大赛中遇到劲敌,频频落败。背负着重重压力的李宗伟面对强大的对手,选择了再次出发……

感知悟情

1. 请分享你遇到过的一次失败的经历,谈谈你的心路历程。
2. 你有没有因失去信心而放弃过什么?看过这几部影片,你的想法是否有改变?

第四课　比智慧更难得的是努力，
　　　　比努力更难得的是坚持

没有人天生聪明，"三分靠天赋，七分靠努力"。也许你是天生的"笨小孩儿"，但与其计较智商高低，不如即刻出发，笨鸟先飞。只要脚踏实地、孜孜不倦，笃定"不抛弃，不放弃"的信念默默耕耘，回首来时路，早已"桃李不言，下自成蹊"。

经典放映室

《阿甘正传》

阿甘是个智商只有75的低能儿，幸运的是，他有一个无条件支持他的母亲。在母亲和心爱姑娘的鼓励下，阿甘通过自身的不懈努力，从靠金属支架走路到飞奔如风，成为大学橄榄球队明星；从籍籍无名的士兵到成为街知巷闻的越战英雄、乒乓球外交大使；从经营一艘小船到成为拥有十几条渔船的公司的股东。

在"说到就要做到"这一信条的指引下，阿甘最终闯出了一片属于自己的天空。阿甘经历了世界风云变幻的多个历史时期，但无论何时，无论何地，无论和谁在一起，他都依然如故，纯朴而善良。

珍妮是阿甘此生唯一真正爱过的女友。一次，两人在珍妮的大学寝室里聊

天,珍妮问阿甘想要成为什么样的人,并说她自己想要成名,想要当琼·贝兹那样的歌手。阿甘听不懂,他不想成为任何人,他只想成为他自己。这样的回答,饱含深意。即使像阿甘这样一个智商只有75的人也明白自己真正需要的是什么。成名、赚钱,这些都不重要,重要的是做好自己!

珍妮的人生一片狼藉。她看似有梦想和追求,但其实一直在用错误的方式追求,放任自己偏离航线越走越远。反观阿甘,看似没有明确的目标,但却最擅于坚持,只要承诺的事情,都会踏踏实实地做到最好,从不退缩,从不犹疑。

影中感悟

1. 天生的"笨小孩儿"就注定与成功无缘吗?

阿甘是个天生的"笨小孩儿",但他想做到的每件事不仅做到了,而且比所谓的"聪明人"做得更好,这是什么原因呢? 是他心无旁骛地执着,是他始终如一地坚持。俗话说"笨鸟先飞早入林",阿甘就是那只不断飞翔的笨鸟。那么聪明的鸟是不是更容易找到属于自己的栖息地呢?

2. 对未来充满好奇,不知疲倦地去打开未知领域的蓝海。

阿甘是一个对未知领域充满好奇的孩子,他的探索之路从未停止,而且一旦认准了方向,从不犹疑而勇往直前。如果一个人对未知领域连好奇心都没有,何来强烈的求知欲? 五彩斑斓的世界就展现在我们面前,只有无限靠近才能揭开它神秘的面纱。

观影新播克

《阿甘正传》是一部特别的电影,它没有惊心动魄的场景,没有动人的煽情情节,仿佛就在讲述一个平凡的故事。阿甘一生就记得两个女人对他说的两句话。妈妈说:"生活就像盒子里的巧克力,你永远不知道下一块是什么。"珍妮说:"跑!"一个告诉他人生无常,另一个则告诉他,如果想品尝各种滋味,不二法门就是坚持向前。

有人说,羡慕阿甘只是一个"傻子",用不着想那么多,简单做人,认真做事。但其实,简单与坚定,往往相伴相生。阿甘的成功看似随波逐流,确是一种必然。命运一直就掌握在他自己手中,靠着他不断奋斗书写成功。

可见,即使我们有各种缺陷,即使要承受各种不幸和灾难,但只要能坚定一种信念,坚持不懈地去努力,就一定能创造奇迹。

光影蒙太奇

《奔腾年代》

这是一个发生在美国大萧条时期的真实故事。查尔斯·霍华德因将汽车引进美国西部而大发横财。一天,霍华德买了一匹个头矮小的老马,他决定与右眼失明的前职业拳手瑞德·波拉德和驯马师汤姆·史密斯携手将老马变成赛马。于是,三人小组开始了传奇之旅,他们以坚韧、热情和毅力创造出一个奇迹。其实,这三人正在面临人生中的各自困境,老马与他们相仿,一直遭受虐待,根本毫无价值可言。不过,先天的不足,可以用后天的努力来弥补,他们的斗志并没有消失,在急速飞奔的赛场上,他们坚韧不拔的意志和坚持不懈的努力,在那样一个意志消沉的年代为整个国家带来了希望……

《百万美元宝贝》

年迈的法兰基是有名的拳击教练,他的徒弟在拳击场上战绩辉煌。但因为专注于拳击事业,而忽略了家人的感受,法兰基与女儿的关系长期冰封,他亦因此陷入了长期的自我封闭和压抑。一天,一个对拳击有强烈兴趣的女孩麦琪走进训练馆,请求法兰基收她为徒。女孩坚毅的决心软化了法兰基,他终于决定把麦琪培养成出色的女拳击手。尽管过程很艰辛,但是二人在训练和比赛中默契地相处磨合,令法兰基内心得到了亲情的抚慰,而麦琪也登上了拳击场。勇气和梦想让他们放下了往日的痛苦,心中有了新的力量。

感知悟情

1.学习是个艰苦的过程,你是否有坚持飞翔的勇气和决心?
2.当遇到困难不想坚持的时候,你会依靠什么信念来坚持?

第五课　握紧的拳头最有力
——团队力量无穷大

　　协作能激发出团队成员不可思议的潜力。"一人难挑千斤担，众人能移万座山。"团队里，激发每一分子的长处优点，灵活运用，不仅能让团队的力量日益强大，个人的能力、潜力也会慢慢得到升华。

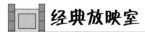经典放映室

《夺冠》

　　《夺冠》讲述了中国女排的奋斗历程和顽强拼搏、为国争光的感人故事。

　　2016年8月22日，里约热内卢，时隔12年，中国女排再度杀入奥运决赛。惠若琪的一记探头球，让全场屏住呼吸。高速旋转的排球，勾连起几代排球女将的热血与青春，中国女排30余年的沉浮图景被缓缓打开。

　　1980年训练赛，中国女排对战中国男排冠军江苏队，女排负。但那一代女排训练之艰苦，之刻苦，之永不言弃，已深深印在国人的脑海中。1981年大阪世界杯决赛，中国队对战日本队，女排赢得了中国三大球的第一个世界冠军。宋世雄那铿锵有力、极具辨识度的解说，一下子将观众带回到了那个激情澎湃、阳光普照的年代。2008年北京奥运会小组赛，中国队对战当时主教练是郎平的美国队，中国队教练站在场边，全神贯注，面带笑容。郎平和那一代中国女排在那一刻所经历的挣扎，令人心疼。2013年，郎平再次挂帅执教中国女排，带领着中国女排开启了新

的历史阶段。2016年,里约奥运会四分之一淘汰赛,中国队对战东道主世界排名第一的巴西队,最终获得了奥运会的金牌。

动人微镜头

（一）

"中国女排,没有你,没有我,只有我们。"这是袁伟民教练对第一代女排说的话,这句话的背景是改革开放时。那个时代,我们急需向世界证明,让世界看到我们,这句话一语双关,一层意思是说排球需要配合,要有集体合作精神,所以说没有你我,只有我们;另一层意思是在当时的年代尤其提倡集体主义精神。这句话历经几代女排人的传承,已经成为女排的烙印,并深深地刻在国人的心中。

（二）

"为什么那么在乎输赢,因为我们内心还不够强大。"这句话是郎平对新一代女排说的,这部电影最精华的部分也是这句台词。中国女排在备战东道主日本队时,情绪出现波动,郎平做赛前动员。谁都可以看出新一代女排们对冠军的渴望,这已经超过了体育层面,升华到民族精神。此时此刻,郎平要为新女排卸下心理包袱,"过去的包袱我们扛,现在你们只管放开了打,享受运动本身。"上一代女排战绩显赫,女排精神鼓舞人心,这一代女排要精神传承,扛着巨大的责任,这句话将中国女排精神体现得淋漓尽致。

影片中那最激动人心的时刻向我们缓缓走来,女排将士们一滴滴汗水流下脸颊,挥洒在那片赛场,用自己的力量打败了对手。成为祖国骄傲的中国女排,一次次拼搏,永不放弃,这就是中国排球精神。

（三）

影片中,有郎平和朱婷的一段对话。"你为了谁打球?""为了爸妈。""那你永远也打不出来,再想!""成为你。""你不用成为我,你只要成为你自己。"

不可否认,只有真正地看重自己,才能够真正地放下包袱,放下一直以来的心理压力。抱定成为"更好的自己""更加优秀的自己",才能从激烈的竞争环境中脱颖而出,为团队创造奇迹,为国家带来荣誉。女排两次荣耀的背后,看到了她们真正成长的经历,看到了再一次崛起的希望。

影中感悟

1."一滴水如何能不干枯？只有把它放到大海里。"这就是个人与团队的关系。

个人只有得到团队的支持，才可以获得无穷的力量。如果没有更多人的帮助，群策群力，在面对困难时个人将遇到更多阻力。因此，个人想要得到更大的进步、更长远的发展，就需要寻找适合自己的、最强有力的团队。

2.努力成为团队的中流砥柱，让团队因你而精彩。

正是因为女排中有这些熠熠生辉的球员，才组成了世界级强队。成长在一个优秀的团队中，就要努力成为那个称职的队员，与团队成员互为助力，彼此成全。

3.团队协作能激发出不可思议的潜力。

对于个人，只有以团队方式协同作战，才会发挥出最大效能。"同心山成玉，协力土成金。"一个强大的团队，成员一定目标一致，风险共担，相互配合，全力以赴。同时，团队中的个人要具备奉献精神，当个人利益与团队利益发生冲突时，要舍小我取大义，这样才能为团队助力，使个人和团队都获得最大收益。

观影新摭克

有一种拼搏叫永不放弃，有一种精神叫中国女排。

从2004到2016年，从低谷到巅峰，这条"夺冠路"，中国女排走了12年。"把困难踩在脚下、把责任扛在肩头，迎难而上、全力以赴。"正是靠着百折不挠、英勇顽强、团结奋斗的拼搏精神，中国女排在极其艰难的情形下才能创造一个又一个奇迹，赢得一场场荡气回肠、慷慨壮烈的史诗般胜利，最终在里约热内卢赛场赢得金牌，再次在奥运赛场上奏起《中华人民共和国国歌》，高高升起五星红旗。

从1981年中国女排首次夺得世界杯女子排球赛冠军起，几经沉浮，但中国女排一次次奋起，从未放弃。正是这种强大的拼搏精神，成就了坚不可摧的集体，成就了集体中每一个熠熠生辉的排球队员。因此，请坚定地成长在鹰的队伍里，并努力地使自己成为一只雄鹰，相信，终有一天，你一定会搏击长空，翱翔万里！

 光影蒙太奇

《光辉岁月》

该片根据真人真事改编。1971年,一所黑人中学和一所白人中学合并,学校的橄榄球队必须重新组成一支混合球队——"太阳神队"。一向以白人为主的小镇,迎来这些黑人后,对当地居民造成不小的震撼。黑人教练布恩成了该队的主教练,白人教练比尔成了布恩的助手。比尔从敌视布恩到逐渐发现除橄榄球之外,两人具有颇多共通之处——极富正义感、荣誉感和职业道德。黑人、白人教练共同携手将一群脾气恶劣、注意力不集中的孩子调教成了一支富有活力、能打胜仗的橄榄球队,并将这支黑人、白人混合的美式足球队推至冠军宝座。

《放牛班的春天》

1948年,当克莱蒙——一位失业的音乐教师在一所寄宿学校找到了一份管教的工作时,一开始他如同进入了地狱。他被匆忙逃走的原任管教的经历震惊,又目睹了学校各项严厉的惩罚手段。

校长的残忍、其他管教的冷酷,孩子们的无法无天及可怜无助,让他产生了一种改变学校像警察对待犯人一样对待孩子们的冲动。他在乐谱上写下了专门为孩子们谱写的歌曲,他用纯净的音乐唤回了管教们冰冷已久的心,解脱了束缚孩子们身心的绳索,抚平了他们受伤的心。由他组建的音乐团队唱出了优美的歌声,他们中的很多人,成年后都在音乐界取得了非凡的成就。

感知悟情

1. 谈谈你所加入过的团队,在哪些方面令你难忘和感恩。
2. 你是否在团队中有所成长?有哪些目标是你个人无法达到,却在团队中得以实现了的?

主题二　品味人心　又见美好

世界上的人如同天上的星星,是彼此环绕的。你我都无法回避一样看不见的东西——人性。承认人性的弱点、品味人性的良善,才能正确面对人的心灵深处,厌恶恶、亲近善,遇见美好。

※　　※　　※　　※　　※

引用卡耐基《人性的弱点》里的一句话:"我们不能只是把金矿藏在内心,黄金必须使用才能显示其价值。"人与世界上的其他生命最大的区别在于:人有思想、有道德、有灵魂。无论是否承认,人性中总是有善亦有恶。一个人的言行所显露出来的就是他心灵深处的东西,唯有不断品味人心、己心,才能避恶扬善,使人性的美好如同金矿显露。

在优秀的影视作品中,我们常常看见人性的两面。而正是这样的对比,才更能激发人性中本有的美善,使人心苏醒,使美好再现!

第一课　勇敢善良的心,遮掩罪恶,再见和平

生活在和平年代的我们无法真正体会那些战火硝烟的日子。战争是残酷的,无辜的生命流泪流血,暴露了人性的残暴无情,展现了人性里

面的勇敢良善以及热切渴慕和平的盼望。

世人都渴望和平,然而世界上却不断有战争。没有人喜欢战争,没有人喜欢死亡,没有人喜欢断壁残垣……面对战争,百姓除了流血流泪,除了逃亡还能做什么?士兵除了冲锋陷阵,杀人流血,除了牺牲还能做什么呢?

你是否想过战争中也可以有良善?战场上也可以有温暖?你是否相信有一种勇敢,可以在战火纷飞的日子里,用爱遮掩罪恶、捍卫和平?

面对残暴、嘲讽、冷眼,良善的心还可以持守到底吗?面对枪炮危险,勇敢的心还可以坚持不拿枪只救人吗?爱——能遮掩一切过错!爱——能使人心苏醒!爱——能在黑暗中照见光明!

爱——是胜过罪恶的力量!

经典放映室

《血战钢锯岭》这部电影描述的是一段真实的历史。1945年,第二次世界大战快结束时,美国进攻日本引发冲绳岛战役。这场攻防战中双方都死伤严重,伤亡接近20万人。

主人公道斯是一名拒绝持枪上阵的美国医疗兵,因持守虔诚的信仰,不想杀人,于是孤身一人留在猛烈的炮火中,在钢锯岭赤手空拳坚持12小时,勇救75名战友。道斯是第一个,也是唯一一个获得荣誉勋章却反对战争的军人。

《血战钢锯岭》揭示了战争的血腥,也显现了人性的勇敢和良善。因有爱人的心,战争里重现和平。

动人微镜头

影片中有一些场景让人难以忘记……

少年时的道斯与哥哥打架,用砖头砸晕了自己的哥哥。无意间他抬头正好看到了墙上的十诫之一:"不可杀人。"这时,母亲感受到儿子内心的懊悔,阻止了父亲的鞭子,并告诉他如何正确对待生命。

道斯长大后因为无法忍受醉酒施暴的父亲,对父亲举起手枪,最终他没有按下扳机,但是道斯看见了自己的可怕。这些经历让他坚定了从此绝不碰枪的信念,因此在他接下来的人生中一直严格执行自己不拿枪、不杀人的原则。

在枪林弹雨中,道斯因信念的支撑不顾自己的安危,竭尽全力拯救生命。"求求你,让我再救一个!"这是他心底的呐喊,他对生命的尊重与珍惜值得敬佩。

世界上有形形色色的人,然而每个人的生命都是一样珍贵的,也是一样值得尊重的。处于和平年代的我们是否想过失去一个生命对于一个家庭意味着什么?每个家庭对幸福的渴望是一样的,每个国家对和平的期盼也是一样的。仇恨、报复并不能真的带给世界和平。

观影部落格

这部影片中最触动你的场景是什么?它对你的心说了些什么?对于影片中的主人公道斯在战火中冒着生命危险救"敌人"的真实事件,你有何感受?

还有许多战争题材的影片,启发同学们关于心灵的思考,从他们的身上你能品味到怎样的人性呢?

战争片《血战钢锯岭》带给我的是一种平静的激励。一名军人宁愿进监狱也不肯拿枪,道斯不顾周围人的冷眼和误解,只为了坚守他的信念:不杀人。

道斯是追求爱和和平的人。不幸的童年和不一样的家庭环境塑造了他的信念。他在惊险的战争中冒死将一个个受伤的战友从悬崖上救下,他的坚忍、他的善良、他的勇敢给我很大的触动,特别是当他从钢锯岭下来时,之前的长官对他说:"你对美国所做的贡献,超过整个军队。"

看到这里,我的眼泪禁不住流下来。

这部影片没有美化战争,却让我在可怕的战争中看到了人性的勇敢和良善,看到了不分国界的爱。

——《观看〈血战钢锯岭〉有感》 一丁

不拿枪上战场的道斯面对所有军官和士兵的冷眼依然坚守自己的信仰,他被同伴嘲讽和殴打,被视为逃兵、懦夫,但他在训练中成绩却名列前茅。身处战争中,他又是最勇敢的,他不只救自己的队友,也给敌人包扎伤口……最后当他从钢锯岭上下来时,所有人向他致敬……

战争中最常看到的是人与人、国与国之间的对立、矛盾,但这部战争片却让人看到了勇敢、良善、尊重生命和对和平的渴望。

战争是可怕的,却展现了道斯尊重生命的美好人性。用真实的爱捍卫他持守的信仰,用良善的心拯救人脱离死亡。

> 影片《拯救大兵瑞恩》展现了一个感人的故事。英美联军在法国的诺曼底登陆后,瑞恩家的4个儿子都去了前线参战,除了小儿子瑞恩下落不明外,其他3个儿子在两周内都死在了战场。
>
> 美国陆军参谋长得知此事后心生怜悯,为了不让这位不幸的母亲再承受丧子之痛,特令前线组织一支8人的小分队,在枪林弹雨中找到她仅存的小儿子詹姆斯·瑞恩,并安全地将其救出战区。
>
> 当小分队的士兵们陷入敌区,身边的战友们一个个相继倒下,危险相继而来时,士兵们心生疑惑:"我该拯救他吗?"
>
> 然而为了那个丧子母亲的心得到安慰,他们抱着勇敢的心继续向死亡之旅迈进,终于在一个激战地带找到了这名士兵瑞恩,死亡之旅变成了拯救之旅。
>
> ——《观看〈拯救大兵瑞恩〉有感》 郭天一

是啊,因为有爱,战争可以化作和平;因为有爱,死亡之旅可以变成拯救之旅。然而,我们也会在一些影片中看见不一样的人性:

> 经典影片《罗生门》中云游和尚、樵夫和乞丐三人的独白都是真实事件里不尽真实的碎片,透过对自私本性的折射,呈现了人的话语本身并不可靠。
>
> 惨案缘由为何?武士、妻子、强盗、目击和尚、女巫、过路樵夫口中有不同的说法。真相只能有一个,可见是每个人为了减轻自己的罪恶、遮

掩自己的过失,在美化自己的道德,各自在讲述一个美好的故事,以至于荒山上的惨案成了一团扑朔迷离的云雾。

影片对丑恶人性深刻大胆的揭露引发我进一步思考:人性是善是恶,真相是什么?

——《观看〈罗生门〉有感》 王昕

"罗生门"这个词现今已经成为不同的人为了自身的利益和荣誉,就同一个事实,各自有完全不同说法的代名词。

面对死亡,面对现实,这部影片让我们看到的是暴露在日光下的人性。人是可悲与渺小的,人又是美好与勇敢的,不同人性的根源在于人心。

恶不能胜恶,唯有以善胜恶,因为真正的爱能宽恕一切过错,也能激发人心深处的善。

心没有不平等,爱没有差别,尊重每一个生命会让自己的心越发宽广。我们平日里常常为一些小事气愤,甚至记恶不忘,以至于自己的心里充满愁苦。记得影片《血战钢锯岭》中有一句话:"他为什么那么恨我们?他并不恨我们,他是在恨他自己。"不要用"恨"捆绑自己的生命,要用良善遮掩人的罪恶,用不一样的勇敢成就战争中的和平,唯有爱能唤醒人性本应有的美好。

生命是宝贵的,也是脆弱的,用你的美好去爱一切生命吧!

智思成长路

《血战钢锯岭》中,道斯坚持自己的原则,对你有怎样的触动?现实生活中你是否能在压力下依然持守正确的信念?

你如何看待道斯医治搭救敌国的伤兵?

如果帮助别人会让自己有损失,你会怎么做?

___

俗话说:"人之初,性本善。"然而面对人性不光彩的一面,你是如何反思的?这样的反思是否可以激发你人性中的善?

___

___

第二课　温柔坚定的心,接纳缺憾,重塑完美

  人既是刚强的,又是软弱的,这个世界没有一个完美无缺的人。如何面对身边不完美的人?用你的温柔接纳另一个人的缺憾,用你的坚定扶持另一个人的软弱。"三股合成的绳子更不容易断。"
  唯有接纳不完美才能拥有完美。

  有的人是坚强的,有的人是喜乐的,有的人是美丽的,有的人是聪明的,有的人是富有的,有的人是有权力的,然而世界上却没有一个人是完美的,也没有一个人是无所不能的。
  在每天的新闻媒体报道中,我们常常看见世界上的各样苦难,也会听见身边的人所经历的压力、疾病、哀伤……或许你的亲人中也有人有过这样的经历,听见、看见这些事的时候,你会有怎样的感受?
  正在经历艰难的人最需要的是什么呢?也许他不再美丽,不再聪明,不再富有,不再完美……
  艰难处境中的人最需要的是陪伴,是朋友的支持,是亲人的鼓励……但这个过程并不容易,或许需要很长的时间,或许需要很大的耐心,或许需要付出沉重的代价。
  面对他人生命中的缺憾、软弱,唯有拥有恒久爱心的人才能一直守护,也唯有

这份温柔、坚定的爱能够重塑完美。

经典放映室

《美丽心灵》是一部传记影片，讲述了英俊而又十分古怪的数学家约翰·福布斯·纳什，他在读研究生时便发表了26页的博弈理论，在军事、经济等领域产生了深远的影响，这使得他很快享有国际声誉。但此时纳什却患上了精神分裂症，常常会看到三个在现实中并不存在的人，因为受其困扰，他辞去了工作，进入精神病院治疗。

面对如此残酷的现实，纳什的妻子艾丽西亚用温柔、坚定的爱陪伴他，他们与似乎无法治愈的疾病做斗争。经过十几年的不懈努力，纳什被妻子的爱激励坚持工作，并于1994年获得诺贝尔奖。纳什成了拥有美好情感，并具有美丽心灵的人。

影片中有一些镜头让人难以忘记……

瑞典诺贝尔奖工作人员在餐厅里告诉纳什他获得了诺贝尔奖，在确定纳什不再受精神分裂症的影响而完全恢复正常后，众人纷纷走到纳什身边，把自己珍爱的钢笔，一支支放在他面前，桌上的钢笔排成一排，人们不断地对纳什说"感谢你"。

纳什站在瑞典诺贝尔奖颁奖现场，在只有两三分钟的演讲中，纳什没有阐述自己的理论的伟大意义，也没有表明个人多年来经历的不容易，以此引起同情，而是用真挚、热忱、朴实的话语，对一直帮助自己的妻子表达了感谢。纳什领完奖，夫妻两人紧紧相拥在一起。

影片中夫妻深情的告白也令人感动……

"告诉我宇宙有多大？"

"无限大。"

"你怎么知道?"

"你都没见过怎么会确定?"

"我不确定,我只是相信罢了。"

"我认为爱情也是一样。"

大家是否思考过,一帆风顺的生活里什么是真正的爱?逆境中纳什的妻子显露了怎样的美好人性?

 观影部落格

我们要去相信,生命中有些特别的东西是可能存在的。

世界上没有什么不可能的事,只要永不放弃,只要互相接纳,只要彼此扶持,凡事都有解决的办法。

看似完美的丈夫突然患了疾病,妻子温柔而坚定地接纳、鼓励;丈夫更是为了妻子、孩子、事业,克服了在常人看来不能战胜的心魔。

"爱"不是浪漫的语言,"爱"是相信,"爱"是关怀,"爱"是接纳,"爱"是牺牲,"爱"是选择,"爱"是一生的行动。也唯有在面对挫折、面对缺憾时,才能在生活给予的考验中显现爱。表现"爱"的影片有很多,同学们的感受如何呢?

我的年纪还小,然而却常听说:万事万物,没有一件事情是能尽如人意的,生活中没有所谓的完美。影片中的男主角原本年轻有为,可谓爱情、事业双丰收,他发表了具有前瞻性并适用于广泛领域的博弈论,还在数学等多个学科取得了非凡的成就,加上他英俊、潇洒的脸庞,真是令人羡慕。但是,如此"完美"的他却患上了精神分裂症,并且无时无刻不受其困扰。

人生总会有不期而遇的挫折,但逆境中该如何面对?人性的善在顺境中也许不够耀眼,却会在黑暗中发光。观看《美丽心灵》,让我获得更多勇气迎接未来人生中的风浪。

——《观看〈美丽心灵〉有感》 苏昱童

每个人都希望身边的人是可爱的、美丽的、智慧的,这样的人也会很讨人喜爱,但是当灾难突然降临,那个曾经很可爱的人生命中出现了缺憾,你还会像从前一样爱他吗?爱不只是语言,爱也不只是浪漫,真正的爱需要付出,需要接纳,需要牺牲。

  电影《触不可及》描述的是富有的菲利普因为一场跳伞意外而高位截瘫,因此需要寻找一位可靠的护理师。
  黑人瑞德斯生活拮据,无家可归,极不情愿地接受了这份别人梦寐以求的工作。瑞德斯的世界里没有种族观念,直率、真诚的他闯进菲利普的世界后,为菲利普带来了快乐、丰富多彩的生活,他们彼此越发心灵相通。瑞德斯一次次在菲利普黑白色的画卷上刷上绚丽的色彩,使菲利普单调旋律的生活增添了活泼、欢快的音符。
  影片的结尾很令我感动:瑞德斯为菲利普准备了一场特别的约会,看见富有却残疾的朋友重新拥有爱情,瑞德斯欣慰远去。
  爱不是追求自己的益处,瑞德斯并没有为了金钱把他所爱的朋友留在自己身边,而是愿意让他的朋友拥有幸福。

——《观看〈触不可及〉有感》 许多

  与众不同的瑞德斯没有把菲利普当作残疾人,并没有怜悯他,而是如同常人一样看待他,使得菲利普有被尊重的感受。这正是菲利普所需要的,因为菲利普缺少的并不是保姆。
  瑞德斯并不是一个完美的人,但是他懂得尊重残缺;瑞德斯不是一个富有的人,但是他不会为了金钱自私地享受友谊。
  电影《美丽的大脚》表现了20世纪80年代中国城乡的差距,首都北京的繁华与西北山村的荒凉形成了对比。
  电影的高潮部分发生在城市教师夏雨结束支教工作,带学生前往北京。孩子们面对川流不息的车流目瞪口呆,在商场里看到游戏场露出羡慕的表情,为了能进去玩学驴叫。这时乡村教师张美丽哭了,她语无伦次地说:"同学们,北京好不好?好不好?咱们那里有什么?咱们那里只有洋芋,种洋芋,吃洋芋……你们要好好学习,将来来北京上大学,把咱们那里建设得和北京一样好……对不起,同学们,是老师没有用,老师给你们买个糖吃吧。"

这时不仅张美丽哭了,所有的孩子也都哭了,一双双清澈的眼睛里盛满了晶莹的泪水。

因为爱,城市教师夏雨放弃了她的舒适,放弃了她的梦想,她在黄土坡上张开双臂……她知道自己的青春属于这里了,她知道自己再也走不了了,她再也不会放弃这些穷孩子了。

——《观看〈美丽的大脚〉有感》 任迦茵

张美丽是乡村教师的代表,或许她并不能算是合格的教师,电影中的她有许多的不足:读错字,有不良的卫生习惯。但是她身上最美丽的是真挚地爱孩子们的心,她的爱使她美丽,她的爱也感动了作为城市教师代表的夏雨。

爱是可以传递的,因着这份执着的爱,夏雨给这所贫穷闭塞的乡村小学带来了希望。最后,张美丽却在送洋芋的路上发生了意外,生命的最后,张美丽说:"人都是哭着来到这个世界的,但是我要笑着离开。"一瞬间,夏雨被震撼,她为了孩子们放弃了自己的孩子和婚姻,回到了那个贫困缺水的山村,为了那些苦命的娃娃,为了自己心中的信仰,为了张美丽的毕生心血。

《美丽心灵》中纳什的妻子艾丽西亚用温柔坚定的爱守护、陪伴丈夫十几年,《触不可及》中黑人瑞德斯用舍己、纯真的爱给了富有的菲利普真正的财富。

温柔、坚定的心能鼓舞有缺憾的生命。

接纳不完美的人,才能拥有完美的人生。

爱是牺牲,因为牺牲,爱可以永不止息……

 智思成长路

观看《美丽心灵》《触不可及》,你对"完美"有了怎样不同的认识?

《美丽的大脚》里张美丽坚定、执着地爱着孩子们,你认为这些乡村的孩子收获了什么?他们生命中的缺失会在未来有怎样的改变?

你在生活中是否见过有缺点的人、事、物?你怎样看待他们?

你自己有过失败的经历吗?这样的经历显现了你怎样的内心?

第三课　仁爱怜悯的心,面对黑暗,释放光芒

　　金钱是人性的试金石,有的人为了财富出卖灵魂,有的人为了财宝反目成仇,也有的人却在利益的诱惑下被唤醒本性的仁爱和怜悯。

　　生活中时常会有残酷的事发生,一面是自己的欲望,一面是他人的生命,该如何选择?

　　常听人说:"金钱是万能的。""钱能解决的问题都不是问题……有钱万事皆能,没有钱是万万不能的。""有啥别有病,没啥别没钱。"很多人对于"钱"极其敏感,把钱当作人生目标。

　　"钱"真的是最重要的东西吗?真的可以是一个人的人生目标吗?面对金钱与生命,人该怎样选择?

　　有一个人,在面对金钱与生命时,他的心灵深处有一个哭泣的声音在呼唤,于是在黑白的画面上,他竭尽全力添上了一抹闪亮的色彩。

经典放映室

德国人辛德勒是个善于投机的商人，同时他也是纳粹党党员。他贪色好逸，善于利用手段攫取最大利润。辛德勒的工厂只雇用最便宜的劳工——犹太人，对于犹太人来说得到这份工作就等于得到暂时的安全，他们会因此而免受屠杀，因此辛德勒的工厂成了犹太人的避难所。

辛德勒看见奥斯维辛集中营的恐怖，面对一个个被残害的生命，他对纳粹的残忍越发不满。于是，辛德勒下定决心——尽可能地保护犹太人免受奥斯维辛集中营的迫害。一向贪财的他居然通过贿赂纳粹官员使"必需"的工人名单中的人得以幸存，他还破费了一大笔财产把他的女工追回工厂，甚至不惜冒着生命危险去营救犹太人。

不久，战争结束了。辛德勒与工人们告别，获救的1 000多名犹太人为他送行。他们定制了一枚金戒指，赠送给辛德勒，戒指上刻着一句犹太人的名言："当你挽救了一条生命，就等于挽救了全世界。"辛德勒泪流满面。辛德勒用自己的全部财产挽救了犹太人的生命，为了救赎不相干的生命他竭尽所能，然而他仍在为未能救出更多犹太人而感到痛苦。

大雪之中，犹太人目送辛德勒离开。

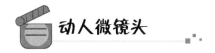

动人微镜头

影片中有一些镜头让人感动……

面对纳粹的残酷，辛德勒内心的某种东西开始缓缓燃烧，在他的生日宴会上，在纳粹将领们的众目睽睽之下，他毫不犹豫并且热情、友好地亲吻了前来祝贺的犹太女工。

在《辛德勒的名单》中，红衣小女孩是令大多数观众最感慨的人物，她的真实名字叫罗玛·利高卡，是一名犹太人。

她的出现唤醒了辛德勒善良的人性。红衣小女孩每一次出现，都让人感受到辛德勒的内心变化。我们的目光也始终跟随着小女孩移动。

红衣小女孩镇静的步伐,与周围慌乱的人群、尸体形成对比。

红衣小女孩路过一幢建筑物时,看见德国士兵残忍杀害犹太人的场景,画面突然定格,镜头的焦点放在了德国士兵和被杀害的犹太人身上,让人感受到红衣小女孩面对战争的可怕及自己即将面临的结局是何等无力。

影片最后,得到辛德勒帮助活下来的犹太人,为了纪念他,在他死后为他修建了墓碑。墓碑上,摆满了每一位生还者按照犹太仪式放置的石头,它们如同一颗颗炫目多彩的宝石,闪耀着人性的光辉。

墓碑上用希伯来文写着——"拯救一人,即拯救了全世界"。

电影最后,墓园里一个又一个墓碑,是否在提醒人们:我死了,也要去那里。这就是人类共同的命运吗?活着,是贫是富,是尊是卑,真的很重要吗?

当你拯救了世界,你还有什么理由说你不幸福呢?

观影部落格

战争的绝望、残酷我们无法真正体会,只有经历了生死在一线之间的人才知道生命的脆弱与宝贵,才会珍视自己还活着。

在兵荒马乱的年代,生命不被尊重,随意被屠杀。《辛德勒的名单》中人性之黑唤醒了人性之白,曾经好色贪财的人竟然在血泪的生活中被洁净,辛德勒仁爱的心、怜悯的心显露出来,人性褪去黑色,美丽的色彩重新闪现。辛德勒的名单代表的就是生命,绚丽多彩的生命复苏了。

是否有一些电影,你看过之后会深深地思考呢?

不久前和父母一起看了《辛德勒的名单》,影片给我很大的触动。

主人公辛德勒是一个英俊优雅的人,极具魅力。他是一个时刻都想着怎样赚钱的"称职"商人。他在初次出场的餐厅里优雅地坐着,好像在专注地看着对面漂亮的女人,其实他在观察那些德国军官,寻找赚钱的机会。这就是他,唯利是图的辛德勒。他能言善辩,用一张嘴赚得了很多财富。因为犹太工人廉价,所以他利用他们为自己赚钱。我看见了人性的黑色。

——《观看〈辛德勒的名单〉有感》　张　益

  电影始终是黑白的,但贯穿影片始终却有一个红衣小女孩,她身上的红色与纳粹残忍杀害犹太人的黑暗形成强烈的对比,每次看见红衣小女孩,辛德勒的"黑色"就褪去一些,直到他为了拯救犹太人的生命几乎花掉他曾经视为生命的所有金钱。即便这样,他还因为不能救出更多的生命而觉得惭愧。我看见了人性的美好,看到了希望。

——《观看〈辛德勒的名单〉有感》　刘栩铄

  或许人性中都有贪婪,但是当辛德勒看见一个个生命在消逝,看见血与泪流淌的世界,他人性中的怜悯、仁爱被唤醒,贪财的他竟愿意舍弃金钱去解救生活在社会底层的犹太人,甚至舍弃一切还觉得自己做得不够。这是怎样的美善,怎样的力量,使黑暗中释发出光芒?

  《我不是药神》讲述了因为药价昂贵,人们不得不花便宜钱买"假药",从而出现了许多卖药取利的人。

  影片主人公程勇一开始也想靠卖药取利,没想到父亲的一场病让他迈出了转变的第一步……从他给药品的定价以及慷慨地给那些群主打八折似乎可以感受到他内心深处的善意,他还不计前嫌,给了黄毛工钱和药,也没有因为自己手里有药而借机和思慧发生关系。

  影片结尾,因为卖"假药",程勇触犯了法律。在被押往监狱的车上,那些从他这里买药的白血病患者来为他送行。所有人都摘下了口罩,甚至刘思慧也给女儿摘了口罩,以示尊敬。曾经几个病友群群主第一次和程勇见面时,因为是有菌环境而戴着口罩,程勇说:"你们戴着口罩和我谈,我都看不清你们的脸,是对我的不尊重。"此时白血病患者却主动为他摘下口罩,这一幕感动得我落下泪来。

——《观看〈我不是药神〉有感》　胡朗硕

  "人为财死,鸟为食亡。"世界上有人因为钱而残杀手足,有人因为钱出卖朋友,甚至有人因为钱舍弃自己的生命。当人们视钱如命的时候,钱就会要了人的生命。当人把生命看得更为重要的时候,反而赢得了财富。

生活中我们常看见人性的黑暗,黑暗不能胜过黑暗,但是黑暗怕光。光能照亮一切黑暗,良善能战胜罪恶。以恶报恶得到的一定是更恶,但是若愿意以良善、仁爱的心面对,就一定能将黑色化作绚丽的彩色。

 智思成长路

从黑白色的《辛德勒的名单》中,你看到了人性怎样的色彩?你认为辛德勒为什么为了犹太人放弃他的金钱?

《我不是药神》中程勇这个人物的心是怎样改变的?他到底是善是恶?他的恶是否因为功利心的驱使,而他的善又是在怎样的处境中渐渐显露的呢?

对比《辛德勒的名单》和《我不是药神》这两部影片,你发现了哪些相似之处?

生活中,你心里是否也有过不好的意念,你是怎样察觉到的?什么时候你的心有所改变?

第四课　宽容喜乐的心,遇见真情,再现美好

每个人都渴望拥有健康的身体、聪明的头脑,然而我们身边也总会

有疾病、意外、苦难。如果你是健康的,你会如何对待别人这样的不幸?如果你是那个"意外",又会怎样面对生活呢?拥有健康喜乐的心一定会看见真情、再现美好。

生活中每个人都会经历挫折、失败,但是面对同样的处境人们却会有不一样的反应,而不同的反应则会带来不一样的人生。

挫折是什么?赛场失利?情感危机?丧失金钱?失去工作?健康受损?或许生活中的挫折远远不只这些。的确,没有人一生一帆风顺。

有的人面对挫折灰心丧气,有的人面对挫折怨天尤人,有的人面对挫折心生怒气,也有极少的人面对挫折坚强乐观。

面对生活的不公、羞辱、嘲讽,却用宽容喜乐的心来对待生活,定能使自己,也能使他人的生命再现起初的美好。

经典放映室

《真情电波》中肯尼迪是美国南卡罗来纳州安德森镇的一名黑人智障少年。他每天随身携带一个收音机,便有了"收音机"的绰号。

因为智障,肯尼迪总是被人捉弄和嘲笑。面对这样的不公、羞辱,肯尼迪总是面带微笑回应一句"我爱你"。

汉娜高中橄榄球队的主教练哈罗德·琼斯愿意接收肯尼迪成为橄榄球队的正式成员,这一决定从此改变了肯尼迪的人生。哈罗德一直鼓励、帮助和关怀肯尼迪,真挚的爱是医治的良药,肯尼迪日渐开朗,用他的努力和乐观给球队带来了无数次胜利。

镇上的人们越来越喜欢这个给他们带来骄傲和荣誉的黑人小伙子,原本紧张的种族关系不见了,他们之间充满真情和美好。

有一个反复出现的镜头,一定会让你记忆深刻……

"收音机"是这部电影的主角,他诚实、忠厚,虽是智障患者,人性的善良却在他身上时时展现出来。

智障的他遇到了天使般的教练——哈罗德·琼斯。他无私地帮助"收音机"。他们的每一次交往,对话都是那么真挚感人,让人不禁泪流满面。

面对嘲讽、不公,肯尼迪总是面带微笑回应一句"我爱你"。

他如一面镜子,照着每一个与他交往的人。

帮助别人一直是人性里的美德,帮助者与被帮助者都是幸福的。当被陌生人帮助的时候你的心是不是被感动,也愿意去传递这样的美好呢?

观影部落格

每个人都希望得到他人的尊重,没有一个人喜欢被羞辱。我们是否能用平等、尊重的心去面对身边每一个不同的人,特别是身体残疾或者先天智障的人?"收音机"的喜乐没有被嘲讽消退,他反而用他的笑脸、用他的"我爱你"感染了一颗颗不太友善的心。真情能改变人心。

无私帮助"收音机"的教练一直尽心尽力,当他无力帮助"收音机"时,便开始怀疑自己的行为是对还是错。是否该继续帮助"收音机",教练的心在挣扎。这时他的妻子对他说:"你的帮助大家都能看到的,去关心别人,从来就不是个错误,这一直是件好事。"

是的,关心帮助别人,不管我们能做到多少,我们尽力了,那就是一件好事情。善良是可以传递的!

下面的观影感悟会触发你怎样的思考呢?

今天看了电影《真情电波》,剧情并不复杂,给我最多的感动就是"真情"的美好。

这是一部以智障患者为主题的电影,影片中台词不多,但"收音机"害怕、躲闪的神情,有点畸形的动作和他天真的心感动了我,他是那么纯净快乐,他的喜乐感染了身边的每一个人。

——《观看〈真情电波〉有感》 冀 然

生理上的缺陷并不可怕,最可怕的是心灵的缺陷。

我们身边不乏身体有缺憾的人,面对这样的人有人嘲讽或不屑一顾,或者敬而远之,可是又有哪一个人愿意生来如此呢?"不是我的错",却可以令"我"的人生灰暗吗?

每个人或多或少都会有怜悯的心,但是其实这些身体有缺陷的人需要的并不是怜悯,而是尊重和被平等对待。

《送你一朵小红花》这部影片围绕两个抗癌家庭的两组生活轨迹展开,讲述了一个温情的故事。一个是声称能"看见未来"的患癌男孩韦一航,一个是相信"平行世界"的患癌女孩马小远。深夜,在露台上,两人遥望夜空,尽情描述各自所向往的美好世界。

思考和直面了每一个普通人都会面临的终极问题——想象死亡随时可能到来,我们唯一要做的就是爱和珍惜。

——《观看〈送你一朵小红花〉有感》 何庆然

生活很多时候是不公平的,那么我们要如何面对这样的不公,值得每个人认真思考。喜乐的心乃是良药,忧伤的心使人干枯。用宽容的心面对嘲讽,用喜乐的心面对挫折,倾倒你的真情定能让你的生命再现美好!

 智思成长路

观看《真情电波》,"收音机"对嘲讽他的人说"我爱你",这与你在其他地方听到的"我爱你"有何不同?

生活中你有帮助别人和被别人帮助的经历吗?请分享。

你遇到过困难吗？是怎样的困难？你是怎样面对的？困境中有美好吗？请分享。

_____

_____

在各种各样的生活经历中，你看见了怎样的美好人性？请通过两个事例分享。

_____

_____

主题三　生活百态　人生百味

"生活就像一盒巧克力,你永远不知道下一块会是什么味道。"当你尝尽生活的酸甜苦辣,是否依然待之以温情? 当你历尽世间的喜怒哀乐,是否依然面之以笑容?

人生的旅途中有鲜花与欢笑,也有荆棘与陡崖。当疾病降临到你身上,你会笑对命运还是自暴自弃? 当梦想不被理解、支持,你会继续追寻还是就此搁置? 当你犯下过错,你会勇敢救赎还是懦弱躲闪? 当生活趋于平淡,你会珍惜寻常还是心怀执念?

生活有太多种可能性,我们永远都在拆开属于下一秒的盲盒。要以怎样的态度来对待多样化的生活呢? 希望这些影视作品可以为你带来些许启示。

第一课　世界以痛吻我,我却报之以歌

每个人的成长过程都不是一帆风顺的,我们也都有自己的小瑕疵,但是,我们要坚韧且自信地前行,不掩饰,勇敢面对,敞开心扉去拥抱世界,拥抱明天。

善良一点,因为每个人都在与人生苦战。

——《奇迹男孩》

经典放映室

　　这部影片讲述了主人公奥吉积极面对生活的故事。天生面部有缺陷的小男孩奥吉从小由母亲在家里教导。五年级时,他终于有机会进入普通的学校学习。初进学校的奥吉因为自己的长相受到同学们的嘲笑和欺负,但在父亲、母亲、姐姐、老师及好友的帮助下,他最终找到了自信,并用自己的行动改变了其他人的看法。

动人微镜头

　　"也许真相是,我没有那么普通。"如果我们了解了别人的想法,就会知道没有人是普通的。每个人都值得大家为他鼓掌,包括我的朋友,我的老师,我的姐姐,因为她永远支持我,我的爸爸,因为他总逗我们笑,特别是我的妈妈,她从不轻言放弃,特别是我。布朗老师分享的一句箴言说道:善良一点,因为每个人都在与人生苦战。如果你想真正了解他人,你只需要用心去观察。

　　(思考:你最想把你的掌声送给谁,为什么?你认为你真正了解你的好朋友吗?)

观影部落格

　　生活不会厚爱任何人,电影中的每个人都有不同的烦恼,每个人都在与生活苦战。奥吉长着一张畸形的脸,被同学认为有传染病,谁跟他玩谁就会被传染;杰克因为家里不富裕,为了奖学金选择了这所学校,曾捡起被别人丢弃在垃圾桶的滑板;奥吉姐姐自从奥吉出生后变得孤独而落寞,奥吉分走了全部的爱,家人的关注点都转移到了他身上,她说"弟弟就像太阳一样,爸妈和我都是围着太阳转的行星";米兰达(奥吉姐姐的朋友)的家庭支离破碎,妈妈整天酗酒,家里没有一点温度……

孩子们,拥有强健体魄的我们是多么幸运,但这不代表我们的生活就会一路顺遂。生活不会厚爱任何人,也不会偏袒任何人,我们每个人都会陷入困境,这才是真正的生活。真正的勇者,永远只属于那些看透了生活的本质,却依旧热爱生活、勇往直前的人。世界以痛吻我,我却报之以歌!

这是一部励志电影。奥吉的善良、坚持让我感动,他顶住所有的偏见和坏话,最终赢得了别人的尊重和认可。我们要学习主人公的心存善良。电影告诉了我们要用心去看世界,不要只注重外表,还要心存善良,因为你的善良可能会影响别人。就像电影结局的一句台词一样:善良一点,因为大家的一生都不易!

——《观看〈奇迹男孩〉有感》

 经典放映室

1. 你最喜欢《奇迹男孩》中的哪个人物?说说为什么。

2. 在正确与善良之间,你会选择什么?举例说说为什么。

第二课　纵有万人阻挡,我亦追寻远方

在我们的灵魂深处,总会有那样一个地方,一旦触碰,嘴角就会不自觉地上扬,那就是承载我们梦想的远方。前往远方的路途不会一帆风顺,或许会有家人的不支持、朋友的不理解,或许自我储备不够,或许缺少机遇……不平坦的追梦生活,你想好怎样迎接它了吗?

人生再艰难,我还有我的吉他。

——《寻梦环游记》

经典放映室

米格出生于一个鞋匠家庭,特别喜欢小镇上著名的音乐家,并且立志要成为和他一样的音乐家。但是他家里的亲人都不喜欢音乐,而且也禁止他学习音乐。他只能在自己的房间里偷偷练习。在亡灵节即将到来的时候,小镇要举办一场音乐会,他非常用心地在准备这场音乐会,希望能够通过在这场音乐会上的表演得到家人对自己的认可。可是阴差阳错,他在练习的时候被自己的祖母发现。祖母不仅禁止他去参加音乐会,而且还把他的吉他摔坏了。他没有了吉他就没有办法去参加音乐会了。在亡灵节的那一天,他意外进入了亡灵的世界……通过一家人的力量小男孩最终成功地回到了人间,也得到了家人的认可。

动人微镜头

"当生活使我沮丧时,我就弹起吉他,可能世人都循规蹈矩,但我必须要顺从我的内心。"

"我已厌倦等待他人的准许,当你看到机会,你决不能与它擦肩而过。你一定要抓住机会,把握当下。"

"我坚守梦想,因为没有人会将梦想送到我手中。只有我才能追逐自己的梦想,将未来握在手中,将梦想实现。"

当米格看着电视中的德拉库斯讲述着他自己的成功学时,眼神清澈而又坚定。其实德拉库斯的这段话,又何尝不是我们需要坚持的生活态度。每个人都有自己的梦想,但是如果不努力去追逐、奋斗,用自己的汗水实现梦想,只是一味地想着靠他人,那么梦想终究只能是梦想。

（思考：你是否抓住了每一次机会？当机会在你身边溜走时，你有怎样的感触？）

 观影部落格

　　同学们，相信你们都和小男孩米格一样，有着自己热爱、追寻的梦想。但是随着年龄的增长和学业的日渐繁重，你们是否仍利用闲暇时间去追逐自己的梦想？或者早已经将梦想搁置在沉重的书本下？生命对于每个人都只有一次，我们用勇气感知这个世界未知的模样，虽然荆棘满布，也许会碰得头破血流，但希望我们都能用自己的双手和智慧去创造独一无二的专属人生。

　　影片中米格是一个坚强、勇敢、执着的小男孩。虽然他们家族禁止他接触音乐，但是他仍然偷偷练习弹吉他。每次听到他弹的优美的曲子，我不禁陶醉其中。但是现实是那么残酷，米格想参加亡灵节才艺大赛，吉他却被奶奶给砸碎了，并且没有人愿意借给他吉他。可是他并没有灰心丧气。我从小就想当一名画家，却因为懒惰，有时不去上美术课。和他比起来，我真是无地自容。米格用自己的努力实现了自己的梦想，我十分敬佩他，我也要像他一样坚持自己的梦想。

——《观看〈寻梦环游记〉有感》

 经典放映室

1. 如果你是《寻梦环游记》中的小男孩米格，你会坚守你的音乐梦想吗？

_____

_____

2. 你的梦想是什么？追梦路上发生了哪些难忘的事？请和大家分享一下吧。

_____

_____

第三课　当你迷失了自我,请寻回遗失的光芒

　　往事不可重来,而未来的事仍可改变。也许我们曾在人生的某个十字路口选错了方向,但更重要的是重拾纯真,踏上新的路途。迷失并不可怕,我们更应该做的是从当下开始,寻回遗失的光芒。

　　那有再次成为好人的路。

——《追风筝的人》

经典放映室

　　哈桑是阿米尔的仆人,除此之外,他们还是非常要好的玩伴,阿米尔高大、健壮,却十分懦弱。哈桑虽然长得矮小,不过十分倔强。每当阿米尔遭遇欺负的时候,哈桑总会挺身而出。平常阿米尔会教哈桑读书写字,而哈桑也教会了阿米尔放风筝。在当地斗风筝大赛那天,有一伙不良少年围着哈桑施以拳脚,此刻阿米尔也在,不过他躲在一边却没敢站出来。骨子里的懦弱和胆怯,让阿米尔只是躲在一旁静静地观看,他没有勇气冲出来帮助哈桑,也为自己的懦弱而感到羞愧。正是因为这种心底的愧疚,阿米尔再也不敢主动和哈桑接触,甚至不惜诬陷哈桑盗窃东西,然后借由父亲把他们一家人给赶了出去。多年过去,当初的那种愧疚和屈辱已经慢慢随着时间抹平了,然而有一天父亲的一位好友打来电话,此刻阿米尔才知道哈桑是自己同父异母的哥哥。面对童年的愧疚,阿米尔勇敢地进行了一场救赎之旅。

动人微镜头

　　"我们总喜欢给自己找很多理由去解释自己的懦弱,总是自欺欺人地去相信

那些美丽的谎言,总是去掩饰自己内心的恐惧,总是去逃避自己犯下的罪行。但事实总是,有一天,我们不得不坦然面对那些罪恶,给自己的心灵以救赎。"

"儿时的美好和友情,因为懦弱而毁于一旦。如果再给你一次机会,你愿意不顾一切地去找回那个曾经的自己吗?"

"我梦想神会带领我们过好日子,也梦想我儿子长大后会是好人,一个自由的人,一个重要的人。我梦想鲜花在喀布尔能再次盛放,酒馆、茶楼都响起动听的音乐,风筝也能再度在天空飞翔。我梦想你能回来,重温童年时光,你会发现忠心的朋友在等着你。"

(思考:如果你是哈桑,你会宽恕阿米尔吗?)

观影部落格

哈桑对阿米尔是诚挚的,从他为阿米尔捡风筝时说的那句"为你,千千万万遍"就可以看出,那是一种对兄弟的承诺。可是阿米尔却并没有以同样的诚挚回报他,当哈桑被人凌辱时,他选择了懦弱地躲在一旁,并且深埋了这个秘密。不论过去多少年,阿米尔心里都明白这是错的,所以当听到父亲的朋友告知哈桑的儿子被邪恶的组织抓走,他一反以往的懦弱,独自前往那个让他难以忘怀的故乡阿富汗,选择了救赎。最后阿米尔终于变得不再懦弱了,他历经艰险终于救下了哈桑的儿子。在影片的结尾,当他奔跑着为男孩捡风筝时,他也和当年12岁的哈桑一样,喊出了那句:"为你,千千万万遍。"

同学们,人生路漫漫,我们都会有做出错误抉择的一瞬,这短短的一瞬或许会让我们煎熬一生……希望我们做的每一个决定都不负良知,希望我们走的每一步路都散发着内心的光芒!

> 对阿米尔而言,童年时他的自私、怯懦伤害了哈桑,他在对友情的背叛中也丧失了自己最美好的心灵;而他为哈桑的儿子追风筝其实是获得救赎的途径,追风筝成为阿米尔成长史中的仪式,也是一种对希望的寄予。我相信这个时候阿米尔的心已经得到了救赎,因为他已经找到了自己失去的美好。
>
> ——《观看〈追风筝的人〉有感》

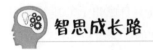 **智思成长路**

1. 也许每个人的生命里都有一只想要挽回的"风筝",都有那么一件令自己后悔的事。如果时间重回那个被时光深埋的地点,重新面对心灵的拷问,你是否有那份勇气重新做出选择,选择"再次成为好人的路"?

2. 你是否曾迷失自我?你又做过哪些补救?

第四课　愿你放慢脚步,欣赏沿途的风光

　　生活的意义不只是无止境地追逐,而是那些平凡的时刻:是你清晨起床吃到热乎乎的早餐的满足;是你听到一首喜欢的歌曲时心里迸发出的愉悦;是你对父母唠叨时的不耐烦……生活的节奏不要过快,适时放慢脚步,沿途的风光更美。

　　你一直在追求一个叫大海的东西,其实你一直就在海里。

——《心灵奇旅》

 经典放映室

《心灵奇旅》

　　乔伊·高纳是一位中学音乐教师,他获得了梦寐以求的机会——在

纽约最好的爵士俱乐部演奏。但一个小失误把他从纽约的街道带到了一个奇幻的地方——"生之来处"。在那里，灵魂们获得培训，在前往地球之前将获得他们的个性特点和兴趣。决心要回到地球生活的乔伊认识了一个早熟的灵魂——二十二，二十二一直找不到自己对于人类生活的兴趣。随着乔伊不断试图向二十二展示生命的精彩之处，他也领悟了人生终极问题的答案。

我听过关于一条鱼的故事，它游到一条老鱼旁边说："我在找一种叫海洋的东西，你知道它在哪里吗？"年长的鱼告诉它："你说海洋吗？你现在就在海洋里啊。""这里？"小鱼说："这里是水呀，我想要的是海洋。"

我作为一名理发师也很开心，不是每个人都能像查尔斯·德鲁那样发明输血。我会遇到像你这样有趣的人，让他们快乐，让他们看起来英俊。

灵魂的火花不是实现多么伟大的目标，而是对平凡生活依然能保持热情。一个真正对生活保持热情的人，一定是个时刻清醒的人，时刻观察并感知自己的心，如实地感受当下的每一秒，真正做到活在当下。

观影新播克

太过执着于自己梦想的乔伊，在生活中总有点眼高于顶，忽略了围绕在自己身边那些不起眼却十分珍贵的东西，比如饱含关切的母爱等。乔伊实现梦想后，发现自己并没有想象中那般兴奋，于是他重新审视了过往的生活，他开始意识到，曾以为求一片活水而不得的自己，实际上早已身处于整片海洋之中。

同学们，生命的意义不仅在于舞台上跳动的黑白琴键，还在于饥饿时咬下的一口比萨，闲暇时含着的一支棒棒糖，甚至是凝望秋天时的一片落叶……你们是否因过于追求成功却忽视了沿途的风景呢？你还记得课间与同桌一起探讨出一道难题后你们激动的心情吗？还记得体育课上体测时好朋友为你加油打气的真挚吗？还记得父母在你埋头学习时放到你桌边的那杯牛奶吗？

孩子们，没有任何人注定生来不凡，在我们竭尽全力为了考上理想的学府而努力时，也请回头看看我们走过的路，路边的一草一木皆是独属于你的风景。伟大的人生诞生于平凡，而平凡的人生本身就是一种伟大。

看了皮克斯出品的《心灵奇旅》后，我的心灵得到了濡养。这部影片告诉我：我们不是在平庸地活着，我们从生下来的那一刻，就已经有了意义，意义就是，珍惜当下的每一刻。

人生的意义，就是让我们去感受它的每一分钟，感受夏夜的风，感受冬日的雪，感受地铁上的拥挤，感受潮汐和落日。有时候机缘带着你打了个转，像是走上了一条和初心截然不同的路，但其实在起点和终点之间，本就有成千上万种抵达的方式，而人生的意义早已藏在这趟旅途中。

当拥有乔伊身体的二十二坐在酒吧阶梯上望着天空，阳光很好，风儿轻快，落在掌心的树叶仿佛触动了生命，那种无法言表的美好感觉，救赎了平凡人生中无数的不满足。

——《观看〈心灵奇旅〉有感》 张馨月

智思成长路

1. 看完《心灵奇旅》后，你找到属于你自己的火花了吗？

2. 你是否珍惜了活着的每一分钟？

主题四　感悟职场　追逐梦想

职业是多样的。人生的目标通过职业理想来确立,并最终通过职业理想来实现。有了明确的、切合实际的职业理想,再经过努力奋斗,人生的目标必然会实现。

※　※　※　※　※

精神抖擞,满腔热血,眼神中透露出一往无前的自信……梦想深埋在所有人的脑海之中,然而有时当现实这盆冷水浇在那颗充满激情的心上时,我们又该如何选择呢?是继续坚持心中的梦想,还是放弃遥不可及的追求,仅仅活在当下?相信每个人在人生的这个阶段都或多或少有着自己的迷茫,看不清前路在何方,不知道自己的坚持是否正确。

电影可以给我们提供参考,现实照进我们梦想的时候,我们又该何去何从?

第一课　谦逊踏实,诚实可靠
——务实型(Realistic)

例如技术性职业(计算机硬件人员、摄影师、制图员、机械装配工等)

和技能性职业(木匠、厨师、技工、修理工、农民等)。

心怀梦想、不甘失败、人人皆可。

——《料理鼠王》

 经典放映室

一个名字叫作小米的老鼠在嗅觉方面有着无与伦比的天赋,梦想成为法国五星级饭店厨房的主厨。小米的一生都满怀理想并且努力地朝这个方向艰难地迈进。厨房学徒林奎尼,生性害羞而没天赋,被众人排斥。出人意料的是:林奎尼以人的身份在前台"表演",小米则奉献了他那有创造力的大脑,在幕后指挥,他们竟然获得了不可思议的成功。林奎尼在小米的帮助下,成为整个法国饮食业的"天才厨师"。

 动人微镜头

老鼠小米不能让自己在厨房中被人发现,否则就会引起惊天动地的可怕混乱。小米饱受折磨准备放弃,却发现厨房里有一个倒霉的学徒林奎尼,即将面对被解雇的命运。被逼上绝境的一人一鼠,竟然结成了一个不可思议的同盟。

即使是再微不足道的小人物,也有怀揣梦想的权利,哪怕只是一只生活在阴沟里的老鼠。

同学们,每个人都有自己的梦想,可平凡可伟大,可近可远,可具体可抽象。它可能是马丁·路德·金呼吁的自由、平等;它可能是乔布斯毕生追求的改变世界、改变未来;它也可能是一件漂亮的大衣,一个慵懒的假期,一张满分的考卷……

伏尼契说:"一个人的理想越崇高,生活越纯洁。"苏格拉底说:"世界上最快乐的事,莫过于为梦想而奋斗。"周星驰说:"做人如果没梦想,跟咸鱼有什么分别?"林清玄说:"拥有自己的梦想,就能维持自己的热力。"

故事之所以励志,就在于它给观众以美好的希望。教育往往来源于生活,不是课本。

同学们,世界上大多数人并非都是大人物……普普通通的平凡人才是大众的主体。人们是这尘世间的一粒粒微尘,各自谱写着一个个不同的人生故事,却也有很多闪光的地方值得我们思考和学习。

人生的每一笔经历,都在书写个人的简历。原本以为微不足道的事情,回头看的时候,都有着非凡的意义。同学们,让我们一起共勉,互相支持!影片带给我们太多太多的思考。哪怕路上有风雨,哪怕途中有坎坷,只要不抛弃不放弃,勇敢奔跑,拥抱生活,我们终究会创造属于自己的生命奇迹!

同学们,请让坚强的信念在你的脑海里根植,请用你的智慧和毅力去克服困难。每个人的成长经历都是一本读不完的书,满怀梦想,大踏步向前,我们终究会迎来梦想实现的那一天!

观影部落格

这是一部从特效层面看近乎完美的佳作,幽默中有着励志的温情。它以一只老鼠怀揣美食梦想,并化身厨房主厨的荒诞营造了令人忍俊不禁的欢乐所在。而皮克斯天马行空的奇想,更在带来欢乐的同时,以老鼠与厨房这两个不可调和的矛盾体,打破人们的惯性思维,把老鼠作为一部影片的核心人物,并辅以一条让人更容易接受的人类世界的爱情线,以老鼠与人类的友情缔结出情感的共鸣。电影既让人看到了梦想的力量,也有着一个童话故事需有的美好。

——百度百科专业影评人梦里诗书

影片完全采用流行的 CG 技术制作,相比《未来小子》里稀薄的声音,皮克斯的创作团队这次发挥了真正的实力。影片的剧照展示了皮克斯深厚的美术功力,小鼠雷米眺望日落下的巴黎,渲染着霞光的塞纳河两岸风光旖旎,柔和的光线下,景象层次分明,小鼠的毛发色泽与质感柔润流畅,这是世界顶尖的动画团队能达到的水平。

——时光网评

《料理鼠王》打破人们的惯性思维,把老鼠小米作为影片的核心人物,它期盼结束捡垃圾为食的生活,可以成为巴黎顶级餐厅的主厨,亲手做出最可口的菜肴。在它难于进入五星级酒店的厨房时,新来的清洁工林奎尼帮了大忙。无家可归的林奎尼急于保住自己在酒店的工作,而笨手笨脚的他根本就不会做饭。他们彼此的优势可以帮助到对方,所以世界上最不可能的友谊就诞生了。影片表达了一个放任四海皆准的道理:重视友谊,保持忠诚。

——《三秦都市报》评

　　影片讲述了一个满怀梦想、勇敢坚持的励志故事,结尾更是一个大大的惊喜。我们喜欢这份对美好事物的坚持。同学们,我们要多接触充满正能量的人,心怀阳光。希望同学们满怀理想、不懈追求,勇敢面对生活中的困难和挑战,经得住考验。同学们,也要牢记,事物总是具有两面性的,不能随便以貌取人,草率判断。

　　通过影片我们了解了一个道理:世上无难事,只要有想法,有目标,并能付诸行动,无论你是谁,你都可以做得很好。同学们,不断加油吧!

 智思成长路

1. 你从《料理鼠王》中收获了什么道理?

2. 坚持自己的兴趣,或许不会成为行业顶尖,但是坚持的过程才是最大的成长,请结合实际谈谈你的看法。

3. 一个人的职业理想会因时因地因事而变化,谈谈你的职业理想。

第二课　讲求效率、细致耐心
——事务型（Conventional）

例如秘书、办公室人员、记事员、会计、行政助理、图书馆管理员、出纳员、打字员、投资分析员。

实现梦想什么时候都不会晚，但最主要的是要心中有梦，还要有实现的能力并为之付出。

——《当幸福来敲门》

经典放映室

《当幸福来敲门》改编自美国黑人投资专家克里斯·加德纳2007年出版的同名自传。影片获得第79届奥斯卡金像奖最佳男主角的提名。影片讲述了一个濒临破产、与妻子离婚的落魄业务员，如何刻苦地善尽单亲父亲的责任，奋发向上成为股市交易员，最后成为知名的金融投资家的励志故事。

这是一个典型的美国式励志故事。

作为一名单亲父亲，加德纳一度面临连自己的温饱也无法解决的困境。在最困难的时期，加德纳只能将自己仅有的财产背在身上，然后一手提着尿布，一手推着婴儿车，与儿子一起前往无家可归者的收容所。实在无处容身时，父子俩只能到公园、地铁卫生间这样的地方过夜。

动人微镜头

父子俩因为缴不起房租而被房东扫地出门,在地铁站洗手间露宿,加德纳满眼热泪抱着自己的儿子,生怕他被门外的人吵醒。

同学们,面对生活中艰难的时刻,怎么办？是堕落消沉,一蹶不振,还是勇敢面对,积极争取,寻求突破……是坚持到底还是转换思路,也许路的转角处就藏着改变命运的机会。平日里日积月累的努力和自身的智慧有时就会不经意间让你有了新思路,而有了新思路,就有可能遇到新转机。

观影部落格

贫穷的生活让妻子离他而去,只剩一个年近中年的男人带着儿子在大街上风餐露宿,为了让儿子有正常的上学环境,他卖血、跑好几条街寻找流浪汉——那人抢走了能给他换几餐饭的医疗仪器。他跟一群刚毕业的大学生在同一起跑线争抢一个实习机会,但在孩子面前,他永远都是顶天立地的爸爸,即便窘迫到要在地铁站过夜,他也要和孩子一起玩躲避恐龙的游戏。孩子也懂事得从未让他烦恼,反而成为他每次倒下又爬起的动力。

——时光网评

人生道路上,当你面临考验的时候,千万不要气馁,不要放弃,越是难熬就越要撑过去。不是所有苦别人都能理解,因为经历这一切的是你自己,要自我开导,才能真正豁然开朗。面对失败或者生活中的不如意,不要抱怨命运的不公,要选择擦干泪水、砥砺前行。不是所有的累都能有人一起承受,要学会自己承受一切,而不是仅仅将希望寄托在别人身上。

《当幸福来敲门》是一部很有教育意义的电影。故事看似发生在一个中年男人身上,但其实对于现在作为学生的我们也很有启发意义。实现梦想什么时候都不会晚,但最主要的是要心中有梦,还要有实现的能力并为之付出。没有能力的梦是白日梦,没有付出的想是空想。没有伞的孩子就必须奔跑。和加德纳一样没有太好竞争资本的我们,能做到的便只有努力,正所谓"笨鸟先飞"。

梓皓先生 | 青年影评人、独立动画人

同学们,请坚信,在熬过艰难困苦之后,幸福一定会来敲门!一个对梦想执着的人,面对困难他不会退缩,在追求梦想的过程中他会通过努力突破层层困难,到达成功的彼岸。

笃定幸福会来临,是需要乐观和坚持的。杰斐逊在《独立宣言》中解释过幸福,但真正的幸福,或许要付出得更多才能收获。至少要有幸,才有福。加德纳,能够从卖唱艺人和流浪汉手里抢回失而复得的诊疗器,能够逃脱司机的追债,能够被撞而安然无恙,懂得如何把魔方复原,最终拿到正式员工的名额,这些幸逐渐抵消了妻子离开、租不起房子、孩子上不起好学校、朋友欠债不还的不幸,最终赢得了幸福。实际上这个世界更多的是这些配角,不是吗?

MC 麦柯 | 芒果台前编导、豆瓣电影编辑

我们每个人都应该学习加德纳的坚持精神,在遇到挫折的时候不要想着放弃,不要对自己说不行,要勇敢面对。"山重水复疑无路,柳暗花明又一村。"

我们会为奋斗的人最终获得成功而感到欢欣鼓舞,正是因为我们自身很难做到坚持不懈。当将喜剧演得炉火纯青的威尔·史密斯在警察局被关一晚时打电话给即将离去的妻子,他说:"一定要把我的儿子带回来。"哽咽着说着话,眼泪顺着话筒一滴滴地流下来,给人心灵上的撞击又岂止感动呢?

纳兰惊梦 | 影评人、剧评人、专栏作者、影视行业观察者

一个人获得成功的因素有很多:"成功贵在坚持!""天将降大任于斯人也,必先苦其心志,劳其筋骨,饿其体肤,空乏其身,行拂乱其所为,所以动心忍性,曾益其所不能。"面临一段很难熬的时光,为此要付出很多努力,坚持是成功的基础。

无论何般困窘,都不应该忘记对生活的热爱与追求,我们的奋斗将决定我们所追求的生活。人天生也许会在种种外因上不平等,但每个人在追求幸福上却始终是平等的,《当幸福来敲门》中加德纳父子的故事便是对此最好的诠释。这不仅是美国梦,更是献给世界的幸福梦,我们都无法得知幸福什么时候会来敲门。不忘初心,幸福终会敲响你的门。

梦里诗书 | 搜狐新闻、电影网特约影评人

坚持梦想,不畏艰辛! 每个人都在为自己的生活而努力,不论是学校里的孩子,还是为事业拼搏的成年人,人们都会面临这样那样的压力和挑战。面对挫折与考验应该怎么办呢? 相信同学们在电影中已经找到了答案:经历挫折,能够真正地感受生活,不以物喜,不以己悲,始终保持豁达积极的人生态度。

想要获得成功就要做好面对挫折的准备。

智思成长路

1.《当幸福来敲门》的主角成功的关键是什么? 他有哪些优点值得我们学习?
_____
_____

2.《当幸福来敲门》是一部很有教育意义的电影,对于中学生的我们也很有启发意义,你受到了哪些启发?
_____
_____

3.观看《当幸福来敲门》,你对职业梦想有了怎样深刻的感悟?
_____

第三课　喜欢钻研、好奇独立
——研究型（Investigative）

例如科学研究人员、教师、工程师、计算机编程人员、医生、系统分析员。

有着独特性格与非凡的智力，执着追求，永不放弃。

——《模仿游戏》

经典放映室

影片《模仿游戏》改编自安德鲁·霍奇斯编著的传记《艾伦·图灵传——如谜的解谜者》，讲述了"计算机科学之父"艾伦·图灵的传奇人生，故事主要聚焦于图灵协助盟军破译德国密码系统"英格玛"，从而扭转第二次世界大战战局的经历。该片获得第87届奥斯卡金像奖最佳改编剧本奖，以及包括最佳影片、最佳导演、最佳男主角、最佳女配角在内的7项提名。

动人微镜头

图灵以创造了图灵机，也就是后世的计算机而闻名。当他在剧中说出"Digital Computer"时，多少人的心里响起轰轰烈烈的背景音乐：啊，一个时代开始了。

同学们，每个人的贡献远不止于你展现的那些，请相信自己会有更大的作为。

我们不仅要清醒地认识到自己的短板,也要看到自己可能的发展潜力。请同学们扎扎实实地度过每一天的学习生活,不断增长智慧、提升人格魅力,表现你自己的独到之处。我们不仅要增长才干,还要积累前人的智慧,对生活抱有充沛的激情,坚定对梦想追求的信念。

观影部落格

  影片大部分场景集中在图灵带着一群精英研究如何瓦解纳粹军事机密的密码,在这一过程中,图灵的性格有一个转变过程。他知道搞科研不是一个人的事,需要一个团队的共同努力。尽管这个过程中有不少摩擦,但通过大家的努力,问题最后得以解决。图灵的个性逐渐改变,他没有坚持以自我为中心,而是和大家一起钻研。

  科学家把自己的绝大部分时间交给了科学研究,正是如此,才会取得别人艳羡的成绩。天赋加上99%的汗水,成功才显雏形。

  在某种程度上,图灵这个角色有着《海上钢琴师》里的1900的孤单和才华,也有着《罗丹的情人》里卡蜜尔般的执着与忧伤。有一句台词片中出现了两次:"有时候,正是人们认为的无用之人,成就了无人所成之事。"这正是影片所要传递的,也是被人们敬而远之的天才所要发出的振聋发聩的宣言。图灵忍受着法院的指控,忍受着别人指摘其生活习惯和工作方式,但他无怨无悔,以自己的方式回击质疑。这是一场励志的演说,讲得克制,讲得有条理,也能让你热血沸腾。

曾狄丨知名影评人

  从少年时期开始,有的同学也许就注定不平凡,或许他自己都没有意识到。你也许没有过人的天赋,但在你和老师、同学、他人的交流学习中一定会不断获得许多有意义的启发,请你相信自己,请你坚定奋斗的目标,请你不断朝着迈向成功的方向前进!

  事实上,图灵的生平故事令人难以想象,而康伯巴奇的表演,则完成了观众对图灵的认知(美联社评)。他发挥人格魅力将具有怪癖的图灵演绎得相当自然,将福尔摩斯与物理奇才完美结合,创造出了令人信服的图灵人生。片中大量科学研究与人性的交锋,全部在康伯巴奇的表演中展现了出来。毫无疑问,这是他整个职业生涯的最佳表演(《华尔街日报评》)。

同学们,伟人其实和普通人一样,也会经历磨难、挫折,但是他们有直面困难的勇气,有肯于刻苦钻研的耐心。他们敢于想常人不敢想之事,敢于尝试常人不敢尝试之事,于是,就越来越靠近成功了。电影里有一句话送给同学们——有时候,正是人们认为的无用之人,成就了无人所成之事。

 智思成长路

1. 图灵的成就远不是密码专家,他还奠基了计算机模型,最早开始人工智能的研究,图灵测试到现在还是人工智能的判定标准。因图灵贡献巨大,所以计算机界的最高奖就叫图灵奖。你理想中的职业是什么?

2. 你怎样看待天才和后天的努力?

3. 请分享你梦想的职业的一个小故事。

第四课　有创造力、追求完美
——艺术型（Artistic）

例如艺术领域（演员、导演、艺术家、雕刻家、建筑师、摄影家、广告制作人）、音乐领域（歌唱家、作曲家、乐队指挥）、文学领域（小说家、诗人、剧作家）。

人民音乐家创作不朽名作，振奋民族精神，成为中华民族抗敌救国的精神武器。

——《音乐家》

经典放映室

苏联卫国战争期间，中国传奇音乐家冼星海（胡军饰）在莫斯科参加纪录片《延安与八路军》后期的制作工作，其间因遭逢纳粹德国突袭，突然爆发的战争使他流离失所，几经辗转来到阿拉木图。

在极端寒冷和饥饿的残酷环境下冼星海幸得哈萨克斯坦音乐家拜卡达莫夫（别里克·艾特占诺夫饰）救助，在此期间他创作了《神圣之战》《阿曼盖尔达》等经典作品并修改完成了《黄河大合唱》，用音乐治愈了战争中百姓苦难的心灵，激励人们为抗击法西斯而战。

《音乐家》根据中国著名音乐家冼星海在阿拉木图的经历改编，讲述了冼星海于第二次世界大战期间辗转来到阿拉木图并得到救助的故事。

 **动人微镜头**

冼星海辗转来到中哈边境线上,冒着被士兵枪击的风险,不顾一切奔向铁丝网,深情凝视着中国的方向……冼星海远远地眺望着祖国,眼眸中流露出希望与绝望的交织。他抬起右手指向前方喃喃自语道:"那里就是中国……我的家就在那边。"在黄昏落日的映射中,一层金色的光笼罩在他的身上,仿佛是在向祖国做最后的告别……这一幕瞬间击中万千观众的心。

艺术家身在异国他乡遭受苦难却仍心系祖国,这是伟大的精神。同学们,由此我们领悟到,不同行业的职业者都有自己的职业梦想,艺术家用富有表现力的创作手法诠释着职业的操守、诠释着家国情怀。

 观影部落格

许多艺术作品让欣赏者深刻地感受到家国情怀的厚重,艺术家用艺术的方式展现出对音乐的挚爱、对家人和祖国的思念以及在艰苦条件下不屈的精神……

《音乐家》将爱国主义融入人性中柔软的部分,把个体、家庭和国家这三者叠合到一起,从而规避了某些影视作品过强的排他性爱国主义,为文化的国际传播提供了有益尝试。

——中国电影家协会副主席尹鸿评

《音乐家》有一种"润物细无声"的感觉。影片中有真实的故事,更包含主观性、倾向性思想的融入,带给观影者人性的温暖,是这部电影的力量所在。

——中国艺术研究院影视所所长丁亚平评

音乐无国界,岁月永留声。有更多的音乐人,更多的国人,他们都经历过特殊的岁月,他们用音乐鼓舞着人们,无论何时何地都要充满斗志、激情昂扬,对未来充满希望。同学们,我们身后有一个伟大的祖国!岁月如歌,每个微不足道的细节都足以让人热泪盈眶。众多的艺术表现形式时刻鼓舞着人们坚持自己的职业梦想,激励无数有志青年为祖国拼搏进取。追求艺术作品的完美使得他们彼此间建立了深厚的友谊,艺术让不同的民族凝聚在一起。

《音乐家》与"泛娱乐化"潮水般的商业大片或准主流大片不同,别开新的气象,特别是以象征时空穿梭的诗意笔触,揭示了冼星海创作生涯最后5年间鲜为人知的一段故事。《音乐家》在叙事结构、镜像造型以及主人公命运与性格的刻画上,让人们的心灵为之深受震撼。

——北京电影学院资深教授黄式宪评

中国与哈萨克斯坦首部合拍的故事片《音乐家》获得了好评。影片将爱国主义融入人性中柔软的部分,为中国价值国际化表达进行了一次有益探索。在阿拉木图,有一条以冼星海命名的街道,与之并行的为拜卡达莫夫街,这两条街道在阿拉木图已经大约有20年了,但冼星海与拜卡达莫夫的故事却鲜为人知。电影《音乐家》把这段历史展现给大众,具有独特的历史价值。

——新华网评

同学们,希望你们多才多艺,多领域发展,你们当中也许就有未来伟大的艺术家。艺术能激发人们对于美好生活的愿望和勇气,期望你们在艺术的熏陶下激情澎湃,家国情怀高涨,具有浪漫主义气息。因为音乐和电影等艺术,我们的灵魂更加有趣,生活更加丰富多彩。希望同学们都拥有对音乐的热爱,对祖国的热爱,对不同民族文化有所贡献。

在缺衣少食的战争年代,能够倾尽所有收容并帮助顶着化名的冼星海,哈萨克族人民的确值得我们永远感激与敬佩。这种不计回报的付出不仅仅出自他们的善良传统,更来自哈萨克族人民内心深处对音乐及音乐家的尊敬。

——《今日影评》

简约而不简单的艺术设计,带给观众的是优美的视听享受。艺术工作充满吸引力,其实同学们,你们的思想和期望,也富有极强的感染力。

陶冶性情,提升气质,愿同学们成为不朽的艺术家!

 智思成长路

1. 你理解冼星海对音乐,也可以说对梦想的热爱与追求吗?

2. 你的父母和朋友了解你的职业梦想吗? 你们经常聊相关的话题吗?

3. 你最记忆犹新的表达爱国之情的音乐作品是什么? 你会唱吗?

第五课　领导才能、为人务实
——经营型(Enterprising)

例如项目经理、销售人员、营销管理人员、政府官员、企业领导、法官、律师。

美貌、智慧兼备的金发佳人。

——《律政俏佳人》

经典放映室

艾丽（瑞茜·威瑟斯彭饰）过着无忧无虑的生活，可以说她应有尽有。她是一个来自夏威夷的女孩，是天生丽质的金发碧眼美女，是女大学生联谊会会长，在她所读大学的日历上她是"六月小姐"。艾丽正在与学校中最酷的男孩华纳（马修·戴维斯饰）恋爱，并一心一意想做他的新娘。但是，有一个问题使华纳对艾丽的求婚有所犹豫，那就是：艾丽除了美貌实在没有什么可吸引人的。艾丽有生以来第一次必须进行一场战斗——为了她心爱的人、为了她自己，也为了那些承受着羞辱的金发碧眼美女。于是，经过勤读苦练，艾丽在一宗重要的官司中发挥了才华，凭借化妆的细节知识，将对方律师的说辞全盘推翻。

动人微镜头

在洛杉矶艾伦斯班林街对面长大对于某些人来说可能意味着什么，但对东海岸贵族出身的华纳一家人来说什么也算不上。因此，当华纳打点行装前往哈佛大学法学院与预备班的前恋人团聚时，艾丽明白了自身的不足。她也竭尽全力考进了哈佛大学，决定赢回华纳的心。但是法学院与她以前的舒适环境——池边的草地、林荫道实在是天壤之别。第一节课她就被卡拉汉教授狠狠地教训了一顿，只懂化妆的她这时才知道要读法律专业可不是开玩笑。

有的同学拥有羡煞旁人的美貌——金发、白皮肤、高挑，就像一个精美的芭比娃娃。美貌和活泼的性格，让有的人成为受人欢迎的女生。美貌固然令人赏心悦目，但是不能除了漂亮别无所长。所以，同学们，尤其是女孩子，更要用行动来证明自己并非徒有外表。请不要抱怨学习生活的枯燥，要善于在学习生活中寻找知性美——更高层次的美，成就未来更好的自己。腹有诗书气自华，相信同学们能拥有更多的聪明才智，由内而外焕发出更多知性的光彩。

在他们去哈佛大学的第一天，一位教授引用了古希腊哲学家亚里士多德的名言："法律是没有激情的理性。"但是主人公在哈佛大学三年的求学时间里，慢慢领悟道激情才是学习法律的关键因素。正是因为有了激情、坚定的信念和强烈的自我意识，我们才一步步地走向世界。请记住第一印象并不总是正确的，要对他人有信心。更为重要的是，要对自己有信心。

 观影部落格

  《律政俏佳人》不似典型的暑期片，既没有特效及武打动作，也没有高成本动画，不过该片靠着女主角的个人魅力征服了美国观众。

——新华网评

  电影的故事情节其实比较老套，但是女主角艾丽打动了我，她的乐观、自信、敢爱敢恨其实都是我们现在大部分女孩儿应该具备的品质。所以她在剧中的角色可以说是正能量的代表，教会女孩儿们如何成长。

——悦影讯评

  路在自己脚下，人生之路志在四方，同学们要相信自我，并付出实际努力。女孩儿们要实现自我价值，找到属于自己的一片天地，不断超越自己，创造出属于自己的奇迹。在学习和生活中无论遇到什么样的困难和挑战，请都不要轻言放弃，不要有过度的依赖性。同学们要积极乐观地看待生活，以奋斗的心态迎接每一次的考验，勇往直前，不怕挑战，相信自我能够不断得到提升。

  心有多大，舞台就有多大。同学们要努力走出一条精彩的人生之路。

  女同学不能仅仅因为自己是女孩，就觉得很多东西没有必要去做，不愿意去尝试，却忽视了自身的潜力；影片主人公奋斗的经历多么令人鼓舞，她不言放弃，始终保有一颗上进的心，力争上游，在自身的不断努力下，创造出一个又一个奇迹。

  相信激情的人，会拥有激情的生活。相信自我有潜力的时候，才有无限的能量。不要因为没有接触过某一领域而怯懦，要积极进取，相信自己，追求卓越，最终获得幸福。

  作为21世纪的一名中学生，我们对待生活要充满热情，为梦想不断付出努力，我们才能与未来对话，迎接成功。

  同学们，让我们一起加油吧！

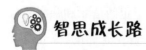

1. 有些工作通常要求管理人员和销售人员有较强的企业归属感,你觉得这样会带来哪些益处?

2. 你心目中的公务人员要有怎样的操守?

3. 你打算怎样提升个人能力来实现梦想中的职业?

第六课 善解人意、乐于助人
——社交型(Social)

例如教育工作者(教师、教育行政人员)、社会工作者(咨询人员、公关人员)。

自我实现,赢得理想和尊重。

——《弦动我心》

《弦动我心》讲述了离婚后的音乐教师罗伯塔运用自己的智慧和特长,教学生们拉小提琴,并逐渐赢得人们谅解和尊敬的励志故事。该片1999年10月29日在美国上映,获得第72届奥斯卡金像奖最佳女主角提名、最佳原创歌曲提名。

罗伯塔原本是一名家庭主妇,离婚后在小学当临时教员,以教小提琴维持生计。然而由于身份低微,加上遭遇教育经费不足、学校不支持、家长不理解等诸多困难,差点失去自己的事业。但她坚信学习音乐能使孩子们的人格更完善,通过她的付出和努力,最终她和孩子们在象征荣誉的卡耐基演奏厅演奏,赢得了人们的理解和尊重。

动人微镜头

为了饰演好小提琴教师这个角色,斯特里普坚持每天练琴4~6小时。虽然以前不懂任何乐器,但经过两个月的苦练,斯特里普已可独立完成全部要求实拉的镜头。在拍摄过程中,那些没拍过电影的琴童必须扮演成初学琴的儿童,因此工作人员得使出浑身解数让他们拉得差些,于是这些孩子一会儿换肩,一会儿换手,一会儿调错弦,几经周折才顺利完成拍摄。

有的人不经常说话,但是我们却能清楚地感觉到他内心的坚强。坚定的信念、伟大的同情心能促使人自我实现,实现理想,赢得尊重,于是生活里就充满了人性美。

观影部落格

职场中很多的高水平专业人士谦逊低调、专心学习、专心做事,保持着专业水准,乐于奉献,经常帮助他人,有时甚至看不出其有任何特殊之处。

在影片中,梅丽尔·斯特里普饰演的罗伯塔经常不说一个字,但是观众却能清楚地看到一个女人内心的伤痛和坚强。在《弦动我心》中,坚定的信念、伟大的同情心始终贯穿在斯特里普的表演中,她的表演充满了人性美。

——《北京青年报》评

该片根据真人真事改编,充满了好莱坞最擅长的煽情元素。在影片里,斯特里普完全融入角色之中:她扮相臃肿,腰身粗大,翻来覆去就两三套衣服,几乎未进行任何装饰。在角色里看不到漂亮、高雅的斯特里普的影子,只有角色本身——一位受到生活沉重打击、从憔悴走向坚强的中年女性。斯特里普在影片中保持着她的专业水准,她的演技之好就在于让他人看不出任何演技。

——金羊网评

《弦动我心》是由韦斯·克雷文执导,梅丽尔·斯特里普主演的一部音乐电影。罗伯塔因为丈夫的突然离开不得不自食其力,缺乏经验的她凭着对小提琴的热爱和天赋,找到一份教孩子们拉小提琴的工作。她以极大的热情投入教学中。她善于发现孩子潜在的天赋,并且坚信艺术能够陶冶人的情操,即使是从未经受过艺术熏陶的孩子,也一定会对优美的小提琴声产生共鸣。很快,她的学生们就取得了优异的成绩,班级队伍也在不断壮大。默默耕耘了10年后,她迎来了更大的挑战。

——松巴音乐评

同学们,不是谁生来就富有职场经验,但你可以拥有决心和志向,引导你不断向前。刚开始奋斗时,也许周围有人会对你产生怀疑,但如果你能以极大的热情投入学习生活中,很快你就会有所收获。同学们,假以时日你也会成为他人的榜样,要相信自己潜在的天赋。

智思成长路

1. 欣赏经典电影的同时,你是否感受到了善良,感受到了美好,感受到了人世间无私的爱?

2. 你认为良好的职业操守具体包括哪些内容?

3. 女主人公辛勤耕耘,终有所成,你觉得成就梦想职业需要具备哪些条件?

第三章
影中寻问
YINGZHONGXUNWEN

主题一　魅力化学

　　化学,它将神话中的七彩神石命名,将万物生命中的"灵气"与"戾气"分离,以元素周期表的形式严谨而不失规律地展现出来。无疑,化学给予了我们一个具象的、物质化的世界,也带给了我们人类社会无尽的宝藏:我们现在有了各种化肥、杀虫剂来提高农作物的产量和质量,全世界的人民一步步远离饥荒;我们现在有了各种食品添加剂,食物的色彩、味道、口感都得到了质的飞跃;我们现在有了人工合成纤维,能够大批量生产、制作各式各样的服装,通过调整衣料来满足不同的功用,人们的穿着更加时尚……我们看到了不同领域绽放出来的花朵,它使我为之信服:我们的生活离不开化学。化学不断创造,它神奇而美丽,青春而充满活力,更永葆一种创造性的魅力。

　　让我们一起走进《美丽化学》,其拍摄的化学反应,其实就是对化学结构的研究,分别从宏观和微观两个尺度展现了独特的化学之美,捕捉到了化学反应中的缤纷色彩和微妙细节。

第一课　视觉之旅——奇妙的微观世界

　　化学是研究物质的,物质世界丰富多彩。紫红色的时钟映入眼帘,随着指针的转动进入了一个崭新的化学世界。银白色固体析出,似雪花的洁白,似羽毛的轻盈,那么细腻,那么脆弱;碧绿的碳破土而出,形成一朵艳丽的花朵,那是生命的奇迹。

彩色的光芒迸发,那是金属,冰冷而又美丽。甲基紫由紫色渐变成深蓝,再变成鹅黄色,溴甲酚绿由蓝色变成浅绿色,再变成黄色,茜素黄R由紫红色变为蓝色,那么诱人。黑色屏幕中若隐若现的浅蓝色,那是氢氧化铜。黑暗中闪出蓝黄色,那是碘化银。乳白色的氯化银显得格外明亮,镁条的表面产生大量的气泡,诠释着化学的美妙。

原来化学也可以这样富有艺术气息,包罗万象,似宇宙之大,无穷无尽;而物质又是各种微观粒子构成的,微观粒子的可分性导致化学研究至今没有找到最小的那个粒子。"其大无外,其小无内",化学不断深入到分子、原子来认识自然和改造自然。

经典放映室

《美丽化学》是由中国科学技术大学先进技术研究院和清华大学出版社联合制作的一个原创数字科普纪录片,其主旨是将化学的美丽和神奇传递给大众,从而让更多的人对化学产生兴趣。在"化学结构"部分使用先进的三维动画和HTML5互动技术,展现了化学实验现象中的美妙瞬间。我们平时用肉眼无法观察到的粒子,清晰地呈现在我们的眼前,不仅反映了化学实验的表现形态,也让我们直观感受到物质的结构特征,加深对物质变化的本质理解和对化学反应的深刻体验,有助于引导学生基于微观层面对一些化学现象进行合理性解释。

动人微镜头

有这样一个场景,一定会让你记忆深刻……

它以独特的视角,展示了8类美丽的化学反应,包括金属置换、沉淀反应、化学花园、结晶过程、颜色变化、产生气体、舞动的荧光液滴,以及生成烟的化学反应。

化学真是个神奇的东西,每一个粒子都随音乐律动着,镁的燃烧,像是一颗星星突然在夜空中划过;锂的燃烧,像局部火山喷发;铁粉的燃烧,是"火树银花不夜天"的写照;氢气的燃烧,则像是一只四处乱窜的紫红色的精灵。金属置换反应让我们看到了,一粒种子如何生长成一片森林,一棵小草如何铺排成一片草地。摄像机记录了溶液中沉淀的产生和消失,极富美感。

化学反应发生在原子之间,通过溶液和摄像机,可以使化学反应的过程被肉眼看见。在化学课本的理论知识之外,我在《美丽化学》中感受到了最真实的化学反应的场景,进一步理解了化学反应的实质。

同学们,看了这部影片我们发现原来一门理科学科,也可以这么富有艺术气息。也再次深刻感悟到万事万物都是相通的,艺术与科学本就是相互融合的,化学(科学)用艺术的视角欣赏着自然的大美。让我们一起了解化学、欣赏化学、热爱化学、学好化学吧!

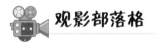

《美丽化学》

——奇妙的微观世界

不得不说,化学是一门神奇的学科,人类探索化学世界的过程也是神奇的。从炼金术到磷元素的发现,再到元素周期表的慢慢形成,并被人们广泛使用,化学之路很漫长,探索之路很艰辛。学化学之前,我一直认为这是一门只要背背化学式、做做实验的课。经过一年的学习之后,我越发觉得化学对我们的世界有多么重要。化学无处不在,我们的衣食住行,无一不与化学相关联。看了《美丽化学》之后,我想,也许化学是最贴近于人们生活的一门学科吧。

很庆幸前人坚持不懈,发现了化学这门科学,才得以让我们更深入地认识和了解奇妙的微观世界。生活与化学息息相关。以前在我的眼中,化学就是一堆字母加起来的算式,既枯燥又乏味,是《美丽化学》开启了我的视觉之旅,带我进入了奇妙的微观世界!生活需要化学,化学的创造力几乎覆盖了我们生活的方方面面,化学是个很神奇的东西!

——观看《美丽化学》有感　刘芮希

影片中有很多我们用肉眼无法看到的微观世界,借此我们了解到分子是原子的集合,原子是存在于化合物中的元素的最小部分,它是不能被化学再分的最小质量。

让我们一起走进电影《蜘蛛侠》,蜘蛛侠是我们喜欢的超级英雄,永远满怀正义,除了超级能力,还有很多新型超级材料护身。

《蜘蛛侠》

彼得·帕克只是美国一个平凡的高中生,一次他被蜘蛛博物馆偷跑出来的变种蜘蛛咬了一口,之后,他的生活彻底改变了。他变得和蜘蛛一样,拥有蜘蛛特有的各种超能力。一次意外,科学家诺曼吸入毒气而具有了超能力,引发了自身邪恶的本性,骑着自己研发的飞行器到处搞破坏、杀人,这时彼得化身的蜘蛛侠开始出击了!

你一定对这个镜头记忆深刻……

彼得拥有蜘蛛的各种超能力:从手指喷出黏力极强的蜘蛛丝、飞檐走壁等。彼得兴奋异常,开始利用自己的超能力去赚钱。

观影部落格

蜘蛛侠彼得越来越糟糕,终于在一次莫名其妙地失去超能力之后,心力交瘁。倾盆大雨中,他伤心透顶地扔掉了蜘蛛服,好在梅姨语重心长的一番话让彼得顿悟,彼得又穿上了自己扔掉的蜘蛛服。最后故事圆满结束,彼得战胜了大坏蛋章鱼博士,也得到了心爱的女孩玛丽的爱。我觉得,彼得最英勇的那一刻,不是他飞檐走壁引人无限惊叹的时刻,而是他终于能够重新面对自我,重新担起自身责任。我们每个人,都难免会遇到挫折,有彷徨无助的时候。这时候,请记住蜘蛛侠彼得·帕克的选择,记住我们心中的梦想和肩上的重担。只有这样,我们才能够在岔路口做出明智的选择,最后迎来柳暗花明的出口,获得幸福。

——《观看〈蜘蛛侠〉有感》 于兆航

 ## 智思成长路

一、分子

分子是物质中独立地、相对稳定地存在并保持其组成和特性的最小微粒,是参与化学反应的基本单元。分子由一个或几个原子通过化学键结合而成。

二、高分子化合物

高分子化合物又称聚合物、高聚物、大分子化合物,简称高分子。它是相对分子量在104~106甚至更高的一类化合物,由许多相同的(或不同的)单体(或称结构单元)以共价键重复连接而成。高分子,根据化学结构单元组成是否相同分为均聚高分子(结构单元完全相同)和共聚高分子,前者如聚氯乙烯、聚苯乙烯等,后者如ABS(丙烯腈-丁二烯-苯乙烯共聚物)、丁腈橡胶、于苯橡胶等;根据来源可分为天然高分子(纤维素、蛋白质、核酸等)和合成高分子(聚乙烯、聚丙烯、聚酯等),二者用途各异。

三、超分子

超分子是由两种或两种以上的分子通过分子间的作用力结合而成的，是一类具有特定的微观结构和宏观特征的聚集体。超分子内分子间的作用力包括氢键作用力、静电作用力、配位键作用力、电荷转移作用力和疏水性作用力等。水冷却到0℃以下，分子间通过氢键结晶成冰，冰中有很多笼状空隙使冰比水轻，因此冰总是浮在水面上。当水中含有甲烷（CH_4）时，水和甲烷可生成可燃冰，填充在冰的笼状空隙。2017年，我国宣布成功掌握从海底开发可燃冰的技术。

四、纳米材料

纳米材料即纳米级结构材料，三维空间中至少有一维处于纳米尺度范围或由它们作为基本单元所构成的材料，其结构单元的尺寸介于1~100 nm之间。纳米材料表现出超常规特性，既不同于微观原子、分子，也不同于该物质在整体状态下所表现的宏观性质。蜘蛛侠战衣所拥有的一些超能力正是因为运用了这种材料。

五、碳纳米管

碳纳米管密度只有钢的1/6，而强度却是钢的100倍，是理想的高强度纤维材料，因而被称为"超级纤维"。蜘蛛侠的发射器吐出的"蜘蛛丝"正是用这种材料制成的。

在化学领域的相关研究探索过程中，从来都不缺少"错误的认识"。譬如，一开始科学家认为氧气是一种"燃料"，这种认识现在看来也许会觉得荒唐可笑，但是，"错误"不等于"无用"，探索本就是不断接近真理的过程，而真理又是动态发展的，科学家就是经历了这样不断假设、尝试、探索、失败、再继续探索的过程后，才能不断接近真相与成功。其中的每一次创新都是人类历史上宝贵的经验教训和文化基石。

在化学领域的相关研究探索过程中，也从来都不缺少"多领域的互通"。"化学"与"音乐"似乎是没有交集的两个领域，但是它们却在某些地方相通，于是元素周期表就应运而生了。这也告诉我们，学习化学需要"多领域、多视角"地融会贯通，其实"多元"往往能给"专一"带来灵感。

在化学领域的相关研究探索过程中，也从来都不缺少"冷落与寂寞"。液晶在最初被发现的时候备受冷落，但是过了两个世纪后，它却让我们的世界"大放异彩"，刺激着人们的视觉神经。能够站在前人的肩膀上何尝不是一种幸运，但愿意挺起胸膛让后人站在自己的肩膀上，这更是科学家们的伟大。化学联结、贯通了过去、现在与将来，如今的生活早已处处离不开化学。我们需要化学，不仅是为了能有更好的生活，更重要的是，化学对于我们人类的生存与发展是至关重要的一部分！

第二课　视觉之旅——化学是环境的保护者

人和环境本是和谐一体的，生死盛衰，循环于自然。人类智慧不断增长，活动能力逐渐增强，然而引发的环境问题也日益突出，危害着人类的生存繁衍。究其根源，是由无视环境的承受能力所致。

化学是什么？化学是一门帮助人类分析大气的化学组成、了解大气污染形成的科学依据，并设法经济、有效地治理大气污染的基础科学。

爱护环境，需要遵循物质的运动规律，特别是物质的化学行为。道存理随，方可万世永续。了解自然界物质的运动变化规律，普及化学知识，可以起到保护环境的作用。一人之力虽微，众人之力可以成城。汇集点滴之水，可以形成江河大海，让青山秀丽，绿水长流，蓝天永在。人在其中，不亦乐乎？

《大气层消失》讲述了这样一个故事：大气层中的臭氧层出现了一个漏洞，要阻止悲剧的发生，人类只能找到源头。跨过重重危机，小男孩最终找到了污染源：人类释放到空中的有毒物质——氯化氢。地球是我们人类共同的家园，我们可以通过化学知识减少环境污染，可以采用无毒、无害、能循环使用的材料，利用化学反应从根本上治理环境污染。我们还可以利用化学知识净化水质，让地球上的生物都能健康生存，让废水不再污染我们赖以生存的家园。我们也可以利用奇妙的化学知识，共同守护家园。

经典放映室

《大气层消失》是我国一部比较早的环境题材的电影。男孩病了没去上学,这天早晨他突然发现自己竟能听懂动物语言,好朋友大白猫告诉他臭氧层出现了一个巨大的洞并在扩大,一旦臭氧层消失,太阳紫外线就会杀死地球上所有的生命。作为获悉情况的唯一人类,男孩告诉了大人,但整天为生计忙碌的大人对此无心一顾。孩子很着急。其实科学家已经行动起来,为了避免混乱有关部门才封锁了消息。迅速扩大的空洞已逼近上千万人口的大城市,机群到高空播撒特制合剂阻挡紫外线,但臭氧层仍不断被毒气烧穿。"你们把大气层烧穿了,太阳会杀死你们,谁也跑不掉。不,你们是智慧的,能够挽救世界。这个地球上的天空应当是蓝的,这个地球上的水应当是清的,这个地球上的草应当是绿的。人,我爱你!"仍是一个早晨,孩子在家中,一切似乎又是个梦。

动人微镜头

大气层,即地球表面的空气,是因为地球引力的影响,在地球表面积蓄而成的一圈气体。大气层可维护水圈循环、对太阳热辐射起盾牌作用等。有一天城市上空出现了巨大黑洞,大片大气层不翼而飞,水资源、森林资源惨遭污染、破坏。在寻找污染源的途中,老虎等动物前来谴责人类的暴行。为了切断污染源,炸毁液态氯化氢罐车成了唯一办法,于是狗叼着火把点燃了罐车。得到一样东西时不好好珍惜,失去时才追悔莫及。面对环境污染,除了保护环境人人有责外,利用化学手段也是一种良方。希望随着科技的发展,我们可以利用化学手段保护我们的家园,真正让化学成为环境的保护神。

观影部落格

小时候看过一部电影——《大气层消失》,印象非常深刻。因为这部电影,我开始关注环境保护问题,认识到环境破坏的严峻性。

后来,我在《流浪地球》中看到,人类携地球流浪于全宇宙,只为到达子孙后代能赖以生存的一个地方,一个像从前的地球那样美好的地方。"为了这个伟大的目标,全人类表现出了一种非比寻常的团结。"当搜救队发出支援信号后,一辆辆搜救车掉头,不同国家的人纷纷赶到发射塔,一起推着发射器前进,一座座发射塔的灯亮起……我被这种跨越国家、种族的大爱而感动。

　　莫到追悔莫及时,方知珍惜眼前美好。莎士比亚说,生存还是毁灭,这是一个问题。刘慈欣的《三体》进一步告诉我:生存还是毁灭,从来都是我们自己的问题。我想呼吁人们,保护环境,人人有责;地球不保护,亲人两行泪。

——《观看〈大气层消失〉有感》　肖荣多加

　　观看电影《大气层消失》,看的时候很紧张,看完以后很激动,这样的题材以前确实少见,以中国为背景的就更少了。我深深地认识到保护环境究竟有多么重要!影片讲述了一起列车劫持案造成三节黄色罐车中的剧毒品泄漏,臭氧层被破坏,情况越来越糟糕,科学家们正在焦急地寻找污染源和解决的办法。一个小男孩获得了能听懂动物语言的超能力,只不过这种能力只能持续一天时间,所以小男孩和他的动物朋友踏上了拯救世界的征程。

　　影片中随处可见大人们在任意破坏环境:砍树、乱扔垃圾、排放浓烟和污水、杀害动物。小男孩一次又一次恳求大人保护环境、爱护动物,可是没有人听他的。当我看到那个小男孩为了救一条在污水里苦苦挣扎的鱼而跑遍了周围的池塘、水库,结果到处都是污水,鱼还是没被救活时,我的心里像装了块大石头一样沉甸甸的。这样的污水仅仅是让鱼不能生存吗?人类自己就可以饮用吗?

　　影片的最后,狗从小男孩手里抢下火把,一边向污染源跑去准备点燃,一边说:"人类是地球上最具智慧的生物,一定能想出办法拯救这个世界。"其实,这些环境问题都是我们人类造成的。我觉得,人类真的应该好好保护环境,因为地球只有一个!

——《观看〈大气层消失〉有感》　王璇

《大气层消失》讲述了一起列车劫持案造成大量剧毒品氯化氢泄漏，导致臭氧层空洞扩大，过量紫外线即将毁灭人类和地球，一个小男孩，作为唯一知道这件事的人类，在动物朋友的帮助下寻找污染源，拯救地球的故事。电影的结尾，伴随着学校里的朗读声，"我爱我们的天空，我爱我们的大地，我爱我们的海洋"，背景却是黑暗的天空、被砍伐的森林、垃圾山、被污染的河流。电影里提到的吸烟、汽车尾气，一个个不起眼的细节，最终都会导致臭氧层消失、地球毁灭。所以我们要从小事做起，保护动物，保护环境，保护我们的地球。

——《观看〈大气层消失〉有感》 张舒桐

人类希望拥有蓝天，却又在不停地污染空气；人类希望拥有绿油油的大地，却又在不停地乱丢垃圾；人类希望拥有清澈的水流，却又在不断地排放污水。核电站爆炸、毒气泄漏……人类在改变这个世界的同时，也在破坏着这个世界！地球给了我们生存的家园，而我们却在毁灭它！

化学是环境的保护者，如果好好地利用化学可以造福于人类，反之则会给人类带来巨大的伤害，例如影片中随处可见人们在任意破坏环境、砍树、乱扔垃圾、排放浓烟和污水、杀害动物……化学不仅仅用于军事，还与我们的日常生活及生命息息相关。我们应好好学习化学，利用化学来保护我们！

《永不妥协》中埃琳·布罗克维奇是一位经历了两次离婚并带着三个孩子的单亲母亲，在一次十分无奈的交通事故之后，这位一贫如洗、既无工作也无前途的可怜母亲几乎到了走投无路的绝境。埃琳在一家律师事务所的帮助下，终于使污染事件得到了令人满意的赔偿，创造了美国历史上同类民事案件的赔偿金额之最，达3.33亿美元。埃琳正是用自己的无比坚韧的毅力，克服难以想象的困难，向世人证明了一个"弱女子"的价值，在人生的道路上开辟了一片新的天地。

一天，埃琳在一堆有关资产和债务的文件中很偶然地发现了一些十分可疑的医药单据，这引起了她的怀疑。在埃德的支持下，埃琳开始展开调查，并很快找到线索，发现了当地社区隐藏着的重大环境污染事件，

一处非法排放的有毒污水正在损害居民的健康,是造成一种致命疾病的根源。可怕的是居民们对此并未察觉,起初甚至对埃琳表示怀疑,但是不久他们就被埃琳的执着和责任感打动了。大家在一个目标下紧紧地团结了起来,埃琳用自己的行动赢得了全体居民的信任,成了他们的核心和代言人。

观影部落格

女主角埃琳是个离异的单亲母亲,独自抚养三个年幼的孩子,找工作频频失败。在一次开车回家的路上出了一场交通事故,也正是因为这次事故,她找到了埃德作为代理律师,但是他们输了这场官司。埃琳没有经济来源,固执的她留在了埃德的律师事务所工作。埃德虽不情愿,但还是让她留了下来。作为打杂的员工,在归类档案的时候埃琳发现了一份房地产合同同时有血液检测和医学证明,好奇的她一步步揭开了这份合同背后的秘密。最终,她用自己的善良、坚持不懈帮助居住在辛克利的600多户居民,打赢了一场关于水污染的官司。这就是她永不妥协的精神。

电影中辛克利的人民因为铬污染患上了不同的疾病,其实生活中还有很多关于环境的问题。在生产过程中,有时会产生很多化工污染物,如果不能有效控制,就会对环境造成污染。如果要治理环境,就必须控制工业废气、废水、废渣的排放,还得做好回收利用,变废为宝。作为居民也要有保护环境的意识,学会垃圾分类。总之,环境污染是现在人类面临的一个重大问题,它让人类患上各种疾病,让动植物不能更好地生活和生长,如果不能有效控制,对人类未来的发展会有很大的影响。

——《观看〈永不妥协〉有感》 孙天睿

你听过六价铬吗?你知道它对人体有什么危害吗?

影片中某公司将六价铬排入废水池中,污染了地下水,导致附近许多居民脊椎退化、生殖器官受损等。最后,在女主角的一次次不断努力下,该公司停止使用六价铬。

铬本是用来为金属防锈的,但如果处理不善就会污染环境。所以,我们不能违规使用化学用品,危害人民生命安全;要让化学成为环境保护者,对人类有益。合理使用化学制品,是每个人的职责。

——《观看〈永不妥协〉有感》 刘鑫淼

研究项目室

化学是"双刃剑",在给人们带来福音的同时,也会产生新的问题和挑战。资源和能源的过度消耗,环境与生态的持续恶化,这些都是人类面临的重大挑战,需要了解更多的科学和技术知识,为子孙后代留下美好的家园。

一、水中有毒元素和离子的处理

对于有毒元素和离子在水中的限量,首先要分析它们的浓度及其来源,浓度超标的必须加以清除。一般是用化学的方法,即加进和这些有毒成分能生成沉淀或能将其氧化还原成另一种无毒物质的制剂。下面列出一些具体的方法:

1. 沉淀法

大多数重金属离子(M^{2+})在碱性溶液中都会和OH^-生成氢氧化物沉淀:

$$M^{2+} + 2OH^- = M(OH)_2\downarrow$$

2. 氧化还原法

氰化物可在碱性条件下,用次氯酸钠($NaClO$,漂白粉的主要成分)使之产生Cl_2,氧化CN^-为无毒成分:

$$2CN^- + 5Cl_2 + 10OH^- \rightarrow N_2\uparrow + 2HCO_3^- + 10Cl^- + 4H_2O$$

用此方法还可同时除色、除臭,以及除去硫化物、酚和醛等。

水中的Hg^{2+}可加入铁粉或锌粉,使之还原沉淀,从而将其除去:

$$Hg^{2+} + Zn \rightarrow Hg\downarrow + Zn^{2+}$$

人们对水中所包含元素的认识,是随着对饮用水的治理而加深的。水中的元素可以分为三类:第一类是人体必需的元素,除碳、氢、氧、氮、磷等外,还有钠、钾、镁、钙、铁、钴、锂等金属元素和硼。人体需要这些元素,如有欠缺,会产生疾病,但又不能过量。第二类是锌、铜、锰、铬、硒、砷等人体需要微量的元素,所需要的量依赖于该元素所形成的化合物而定。第三类是人体完全不需要的元素,如镉和铅。人们对铅的毒害的认识还是近20年来随着医学科学的发展而逐步提高的。

《永不妥协》中讲的就是严重的水污染,污染企业是美国西岸的十大企业之一——太平洋瓦斯电力公司。该公司为了防止天然气压缩机生锈,便在机器冷却水里注入了六价铬。六价铬作为一种很容易被人体吸收的有害物质,会造成遗传性基因缺陷,同时也会增加癌症患病概率。太平洋瓦斯电力公司将这些含有六价铬的冷却水直接存储于池塘中,导致地下水受到了污染,镇上的居民也因此疾病缠身。

当你渐渐地学会不再敷衍,努力地寻找世间万物的真相时,那种快乐或许会让你更热爱生活,也会让你找到生命的价值;当你发现自己无法掌握命运、无法看清真相的时候,不要害怕,请勇敢地找寻自己生存的意义吧!

二、气候变暖和低碳化学

大气污染物的来源有天然源和人为源。从天然源看,有火山爆发产生的二氧化硫、硫化氢、气溶胶和烟尘等;有生物腐烂释放出的二氧化碳、硫化氢、氨、甲烷;有森林着火产生的碳氧化物、气溶胶;有雷电产生的氮氧化物、臭氧等。从人为源看,主要来自燃料燃烧,化肥、农药的使用,工业生产中各种废气的排放,生活垃圾和工业废渣的排放。人类生活的改善和工农业的发展,使燃料用量大幅度提升,废气大量排放,造成大气污染日益严重。通常以5种主要的空气污染物——SO_2、CO、NO_2、O_3和悬浮颗粒物在空气中的浓度作为空气品质判别的标准,据此将空气品质分成若干等级。由于NO_2可转变为硝酸,产生烟雾,加之它的直接来源是汽车尾气和燃料燃烧产生的人为源,所以一般不用氮氧化物NO_x,而只用二氧化氮NO_2作为空气品质判别的标准。悬浮颗粒物指悬浮于空气中的固体和液体的微小颗粒,大风扬起的尘埃、汽车排出的尾气、工农业生产中排放的烟尘等都会产生悬浮颗粒物,不同的化学成分和颗粒的大小对人的危害不同。

《大气层消失》中为什么高空臭氧层会遭到破坏而消失呢?

臭氧(O_3)是氧元素的同素异形体,它的化学性质十分活泼,很容易跟其他物质发生化学反应。实际上,臭氧层内臭氧的形成是众多物质参与,经过一系列化学反应达到化学平衡的结果。臭氧在遇到H,OH,NO,Cl,Br时,就会被催化,加速分解为O_2。氯氟烃之所以破坏臭氧层,就是因为它们在太阳辐射下分解出Cl原子和Br原子。人类过多地使用氯氟烃类(用CFCs表示)化学物质是臭氧层被破坏的主要原因。氯氟烃是一种人造化学物质,大量用于气溶胶、制冷剂、发泡剂、化工溶剂等中。另外,哈龙类物质(用于灭火器)、氮氧化物也会造成臭氧层的损耗。而CFCs的非同寻常的稳定性使其在大气同温层中很容易聚集起来,其影响将持续一个世纪或更长的时间。在强烈的紫外辐射作用下,它们光解出Cl原子和Br原子,成为破坏臭氧的催化剂(1个氯原子可以破坏10万个臭氧分子)。

学生研究展示室

中学生环保意识调查报告

一、课题研究目的:从身边小事做起,增强环保意识。

二、课题研究意义:爱护环境,人人有责。

三、课题研究步骤:

1. 确定研究课题;
2. 小组讨论分工;
3. 进行调查问卷;
4. 资料及有关数据整理;
5. 分析原因并讨论总结;
6. 撰写结题报告。

四、调查问卷

序号	总人数	问题	答案选项	所选人数	所占比例

五、调查结果分析并提出建议

学生甲:学校积极提倡,学生要提高自觉性,相信我们会有一个干净而又美丽的校园,每个人都会养成一个良好的习惯。

学生乙:生活中的很多环保小事是大家举手之劳就可以办到的,爱护环境人人有责,多一个人参与就多一分力量。我相信环境问题最终会解决的。

学生丙:我们应当养成好的习惯来塑造人生。我们要生存,就要有好的环境,而好的环境如果不去保护它,那么它就会慢慢地消失。看到垃圾,顺手捡到垃圾箱里,那又何妨呢?要想有一个好的生存环境,我们必须保护它,避免它受污染。Come on! 让我们为了生存而努力吧!

学生丁:在这次有关学生环保意识的调查中,我们感觉并不轻松。由于是初次做这样的调查,做调查的过程中手忙脚乱,但最终我们还是完成了。我们从中得到的收获是:通过调查发现中学生现存的主要问题,从而能够及时向学校反映并提出建议,使问题得以解决。

第三课　视觉之旅——你能看懂的化学奥秘

电影中常会出现一些化学问题:为什么纸上本无字,喷火立显之? 为什么古代银针可以验毒……可以用化学科学的知识来看周围的世界,利用化学知识解决我们生活中的问题。

经典放映室

《黄金大劫案》的故事发生在时局动乱之下,革命组织救国会相机而动。绰号小东北的无业青年游走于大街小巷,靠坑蒙拐骗混日子。偶然的机会,他意外得知了一个秘密,关东军将有一批黄金送往防护措施严密的大和银行,而以女影星芳蝶为首的救国会成员决定夺取黄金,进而阻止日本人向意大利购买军火的计划。这就是这部爱国主义电影的主要内容。

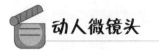
动人微镜头

1. 关于王水。

电影中,小东北租的房子中有一种非常神奇的王水,他将偷来的假银坠子放在王水中,不一会儿就露出了它的真面目,其实王水是酸,它把假银坠子上的铝粉反应掉就显出了假银坠子的真面目——铁。

2. 金块是怎么被救出来的?

电影最后一个情节中,为了攻击敌人,小东北向大和银行中放了大量的酸,因为金的化学性质不活泼,不能产生反应,所以金块得以保留。

3. 金镖为什么能杀人?

电影中金镖十三郎的金镖发挥了很大的用处,在小东北抢劫银行的时候,金镖十三郎的金标杀了好几个日本人。因为金属很坚硬,并且十分锋利,所以才能被制成金镖。

观影部落格

这部电影,就像一碗疙瘩汤,没必要用满汉全席的国宴眼光评判。它又不仅仅是一碗疙瘩汤,而是一碗具有革命情怀、丰富笑料的疙瘩汤,老少皆宜,雅俗共赏。小人物,大时代,人的劣根性与优越性,再加上有足够亮点的笑料,便成为叫好又叫座的国产片。《大兵小将》《让子弹飞》走的均是这种路线,非阳春白雪,又足以让观众心悦诚服、拍案叫好。

——《观看〈黄金大劫案〉有感》 候浩轩

《黄金大劫案》中伴随着"小东北"(雷佳音饰)的遭遇,完整地展现了整个黄金大劫案的过程。

该部影片宁浩为导演,演员、制片的品质毋庸置疑,战争的时代背景配上"疯狂"的音乐,无不使人在紧迫时增添一份喜感,每一处细节都处理得有条不紊。主角雷佳音可谓全能演员,"能演痞子能演情圣,能演怂人能演大哥",对他的评价在这部作品中得以完美体现。从交房租到逛牢房,从耍无赖到逞英雄,颇有一番"街溜子"的样子。

即使背景是20世纪初,但现代的色彩也不少。化学之光在这部作品中被展现得淋漓尽致。电影开头埋下伏笔,一种液体——王水使假银坠子镀的一层铝粉消失得无影无踪,看似只是验证银坠子的液体却成了结局的重头戏。男主角雷佳音把这种液体倒入黄金存储之地,顿时,里面气泡滚滚,刺鼻的味道令人窒息,黄金慢慢消失至没有,最后从排水管道中被投入河中,此案得以完结。

电影的结尾,细节也不少,那个大船锚上看起来金光闪闪,正是因为船锚中的铁置换了王水里面的金离子,虽然只是镀上一层,但也值得一赞。

《黄金大劫案》不着调却又一本正经,配乐离谱,又不乏战争的片段,内容新颖,诙谐幽默。

——《观看〈黄金大劫案〉有感》 于清硕

如果用化学知识来解释,"王水"其实是由浓盐酸和浓硝酸配置成的3∶1混合液体,能够溶解黄金,同时,还会附带生成一氧化氮,再迅速变成二氧化氮,这是一种极其呛人而且毒性很大的刺激性气体,呈红棕色的雾状,人体吸入之后会出现严重的中毒症状,轻则咳嗽不止,重则可能导致肺水肿。剧组为了保证科学性,油罐内壁有橡胶和玻璃钢塑封,这些在当时的年代虽说是稀缺货,但也是有的。王水溶解黄金,实际上形成了$AuCl_4^-$的配合物,从化学计量比看,每溶掉1克黄金,大约需要1.72毫升盐酸和0.57毫升硝酸,也就是大概2.86克王水。因此,溶掉这8吨黄金,从理论上说22.9吨王水就足够。数据的严密性体现了宁浩对电影的高要求、高标准,一切都是为了呈现液体溶解黄金的奇妙景象,这也代表了化学的严谨、科学、神奇。

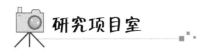

研究项目室

影视作品作为补充资源,为教学而服务。我们选取电影《黄金大劫案》的片段作为案例辅助教学。该片讲述了抗日战争时期,日本关东军要使用一大批黄金与意大利人交换军火,男主角小东北为了阻止日本人,开着装满王水的卡车,将黄金全部溶掉了。王水之所以能够溶解黄金,正是利用了金与氯离子之间的配位反应,形成了可溶性的四氯合金配离子。王水是浓硝酸和浓盐酸的混合物,能使金属如金、铂等溶解。

$$Au + 4HCl + HNO_3 = HAuCl_4 + NO + 2H_2O$$

在讲述酸碱反应时,可选取电视剧《胭脂》中巧用鸡蛋传递情报的情节作为案例。女主角蓝胭脂作为一名特工,所接到的第一个任务就是向沦陷区传递密码。根据培训时的学习,胭脂想出了利用鸡蛋传递密码的好办法。其实,在第一次世界大战期间,该方法就曾被德军使用过,它的原理是利用醋酸与鸡蛋壳中碳酸钙的反应,蛋壳溶解后醋酸渗入,导致蛋白质变性而留下痕迹。在氧化还原反应这一章中,可以使用中央电视台报道的"黑纸洗美元"的骗局作为案例。犯罪嫌疑人利用碘遇淀粉能够变蓝的性质,将美元用碘酒和淀粉处理后变成"黑纸"。然后利用维生素 C 的还原性,使碘单质被还原为碘离了,因此黑色消失,"黑纸"也就重新变成了美元。

在观看影片的同时,引导学生主动思考,提高学生的课堂参与度。针对《绝命毒师》中几个特别吸引人的化学知识,学生经过讨论汇报如下:

学生甲:解析自制炸药:雷酸汞($Hg(CNO)_2$)由硝酸汞在过量硝酸中与乙醇反应制得。粗制品为灰色或暗褐色的晶体或粉末,精制品为白色有光泽的针状结晶。在干燥状态下,即使是极轻的摩擦、撞击,也会引起爆炸。

学生乙:解析自制救命电池:一般汽车上使用的都是铅酸蓄电池。铅酸蓄电池由正负极板、隔板、壳体、电解液和接线桩头等组成,其放电的化学反应是依靠正极板活性物质和负极板活性物质在电解液(稀硫酸溶液)的作用下进行的。剧中白老师用硬币、金属垫圈、螺丝、螺栓、钉子等镀锌的金属制品以及刹车垫作为原料,用氧化汞、刹车垫上的石墨组成电池的阴极,用镀锌做成电池的阳极,然后用铜线来导电,这样做出 6 个电池后,车子终于被发动起来了。

学生丙:解析不用钥匙开锁:铝热剂($Fe_2O_3 + Al$)是把铝粉和三氧化二铁粉末按一定比例(铝:三氧化二铁 = 1:3 时刚好完全反应)配成的混合物,使用时加入氧化剂点燃,反应激烈进行,得到氧化铝和单质铁并放出大量的热,温度可达到约 2 482 ℃,能使生成的铁熔化。整个过程称为铝热反应。

学生研究展示室

在化学发展史上,无数化学前辈为化学的发展献身,其中涌现了很多杰出的化学家,他们创造了令世人瞩目的辉煌成绩,推动化学科学和化学工业深入而广泛地向前发展,改变了世界的面貌。以史明志,请给大家介绍一下你知道的化学家及他们的故事吧!

学生甲:居里夫人(Madame Curie)的故事。1892年一个名叫玛莉的波兰女孩来到法国巴黎大学攻读物理学和数学两个硕士学位。一次听讲的时候,她突然晕倒了。皮罗特教授把她带回自己的办公室,发现她成绩优异,但生活条件十分贫寒。他推荐玛莉到当时知名的教授皮埃尔·居里的

实验室完成一个科研项目,这可以让这个年轻的女孩得到微薄的报酬。经教授的介绍,皮埃尔和玛莉相识了。一开始,皮埃尔并不知道教授的学生是个女孩,见面后,他跟助手大卫说:"女人是科学的天敌。"但之后玛莉的勤奋、努力得到了皮埃尔的欣赏,他认为玛莉有一颗科学的头脑和不同寻常的想法。冬去春来,玛莉实验的任务即将全部完成,而考试完毕,她也将踏上返回家乡波兰的旅程。虽然皮埃尔对玛莉的打算无法理解,但玛莉下定了决心并邀请他参加自己的毕业典礼。毕业典礼上,玛莉以物理系第一名的成绩获得了硕士学位,但皮埃尔却没有见到她。大卫告知他玛莉已经回家了,皮埃尔找到她并建议她同他一起去看望在郊区的父母,玛莉痛快地答应了他的请求。在父母家,皮埃尔终于鼓起勇气向玛莉求了婚,而玛莉也欣然应允。就这样,居里夫妇开始了他们的蜜月之旅。返回巴黎途中,皮埃尔提到了玛莉的博士研究课题,玛莉回想起在实验室时一位教授提到的矿石感光的现象,皮埃尔支持了她的想法。回到实验室,他们开始了辛勤的工作。在分析矿石成分的时候,他们发现了一种新的元素,它具有极强的放射性,而且含量微乎其微。为了得到一定量的该种元素,他们向上级申请更大的实验室和资金支持,但上级只批给了他们一个破旧的棚屋。就这样,居里夫妇开始了艰苦的工作,在长达4年的时间里,他们终于从矿石中提取到了少量的新元素"镭"。

我要把人生变成科学的梦,然后再把梦变成现实。

——居里夫人

学生乙:中国化学工程师侯德榜(1890—1974)的故事。1890年8月9日,侯德榜出生于福建闽侯,1911年就读于北京清华学堂,以全优的成绩震动了当时的清华园。1913年被保送留学美国麻省理工学院和哥伦比亚大学,先后获得学士、硕士、博士学位和荣誉博士称号。1921年学成回国,从此把毕生精力献身于我国化学工业。作为我国近代化学工业的奠基人之一,他不仅是中国化学工业的开拓者,也是世界制碱技术权威。

1926年,侯德榜任永利化学工业公司总工程师兼碱厂厂长,突破索尔维集团的技术封锁,攻克难关,建成了亚洲第一家碱厂,用索尔维法年产万吨红三角牌纯碱,在万国博览会上获得金奖,畅销国内外。1937年,他在南京生产首批合成氨、硫酸、硫铵和硝酸,开创了我国化肥工业新纪元。1938年,他完成连续生产纯碱和氯化铵的"侯氏碱法",使原料盐的利用率达到98%。1958年,他领导我国化肥专家开发生产碳酸氢铵的新工艺,促进了化肥工业的发展。1962年,他发明了联合生产纯碱和氯化铵的"联合制碱法",实现了氨碱联合生产,为我国化学工业做出巨大贡献。

侯德榜的科技著作硕果累累。早在1933年,他创作的英文版《纯碱制造》在美国出版,成为世界首部制碱专著。以后,又修订出版了第二版。1960年,中文版《制碱工学》出版。1974年,他病故后,他的学生和同事继承他创下的基业,把他的著术传承了下去。2004年,《制碱工学》(第二版)问世,此时正值我国纯碱工业在产量和技术上均跃居世界首位之年。

主题二　光影中的语文元素

影视是现代艺术的综合形态,包含了电影、电视剧、综艺节目、动画等内容。语文是运用语言规律与特定语言词汇所形成的书面的或口语的言语作品及这个形成过程的总和。二者有很多相通的地方,发掘影视作品中的语文元素是赏析影视作品的有效途径,通过对语文元素的分析,在更好地理解影视作品的同时,语文素养也能得以提升。

国学是指以儒学为主体的中华传统文化与学术。国学的范畴很宽泛,包括医学、戏剧、书画、星相、数术等。国学,按学科分,分为哲学、史学、宗教学、文学、礼俗学、考据学、伦理学、版本学等,其中以儒家哲学为主流;按思想分,分为先秦诸子、儒道释等;按《四库全书》分,分为经、史、子、集四部,以经、子部为重,尤倾向于经部。让我们一起研究影视作品中的国学知识,探寻中华传统文化的魅力。

第一课　用国学知识打开影视知识之门

国学是中华民族传统文化的代表,集结了古人伟大的智慧和人类发展的规律。对国学的学习会使你的眼界开阔、思维拓宽。以史为镜可以知得失,我们的国学博大精深。作为中华儿女,应当把弘扬民族文化作为自己的责任。

这是北宋官宦家庭少女的成长、爱情、婚姻故事,也是一幅由闺阁少女到侯门主母的生活画卷,也是一部古代礼教制度下的女性奋斗传奇。

——《知否知否应是绿肥红瘦》

经典放映室

盛家六姑娘明兰从小聪颖貌美,却自幼不被父亲重视,陷入被姐妹欺压的困境,生存艰难,所幸的是明兰知命却不受命运的摆弄。

在祖母盛老太太的关爱和扶持下,她藏起聪慧,掩盖锋芒,在万般打压之下依然自立自强,从在家中备受冷落、欺凌,一步步地成为影响家族兴荣的举足轻重的人物。

顾廷烨是世家侯府的公子,因为年少顽劣,常常被父亲责骂是不肖子。顾廷烨在幼年时期就认识了明兰,也数次救明兰于危难。但是顾廷烨也曾经刻薄过明兰,他知道明兰外表软弱实则刚强睿智。最终顾廷烨施巧计迎娶了明兰为妻。

明兰婚后管家业、整侯府、铲奸佞、除宵小,夫妻二人建立了深厚的感情,最终明兰与丈夫顾廷烨一同协助明君巩固政权,也收获了美满的人生。

研究项目室

明兰欣喜受封诰命

顾廷烨承袭侯爵,明兰也一同被授予永嘉郡夫人,封了诰命。明兰捧着圣旨有些不敢相信,自己小小年纪就得了诰命,先秦大娘子都是过世后才被追封的,连小秦氏也是前些日子才得的。

(思考:诰命夫人是什么身份?古代表示身份的称谓还有哪些?这些称谓有什么区别?)

项目一：古代官名

古代的官名很有讲究，也是很有意思的，现整理中学教材中出现的一些官名如下：

1. 丞相

三国以后一般指皇帝之下的最高行政官，是辅佐皇帝总理百政的官员，即百官之长。丞相制度起源于春秋战国时期。自秦武王开始，设左丞相、右丞相，作为相邦的副手，此后相邦与丞相一直同时存在。

2. 太尉

秦汉时中央掌管军事的最高官员。太尉之名最早见于《吕氏春秋》，汉武帝建元二年（公元前139年）后不再设置。

3. 尚书

尚书是封建时代政府高官的称谓。在清朝，六部和理藩院等部门的主官称为尚书。汉武帝时以宦官担任（又称中书令），汉成帝时改用士人。唐初秦王李世民曾任其职，后不复置。宋代为亲王及使相兼官，班次在太师上，非实职。

4. 侍郎

汉代郎官的一种，本为宫廷的近侍。东汉以后，为尚书的属官，初任称郎中，满一年称尚书郎，三年称侍郎。自唐以后，中书、门下二省及尚书省所属各部均以侍郎为长官之副，官位渐高。

5. 长史

秦时为丞相属官，如李斯曾任长史，相当于丞相的秘书长。两汉以后成为将军属官，是幕僚之长。《出师表》"侍中、尚书、长史、参军，此悉贞良死节之臣"句中，长史指张裔。《赤壁之战》中有："子瑜者，亮兄瑾也，避乱江东，为孙权长史。"

6. 侍中

原为正规官职外的加官之一，因侍从皇帝左右，地位渐高，等级超过侍郎，魏晋以后往往成为事实上的宰相。《出师表》提到的郭攸之、费祎即侍中。

7. 参军

参军即参谋军务的简称，最初是丞相的军事参谋，如《出师表》中所说的参军蒋琬。晋以后地位渐低，成为诸王将军的幕僚，如陶渊明曾任镇军参军，《后汉书》作者范晔曾任刘裕第四子刘义康的参军。隋唐以后逐渐成为地方官员，如杜甫曾任右卫率府胄曹参军、华州司功参军,白居易曾任京兆府户曹参军。

8. 提辖

宋代州郡武官的官名,主管训练军队、督捕盗贼等事务,如《水浒传》中的鲁提辖鲁智深。

9. 节度使

唐代总揽数州军政事务的总管,原只设在边境诸州,后内陆也遍设,造成割据局面。《红楼梦》第四回中:"雨村断了此案,急忙作书信二封,与贾政并京营节度使王子腾。"

10. 刺史

原为巡察官名,东汉以后成为州郡最高军政长官,有时称为太守。白居易曾任杭州、苏州刺史,柳宗元曾任柳州刺史。

项目二:李清照

《知否知否应是绿肥红瘦》取自李清照创作的《如梦令》一词。李清照虽然不是一位高产的词人,其词流传至今的只不过四五十首,但却"无一首不工","为词家一大宗矣"。这首《如梦令》,便是"天下称之"的不朽名篇,有人物,有场景,还有对白,充分显示了宋词的语言表现力和词人的才华。词作借对宿酒醒后询问花事的描写,曲折委婉地表达了词人的惜花伤春之情以及对逝去的青春年华的惋惜,语言清新,词意隽永,令人玩味不已。

李清照(1084—1155),号易安居士,齐州章丘(今山东章丘)人。宋代女词人,婉约派代表,有"千古第一才女"之称。

李清照出身于书香门第,早期生活优裕,其父李格非藏书甚富,她小时候就在良好的家庭环境中打下了文学基础。出嫁后与丈夫赵明诚共同致力于书画金石的搜集整理。金兵入据中原时,流寓南方,境遇孤苦。由于遭遇家国变迁,所作词前后词风有很大变化,前期多写其悠闲生活,后期多悲叹身世,情调感伤。形式上善用白描手法,自辟蹊径,语言清丽。论词强调协律,崇尚典雅,提出词"别是一家"之说,反对以作诗文之法作词。亦能诗,但留存不多,部分诗作感时咏史、情辞慷慨,与其词风不同。

项目三:谦辞、敬辞

中国是历史悠久的礼仪之邦,非常注意谦辞、敬辞的运用。《知否知否应是绿

肥红瘦》这部影视作品中就用到了不少谦辞、敬辞,如款待不周、小女等,现总结一些常用的谦辞、敬辞如下:

家父:谦辞,对别人称自己的父亲。

家母:谦辞,对别人称自己的母亲。

驾临:敬辞,称对方到来。

见教:客套话,指教(我),如有何见教。

见谅:客套话,表示请人谅解。

久仰:客套话,仰慕已久(初次见面时说)。

伉俪:(书面语)夫妻,如伉俪之情。

劳步:敬辞,用于谢别人来访。

劳驾:客套话,用于请别人做事或让路。

令爱(媛):敬辞,称对方的女儿。

令郎:敬辞,称对方的儿子。

令亲:敬辞,称对方的亲戚。

令堂:敬辞,称对方的母亲。

令尊:敬辞,称对方的父亲。

留步:客套话,用于主人送客时,客人请主人不要送出去。

高堂:(书面语)指父母。

项目四:宋词

宋词意境唯美,令人心醉。

宋词是宋代盛行的一种文学体裁,是一种相对于古体诗而言的新体诗歌之一,标志着宋代文学的最高成就。宋词句子有长有短,便于歌唱。因是合乐的歌词,故又称曲子词、乐府、乐章、长短句、诗余、琴趣等。

它始于南朝梁代,形成于唐代,极盛于宋代。宋词是中国古代文学皇冠上光辉夺目的明珠,在中国古代文学的阆苑里,它是一座芬芳绚丽的园圃。它以姹紫嫣红、千姿百态的神韵,与唐诗争奇,与元曲斗艳,历来与唐诗并称双绝,代表一代文学之盛。

宋词的代表人物主要有豪放派代表词人苏轼、辛弃疾,以及婉约派代表词人柳永、李清照。

现推荐宋词名篇如下：

《青玉案·元夕》

[宋]辛弃疾

东风夜放花千树。

更吹落、星如雨。

宝马雕车香满路。

凤箫声动，玉壶光转，一夜鱼龙舞。

蛾儿雪柳黄金缕。

笑语盈盈暗香去。

众里寻他千百度。

蓦然回首，那人却在，灯火阑珊处。

《江城子·乙卯正月二十日夜记梦》

[宋]苏 轼

十年生死两茫茫，不思量，自难忘。

千里孤坟，无处话凄凉。

纵使相逢应不识，尘满面，鬓如霜。

夜来幽梦忽还乡，小轩窗，正梳妆。

相顾无言，唯有泪千行。

料得年年肠断处，明月夜，短松冈。

《苏幕遮·碧云天》

[宋]范仲淹

碧云天，黄叶地，秋色连波，波上寒烟翠。

山映斜阳天接水，芳草无情，更在斜阳外。

黯乡魂，追旅思，夜夜除非，好梦留人睡。

明月楼高休独倚，酒入愁肠，化作相思泪。

《虞美人·春花秋月何时了》

[宋]李　煜

春花秋月何时了？往事知多少。

小楼昨夜又东风，故国不堪回首月明中。

雕栏玉砌应犹在，只是朱颜改。

问君能有几多愁？恰似一江春水向东流。

《雨霖铃》

[宋]柳　永

寒蝉凄切,对长亭晚,骤雨初歇。

都门帐饮无绪,留恋处,兰舟催发。

执手相看泪眼,竟无语凝噎。

念去去,千里烟波,暮霭沉沉楚天阔。

多情自古伤离别,更那堪,冷落清秋节。

今宵酒醒何处？杨柳岸、晓风残月。

此去经年,应是良辰好景虚设。

便纵有千种风情,更与何人说？

学生研究展示室

我国影视作品受到传统文化深远的影响,传统文化给电影提供了源源不断的创作灵感,让观众透过影视作品就可以感受并重温古老的传统文化与国学知识。学生的研究成果展示如下：

研究者	于康瑞
研究的影视作品	《三国演义》
研究的主题	影视作品中的国学知识。

研究过程	观看剧集,了解剧集内容,分析剧集所展示的故事情节和人物,分析其中的国学知识。
研究结果	1. 仁义礼智信是儒家所倡导的"五常","仁、义、礼"是孔子提出来的,后来孟子将其延伸为"仁、义、礼、智",最后由董仲舒扩充为"仁、义、礼、智、信",这就是我们现在所说的"五常"。它不仅是儒家文化的精髓,同时也是中国价值体系中的核心因素。《三国演义》吸收了"五常",特别是仁和义的精髓。 2. 在曹、吴两军剑拔弩张、大战将至之际,周瑜和诸葛亮却能够平心静气地进行投壶游戏。周瑜说敌人越是张狂,就更需要专注,心静就可排除杂念,并将箭投入了壶中。将张飞的鲁莽言行作为反衬,表明了一个道理,越是在危急的关头越是要保持头脑冷静,唯其如此才能"有补于事"。影片中此幕既再现了投壶这一中国传统游戏,又使人在观影后产生深刻的哲理思考。 3. 借张飞习书一幕展现出我国书法艺术的魅力,影片中也多次出现小乔伏案挥毫的镜头,还有周瑜以隶书体写下"平安"二字的特写镜头,一笔一画间都向观众传达出传统文化的迷人神韵。
研究小结	《三国演义》有着深厚的历史文化积淀,它吸收了中国传统文化的精华,尤其深受儒释道文化的影响。《三国演义》是中国小说史上的一朵奇葩,是一份宝贵的精神财富。 国学也是一种思维智慧,是中国人的行为方式与精神内核。影视作品作为一种传播媒介,不仅有着娱乐的功能,更有着传承和发扬传统文化的作用。通过观看影视剧,我们能更深入地了解国学知识与传统文化。

研究者	冯梓芸
研究的影视作品	《甄嬛传》
研究内容	古诗词作为一种文体,是中华民族最精粹的文学样式,它语言精练,意蕴含蓄,想象丰富,意境深远,有着特殊的格式及韵律,是中华文化艺术宝库中的一朵奇葩,是灿烂、辉煌的世界文化遗产。若能将诗词优美的意境与人物故事结合起来,跃然于屏幕之上,便会成为难以忘怀的经典。酷爱诗词的我对《甄嬛传》里的部分诗词及其出处进行了收集。

	研究过程			
	一、汇总诗词	二、查找出处	三、释义	四、剧中作用
研究结果	1. 甄嬛低着头脱口而出："'嬛嬛一袅楚宫腰'正是臣女闺名。"	出自宋代蔡伸的《一剪梅·堆枕乌云堕翠翘》："堆枕乌云堕翠翘。午梦惊回，满眼春娇。嬛嬛一袅楚宫腰。那更春来，玉减香消。柳下朱门傍小桥。几度红窗，误认鸣镳。断肠风月可怜宵。忍使恹恹，两处无聊。"	"嬛嬛一袅"形容女子婀娜多姿。"楚宫腰"出自"楚王好细腰"这一典故，楚王喜欢腰细的女子，他的妃嫔就勒腰来博得楚王的欢心，因此楚宫的女子腰都很细。整句诗的意思是"女子婀娜多姿，柳腰纤细"。嬛(xuān)：轻柔美丽的样子。	把甄嬛的小鸟依人、柔美可爱展现得淋漓尽致，闻其名如见人，也是为了与影片后面的人物形象形成鲜明对比。
	2. 皇上与皇后讨论甄嬛的封号时，皇后说："菀菀黄柳丝，濛濛杂花垂。"	出自唐代常建的《春词二首》："菀菀黄柳丝，濛濛杂花垂。日高红妆卧，倚对春光迟。宁知傍淇水，騕褭黄金羁。翳翳陌上桑，南枝交北堂。美人金梯出，素手自提筐。非但畏蚕饥，盈盈娇路傍。"	菀菀(wǎnwǎn)：茂盛。濛濛:原യ为雨雪云雾迷蒙的样子,此指杂花繁茂。整句诗的意思是"茂盛的柳树枝，杂花繁茂。该诗描绘了优美的淇河风光，极言淇河边的美好风景。	皇后也看出甄嬛长得很像先皇后，在不点破的情况下，寓意了甄嬛的美好未来。
	3. 温实初向甄嬛表明心意送玉壶时所引用的诗句："一片冰心在玉壶。"	出自王昌龄的《芙蓉楼送辛渐》："寒雨连江夜入吴，平明送客楚山孤。洛阳亲友如相问，一片冰心在玉壶。"	整首诗的意思："冷雨连夜洒遍吴地江天，清晨送走你后，独自面对着楚山离愁无限！到了洛阳，如果亲友问起我，就请转告他们，我的心依然像玉壶里的冰那样晶莹纯洁！"	表现了温实初对甄嬛含蓄内敛、真诚的爱恋。

研究结果	4. 甄嬛入宫前，听闻华妃娘娘凭明艳姿色备受圣宠时感慨："以色事他人，能得几时好？"	出自李白的《妾薄命》："汉帝重阿娇，贮之黄金屋。咳唾落九天，随风生珠玉。宠极爱还歇，妒深情却疏。长门一步地，不肯暂回车。雨落不上天，水覆难再收。君情与妾意，各自东西流。昔日芙蓉花，今成断根草。以色事他人，能得几时好？"	后两句诗的意思："往日美丽的芙蓉花，今日成为凄凉的断根之草。如果凭借姿色侍奉他人，能得到多久的恩爱呢？"	反映了甄嬛看问题不只停留在表面，她是一个有内涵、心明眼亮、通透之人；也反映了她对深宫生活的深深无奈和不情愿。
	5. 余莺儿冒充甄嬛说与皇帝在倚梅园相遇时，皇帝与之对了一首词："玉楼金阙慵归去，且插梅花醉洛阳。"	出自北宋朱敦儒的《鹧鸪天·西都作》："我是清都山水郎，天教分付与疏狂。曾批给雨支风券，累上留云借月章。诗万首，酒千觞。几曾着眼看侯王？玉楼金阙慵归去，且插梅花醉洛阳。"	整首诗的意思："我是天宫中掌管山水的郎官，天帝教我这样狂放不羁。曾多次批过支配风雨的手令，也多次上奏留住彩云，借走月亮。我自由自在，吟诗万首不为过，喝酒千杯不会醉，王侯将相，我何曾放在眼里？就算是在华丽的天宫里做官，我也懒得去，只想插枝梅花，醉倒在花都洛阳城中。"	反映了甄嬛一切随心的态度和襟怀抱负。

研究结果	6.甄嬛不愿独承君宠,劝皇上雨露均沾,但内心又思念皇上,弹奏一曲,曲词:"雨潇潇兮洞庭,烟霏霏兮黄陵。望夫君兮不来,波渺渺而难升。"	出自曹勋的《湘妃怨》:"雨潇潇兮洞庭,烟霏霏兮黄陵。望夫君兮不来,波渺渺而难升。"	整首诗表达了盼望丈夫归来的苦闷心情。	表现了甄嬛对皇上的思念和内心的苦闷。
	7.甄嬛在温仪公主生日宴上做"惊鸿舞",一舞惊人。	出自曹植《洛神赋》(节选):"其形也,翩若惊鸿,婉若游龙。荣曜秋菊,华茂春松。"	节选句的意思:"翩然若惊飞的鸿雁,婉约若游动的蛟龙。容光焕发如秋日下的菊花,体态丰茂如春风中的青松。"	展现了甄嬛的多才多艺、藏而不露。
	8.雍正写给纯元皇后的《述悲赋》:"纵得莞莞,莞莞类卿。"	这篇《述悲赋》改编自乾隆帝用来悼念其富察皇后的《述悲赋》。	整篇赋的意思大致是:"我是多么悲痛啊,这样地生死离别,失去贤惠的内助,从今往后谁来陪伴我呢?"	此处是故事转折的关键,也是甄嬛性格转变的关键。

研究结果	9.甄嬛与允礼去拜见舒太妃,应舒太妃请求,合奏了一曲《长相思》。	出自李白的《长相思》:"长相思,在长安。络纬秋啼金井阑,微霜凄凄簟色寒。孤灯不明思欲绝,卷帷望月空长叹,美人如花隔云端。上有青冥之长天,下有渌水之波澜。天长路远魂飞苦,梦魂不到关山难。长相思,摧心肝。"	整首诗的意思:"日日夜夜地思念啊,我思念的人在长安。秋夜里纺织娘在井阑啼鸣,微霜浸透了竹席,分外清寒。夜里想她魂欲断,孤灯伴我昏暗暗;卷起窗帘望明月,对月徒然独长叹。如花似玉美人呵,仿佛相隔在云端!上面有长空一片渺渺茫茫,下面有清水卷起万丈波澜。天长地远日夜跋涉多艰苦,梦魂也难飞越这重重关山。日日夜夜地思念啊,相思之情痛断肝肠。"	全诗写得情真意切,读来令人荡气回肠。似有寄意,反映了舒太妃对先皇的思念,也暗示了允礼和甄嬛的结局。
研究小结	通过此次研究,我受到了中华古诗词文化的熏陶,培养了搜集信息、整理信息的能力,也学习到了好多新的诗词,体会了其中美好的意境和寓意,提高了自己的审美能力、想象能力,我更加热爱中华传统文化,增强了民族自豪感。			

第二课　用写作技巧洞悉影视作品之法

写作技巧是写作中运用的方法,是作者为表情达意而采取的有效艺术手段。影视作品中的创作技巧同此理,分析写作技巧,可洞悉影视创作的艺术之源。

视觉特效技术大军:生物设计大军、动作捕捉大军、替身演员大军、演员大军、音响大军,以让人目瞪口呆的方式把科幻片带进了21世纪。

——《阿凡达》

经典放映室

战斗中负伤而下身瘫痪的前海军战士杰克·萨利(萨姆·沃辛顿饰)决定替死去的同胞哥哥来到潘多拉星球,操控格蕾丝博士(西格妮·韦弗饰)用人类基因与当地纳美人基因结合创造出的混血生物"阿凡达"。杰克的目的是打入纳美部落,说服他们自愿离开世代居住的家园,从而SecFor公司可砍伐该地区的原始森林,开采地下昂贵的"不可得"矿。在探索潘多拉星的过程中,杰克遇到了纳美部落的公主娜蒂瑞(佐伊·索尔达娜饰),向她学习了纳美人的生存技能与对待自然的态度。与此同时,SecFor公司的经理和军方代表上校迈尔斯(史蒂芬·朗饰)逐渐丧失耐心,决定诉诸武力驱赶纳美人……

研究项目室

故事发生在2154年,杰克·萨利是一个双腿瘫痪的前海军陆战队战士,他觉得没有任何东西值得他去战斗,因此他对被派遣去潘多拉星球的采矿公司的工作欣然接受。

这个星球上有一种别的地方都没有的矿物元素 Unobtanium，它能够吸引人类不远万里来到这里拓荒的原因就是它将彻底改变人类的能源产业。但是问题是，资源丰富的潘多拉星球并不适合人类生活，这里的空气对人类是致命的，动植物都是凶猛的掠食者，极度危险。

几年后，杰克·萨利到了潘多拉星球，他发现这里的美景简直无法用语言来形容，高达 900 英尺的参天巨树、飘浮在空中的星罗棋布般的群山、充满奇特植物的茂密雨林，晚上各种动植物还会发出光，就如同梦中的奇幻花园。

不过很快他就体验到了这里的危险，一头死圣兽与他狭路相逢，在逃命过程中杰克与队友失去了联系。晚上他又被一群毒狼袭击，杰克奋起战斗，在整个战斗过程中他寡不敌众危在旦夕，危急关头一支箭射死了毒狼，杰克得救了。救他的是纳美部落的公主，杰克从她口中了解到了更多关于潘多拉星球的知识。

（思考：这部影片中有一处特写镜头，它是如何拍摄的？特写镜头有什么作用？）

项目一：铺垫、伏笔

铺垫和伏笔都是记叙文写作中叙事的一种表现技法，指作者为将要描述的人物、事件做好衬托、提示或暗示，以求前后呼应，有助于达到结构严谨、情节合理的效果。

铺垫是为了突出后面要出场的主要人物、事物或要发生的事件，先对次要人物、事物、事件进行铺陈、描述，以此来烘托、引出重要的情节和内容的一种手法。

《三国演义》中诸葛亮的出场就设计了铺垫过程。先是水镜先生司马徽感叹刘备手下空有关羽、张飞、赵云等"百人敌"的勇将而少运筹帷幄之谋臣统帅，一句话击中了刘备的心病。接着，他向刘备推荐卧龙先生，为诸葛亮的出场铺下基石；接下来是徐庶辅佐刘备旗开得胜，击败了曹军，印证了水镜先生的判断正确。只可惜一仗之后，徐庶就被曹操骗走，这才有了"徐庶走马荐诸葛"的情节。刘备这时才知道，卧龙先生原来就是诸葛亮。刘备于是三顾茅庐，一而再再而三地请诸葛亮出山，等气氛酝酿足了,诸葛亮才登场亮相。这种铺垫不仅刻画了人物的影视风度,也满足了读者的审美需求。

伏笔指文章或文艺作品中,前面内容为后面内容所做的提示或暗示。

《水浒传》"林教头风雪山神庙"中接管草料场一节,"老军指壁上挂一个大葫芦,说道:'你若买酒吃时,只出草场,投东大路去三二里,便有市井'"。写老军絮叨之态,当时看是为了买酒,实则是为了引出山神庙。"便去包裹里取些碎银子,把花枪挑了酒葫芦。"看时只道天寒手冷,实则是为后来杀人时可立即使枪埋下伏笔。林冲进了山神庙,"入得庙门,再把门掩上,旁边止有一块大石头,掇将过来,靠了门。"这个细节描写为下文"用手推门,却被石头靠住了"埋下伏笔,陆虞候等人只好站在庙外边看火边说话,林冲躲在庙内听得一清二楚,知道了事情的真相。

项目二:特写镜头

特写镜头简称"特写",即电影中拍摄人像的面部、人体的某一局部、一件物品的某一细部的镜头。特写镜头是电影艺术创作史上的一个重大发展,由美国早期电影导演格里菲斯等人创造并使用。它的出现和运用丰富和增强了电影艺术独特的表现力。在写作记叙文时,特写镜头式的细致描写就是很好的作文训练的切入点。

《甄嬛传》中当甄嬛听说要给六阿哥滴血验亲时十分紧张,镜头就对甄嬛的面部表情以及手部动作进行了很好的展现。甄嬛的面部表情由紧张到放松,手部动作由紧抓扶手到松开扶手,这一系列的特写镜头把故事情节推向了高潮,也淋漓尽致地表现了人物的内心世界,这一电影拍摄手法对语文写作有很好的启示。

 学生研究展示室

影视作品中的创作手法和语文写作中的写作手法有异曲同工之妙,研究影视作品中的创作技巧,为写作提供参考,不失为一种妙法。

研究者	律振涵
研究的影视作品	《机器人总动员》
研究主题	这部电影最让我感到震撼的是,地球上到处都是垃圾,没有绿色植物,人们不懂得爱护环境导致地球不适合生存,不得不坐上太空船逃离地球。人们在太空船上过着衣来伸手、饭来张口的生活,700年后竟然变得四肢短小、身体肥胖,连路都不会走了。最引人入胜的情节是飞船回到地球的那一刻,人们战胜了自我回到了自己的家园,并且用伊娃带回来的植物重新培育,让绿色又回到了这个星球。影片是运用什么手法表现这一主题的呢?
研究过程	影片围绕"保护环境"这个主题,开头不断使用侧面烘托,将"保护环境就是保护自己"这个观念深深地印在观众的脑海之中,而那些阻拦伊娃和瓦力的机器人则象征着偷猎者和浪费资源者,更增强了读者保护环境的意识。结尾彩蛋:经过人们不懈的努力,地球母亲的笑颜再次绽放,更让人们体会到环境优美的可贵。同时,几个问题也萦绕在我心头:伊娃和瓦力为什么要为事不关己的事而奔波呢?按理来说伊娃只需要找到绿色植物即可,为什么还要将保护环境的观念传输给人呢?但接下来伊娃的一句话点醒了我:"如果人人都不去关心地球的话,那我们何时才能回到家呢?"
研究小结	"国家兴亡,匹夫有责。"如果我们都不爱护环境,又等着谁来替我们爱护环境呢?现在,就让我们行动起来,为了美丽的地球不被破坏而一起奋斗吧! 影片的表现手法对我的写作很有帮助。

研究者	赫仁爱
研究的影响作品	《我和我的祖国》
研究主题	《我和我的祖国》在中华人民共和国成立70周年之际精彩上映,想必很多同学在观看完影片之后内心都久久不能平静,我也是心潮澎湃。同时产生了种种疑问:"我"是谁?"我"和祖国之间有着怎样的故事?这么大的主题,素材如何选取?如果是几个故事,它们之间有着怎样的联系?

研究过程	观看完影片,查找相关资料,深入思考后,问题迎刃而解:影片一共由7个故事串联而成,分别是《前夜》《相遇》《夺冠》《回归》《北京你好》《白昼流星》《护航》。7个小故事都是祖国建设中最为典型、最有代表性的事件,并且这些故事有一个共同的线索——对祖国深深的爱,体现在各行各业的劳动者尽职尽责地做好自己的本职工作,为祖国贡献自己的一分力量,甚至于生命。影片中每一个感动人心的情节都深深地烙印在我的心间! 我作为祖国的一分子,理当努力学习,为建设伟大的祖国时刻准备着! 电影启用7位风格各异的导演,分别拍摄这7个独立的故事,每个故事不超过20分钟。这种创作手法,在以往的主旋律题材中并不多见。而更难得的是,7位导演并没有被题材束缚,而是在主题先行的前提下,对普通人的家国情怀进行了另类解读。
研究小结	通过影片我们看到,许多人默默无闻地在为这个国家做着贡献,我们虽不知道他们的名字,但他们的一举一动都将载入史册,永久地深深铭刻在我们心中。脚踏祖国大地,为我的祖国,为祖国的人民感到无比骄傲和自豪。小小的贡献建设了伟大的祖国,我立志为祖国更为强大努力学习,贡献自己的一分力量! 影片中素材的选择和有机安排对我的语文学习,尤其是写作,启示很大。

第三课　用人物形象塑造影视作品之魂

　　一部影视作品主要是通过刻画人物形象来叙事、表现主题,因此,人物形象的塑造可以说是一部影视作品的灵魂。

　　亮剑是一种精神,亮剑是一种魄力! 亮剑精神是一种敢于战斗、善于战斗的精神,是一种自强不息、主动出击、锲而不舍的行动力,是一种敢于负责、压倒一切的霸气! 亮剑精神是一种勇往直前的精神,是王者之风的体现,更是一种人性的升华!

——《亮剑》

经典放映室

129师386旅独立团的团长李云龙是个敢想敢干、不按规矩办事的愣头青，他脾气火爆，性格直爽，在他的带领下，整个独立团也呈现出敢于拼杀的不要命劲头。在他面前，不可一世的坂田联队、山崎大队、山本特种部队接连败下阵来。李云龙名声大振，却也因屡次犯规而遭上级训斥。抗日战争时期，他与国军358团团长楚云飞惺惺相惜，却又不得不在徐蚌会战时一较高下，最终二人皆负重伤。养病期间，李云龙喜欢上善良、可人的护士田雨，两位革命战友从此走到一起。在随后几十年的日子里，这对夫妻以及他们的亲人、战友共同经历着这个国家的沧桑巨变……

研究项目室

人物形象刻画得有血有肉是《亮剑》非常成功之处，一部《亮剑》展现出了一个独一无二又魅力四射的英雄人物！在电视剧曲折复杂的发展情节中，我们看到了一个回归自然、本性真实的人！他有着常人的七情六欲和丰满的人物性格。影片是如何塑造人物形象的？人物形象的塑造方法有哪些？

项目一：运用生动形象的语言描写、刻画人物性格

作为军人，李云龙性格刚烈，带兵打仗有勇有谋。他独特的人格魅力使人不可抗拒。他说话很有特点，大部分时候说话难听，连打带骂，却又让人乐于和他接触、与他交往。他真实、豪爽，有血性，不像以往作品中的英雄人物那般严肃让人不敢接近。例如在野狼峪伏击战中，张大彪和一名日军中尉展开了一场白刃对决，李云龙对这名日军中尉所表现出来的军人气节和勇敢无畏的精神表示钦佩，特意在战斗结束后让警卫员掩埋他的尸体，并说道："你懂什么？别看你能打两下子，也只是个刚还俗的和尚，还不算是军人。这小子有种，是真正的军人我就尊重，快去。"作者都梁站在人性的立场，让读者看到战争残酷的同时，也看到了血肉

丰满的英雄和敌人。人不再是战斗的机器，在此彰显的是人性与血性、价值与尊严。读《亮剑》，我们会发现人物形象是三维的，既有特定时期兽性的一面，又有鲜为人知的人性化一面，正面形象也好，反面人物也罢，所有人物都是血肉之躯，都是生活中确有的原型，这正是小说的魅力所在。

项目二：运用内心独白或人物独白展现人物丰富的精神世界

内心独白是一种常见的艺术表现形式与表达方法，绝大多数艺术作品，如戏剧、电影、电视中都有人物丰富的内心独白。甚至有的影视作品中的人物独白已经成为家喻户晓的经典流行语。

"我胡汉三又回来了！拿了我的给我送回来，吃了我的给我吐出来！"

——《闪闪的红星》

"21世纪什么最贵？人才！我本将心向明月，奈何明月照沟渠。知我者谓我心忧，不知我者谓我何求。做人要厚道！我又不是成龙，有一百条命。"

——《天下无贼》

曾经有一份真诚的爱情放在我面前，我没有珍惜，等我失去的时候，我才后悔莫及，人世间最痛苦的事莫过于此。如果上天能够给我一个再来一次的机会，我会对那个女孩说三个字：我爱你。如果非要在这份爱上面加一个期限，我希望是一万年！

——《大话西游》

"对不起，我是警察。"

——《无间道》

"地主家也没余粮啊。"

——《甲方乙方》

"我失去的东西我一定要拿回来!"

——《英雄本色》

 学生研究展示室

有血有肉、个性鲜明的人物形象给观众留下深刻的印象,成为影视作品经典的标签。

研究者	曹佟实
研究的影视作品	《我不是药神》
研究主题	电影主角程勇的人物形象
研究过程	《我不是药神》整部影片以吃散伙饭的剧情为转折点,前半段以黑色幽默为主,后半段以悲情为主。在电影院观影的时候,能明显感觉到,前半场观众席里充满了欢乐的气氛,而后半场氛围则逐渐变得肃穆和压抑,最终直奔悲壮。在泪点越来越密集的剧情节奏下,程勇也逐渐实现了人性的升华,完成了从土豪暴发户到药神的形象转变。在这段中年男人的"封神"之路上,有下面几段剧情值得我们细致分析。 第一,吃散伙饭的那段情节,表明了程勇的思想仍停留在趋利避害、明哲保身的阶段。程勇带着大家涮火锅,突然说:"我不干了,以后你们找张长林买药,你们还是原来的价钱,其他人一万元一瓶。"众人一时间在感情上都接受不了。大家没有想到,程勇会在没和大家商量的前提下,就断然将代购仿制药的生意出卖给了所有人都鄙视的假药贩子张长林。程勇面对众人失望至极的眼神,坐不住了。他只能拍桌子,发了一通脾气,以掩饰自己的心虚和良心上的过意不去:"我又不是白血病人!我是个做小买卖的!我管得了那么多人吗?你们能有今天全得谢谢我!我上有老下有小!我被抓进去了他们怎么办?"不可否认,程勇的行为的确算得上是对团队的背叛。但是仔细想想,面对牢狱之灾的风险以及家人的羁绊,这个时候选择急流勇退、金盆洗手,似乎也是一个普通人的正常选择而已。

研究过程	毕竟，没有人期望程勇具有圣人般的道德品质，哪怕是程勇他自己，也是如此。于是，代购团队就此散伙。刘牧师眼睁睁地看着教区里的病人慢慢死掉。彭浩回到了养猪场，等待自己将早逝的命运。而程勇，则用代购赚来的钱，盘下了一家小型纺织厂，转型成了一个小老板（此处剧情设置参考了原型"陆勇"，在现实生活中陆勇就是一家小型纺织厂的老板）。至此，程勇和昔日的同伴不相往来。 第二，吕受益妻子突然出现，跪在地上向程勇求助，程勇的心灵开始受到极大的震动。吕受益妻子来找程勇时，程勇向他的潜在大客户李总等人介绍完他的纺织车间，当时程勇准备带李总等人去某处高档餐厅就餐。 程勇为李总拉开了后座的车门，还亲自用手护住车门顶部，让李总安心上车。然后程勇点头哈腰地说："李总，你让司机跟在我车的后面开啊。"程勇正要上自己的车时，在车门边被突然出现的吕受益妻子给拦住了。从吕受益妻子口中程勇得知，张长林已被警方通缉，逃跑了，代购药的渠道已经断了。吕受益因为吃不起药，病情恶化，痛不欲生，割腕自杀未遂。限于李总还在后面正等着他带路去餐厅呢，所以，程勇只能让纺织厂保安出面安抚吕受益妻子，自己开车先走了。随后镜头就转到了餐厅和KTV包厢。李总等人和一众美女畅饮美酒，欢歌笑语，纸醉金迷。而程勇则一个人坐在一旁抽闷烟，眉头紧锁。影片在表现这段剧情时，在细节上给人一种很强烈的真实感。 第三，在逃犯张长林对程勇说出了一段令人无比震惊的台词后，拿到仿制药回国的程勇，终究还是晚了一步。吕受益已经在不久前自杀身亡。没能救回吕受益的命，让程勇内疚不已。他下定决心，今后要力所能及地救人。于是，他重新找回之前的合作伙伴，恢复过去的销售渠道，并以原价500元一瓶的价格销售。逃犯张长林得知消息，找到程勇，要封口费20万。张长林看程勇这样子是想逞英雄，便劝他说："我卖药这么多年，发现这世上只有一种病，穷病。这种病你没法治啊，你也治不过来。算了吧。"张长林的这段台词深刻揭露了疾病面前穷人的无奈。
研究结果	程勇的形象在影片中发生过两次巨大的转折。开头，他只是一个社会底层的小市民的形象，后来，成了一个暴发户。最后，他的形象转为药神。

研究小结	"仁心妙手普众生,徒留人间万古名。"这是程勇一开始将药卖给病人后,一位病友送给他的锦旗。当时程勇不以为意,因为他当时就想靠着差价发财,根本没想过什么普度众生。然而这面锦旗就像魔咒一样,道出了程勇的结局。 这个结局是意味深长的。总而言之,本部影片是一部成功之作,观众们跟随着人物一起感受喜怒哀乐,主角程勇被刻画得栩栩如生。

研究者	王梓涵	
研究的影视作品	《觉醒年代》	
研究主题	影视作品是怎样刻画人物形象的?	
研究过程	与课文《十六年前的回忆》对比	
	不同点	相同点
	《觉醒年代》运用外貌描写较多语言和神态方面的体现更为丰富。	刻画了李大钊同志忧国忧民的情怀和沉稳坚强的性格,他对工作高度负责,沉着镇定,是无私无畏的革命者。
研究结果	文学作品在刻画人物形象上主要侧重于语言、动作和心理活动的描写,人物形象的丰富性主要依赖于文字的丰富性。好的文字描写更加富有想象空间,尤其是对人物心理变化、内心独白式的描写更加丰富,更能打动读者,也更能引起读者的深刻思考。 影视作品在刻画人物形象上能够运用的方式更加灵活多样,侧重于运用生动的语言和动作变化,尤其是神态变化来呈现人物形象。演员神情的细微变化,能让观众产生强烈的代入感,更直观地感受到人物的喜怒哀乐。比如,在影视剧《觉醒年代》中,李大钊的人物形象非常丰满,他乐观、积极、勇敢,有强烈的忧国忧民情怀,同时又是一个好丈夫、好父亲、好师长,这样的形象刻画更加接地气,能够瞬间拉近观众和人物之间的距离,使革命人物的形象变得有血有肉,深入人心。	
研究小结	文字叙述时运用的描写方法和影视作品里运用镜头展现的方法都能很形象地展现人物性格。同时,二者的展现方式又有很大区别。无论哪种方法,好的文学作品和好的影视作品,都能打动人心、留下经典,从而得到广大群众的认可。	

主题三　找寻历史的蛛丝马迹

质疑是人类思维的精髓,是推动社会前进的动力源。著名导演、编剧孙瑜先生曾经说过这样一句话:"影戏假如能用来描述民间的痛苦,至少可以促进社会的自警,让社会自己想一想,应该如何的改善自己。"正如孙瑜先生所言,看电影除了给我们带来视听盛宴,更多是引发我们思考。

电影是多元的艺术形式,很多时候更像是一种记录,记录着这个飞速发展的世界方方面面的历史。或许它们跟真实的历史是有所出入的,但细探那些不起眼的细节之处,就像抓住了丝丝缕缕的线索,总能发现它们在历史长河之中留下的蛛丝马迹,而这些蛛丝马迹正是我们了解一段历史的一把隐形钥匙。

第一课　光影中重返原始社会,感受历史的魅力

原始社会距离我们时代较远,北京人头盖骨化石,似乎让我们感受不到他们丰富多彩的生活。而《疯狂原始人》98分钟的片长里,幽暗的洞穴、纷飞的火焰、天崩地裂的世界末日场景、奇幻的森林、千姿百态的萌宠将奇绝的原始社会生活

场景淋漓展现。开启学生智慧学习历史之旅,感受历史的魅力。

走出禁锢自己的牢笼,你会看到新的世界。

——《疯狂原始人》

经典放映室

《疯狂原始人》中有这样居住在山洞中的一家人,在突然降临的世界末日,一起踏上了寻找新家园的旅途。

原始人克鲁德一家六口在老爸咕噜的庇护下,每天在山洞里过着一成不变的生活。没想到世界末日突然降临,山洞被毁,一家人被迫流离失所。展现在他们眼前的是一个崭新、绚丽却又充满危险的新世界,四处都是食人鸟兽和叫不出名字的奇怪生物。危机中,他们遇到了游牧部落族人盖,他凭借超凡的创造力和革新思想,帮助克鲁德一家一次次躲过重重困难,渐渐取代了老爸的地位,变成克鲁德全家人的偶像。但这个来历不明的男孩的目的究竟是什么?在末日来临时,哪里才是一家人的安居之所?就这样,顽固保守的老爸、叛逆的大女儿小伊、男孩盖、调皮的婴儿、疯狂的奶奶、傻乎乎的弟弟,以及温柔的妈妈,一起踏上了寻找新家园的旅途。他们一路上与拳击猴搏斗,与食人花捉迷藏,还差点酿成了森林大火……

动人微镜头

1. Now we don't call it alive, it's just not to die. (我们现在这不叫活着,这只是没有死去。)

2. The tiger jumped off the cliff, he flew up, he rode the sun to arrive tomorrow. (那只老虎跳下了悬崖,他飞起来了,他骑着太阳到达了明天。)

影片中有这样一些经典台词,至今让我难忘……

同学们,一部意犹未尽的影片背后留给我们深深的思考,克鲁德一家在寻找一个叫作"明天"的理想家园的过程中,开始了全新的探索之旅。他们在行动中是如何演绎在废墟中坚强地站起,迎接美好的"明天"呢?

观影部落格

任何时候都不要忘记"恐惧"。居安思危,是中国传统文化中的古训。春秋时期左丘明所著《左传·襄公十一年》中提到:"居安思危,思则有备,有备无患,敢以此规。"在《疯狂原始人》中或许也告诫了我们这样一个道理。在机缘巧合下,开启了一场穴居原始人与文明人的啼笑皆非的碰撞。不过也许正是因为克鲁德秉持着这一人生信条,才能够带领一家人顺利地生存下去。因为"恐惧",才能够保持一颗敬畏的心,才有可能处理所遇到的种种困难。现实生活中,不也一样吗?无论是正在享受貌似平稳的生活,还是正拥抱一帆风顺的大好前景,都需要保持着"恐惧"的心态。因为没有人知道,第二天会发生什么。"生于忧患,死于安乐。"

> 我的心此时此刻依然停留在原始人登上巨树的顶端,当盖吹熄手中的火把,满天星辰和一道银河壮丽地展现在他们眼前的那一刻。对于把夜晚外出看作死亡条例的克鲁德一家人来说,这个景象恐怕是有生以来从未见到的。改变已有的教条式思维,不仅能让他们享受到诸如无痛踩过尖利珊瑚的现实便利,更让他们领略到一种精神图景——生活并不是简简单单的"不死",而是要让自己能够享受活的过程。
>
> ——《观看〈疯狂原始人〉有感》 狄凯奇

> 当一幕又一幕新风景映入眼帘的时候;当一个又一个新的发明给生活带来便利的时候;当山洞不复存在,原始人从自己内心的山洞——对世界保守而停滞的认知中解脱出来的时候;不光是原始人,连观众在内都接受了这样一种观念:人要打破对改变的恐惧。
>
> ——《观看〈疯狂原始人〉》有感 罗心彤

选择,意味着有可能一辈子都平稳地生活在洞穴之中,但同时,根本不会知道外面发生了什么事情,也许很惊险,也许很精彩。重复很容易,改变很难。其实即使重复的生活有时也并不容易,只是因为我们已经熟练地掌握了这种状态之下生活的技能,这样我们就往往会陷入拒绝改变的境地。

——《观看〈疯狂原始人〉》有感　张馨心

不管是原始人还是文明人,都有自己的壁垒。其实,每个人都容易陷入自己熟悉的安全区或者是舒适区,害怕冒险,轻易不愿意改变。我们需要一些努力的尝试,才能接受与我们认知不同的事物。咕噜一家从本能逃生到后来的勇敢,文明人从开始些许的傲慢到和咕噜一家和平相处、相亲、相爱,双方都悟到一个道理:要追随光明,永远不要害怕改变。生活不是简单的"不死",生活可以多姿多彩,如满天繁星。

智思成长路

1. 你最喜欢《疯狂原始人》中的哪个人物？说说为什么。

2. 当我们身处的世界将遭到毁灭,我们的文化与价值观都面临崩塌,我们该怎么办？

第二课　品评思想精髓,传承历史文化

"文化是一个国家、一个民族的灵魂。

文化兴国运兴,文化强民族强"。

——党的十九大报告

中华传统文化包括思想、文字、语言等多个层面的内容,包括六艺,也就是礼、乐、射、御、书、数,还涉及书法、音乐、武术、曲艺、棋、节日、民俗等。

传统文化与我们的生活息息相关,我们享受它而不自知。中华优秀传统文化是中华民族的根与魂,是深厚的国家文化软实力,是中国特色社会主义根植的沃土,是我们坚定文化自信的力量源泉。

在众多影片中,有一部史诗般巨作,它讲述了2 000多年前的一位圣人的一生。这位圣人虽然早已离我们而去,但他的思想光耀中国历史几千年,直至今日我们仍然在学习、研究和传承其思想精髓。

孔夫子,一盏微弱的灯,照亮那个时代。

——《孔子》

经典放映室

东周末年,诸侯割据,相互征战。有这样一位哲人,出生于当时一个小诸侯国——鲁国的没落贵族家庭,他为社会的混乱情形而忧心忡忡,希望以自己的思想和智慧来影响春秋诸国的历史进程。虽曾仕官于鲁国,并以其勇敢和智慧带给鲁国以尊严和强大的希望,但最终政治理想破灭于现实之中。随后他为了理想,率领众弟子奔走于列国之间长达14年之久,传播其思想,与整个时代抗争。他曾数度被乱军围困而身陷绝境,也曾被卷入政治阴谋的旋涡,甚至曾被世人误解……于晚年返回鲁国,他归而不隐,不懈于教育弟子众人及进行文献整理工作。殁后,其言行及思想终为后世认同、推崇,成为中华民族精神的重要根源,尊谥"大成至圣先师",他就是孔子。

动人微镜头

有这样一个场景,一定会让你为之触动……

孔子离开鲁国时,与家人告别,此时瓢泼大雨中,只见孤独的孔子与他的马车在茫茫大雨中踽踽前行。突然马车车轴陷入泥泞,孔子试图拉起马车继续前行赶路,可一个趔趄摔在地上。爬起来的孔子,满身泥泞,宁静的雨夜中传来一声声狂笑……这笑声,交织着孔子内心的失望、无奈、愤懑;这笑声,有修身、齐家、治国、平天下的茫然;这笑声,有满身泥泞的懊恼,更有对世俗的愤慨。他心心念念的鲁国就像这架马车,身陷困顿,他以君子的政见去拯救鲁国,却被推开,让自己狼狈不堪。此时的孔子,站在"五十而知天命"的当口,仿佛一切又回到原点。狂风暴雨的夜晚过后,他依旧乐观:"如果不能改变世界,就改变自己吧。"

有人说,孔子是一个"执拗"的人,为了实现理想的"大同"世界,周游列国,从一个国家到另一个国家,四处碰壁,但是越挫越勇;有人说,孔子是一位教育家,因为从政实现不了理想,所以才投身教育,开化民智。你是怎么理解"如果不能改变世界,就改变自己"中的两个"改变"呢?

观影部落格

纵观孔子的一生,是充满泥泞、坎坷的一生。孔子究竟有什么魅力可以在几千年后的今天依然被人们牢记呢?

可爱的幼年时期:俗话说:"3岁看到老。"这句话在孔子身上得到了验证。孔子在3岁时就已经显得格外与众不同了,连玩游戏都跟常人不同。幼年的孔子常将祭祀用的礼器(俎豆)摆设起来,练习行礼,作为一种游戏。

贫穷但是有光芒的青年时期:孔子年仅17岁时,当时鲁国贵族孟懿子临死前让自己的儿子跟着他学礼。27岁时开办了私人学校,成了远近闻名的老师,开启中国教育的先河,成为今天教育界的鼻祖。

三十而立,四十而不惑:孔子是个谦虚又有雄心壮志的人。他认为自己的学识不够渊博,30岁时他离开曲阜,经过长途跋涉到达了洛阳,拜老子为老师,既学习知识,又学习做人。

五十而知天命,六十而耳顺,七十而从心所欲,不逾矩:公元前499年,53岁的孔子终于升为大司寇。但在政治上一直受排挤,处处受打击,更是险些丢了性命。

> 刚一放假,妈妈就带我去看了电影《孔子》。孔子名丘,字仲尼,山东人,春秋时期的鲁国人。当时鲁国的国相季平子死了,他生前要求他喜欢的人给他陪葬,其中有个小家奴跑了,被孔子收留。第二天上朝,大将公孙纽要求孔子把家奴还给他们去陪葬。孔子微微一笑说:"将军是国相喜欢的人吧?"公孙纽说:"是呀!"孔子点点头笑着说:"那就请将军跟随国相去吧!"公孙纽气得鞋子都掉了。此乃《论语》中的"己所不欲,勿施于人"。看了电影,我还了解到孔子不仅是儒雅的文人,射箭还相当精准。孔子是一个充满智慧的人。当齐国把孔子和鲁君围困在山谷里时,孔子让弟子率领100辆牛车在山谷外扬起尘土,让敌军误以为有千军万马,硬生生收了兵,还归还了之前被抢的汶上三城。这一仗充分展示了孔子的足智多谋。
>
> ——观看《〈孔子〉有感》

公元前497年,也就是孔子55岁时,失望至极的孔子率领弟子离开了鲁国,踏上了周游列国的旅程。孔子身体力行推荐自己的政治主张时并不顺利,孔子在失意中逝世,一腔报国热血空付东流。

> 当你被迫离开鲁国,滂沱大雨敲打你的身躯时,你在想什么呢?是在怨恨吗?你似乎知道这是大司徒的阴谋,可又似乎不知道。看着手中的"决玉",你是否心酸不已?雨中的大笑声,是你的心声吗?努力不让眼泪流下,你的心也沉沦了吗?是否后悔当初说的那句:"我的道,在人间。"……
>
> 你在想什么呢,孔子?
>
> 你弹琴数日夜,不吃不喝不眠不休。弹琴,成了你唯一的事情——

在这荒凉的山谷里。指尖抚琴,一个个音符飞舞出来,这是否是你想说的话,你那紧锁的眉头,是在思考吗?在抱怨命运的不公,在伤心自己的遭遇,还是在……就像南子说的:"人们都只是领悟了孔丘那痛苦,却未真正体会他那痛苦的境界……"

你在想什么呢,孔子?

抱着颜回那冰凉的尸体,听着子路战死的消息,你,落泪了。曾经面对齐国几百乘战车,你没落泪;在武子台上面对血流成河,你没落泪;自己被迫离开鲁国,你没落泪,可如今……

——《观看〈孔子〉有感》

春秋是中国历史上一个气势磅礴的时代,一个辉煌灿烂的时代,一个圣人永存的时代!

智思成长路

1. 同学们,你能说出孔子有关教育的名言吗?

2. 孔子弟子三千,你能说出几个?请讲一讲他们和孔子的故事。

第三课　感知时代主旋律,勇担历史责任

中国共产党建立以来的一百年,是为中国人民谋幸福、为中华民族谋复兴的一百年。中国共产党的诞生是中华民族历史上开天辟地的大

事变,由此开启了中华民族精神的新觉醒和新升华。

一个时代有一个时代的主旋律,2021年恰逢中国共产党建党100周年,有很多反映革命题材的电影脱颖而出。重温《建党伟业》,观看红色电影,深度了解党和国家的发展历史,增加民族认同感,将红色基因代代传。

经典放映室

辛亥革命爆发以来,有这样一批人,为中国共产党的建立而努力奋斗,他们是毛泽东、陈独秀、李大钊……

从1911年10月10日武昌起义爆发到1917年7月12日张勋复辟失败。短短6年间,中国出现了两次帝制回潮,换了三任总统,爆发了四次内战;1919年3月共产国际成立,以陈独秀和李大钊为代表的知识分子开始筹划成立自己的政党;1921年7月23日,中共一大在上海召开,成为中国革命的星星之火,毛泽东赫然在列。从1911年到1921年,10年间中国所发生的一系列重大历史事件历历在目,让我们感知到革命是艰辛的。

动人微镜头

有这样一个场景,一定会让你为之触动……

"吾愿吾亲爱之青年,生于青春死于青春,进前而勿顾后,背黑暗而向光明。"当我们听到《国际歌》在头上盘旋;当我们听到中方代表顾维钧拒绝在《凡尔赛和约》上签字时说的那些话,"尊敬的各位代表:你们凭什么把中国的山东省送给日本人?我很愤怒!中国人永远不会忘记这沉痛的一天";当看到李达与王会悟天台谈话,提及组织抵制日货,而划着火柴的那一刻才发现,火柴是日本产的,"偌大一个国家,我们连自己的火种都没有",一幕幕直击人心。一群群爱国青年或是奋笔疾书,或是街头演讲,或是声讨卖国贼,令人唏嘘愤懑,在愤怒的同时,不得不深思"弱国无外交""落后就要挨打"的真谛。

中国近代史是一部列强侵略史,同时也是中国人民反抗的斗争史。

 观影部落格

从辛亥革命到新文化运动,从五四运动到中国共产党的建立,无数先辈们在黑暗中摸索前进,中国共产党的建立为中国革命带来了曙光,是中国历史上开天辟地的大事变。我们被那个时代震撼,为那个时代的青年的激情和热血动容,被他们为了实现理想不惜抛头颅、洒热血的精神感动。"青春"与"使命"是中国的希望,是中国的未来!

> 梁启超先生曾经说:"故今日之责任不在他人,而全在我少年……少年强则国强。"当我全神贯注地看完《建党伟业》的时候,让我为之震撼的是仁人志士们的担当与责任,是对这个国家的深沉而挚爱的保卫,是抛头颅、洒热血、前仆后继地追寻中国的前途和未来的使命。这不禁让我想起了毛泽东《沁园春·长沙》中的"忆往昔,峥嵘岁月稠。恰同学少年,风华正茂。书生意气,挥斥方遒。指点江山,激扬文字,粪土当年万户侯"。这是何等的豪迈,这是何等的坚定。理想大于天,为国为民的信仰就是他们的指路明灯。
>
> ——《观看〈建党伟业〉》有感

中共一大的成功召开,吹响了那个时代最具峥嵘的历史号角,这一刻极不平凡!最让我感到血脉贲张、激动莫名的电影桥段是:中国在巴黎和会上全面失败,日本全面接收德国在中国山东的利益。顾维钧在将去巴黎时说了这样一句话:"弱国无外交啊!"事实也是如此,巴黎和谈失败,他对各国代表说:"你们凭什么把中国的山东省送给日本人?我很愤怒!中国人永远不会忘记这沉痛的一天。"国家强大,力量就是外交。消息传来,举国震动,全国各地的莘莘学子终于把满腔爱国热情迸发出来,他们以无所畏惧的姿态走上街头游行,高呼着"爱国无罪""革命万岁"等口号,继而火烧赵家楼、痛殴卖国贼;青年学子的拳拳爱国心震撼激扬、感召日月,不仅在视觉上冲击着我,更在心灵上感动着我。那些激情燃烧的岁月就这样以其独特的魅力永远定格在我们的脑海之中,凝固在浩浩的历史长河之中。

——《观看〈建党伟业〉》有感

作为当代青少年,我们要有信仰,这样民族才有希望,国家才有力量。让我们坚守初心,坚定信仰,为实现中华民族伟大复兴的中国梦而努力!

智思成长路

1.《建党伟业》主要讲述了哪三件历史大事?让你感触最深的那句话是什么?快来分享你的想法吧。

_____

_____

2. 我们青年人都希望实现自己的人生价值,那么究竟怎样才能实现自己的价值呢?

_____

_____

第四课 感知战争灾难,铭记历史教训

大爱万物,唤醒内心的柔软,人与万物紧密相连。

——《战马》

战争总是无情的,是硝烟弥漫的,是令人痛苦、憎恨的。反思历史,我们反对战争,维护和平。

经典放映室

一场世界大战,三个国家,一位青年,一匹战马。

当第一次世界大战刚刚露出即将打响的苗头的时候,英国牧场的一个家庭,尽管他们手头根本没有足够的资金,可他们还是在一场拍卖会上买下了一匹脾气相当狂躁的小马驹,为它起名为"乔伊"。为了维持农场的正常运转,农场少年阿尔伯特的父亲无奈之下将"乔伊"卖给了军队,为前线运送军火物资。阿尔伯特和他心爱的马不得不分离。离开了阿尔伯特之后,属于"乔伊"的、迷宫一样的旅程也随之展开。但他们被分离的命运又因为第一次世界大战而被改变,他们的命运又重新交织在一起。在这个过程中他们经历了快乐、悲伤、艰难与奇迹,并且伴随着这些征程迅速地成长起来。"乔伊"纯真、勇敢、善良,辗转于不同的主人、不同的责任,一次次与主人分离,最终因为战争和阿尔伯特团聚。

有这样一个场景,一定会让你为之触动……

"乔伊"就在阿尔伯特的眼皮子底下被卖掉了,成了一位英勇的英国骑兵军官的坐骑,就此走上前线,用它纯真、无害的天性、不带任何杂质的动机以及对自己的人类朋友无条件的奉献——它不仅拉得动战场上的战地流动医院,还知道灵巧地躲避德国士兵的追赶,同时还点亮了一位法国女孩的想象力,甚至拉着巨大且沉重的大炮爬上了山顶。在阿尔伯特一路不断地靠近属于他自己的危险任务的时候,"乔伊"在英军和德军之间的"无人地带"遭到了诱捕……

这是一个关于战争的故事,但这更是一个连接着爱与承诺的故事,造就了信念、理解与坚持。它告诉我们什么是勇敢、什么是信念,生命在战争面前是脆弱的、是渺小的,每个人都渴望和平,珍爱生命。

 观影部落格

1914年7月28日到1918年11月11日,爆发了第一次世界大战。战争双方是同盟国和协约国。第一次世界大战是一场非正义的掠夺战争,帝国主义国家重新瓜分世界。

影片通过动物展现了战争的残酷。成千上万匹战马尸横遍野,旁边零零落落地躺着它们的主人。那是英军骑兵队的一次大伤亡,败给了德军的伏击队,展现出第一次世界大战是人类历史上的一次重大灾难。在战争的残酷与凄凉的阴云中,人们同时又被无限的爱包围着。

> 第一次世界大战的残酷,透过这匹马的命运体现得淋漓尽致。这匹马本身并没有什么特殊,但是,在风雨飘摇的年代,这匹马却给了它的主人精神上最大的宽慰;战场上交战双方为了一匹受困的马而停火,双方士兵联手解救……这些闪光点恰恰是这部电影最打动人心的地方。无论是在风景宜人的德文郡,还是在法国的青草地,每个地方都有内心善良的人,用自己的点滴来装点生活的美好。
>
> ——《观看〈战马〉有感》

当"乔伊"在无人区被铁丝网困住,英军、德军各有一名士兵冒着生命危险走出战壕帮它脱困,那一刻,战争丧失了它存在的意义。特别是当那名德国士兵对身后战友喊了一句,还需要一把剪刀,转眼之间,四五把剪刀抛出了战壕,令人忍俊不禁又充满了感动。冲破战场追求自由的每一个人,用人与马之间的深情,用生命的名义向世界提出抗议。

影片最后,黄昏中,阿尔伯特骑着"乔伊"伴着渐落的夕阳回归故乡……又是一切美好的开始。

一匹马,一场战争,一段友谊。

反对战争,珍爱和平。

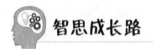

智思成长路

1. 第一次世界大战期间,整个欧洲战场战死的马达到了 1 000 万匹,这个惊人的数字着实让人类蒙羞。影片《战马》宣扬的主旨是什么呢?

____

2.《战马》除了体现战争的残酷,你还能找到哪些主题?带给了你什么启示呢?

____

主题四　数学新"视"界

数学给人们的印象常是：纯粹理性，逻辑严谨，递推性强。很少有人会把它与情感、艺术联系起来，其实数学也是唯美、真实、朴素而高贵的。

如果说音乐能激发或抚慰情怀，绘画使人赏心悦目，诗歌能动人心弦，哲学使人获得智慧，科学可改善物质生活，那么数学能给予人们以上一切。

第一课　从数字感悟数学的美

学数学，不仅能提升自身的内在素养，还会增加生命的容量，令人生更加丰盈和美丽。

让我们一起走进《博士的爱情方程式》，感受博士如何用数字表达着他对管家的欢迎与尊重，通过数学的方式表现出美与善。

数学，从某种程度上看，它并不只是各种形式的逻辑推导，它也是有生命和活力的，一旦遇到了懂它的知音，它会展现出自身无穷的魅力。数学里面隐含的生命的意义和生命的价值可以说是微妙的。著名古希腊数学家、哲学家毕达哥拉斯提出过他对数字的独特理解："1"表示理性，因为它是万物不变的本原；"2"表示意见，因为它包含了对立与否定；"4"和"9"是正义与公平，因为它是相等的数对相等的数，即 $2\times 2=4, 3\times 3=9$；"7"是死亡，因为它既无因数，又非倍数。

经典放映室

靠家政工作谋生的单亲母亲杏子被介绍去照顾一位因为事故只能保持80分钟记忆的博士。工作的第一天,出现在大门口的博士问杏子的第一个问题不是姓名而是鞋子的尺码。从那天起,两人每天都会在门口开始展开有关数字的对话。对于每隔80分钟就会丧失记忆的博士来说,与杏子始终是陌生的。每次遇到语塞的时候,博士总会以数字代替语言,这是他为了与他人交流而自创的方法。

博士知道杏子将儿子一个人留在家中后,叫杏子带儿子一起来他家。博士第一次见到杏子的儿子时非常平易近人地称他作"根号"。一次,博士和杏子一起为杏子儿子的棒球比赛加油助威。由于天气炎热,赶来助威的博士因出汗而着了凉、发烧,杏子与儿子一起留宿在博士家里照顾博士,她也因此违反了规定,被博士的嫂子解雇了。但博士带给杏子的儿子的影响却是巨大的,博士激发了他对数学的热爱。多年后,杏子的儿子长大成为数学老师,给他的学生们讲述了博士的故事。

《博士的爱情方程式》润物细无声地将数字与生活美好地融合在了一起。失忆的博士用他对数字的感悟,潜移默化地影响了10岁少年热爱数学的心。尤其是从博士口中说出的数学公式,完全没有晦涩难懂、令人头疼的感觉,反而有一种深入浅出的温柔的美,充满令人激动的惊喜和新奇的发现。

这部影片让我们在博士对数字的独到见解中体验到了数字化人生的特有乐趣,给予了我们全新的思维和生活方式。

研究项目室

影片讲述了很多数字,以及对数字的独特理解,让我们更直接、更真切地感受到数学的真善美,理解数学家的人生观和世界观。

对于我们,数字是纯粹冰冷的符号。但是对于数学家而言,数字却是能表达自己心情和认知的代名词。因为它是形象的、具体的、有血有肉有灵魂的。

一、阶乘

原来"24"可以这么与众不同。"24"原本就是女管家鞋子的尺码而已,而博士却敏锐地捕捉到了"24"这个数字,说:"哇,多纯洁的数字,是4的阶乘。这个数字很'尊贵',因为4的阶乘是将1到4的所有整数相乘,得24。"

这个平常而乏味的数字,在博士的眼里,它就像拾级而上的贵人。他的阐述,让我对阶乘的认识更加深刻,与这个陌生的名词顿时熟识了起来,觉得那么亲切。而我自然就知道了5的阶乘就是120的原理,这样的认识和理解让我们在学习它时不自觉地就融会贯通了。

同时,通过博士对数学的解读,我们发现原来用对数字的理解也能解读我们对生活的态度。

二、素数(质数)

女管家的电话号码是5 761 455,这也能让博士震撼:"哦,太棒了。这跟10亿内的质数相等(从1到10亿的整数中有5 761 455个质数)。"虽然这个画面没有"阶乘"那么形象,但目的是引出质数(也称素数)。我们可以从"素数"中的"素"感受到它是"真实"的,天然而不加修饰。从数学的角度看,它是只能被1或数字本身整除的数字,例如2、3、5、7、11、13、17、19、23、29……这些素数从另一个角度看,就像天空中无穷无尽的星星,不受任何已知法则的支配,完全自立,每一个都是独一无二的。数与我们的人格也是相通的。

如果我们深入学习数学知识,那么对素数的认识也可以有自己独特的见解,那就是数学带给我们的内涵和智慧。

三、根号与虚数

博士给女管家的儿子起了个名字叫作"根号",因为他是平头,所以脑袋看起来像个根号:"好了,你是'根号'。它能接受任何数字,一个也不拒绝,是真正慷慨的符号。"

博士竟能把人生中的感悟和数字这么完美地融合在一起,听在耳里,却深植在心底,感受到为人的一种境界。长大了的"根号"成了数学老师,他也向学生讲解了将数字放在根号里面所能发生的奇迹。同时"根号"对虚数也有他自己的感悟。"i"是一个虚数。因为它是一个很谦虚的数字……所以用了"谦虚"的"虚"字,而且具有谦卑的性格,从来没有出现在可见的世界,但总是存在于我们心里,用它短小的臂膀,支撑起它的整个世界。就这样,i又开启了另一个数的领域,人类抱着谦虚的态度又一次探索到了数的新世界。

很明显,无论是博士还是"根号",在他们的世界中,这些数字和符号不仅被赋予了个性,还被赋予了美德。

知识可以改变人的思想意识,有知识的人能潜移默化地对身边的人产生积极的影响,影响更多的人成为学识渊博、思想深邃的人。

四、完全数

完全数在我们身边很少出现,你知道完全数的特点吗?例如:把 28 的约数加起来就等于 28,像这样的数就是完全数。完全数很罕有,数学家对它的探索一直在进行,几千年来只发现了 30 个完全数。像这样的数在数学家们的眼里是珍贵的存在。笛卡尔说过,就像完美的人是罕有的一样,完全数也是很珍贵的,它们是表达完美内含的珍贵数字。

"根号"在自己的学习感悟中对完全数有了独到的见解:完全数可以表示成相邻数的和,$1+2+3+4+5+6+7=28$。"根号"作为数学老师,用自己的实际行动一直在激励学生对数学的探索。很多已经被数学家发明的定理和法则,并不是不可以有不一样的解读和理解,只要我们善于研究、善于发现、善于总结,我们也可以用自己的理解解读不变的真理。

直到现在,完全数仍然是个未知的谜,还没有人能证明出完全数一共有多少。但只要我们深入学习,善于动脑,勤于思考,相信我们也会为完全数赋予一种独特的美德,让完全数的意义更加丰富,也让自己成为拥有这种美德的人。

五、不一样的"直线"

"根号"打棒球意外受了伤,也因此住进了医院。女管家很担心,博士宽慰她,拿出一张纸让女管家在纸上画一条直线,并告诉她直线的意义,让她平静下来。

不过是一条直线,但想想看,画的这条直线有头有尾,这就意味着你画的线是一段,是两点间的距离。直线的定义是两边没有尽头,是无限延展的,但一张纸是有边界的,因为能力有限⋯⋯那真正的直线在哪?只在我们的心里。永恒的事实是看不见的,不会因为事件的发生而动摇或改变,那个看不见的世界支撑着看得见的世界。最重要的东西,我们在心中才能找到。

直线原本就是一个图形,它是人类在生活中抽象出来的图形,自然也能回归于生活。生活中发生在身边的事有时确实是我们没有办法改变的,更不会以我们的意志为转移,那么我们就要学会面对,鼓起勇气,接受生活给予我们的磨炼。

通过直线和线段的差别,我们不难发现人类的有限能力与真理的无限性之间的矛盾,即"吾生也有涯,而知也无涯"。

六、友爱数

女管家的生日是 2 月 20 日,和博士获得"学长奖"的编号"284 号"的联系,看似风马牛不相及,但是博士却指出了两者的关联:从你的内心,直观地抓住数字。

我们先把 220 和 284 的约数都写出来,除了它们自身。220 的约数有 1、2、4、5、10、11、20、22、44、55、110;284 的约数有 1、2、4、71、142。然后进入下一步,加起来,你会发现什么? 将所有 284 的约数加起来,得 220;将所有 220 的约数加起来,得 284。它们就是友爱数,友爱数这种配对很稀少。即使是费马和笛卡尔也只是每人发现了一对,真的很美、很神奇。第一个发现友爱数的是毕达哥拉斯,他做出了著名的论断——"万物皆数"。

还有一对友爱数是 1 184 和 1 210,1 个阿拉伯数字! 这一对是 1866 年意大利人尼科洛·帕格尼尼发现的。你相信吗,那时候,帕格尼尼只有 16 岁,在读高中?

对待数学重要的是努力思考,不放弃,显然这对孩子们尝试探索数字世界是一个很好的方式。对于生活中很多不起眼的小事要学会观察,学会思考,这是我们获得成功的前提。

比如看女管家做饭,博士会问:"为什么你一定要不停地翻动肉片呢?"女管家回答:"因为锅中间和边缘的温度不一样,为了让菜受热均匀,要变动它们的位置。"这件看似平常的事情却引起了博士的观察与思考,之后博士说:"我明白了,它们分享每一个点,那么就没有谁一直霸占最好的点。"这样的认知和感悟都是基于细心的观察、积极的思考和感悟。他的答案不仅很具体形象,充满数学趣味,也充满人类特有的道德美感。

数与数,和世界万物一样,看似毫无联系,但是在科学的世界里,万物一体,它们必定遵循着某种共通的法则。在发现万有理论之前,我们首先要做的就是发现越来越多的联系,而联系就是规律。

学生研究展示室

问题:

1. 你知道哪些数字有特别的意义吗?

生甲:526 谐音是"我饿了"。

生乙:5870 谐音"我不介意"。

2. 谈一谈你知道的数学知识所拥有的特殊含义。

生甲:欧拉公式:$e^{\pi*i}+1=0$。

把一切纷繁复杂都归于虚无,归于平静。

生乙:$1.02^{365}=1377.4$

积跬步以致千里,积怠惰以致深渊。

这条等式明明白白告诉我们这样一个道理:哪怕每天多做的一点努力毫不起眼,只要坚持不懈,定能得到千分收获;不进则退,多一分懈怠,千分成就都会归于零。只比你努力一点的人,其实已经超你很远。

生丙:$|a+b+c|\leq|a|+|b|+|c|$

好的团队关键便在于减少内耗。

如果一个团队个体在合作过程中心思各异,表面上贡献、付出,所作所为却是"负号",这样的结果就像公式所示,永远比不上团队个体团结一致、力往一处使所发挥的力量。

第二课　数学带给我们的视觉震撼

我们经常看到电影里有一些令人惊叹不已的震撼画面,这些画面制作精美,可很多人并不知道的是,其形成运用了数学的相关知识。如果没有数学,我们就无法看到侏罗纪时期的恐龙和《指环王》里的奇景。

这些令人啧啧称奇的画面是怎么做出来的呢?答案是:应用数学。它们是通过数学的知识借助图形学和视觉学等制作完成的。

经典放映室

我们常会为电影中逼真的恐龙或怪兽所震撼,而还原侏罗纪时期的恐龙或其他的怪兽就需使用数学并借助计算机绘图(CGI)。如今很多影片都能把这种数字技术做到高精尖的程度。

《指环王》是一部经典的电影,全片充满了神奇色彩,讲述了正义与邪恶的不懈斗争。主人公巴金斯正义、勇敢,不屈服于邪恶的强大力量,在魔戒的巨大诱惑下,仍然坚定不移。甘道夫的牺牲令人非常痛心,他在与魔戒的战斗中,最终战胜了贪婪和权力,把魔戒交给了哈比人,并和其他人一起保护主人公去往魔多。

《指环王》中小人物咕噜,他活着只为了他的宝物,当他得到了失去几百年的宝物时,瞬间重拾幸福。他得到了自己梦寐以求的东西,即使死去前的最后一刻也要欣赏魔戒的美。

我认为影片中对咕噜的特写是本片最好的特效,角度和空间的改变使得魔戒的魅力、人的贪婪都彰显得淋漓尽致。

研究项目室

随着计算机动画、动作捕捉等新技术的发展,电影迎来了数字特效时代,依靠各种特效制作出来的电影作品场面宏大,为观众呈上了独一无二又异乎寻常的视觉盛宴。下面让我们一起感受这份视觉冲击的本真——数学在电影中的应用。

每一部电影的制作都离不开计算机,电影中的一些场景或人物需要特效,而人物所处的环境也需要特效制作。这些场景或人物多数都是用三角形组成的曲面来表示。计算机要将每一个三角形的顶点记录下来,且重要的一点是,计算机需要知道用于表示目标的三角形的外部。一个三角形的外部是可以由右手旋转法则唯一确定的。右手旋转法则是指我们的右手只有唯一的方式可以顺着一个三角形给定的顶点顺序握紧拳头。这时候大拇指将指向三角形的一面,这一面我们就定义为三角形的外部。然后我们用三角形组成的网格来表示一个目标的表面。接下来就该对每个三角形着色了。

还有一个重要的环节：准确地反映我们所需要的场景的光照，这样制作出来的卡通人物才是十分逼真的。这种效果通常是经由一种叫作光线追踪的过程完成的。从我们的视点出发，我们反向追踪那些由一个目标发出的通过反射后进入我们眼睛的光线。如果一个光源发出的光线经过一个小平面（也就是组成目标表面的一个三角形）的反射后进入我们的眼睛，那这个小平面就应该着亮色。这样看上去就好像这个小平面被该光源照亮了。反之，这个小平面就应着上更暗的颜色。为了通过光线反向追踪到一个特定的小平面，我们需要用数学知识表示一个目标的表面，并且需要求解涉及光线和这个小平面所确定的二维平面的几何方程。

场景设置和光照都准备好了，只要导演一喊"开拍"，人物就动起来了。

那如何让画面逼真呢？要想看到活灵活现的人物或场景，除了上面的技术外，动作抓取技术也是必不可少的。例如电影《指环王》里的咕噜就是由动作抓取技术完成的。我们需要确定一个人身体的关键部分，例如头、肩膀、肘关节、膝盖等处，并安置一些反射器。每一个人都由好几套摄影机来拍摄，并用计算机记录这些反射器的位置变换，再用三维的数据来填充一个人的骨架。再根据分散在身体各个部位的反射器的运动来收集数据，使骨骼的模型与这些数据匹配。最后，给骨骼部位添加上肌肉，从而制作出鲜活的和会运动的人物。

当我们看完一部电影的完整的职员表时会发现，一部成功的电影需要融合各种人才的聪明才智，比如编剧、导演、演员、服装设计师、布景人员等。但是还有一个名字常常被电影的职员表忽略，那就是"数学"。假如没有摄像追踪技术或基于四元数的物体旋转，观众也就看不到那么多场面震撼的电影了。所以，当你走进电影院享受这些数字技术带来的精美场面时，不妨举起你的爆米花向我们的幕后英雄——数学致敬吧！

 学生研究展示室

请你查阅资料后说一说电影中用到的数学知识吧。

生甲：电影画面也经常运用"黄金分割"构图，追求比例平衡。黄金分割是数学和谐的经典例证，它将数学推理与感官感受结合成完美、动人的比例——0.618∶1。

为了追求视觉的和谐,普通电影银幕框架的长宽比一般设置成近似黄金分割的比值。可由于电影银幕不同于静止的画框,而是动态的画面,根据实际情况,人们逐步调整银幕长宽比值,以达到最佳效果。

还有我们熟悉的著名画家达·芬奇,他在画画的时候,也大量用到这个比例。他的名画《蒙娜丽莎》的眼睛到下巴的高度比整个头的高度正好是黄金分割比例。如果把从眼睛到下巴的距离当作整个距离,那嘴巴也刚好在黄金分割点上。

生乙:我观看了《点球成金》这部电影,在美国职业棒球大联盟(MLB)中,比利所属的奥克兰运动家棒球队败给了经济实力雄厚的纽约洋基队,这让他深受打击。雪上加霜的是三名主力纷纷被重金挖走,未来的赛季前途渺茫。在管理层会议上,大家一头雾水,他暗下决心改造球队。一次偶然的机会,他认识了耶鲁大学经济学硕士彼得,两人对于球队运营的理念不谋而合。凭借直觉和经验,比利仿佛找到了破解棒球的钥匙。他聘请彼得做自己的顾问,一起研究如何打造最高得胜率的球队。彼得用数学建模的方式,使用方程组和统计学分析方法得出每个球员的强项,开始挖掘上垒率高的潜在队员,并软磨硬泡将他们招致麾下。他们不在乎高层领导的冷嘲热讽,只是专心地为球队寻找信心和实力的根源,终于新的赛季开始了……原来数学还能用在队员球技的分析上,这让我很惊讶。数学还可以应用到球赛中,数学真的很神奇!

第三课　数学的美丽境界

数学和美本身就是一体的,在数学中寻求美,在美中进行数学推算。数学家保罗·埃尔德什说:"为何数字美丽呢?这就像是在问贝多芬《第九号交响曲》为什么会美丽一般。若你不知道为什么,其他人也没办法告诉你。我知道数字是美丽的,且若它们不是美丽的,世上也就没有事物是美丽的了。"

当我们体会数学之美时,我们才能真正理解数学,感悟数学的真谛。曾经有人采访数学成绩好的中学生:"你们真觉得数学有趣吗?"他们回答说,解题时的苦苦思索让人很兴奋,当自己千辛万苦揭开谜底时,如同创造了一件艺术品。

艺术品并非是艺术领域的专有名词,数学同样也有自己的艺术品,就像祖冲之的圆周率、毕达哥拉斯的勾股定理、高斯的代数基本定理,这些数学家的作品如同米开朗琪罗的《大卫》、梵高的《向日葵》、贝多芬的《命运交响曲》一样,凝聚着人类最闪耀的智慧。

数学之美不仅仅是其本身的美,更是解决问题之美。

经典放映室

和数学有关的电影《美丽心灵》堪称经典,几乎包揽了当年著名电影节所有的大奖,该影片改编自数学家纳什的真实故事。

纳什与病魔苦苦斗争,在深爱着他的妻子艾丽西亚的帮助下,与被认为只能好转却无法治愈的疾病做斗争数十年,始终没有放弃,他完全通过意志的力量,一如既往地坚持工作。与此同时,他凭借在数学中对博弈论的基础研究,获得诺贝尔经济学奖。他在博弈论方面颇具前瞻性的理论也成为20世纪最具影响力的理论。

纳什的伟大之处就在于,他愿意承担起自己的责任,一边是对数学的热爱,一边则是残酷且沉重的现实。当他选择用自己的思维对抗自己的精神症状时,就已经超越了天才带给人的震撼,变成了人格的伟大。

后来,纳什本人到中国访问,观众中有人问他作为数学家获得经济学奖有什么感受时,他说:"用数学去解决问题很美。"或许正是这种在数学中寻找美的信仰,支撑着纳什与病魔抗争,并最终走向诺贝尔奖领奖台。

为提升影片的真实感和情感的感染力,主创人员按照故事的时间顺序进行拍摄,并请来已经年过七旬的约翰·纳什本人亲临现场指导。尽管影片不是严谨的数学课,但相关内容必须精准可信。于是在拍摄期间,巴纳德学院的数学教授戴夫·贝尔每天都会来到片场为数学细节把关。正是因为导演做事严谨、精准,才会有这部影片的成功,这也是一种数学精神,是数学带来的一种美的境界。

研究项目室

影片呈现出人类理性的美丽，这对于我们普通人而言，有着深远的意义。我们无须在每一件小事上都像纳什一般去探究其内在的数学规律，但我们可以在大到政治、经济领域，小到日常消费、体育竞赛等方面问自己：我所做的是出自我的理性吗？

这部影片不仅是对纳什自身内在心智成长的呈现，更是对人类心智更深入的揭示，它之所以能引起人们强烈的共鸣，产生深深的震撼，正是因为纳什在心智上的经历树立了人类理性超越疯狂的典范，而这种理性源于数学精神带给我们潜移默化的影响和指引。

数学可以表达运算及发现事实，从这个角度说，数学是一种语言，也是一种文学，更是一种工具，人们用这些工具建立起数学的体系。如果把它当作计算的工具，用来计算长度与面积，或算出成本与利润，那它就类似直尺与计算器。如果用它来描述重力或染色体的结构，可以认为数学是物理和宇宙的语言；在几何、微积分课堂上，数学是很好的分析方法。

数学是理性的，有逻辑的，严谨的，这同时也带来了一个问题，就是表现数学的形式——那些数字、符号、公式在非专业数学研究者眼中是枯燥、乏味而烦琐的。但这显然是对数学理性思维的误读，其实数学的理性美，美在思考数学问题本身。在这一过程中，数学问题由一个最初的条件然后演化为千变万化的推导式，最终，经过一连串推导和演变之后，这些庞杂的推导式或过程将化繁为简。

数学的美还体现在它非常简洁，但刻画了非常深刻的数学原理。比如欧拉公式，就像欧拉纯粹的内心一样简明。它用最简明的形式，沟通了世界上几乎全部的数学元素。无理数 e，它是自然对数的底，隐藏于飞船的速度和蜗牛的螺线中。无理数 π，隐藏于世界上最完美的平面对称图形——圆中。

另外，大自然中也蕴含着神奇的数学。比如，蛇的正弦曲线。蛇在前行的时候有4种行进方式，其中两种是蜿蜒式和侧行式，以这两种方式行进时，其行进轨迹可抽象为正弦曲线。

蜘蛛编织出来的"八卦网"非常精致匀称，里面有丰富的几何学概念，像半径、弦、平行线段、三角形、全等对应角、对数螺线、悬链线和超越线等。蜘蛛用辐线将网分成几个部分，相邻辐线的圆周角大致相等，而蜘蛛网从外圈绕向中心点的螺旋线是对数螺线。数学来源于生活，生活也离不开数学。

发展到20世纪，数学影响下所产生的最伟大的技术成就首推电子计算机的发明与运用，它改变了人们日常生活的方方面面并使人类进入了信息时代。今天，数学所引发的技术创新已经广泛地应用于人类生活，使我们无处不感到它的存在。

"浩浩汤汤，横无际涯；朝晖夕阴，气象万千。"数学大观，大观数学。世界等你来开启新的数学"视"界。

 学生研究展示室

你有用数学知识解决过生活中的实际问题吗？

学生甲：我用数学思维解决过生活中的问题。有一次，我们一家三口去旅游，需要预订房间，我想选择既经济实惠，去景点的路费还不是特别贵的酒店。于是我选择用列表的方法将选择的一些酒店列出来，每个酒店的优惠活动不同，我分别计算出相应的费用，再把去各个景点的打车费估算出来，最后将两个费用加起来，并将其列在表格中进行对比、分析，最后择优。用表格分析问题使得过程清晰、简洁，结果更直观。

学生乙：我制作过一条发育不完全的小蛇的动画短片。设置几个指定的点，标出点的坐标，使用计算机中的插值技术来描述目标点的移动和动作，确定一个目标点的初始和终止的形状和位置，并将中间状态描述出来，最后就逐渐呈现出一条小蛇的形状。这就是数学知识的运用。

主题五　信仰　奋斗　关爱
——生命中不可或缺的力量

第一课　信仰的力量引领方向

生命之河有不同的方向,但有一个共同的愿望,那就是历经千山万水,奔涌向前!盘点中华民族几千年光辉灿烂的文化,梳理勤劳智慧的中国人民从站起来、富起来到强起来的风雨历程,我们发现生命中有一些力量不可或缺!下面这几部影片会给你些许启示!

电影《八佰》是一部由管虎执导,姜武、张译、王千源等主演的战争电影,于2020年8月21日在中国内地上映,点映破纪录2亿多,打破了中国点映票房的最高纪录。首映当天破1.35亿,截至2020年8月25日,票房已经超过10亿了。

这是一部怎样的电影?从筹划到拍摄经历了怎样的历程?电影"火爆"的背后凸显出怎样的民族精神?让我们一一探秘!

经典放映室

《八佰》取材于1937年淞沪会战,"八百壮士"留守四行仓库,顽强抗战四天四夜,坚守最后防线的故事。淞沪会战后期,第88师524团团附谢晋元临危受命,率领400余名官兵(为壮声势,对外号称"八百壮士"),坚守闸北四行仓库,掩护主力部队撤退。"八百壮士"抱定为国捐躯的决心,以弹丸之地抗击侵略者,激战四昼夜,击退敌人10余次疯狂进攻,其战斗事迹之英勇、爱国气节之豪壮,振奋国人,震惊世界。

动人微镜头

参加这场保卫战的中国士兵被称为"八百壮士",他们抱定为国捐躯的决心,击退敌人10余次进攻。为了阻止日军炸楼,无可奈何的将士们喊着自己的姓名和家乡绑着炸弹纵身一跃,用生命抵抗日军。首长为了掩护大家,自己做诱饵,让大家先过桥。英法租界地规定不能给对岸军团送电话线,热血青年义无反顾冒死去送电话线,最终倒在了桥上……

观影部落格

影片中壮士们身绑炸弹,跳入日军铁板阵;租界的人流血接力,护送电话线;他们用血肉之躯守护红旗不倒,英勇悲壮!国人皆如此,倭寇何敢?这句话深深震撼着我!导演带领1 500多人的剧组,历经499天的筹备、230天的拍摄,耗时一年半1∶1实景还原了1937年的上海苏州河两岸;用300颗照明弹,共烧掉300多千克烟油和近5吨的旧报纸,设置了5万个地面子弹点,打造了一个硝烟弥漫、炮火四起的逼真战场,这种敬业精神也特别值得我学习。

——《观看〈八佰〉有感》 董俊希

智思成长路

"一寸山河一寸血,一抔热土一抔魂。"将士们赴死演绎了什么叫"天下兴亡,匹夫有责"。请回答以下问题:

1. 日本叫嚣要3小时攻破四行仓库,他们是否得逞?守卫将士是怎么做的?

___

2. 誓死抵抗两天后,有人说,这样的抵抗终究是要失败的,请思考:抵抗的意义是什么?

___

3. 联想我们之所以能控制住病毒,靠的是不是这种团结互助、不怕牺牲、英勇奋战的精神?请举例说明。

___

第二课 奋斗的力量助力梦想

青年向上,国家向前。国家的前途、民族的命运、人民的幸福,是当代中国青年必须和必将承担的重任。回望波澜壮阔的历史进程,一代又一代中国青年以青春之我、奋斗之我,为国家、为民族前赴后继。百年来,中国青年满怀对祖国和人民的赤子之心,接续奋斗、砥砺前行,谱写了一曲又一曲壮丽的青春之歌。

青春理想,青春活力,青春奋斗,是中国精神和中国力量的生命力所在。知易行难,行胜于言。生逢盛世,广大青年要一刻不停地实学实干,脚踏实地,在前行路上奋力夺取一次次的胜利,成就伟大的事业和梦想,不辜负这个伟大时代。成长是一个充满温度的话题,梦想是一个蕴含挑战的字眼!让我们走进影片《花儿怒放》,看一个青年人怀揣着怎样的梦想与一群孩子成长。

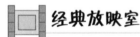

经典放映室

《花儿怒放》由上海电影制片厂摄制于2002年,讲述的是一个青年人和一群孩子共同成长的故事。年轻的老师丁天面对着一群聪明、逆反、性格各异的孩子,用自己的智慧和行动走近他们,与他们共同成长。

丁天是一位青年教师,作为初三(4)班的班主任,第一天上任他的学生就给了他一个下马威。可是他并没有计较,相反他带领大家积极地开展课外活动,以自己特有的教育方式和对学生无微不至的关怀,与学生建立了亦师亦友的亲密关系,赢得了他们的尊敬和信任。孩子们最后走上了适合各自发展的道路,丁天也得到了女友和周围人的理解,留在了自己喜爱的教师岗位上继续工作,并以自己的亲身经历创作出了小说《花儿怒放》。

动人微镜头

影片充满了青春活力和浪漫气息。刘烨在影片中饰演的丁天教师的造型很有个性,不是黑衣黑衫,就是牛仔裤白衬衣,但他教育学生的方式颇具新意:让学生在课堂上倾听大海的涛声;带领学生到大街上观察社会;把胆小学生的画托女朋友在画刊上发表……

观影部落格

电影主要讲述了一位新来的老师丁天,他带的那个班级中有几个性格古怪的同学,经过和老师的相处,他们变得开朗、自信、阳光、有活力,展现出了生命本来该有的样子。这期间,丁老师受到过校领导以及家长的否认,但他坚持不懈,最终获得认可,成为大家最喜爱的老师。看完后,我感触颇深,明白了很多道理:凡事都不是一成不变的,没有天生愚笨的人,只有认为自己愚笨的人,任何人只要努力,有信心,就会改变!

——《观看〈花儿怒放〉有感》 高梓峻

智思成长路

"每个孩子都是一粒种子,只要用心呵护,都会成为怒放的花儿。"请回答以下几个问题。

1.影片中丁天老师最后获得了学生们的信任和拥戴,受其影响,学生们在潜移默化中改变着自己。请你说说丁天老师的梦想是什么?为了实现这一梦想,他付出了哪些努力?

_____

_____

2.影片中,苗老师尽管不理解丁天的教育方法,但她还是用自己的善良为丁天遭遇的不公正打了抱不平,她对丁天说:"我们缺的就是你这种素质的老师。"请你说说你希望你的老师具备怎样的素质?

_____

_____

第三课　关爱的力量润泽成长

阳光,是温暖的词。天空中只有一个太阳,但是心灵的关爱却暗含着无数道给予我们力量的阳光,带给我们无私的关怀,使我们快乐地成长。这是一种很神奇的东西,它犹如一盏灯,照亮了我们成长的道路;它又像一把伞,为我们遮风挡雨,使我们在绝境中看到希望的光芒!

他们是一群成长在山里的雏鸟,用清泉般的双眼审视着这个世界,憧憬着又敏感着。他们渴望得到这个世界的认可,进而振翅高飞,却不得不先学会躲避现实世界的伤害,以免折断还未丰满的彩色羽毛。这群孩子有一个共同的妈妈——衣着朴素的山村教师钟文花,她的教室和宿舍成了这群小鸟最温暖的避风港,依偎在她的身边,世界会变得安静而瑰丽。这是一个怎样的故事呢?

经典放映室

影片《爱的钟声》是由朴俊熙执导的中国文艺电影。以关爱为主题,力求真实反映农村留守儿童现状,呼吁社会各界共同关注和关爱农村留守儿童。该片根据江西省玉山县南山乡枫林村小学老师钟文花的真实事迹改编,讲述了在一所被群山环绕着的学校中,一位含辛茹苦的女教师钟文花,用她不懈的努力和默默的付出,让留守在大山深处的孩子们,重新体会了亲情与关爱的滋味的故事。

影片再现了钟文花老师关心、帮助留守儿童的感人事迹,该片的拍摄是传递社会正能量、践行社会主义核心价值观的有力行动。

动人微镜头

有一次,同学们在吃饭,男孩雨生握筷子的方法不对,引来全班其他同学的哄堂大笑。只有老师不厌其烦地教他如何正确使用筷子,并用水在桌子上写下了"坚强"二字,告诉他要学会自己强大起来。同学们的不友好,让他感觉到孤独,老师如父母般的关爱,让他变得坚强。看完电影后,我懂得了:在班级里要友爱同学,主动去帮助那些需要帮助的同学,尤其是缺少父母关爱的同学,让他们感受到爱。

观影部落格

《爱的钟声》给我留下了深刻的印象,让我看到了那些身处农村的留守儿童艰苦的生活和学习条件。同时,我也被钟老师的那份善良及对所有学生都不放弃的无私精神感动了。我看到了一位普普通通却充满爱心的乡村女教师的光辉形象。同学们,让我们更加珍惜现在优越的生活和学习环境,踏踏实实地努力学习,以报答老师对我们的教育之恩吧。

——《观看〈爱的钟声〉有感》 韩天晟

 智思成长路

1. 影片中当李老师在全校教师大会上气急败坏地要把淘小子雨生开除时,钟老师时怎样表态的?这说明了什么?

2. 钟老师为什么坚持给孩子们信心?你需要老师的关注与呵护吗?说说你被老师关爱的幸福经历。

主题六　物理学

——人类文明璀璨的明珠

物理学和人类的生活息息相关。在人类社会的发展进程中，物理学起着重大的作用，对人类的贡献是巨大的。

✳　　✳　　✳　　✳　　✳

物理是一门基础自然科学，是认识世界、改变世界的科学，是涉及多个领域的学科。它与生活密切相关，还和数学、天文等诸多领域有着不可分割的关系。由于物理学这样特殊的身份，对它的研究对于生活中的一些现象做出了诠释。物理学无疑是认识客观世界的重要工具，它对天文领域的探索和对宇宙奥秘的探索有着巨大的作用。

物理知识应用更是影视作品中的热门题材，每每让人感受到科技的力量、视觉的震撼、心灵的碰撞激发了观众的求知欲，特别是其中浓厚的爱国主义情怀，让人深思，令人感动！

第一课　学好物理，将一切不可能变为可能

物理学是认识世界、改变世界的科学，它改善了我们生活的物质条

件,拓展了我们对世界的认知。火车、汽车、飞机等交通工具让路程不再遥远;通信工具、互联网让地球变为地球村;火箭、宇宙飞船让人类远足地球以外,涉足太空;各种望远镜将人类视线拓展到几亿光年。物理学推动了世界的进步和发展。

地球是我们生存的家园,这里有美丽的山川、奔流的江河、蔚蓝的大海、欢畅的鸟儿、姹紫嫣红的繁花,我们热爱地球。然而突然太阳即将毁灭,过去无数岁月中作为人类生存支柱的太阳变成了死亡和恐怖的象征。如何让人类继续生存下去,运用人类智慧带领地球逃离太阳引力呢?《流浪地球》这部影片中有真挚的情感、生与死的较量、超乎想象的剧情,是一部难得的国产科幻片佳作,在这部科幻作品中,处处都能看到物理的身影……

经典放映室

《流浪地球》是国产电影中的巅峰佳作,是中国科幻电影的骄傲。

300年后太阳将吞没地球,只有35亿人进入了地下城。宇航员刘培强的儿子刘启是一名机械工人,他想带从未到过地球表面的妹妹去地球表面看看。地球的"流浪计划"是由若干发动机反推地球来实现的。在经过简单的铺垫后,来到地球表面的他们突遇险情,刘启精准的操作让他们化险为夷。影片中交流均使用无线电波,我想是由于地面过于寒冷以及空间站所处位置为真空,无介质传播声音。在救援途中,因气压过低,救援飞机无法维持飞行。强震导致二次塌方,他们一行不得不离开运输车。历尽千辛万苦,可杭州地下城却消失殆尽,他们所做的一切皆是无用功。好在CN171-11带着一颗火石(重启发动机的材料),一行人的旅途便就此拉开序幕……

动人微镜头

有这样一个场景,一定会让你感到爱的伟大……

刘培强为了在空间站工作,被迫放弃了妻子的维生系统,导致儿子对父亲产生误会。在空间站工作了17年,即将面临退休的他,再次在地球遇到危难时驾驶着飞船撞向了木星。在撞向木星的那一刻,他的目光与儿子相对,这里面包含了父子太多内心独白,包含了儿子对父亲的理解,也包含了为了保护地球做出个人牺牲的伟大奉献精神,热泪瞬间充盈在眼眶,浩然正气背后心底有无限柔情。

同学们,这是一部利用物理知识改变地球命运的科幻影片,你能找出影片中都用到哪方面的物理知识了吗?

 观影部落格

同学们,相信这部影片会让你感受到科技力量的伟大,会让你感受到物理知识的神奇。哪怕在最后一刻,人们也会运用思维的火花,寻找新的办法,将地球带向新的未来。在最危急的时刻,人们将木星上的氢气点燃,利用氢气瞬间燃烧产生的巨大冲击波,它相当于十几颗原子弹同时爆炸的威力,在这样大的冲击波下将地球推离木星。多么伟大的壮举,人类利用智慧再一次战胜了不可战胜的困难,让地球获得了新生。

刘启小时候就透过凹透镜和凸透镜看过木星,后来抬头就可以望见木星。在空间站莫斯宣布失败后,聪明伶俐的他很快想起了他的父亲曾经对他说过的话:"木星是太阳系最大的行星,里面90%都是氢气……"这句话令大家眼前一亮,或许,真的有解决方案呢?在刘培强、空间站其他人的牺牲下,地球如愿以偿逃离了木星的引力,洛希极限也变成了洋溢胜利的一抹绿。在历经无数磨难、众多人牺牲后,刘启与韩朵朵成功活了下来,生活在新的环境中。在众多美好的计划中,人类的文明得以延续下去。在这部科幻作品中,处处都能看到物理的身影……

——《观看〈流浪地球〉》有感　黄一洋

物理知识与影视作品结合给我们带来了前所未有的视觉盛宴。例如:离地球

600千米外的太空，气温在258至零下148华氏度之间骤变，声音无法传播，无气压、无氧，因此交流需要用无线电，这就说明声音的传播需要介质，真空不能传声；宇航员在用灭火器的后坐力去接近神舟号时，体现了力的作用是相互的；在宇航飞船返回地球降落在水面上时，开门很费力，这反映了海水是有压强的。这些都让我们了解到物理在生活中无处不在，所以我们要去探索更多未知的物理知识！

智思成长路

1.《流浪地球》是一部典型的物理知识应用大集合的影片，例如：地球停止转动，由于惯性海浪将会席卷全球，大陆将被大海淹没。同学们，请开动脑筋，也来寻找影片中哪里应用了物理知识吧！

_____

_____

2.人的一生挫折和困难无处不在，我们要有决心和毅力战胜它们。请结合《流浪地球》谈谈你战胜困难的决心。

_____

_____

第二课　锲而不舍，顽强拼搏，成就辉煌人生

虽然有着寂寞的童年、孤独的一生，但是挡不住他对真理孜孜不倦地追求，抹不掉他在科学史上卓越的成就。他的锲而不舍、顽强拼搏成为我不断前行的动力，鞭策我不断成长和进步。他就是伟大的科学家——牛顿。

牛顿教会了人类思考的方法，后人沿着他的足迹在浩瀚的海洋中也找到了光滑的石子和美丽的贝壳——电磁学、光学、热学……人类在牛顿的科学思想光辉

照耀下不断前进,创造了一个又一个奇迹!

——《牛顿探索》

经典放映室

  1643年1月4日,在英格兰林肯郡小镇沃尔索浦村的一个贫穷的自耕农家里,牛顿诞生了。牛顿是一个早产儿,出生时只有三磅重,接生婆和他的亲人都担心他能否活下来。谁也没有料到这个看起来孱弱的小人儿今后会成为一位震古烁今的科学巨人。牛顿从小与外婆相依为命。在外婆眼中,牛顿是个不同凡响的孩子。外婆忙于生计,牛顿经常一个人待在家里,遇到问题,只能自己动脑筋。这样,小牛顿从小就养成了独立思考的习惯。小牛顿性格有些孤僻,同学们都欺辱他。当时,学校有个小霸王叫乔治,把牛顿的风车弄坏了,还侮辱他。愤怒的牛顿教训了乔治。从那以后,没有人敢无端欺侮牛顿了。这次小小的胜利,让小牛顿找回了自信,开始勤奋好学了。

动人微镜头

  有这样一个场景,一定会让你学会什么叫执着……

  从牛顿的故事中,我了解了牛顿是一个科学巨人,他热爱科学,刻苦钻研,常常废寝忘食。

  最令我难忘的一个场景是牛顿在做实验的过程中感到腹中一阵饥饿,他把怀表当鸡蛋放到了锅中去煮,过了很久当助手回来时才发现。我要学习牛顿爱学习、热爱科学、刻苦钻研的精神,做任何事情都要一心一意,留心观察,用心体会,用智慧去解决问题,在求知路上采撷累累硕果,满怀信心迈向灿烂辉煌的未来。

  同学们,看了《牛顿探索》,你觉得牛顿带给你的最大启发是什么?你觉得牛顿勤奋的精神对现代中学生有没有指导作用?

观影部落格

刚入学时,牛顿的成绩一直很不理想,而且常被同学欺负。有一次,他做了一个风车,同学乔治却讽刺说这不是牛顿做的,并把风车摔碎了。牛顿非常恼火,发誓以后一定好好学习,不被别人欺负。后来他说到做到,成绩从倒数跳到了名列前茅,考上了皇家中学,和活泼的斯托里住在一起,过着很快乐的日子。但是好景不长,不久后,鼠疫横行,牛顿只好停学回家。回家后的牛顿被迫要干农活,但他没有忘记好好学习,在干农活时也看书,所以常常闹出笑话。后来他考进了剑桥大学,结交了很多有名的科学家,发现了引力和光的新原理,对科学界做出了很大的贡献。牛顿,他是一个执着的人。牛顿,他是一个沉默寡言的人。牛顿,他是一个平凡但又不平凡的人。他在自己的世界里努力探索。这不仅仅是一个关于牛顿的故事,更不是对一项又一项伟大发明的展示,影片通过牛顿对科学的追求和奉献的精神的展现让我们看到了牛顿不平凡的人生。

牛顿对自然界的现象十分感兴趣,用心观察,善于发现,勤于思考,在看似平常的问题中挖掘出了深层的内涵。根据阳光移动,树影也移动的现象制作了日晷仪;在推小车的游戏中发现了惯性与静止的定理;在苹果树下的思考揭示了万有引力定律;精确测算了哈雷彗星的运动周期;运用光和颜色的理论,成功发明了反射式望远镜。他还创造了数学中的微积分,在力学、光学和数学领域里也为人类做出了巨大的贡献。

牛顿之所以能够超越他人而站在科学之巅,与他身上的优秀品质是分不开的。他治学严谨,酷爱读书,喜欢沉思,为了自己痴迷的科学,经常努力工作到凌晨,有时甚至彻夜不眠。这种刻苦钻研、探索创新的精神,不正是我们要学习的吗?

如果人生是一条长长的路,那么探索的过程便是其中最美的一段。在这段路上,坚持必定是点缀的鲜花。如果探索是广阔的天空,那么坚持就是飞翔的羽翼;如果探索是汪洋大海,那么坚持就是船上的风帆;如果探索是成功的大门,那么坚持就是开启大门的钥匙。牛顿的故事让我明白了:从苹果掉落到万有引力定律是日夜思索的结果;从最好的光源、理想的薄面到五颜六色的肥皂泡,那是他不断试验的成果。牛顿正是因为有着为国家现身、奋斗的精神,才能总结出"牛三定律"。灯下,思绪不再烦躁,面对难解的物理题我终于能平静下来,目光一点点变得坚毅。换一个思路重新解题,坚持方可铸就成功。几十年如一日的坚守,是寂寞的,但正是因为那份坚守,惊艳了岁月!终有一天我们会收获鲜花与掌声,惊艳时代的天空!

——《观看〈牛顿探索〉有感》 张琪茄

他的发明,如诗人的创造,似哲学家的辩证。无人不知、无人不晓的传奇人物牛顿,他是伟大的发明家、物理学家,他对物理学的痴迷和钻研,让我为之赞叹和钦佩。纵观古今历史之悠悠长卷,像他一样伟大的人灿若星辰。无数的人被物理学吸引着,对真理敬重着、渴求着。物理学的魅力在于它是神秘的,却又是真实存在的;它不可思议,又好像有迹可循;它指引世界发展,却又是亘古不变的客观真理。努力学习物理学吧,它是认知世界的过程,又是探索世界的旅途。了解它,你会打开一扇新奇的大门;学习它,你会对世界有更深刻的认知;利用它,你会创造更加美好的未来。期待你成为下一个物理界的璀璨新星!

——《观看〈牛顿探索〉有感》 徐一可

物理学家带给我们的不仅是宝贵的知识财富,同样还有顽强拼搏的精神,不向困难低头、百折不挠的恒心与毅力。我们青少年是祖国未来的栋梁之材,只有努力前行,才能使祖国强大。正如那句激荡人心的"强国有我",奋发吧,少年!

智思成长路

1. 观看影片《牛顿探索》后,你认为成为天才需要哪些必要条件?

2. 观看《牛顿探索》对你勇敢面对学习中遇到的困难及养成坚持不懈学习的态度有哪些帮助?

第三课　精神之光，当之无愧的英雄

在困境中傲视霜雪，在苦难中不虚度时光，钱学森成就了中国的航天事业。

——《钱学森》

经典放映室

电影《钱学森》着重表现的是主人公赤诚的爱国之情，这是普通人也能深切体会到的情感。影片通过大量的细节表现了钱学森对祖国的深深思念。在美国的时候，钱学森最好的朋友给他打了一通电话，并给他放了一段《新大陆》，钱学森的思乡之情自然而然地流露了出来。钱学森是科学家，也是一个极具尊严和力量感的男人。钱学森坚定地离开美国、返回祖国时，突显的是一个男人的尊严。美国人的阻碍只是一种"反写"，钱学森坚定的信念才是"正写"。不论美国人使用怎样的手段，都无法阻止钱学森回国。钱学森回国时，中国的科学大业正艰难起步；钱学森离开时，现代化的天空早已星光璀璨。当我们仰望星空，可以看到无数繁星熠熠生辉。这满天星斗，就是以钱学森为代表的老一辈科学家为我们指引的光辉未来。我们将乘风破浪，借着巨人的肩膀，努力探索更加美好的明天！

动人微镜头

钱学森在美国学习、生活了 20 年，他是世界一流的火箭专家，在航空科学领域取得了卓越的成就。1949 年，中华人民共和国成立。消息传到美国，他非常兴奋，第一时间就决定放弃在美国的一切，回到中国为建设祖国而奋斗。然而钱学森准备回中国的决定，立刻引起美国有关方面的恐慌。他们认为："钱学森的专业技术会使中国的科学技术得到高速前进。"美国海军的一位领导人直接打电话警告美国负责出境的官员："钱学森……至少抵得上 5 个师的兵力。""我宁可把他击毙了,也不能让他离开美国。"于是,美方无中生有,污蔑钱学森是中国间谍。他的行李已经装上了驳船,准备由水路运回祖国,可美国海关硬说他准备带回国的书籍和笔记本中藏有重要机密,将其全部没收。其实,这些书籍和笔记本,一部分是公开的教科书,其余都是钱学森自己的学术研究记录。一波未平,一波又起。几天之后,钱学森突然被逮捕,关押在一个海岛的拘留所里,受到无休止的折磨。看守人员每天晚上每隔10分钟就进室内开一次灯,使他根本无法入睡。

 观影部落格

　　钱学森,中国著名物理学家,世界著名火箭专家。1950年开始争取从美国回归祖国。当时美国海军次长金布尔说:"钱学森无论走到哪里,至少抵得上5个师的兵力。""我宁可把他击毙了,也不能让他离开美国。"钱学森受到美国政府多次迫害,失去自由,历经5年,1955年10月,经过周恩来总理的不断努力,钱学森冲破种种阻力才得以回国。美国为了阻止钱学森回国,限制他的行动,监视和检查他的信件、电话等。然而钱学森没有屈服,他不断地提出严正要求:坚决离开美国,回中国去!他在家里放好3只小箱子,准备随时启程。1955年搭乘轮船回国后,当他来到天安门广场时,他兴奋地说:"我相信我必须能回来,此刻回来了!"钱学森回国后,为我国导弹和航天事业做出了巨大贡献。

　　　　钱学森是世界著名的物理学家。美国因钱学森掌握大量研究氢弹的资料而囚禁了他,在钱学森的抗议与中国政府的坚持下最终得以回到中国。钱学森归国后开始致力于氢弹和原子弹的研究,用到了大量的物理力学知识。氢弹利用了物理核聚变原理,原子弹用到了物理核裂变原理放出巨大的能量。钱学森带领一众科学家呕心沥血开始了两弹研究,最后获得了"两弹一星"功勋奖章!钱学森因为拥有渊博的物理知识才研制出了两弹,值得我们学习,其身上浓厚的爱国情感同样值得我们敬佩!

——《观看〈钱学森〉有感》　杨昔今

　　不计个人荣誉、不计个人得失,全身心投入科学研究,为人类进步做出过杰出贡献的科学家值得我们敬仰,值得我们学习。

 智思成长路

1. 请结合上面的观影体会,谈谈作为一名中学生该如何向钱学森学习,说说你的爱国行为具体体现在哪里。

_____

_____

2. 长大以后,你打算如何运用所学知识报效国家?

_____

_____

黑龙江省教育科学"十三五"规划基础教研专项重点课题
核心素养视域下的学校"金字塔"型情智课程体系研究与实践(JYB1320050)研究成果

让自己成为好情绪的主宰者

张　巍　主编

哈尔滨工业大学出版社

图书在版编目（CIP）数据

情智路上 最美的遇见.1,让自己成为好情绪的主宰者/张巍主编. —哈尔滨：哈尔滨工业大学出版社，2021.12

ISBN 978-7-5603-9863-1

Ⅰ.①情… Ⅱ.①张… Ⅲ.①活动课程-初中-教学参考资料 Ⅳ.①G632.3

中国版本图书馆 CIP 数据核字（2021）第 258960 号

让自己成为好情绪的主宰者
RANG ZIJI CHENGWEI HAOQINGXU DE ZHUZAIZHE

策划编辑	闻　竹
责任编辑	那兰兰
封面设计	郝　棣
出版发行	哈尔滨工业大学出版社
社　　址	哈尔滨市南岗区复华四道街10号 邮编150006
传　　真	0451-86414749
网　　址	http://hitpress.hit.edu.cn
印　　刷	哈尔滨博奇印刷有限公司
开　　本	787mm×1092mm 1/16 印张7.75 字数130千字
版　　次	2021年12月第1版 2024年6月第2次印刷
书　　号	ISBN 978-7-5603-9863-1
定　　价	198.00元（全三册）

（如因印装质量问题影响阅读，我社负责调换）

编 委 会

主 编 张 巍

副主编 张 蕊　赵宏国　木新刚

编委会 方 芳　刘冬雪　程志宏　刘艳会　喻莹莹
　　　　　侯力力　张士宝　张思聪　张明雪　郭耀颖
　　　　　孙孝颖　赵竹秋　刘 霞　李秀杰　邵 静
　　　　　王冬梅

前言

PREFACE

《中国学生发展核心素养》的提出，让教育改革进入"3.0时代"，所谓"学生发展核心素养"，是指学生应具备的能够适应终身发展和社会发展需要的必备品格和关键能力，是关于学生知识、技能、情感、态度、价值观等多方面要求的综合表现，是每个学生获得成功生活、适应个人终身发展和社会发展都不可或缺的共同素养，核心素养的发展是一个持续的过程，可教可学，最初在家庭和学校中培养，随后在一生中不断完善。

《中国学生发展核心素养》中提出的"珍爱生命"和"健全人格"要求学生理解生命意义和人生价值、具有积极的心理品质、自信自爱、坚韧乐观、有自制力、能调节和管理自己的情绪、具有抗挫折能力等。拿破仑说："能控制好自己情绪的人，比能拿下一座城池的将军更伟大。"情绪，往往是智慧不够的产物，问题带来情绪，情绪却不解决问题。当你能控制自己的情绪时，你就是优雅的；当你能控制自己的心态时，你就是成功的。

生活中我们不仅会沮丧，还常被痛苦、无助、迷茫等负面情绪所袭击。但我记得罗曼·罗兰曾说："真正的光明绝不是永没有黑暗的时间，只是从不被黑暗掩蔽罢了；真正的英雄绝不是永没有卑下的情操，只是永不向卑下的情操屈服罢了。"因此对情绪的管理是极其重要的。

《让自己成为好情绪的主宰者》一书针对学生青春期的心理特点，围绕焦虑、厌倦、愤怒、自卑、嫉妒、悲伤、自满、紧张、恐惧这九种学生极易出现的负面情绪，从心理、思想、道德角度，引导学生消除负面情绪，建立积极的情绪。

本书中每种积极情绪的建立都涉及专业的心理知识、学生的案例，以及教师自行设计的情绪管理课的课堂实录，无论是对学生自主阅读学习，还是对教师的课程实施，都有非常重要而有效的指导意义。

愿每一位读者都能够拥有阳光的心态，拥有朝气蓬勃的事业和更加美好的生活！

张 巍

哈尔滨市第四十九中学校党支部书记兼校长

目录

第一课	摆脱焦虑控制	1
第二课	向厌倦说再见	14
第三课	浇灭愤怒的火苗	27
第四课	科学认识自卑情绪	39
第五课	克服嫉妒心理,学会欣赏他人	53
第六课	悲伤不再逆流成河	67
第七课	克服自满情绪　成就自信人生	81
第八课	改善紧张情绪的影响	92
第九课	克服恐惧心理　养成阳光心态	105

第一课　摆脱焦虑控制

情绪无时无刻地陪伴在我们身边,它也无时无刻地影响着我们的人生,它可以使生命得到升华,也可能成为人生的包袱。

 感受情绪的力量

焦虑是我们无法逃避的情绪,它就像感冒一样,在我们的日常学习和生活中随处可见。学生因为学习遇到困难而感到焦虑,因为做错事、说错话而感到焦虑,每个人都在因不同的岗位而面临不同的焦虑。

(1)最近,我在电梯里听见一名七八岁的小女孩在大声哭泣,原因是,当天学校要进行考试,但她感觉自己什么都不会,所以一直哭泣。通过她与大人的交谈,我得知她昨晚也没有睡好。

(2)我们经常为很多事情发愁,常常为自己犯过的错自怨自艾。

一些学生在考试后,通常会睡不着,担心没有考好;总是想那些做错的事,希望当初没有那样做;总是回忆那些说过的话,后悔当初没有说得更好。

(3)教师在每一次课堂教学大赛之前,都会用昏天暗地来形容备课的日子,因为在课堂教学大赛没有最终完成之前,心里总是惴惴不安,失眠时都会背串联词,生怕把哪一句落下,影响课堂效果。

同学们,生活和学习中你们会因为什么而感到焦虑呢?

 解开情绪的密码（概念、分类、诱因）

考试焦虑是如何产生的呢?

来我们做一个小实验。

演示实验,说明道理。

事先准备两个空矿泉水瓶,分别往里面注入一些热水和冷水,然后再旋紧瓶盖。当注入热水时,瞬间,学生会发现那只注入热水的瓶子严重变形了,而注入冷水的瓶子没有发生变化。

世事洞明皆学问,借此实验向学生说明以下道理:

来自外部压力——家长或老师无形中给予的压力过大,或期望值过高。

来自内部压力——学生心里对外界压力的恐惧。

沙鼠的焦虑

在撒哈拉大沙漠中,有一种土灰色的沙鼠。每当旱季到来之时,这种沙鼠都要囤积大量的草根,以准备度过这段艰难的日子。因此,在整个旱季到来之前,沙鼠都会忙得不可开交,在自家洞口进进出出,满嘴都是草根,从早到晚,辛苦的程度让人惊叹。

但有一个现象却很奇怪,当沙地上的草根足以使它们度过旱季时,沙鼠仍然拼命地工作,并一刻不停地寻草根,而且一定要将草根咬断,运回自己的洞里,这样它们心里才会踏实,否则便焦躁不安,嗷嗷地叫个不停。

一只沙鼠在旱季里需要吃掉两千克草根,而它们一般都要运回十千克的草根心里才能踏实。大部分草根最后都烂掉了,沙鼠还要将腐烂的草根清理出洞。

曾有不少医学界的人士想用沙鼠来代替小白鼠做医学实验。因为沙鼠的个头很大,更能准确地反映出药物的特性。但所有的医生在实践中都觉得沙鼠并不好用,其问题在于沙鼠一到笼子里,就表现出一种不适的反映。它们到处找草根,连落到笼子外边的草根它们也要想办法叼进来。尽管它们在这里根本不缺草根和任何食物,但它们还是习惯性地劳累和过虑,尽管笼子里的生活可以用丰衣足食来形容,但它们一个个还是很快死去了。

同学们,你们知道这是为什么吗?

哪些事情会引起人们过度焦虑？

1. 家庭成员关系不和睦

父母常年吵架,造成男孩性格内向、胆小、敏感。不过这都还好,至少不影响正常生活,男孩害怕父母吵架,天天处在恐惧、紧张的状态,心脏跳得很快,容易哭,现在一听到他们吵架甚至只是谈话就会焦躁不安。"如果他们真的吵起来,我的心跳会更快,非常痛苦,看见他们在家就特别焦虑,焦虑到哭出来,又不敢跟父母谈。"感觉父母的关系对男孩的影响太大了。

2. 家庭经济状况出现困难

学生小达如今已经是一名初中生了,有一天小达的妈妈带着小达去商场买衣服,小达看见国外的名牌运动鞋,就对妈妈说:"妈妈我也想要买一双。"妈妈非常疑惑,平常小达并没有这样的请求。这个时候妈妈问小达为什么突然想买名牌的运动鞋了呢?小达说:"学校里有很多男同学都穿这个品牌的运动鞋,我的好朋友小君也穿。"小达认为团体里每个人都穿着名牌鞋,如果他不穿就不能融入那个团体。妈妈听了,哭笑不得,她想到学生在学校中可能会有攀比,但没想到情况会这么严重。

3. 学业压力过大

一个神情憔悴的漂亮女孩在她的陈述中充满了焦虑和无奈。"我马上就要中考了,从开学到现在只不过一个月,我就觉得自己被笼罩在一种紧张的氛围中,时常感到心烦意乱,学习成绩也时好时坏,为此整天惴惴不安。""我常常想到中考问题,心态也与以往有所不同。心跳过快,身体有时会燥热,思维不受控制,注意力也难集中。我怕老师提问,老师一叫我回答问题,不论是会与不会,回答时总是语无伦次而且声音发颤。虽然经常被老师提问,却还是消除不了这种胆怯心理。考试之前,我会非常紧张,前几天就会睡不着觉,连续失眠,考试心跳加速,头脑发胀,昏昏沉沉,结果考试成绩越来越差。"

4. 人际关系紧张

学生小宁对人际关系很敏感,看见关系亲近的朋友跟别人一起玩就会觉得自己被孤立了,他害怕被抛弃却不想社交,每天身体都很疲乏,觉得很多事情做起来很麻烦。

5. 给自己设置的目标过高

黄同学成绩一直很优异,但近来成绩滑坡厉害,从全年级前30名下滑到80名,这次考试还排到了100名后。经过与之交流,黄同学才敞开心扉。原来,他曾经给同桌讲数学题,但讲过之后,黄同学开始紧张并心想,"他懂了会不会超过我?"从此以后,黄同学只要看到这个同学很认真地看书就会感到紧张。最后,他一考试就焦虑、担心,拿到试卷眼前就出现那个同学流畅答卷的场景,害怕别人超过自己,无法安心答题。

学习是一个艰苦探索的过程,所以难免经常有错误和失败相随,不论你是聪明的还是愚笨的,都难免会不时体验到学习所带来的各种压力以及由此引发的不同程度的紧张和焦虑。

观测情绪的信号

在日常生活中,没有人能说自己与焦虑无缘。经济方面的忧虑,对人际关系好坏的担心,对工作顺利与否的担忧,这种焦虑与其说是焦虑,不如说是人们对危机做出的一种生理性的防御。我们只有经历且适应了这种焦虑,才能使自己的活动范围得以不断扩展,使人生变得更加充实。这种焦虑无论多么健康的人都会有,如果这种焦虑给周围的人带来了困扰,可以向周围的人解释清楚,是能得到他们的理解的。即使是那种让人不堪忍受的焦虑,只要经过一段时间的沉淀,也自然会烟消云散。但是如果这样的焦虑长时间地困扰着你,这将是过度焦虑的信号。

正常的焦虑普遍存在,每一个人都会有不同程度的焦虑,它与危急情况和难以应付的事件有关,随着时间的推移,焦虑就会解除。例如,约了一个同学看电影,可是电影都快开始播放了,这个同学还没到,这时你就会产生焦虑不安的情绪,但是这种焦虑不安会在同学出现之后自然消失。

如果焦虑的严重程度和客观事实或所处环境明显不相符或持续时间过长,那就可能是病理性焦虑。例如,马上要坐飞机,担心路途可能会遇到气流颠簸,这是正常的焦虑,但如果总担心飞机会出事故,担心自己的生命安全,甚至于拒绝乘坐飞机,这就是病理性焦虑。

焦虑的主要表现：

情绪表现——紧张、着急、烦躁、害怕、恐惧。

生理表现——心跳加快、呼吸短促、手脚发麻、头疼胸闷、睡眠减退、食欲下降。

认知表现——有糟糕化、灾难化的念头和想法。

行为表现——来回走路、搓手顿足、坐立不安、姿势僵硬不自然、小动作增多、甚至奔跑喊叫，也可表现为不自主地震颤或发抖，入睡困难。

过度焦虑是一个人身心健康的临界点，它会削弱人的身体机能，怎样判断自己是否焦虑过度尤为必要。

焦虑自测：如果下列十种症状，你有其中 1~2 种，建议你认真对待这种情绪。

焦虑症常见症状：

（1）难以入睡，睡眠不好。

（2）过度担心，心生痛苦。例如，一周超过三天都在担心，这种状况持续超过半年，恶劣的情绪让人痛苦，影响生活和工作。

（3）无具体对象的长期恐惧。

（4）肌肉紧张，身体僵硬。例如，经常双手握拳，背部僵硬，紧捏下巴。

（5）消化不良，胃肠道出现异常。

（6）无法克服的社交恐惧，花大量时间考虑即将到来的社交活动。

（7）突如其来的恐惧无助，通常会持续几分钟，并且在这几分钟会伴随呼吸困难、手脚麻木、大汗淋漓及头晕乏力等症状。

（8）反复想起以往受伤经历。

（9）反复向他人倾诉一些小事。

（10）长期自我怀疑，围绕某一问题反复质疑自己。

管理情绪的动态（方法指导）

焦虑的情绪管理和长效练习。

一、情绪管理

1. 学会释放自己的情绪

心理学家认为：人们不要无限地压抑情绪，应使情绪得到适当释放。由失败而引起的不愉快情绪在经历一段时间的积蓄后，最好让这种情绪得到释放。其方法有：

(1)焦虑漂流瓶(将瓶子灌满水，将引起自己焦虑的事情对着瓶子诉说，说完后将水全部倒掉)。

(2)向知心朋友倾诉你的苦闷。

(3)把自己的不快写进日记。

总之，要把不愉快的、压抑的情绪抛在脑后，这会减轻精神上的负担和压力。

2. 学会转移自己的情绪

心理学家认为：情绪反应是建立在高级神经中枢的暂时联系，当人们受到精神刺激时，大脑皮层就会建立起一个兴奋点，如果有意识地再建立一个新的兴奋点，就会使原来的兴奋点受到抑制。当焦虑使情绪低落，让你感到沮丧和烦恼时，人们最好运用可能的方式转移自己的情绪。

参加自己喜欢的一些娱乐活动，让头脑和情绪得到松弛。例如，骑车去郊外、旅游、看电影、听音乐，用快乐的气氛赶跑心中的郁闷。

一位青年参加全国自修考试。自修大学的考试很难，每门课及格与否对于这位青年都是一种考验。当某门课的考试失败时，他便在夜晚骑车从东长安街骑到西长安街。他对我说，当他经过天安门广场时，天安门的雄伟壮观，天安门广场的宽阔、壮丽，使他顿生无限敬意，一种豪迈感从心中涌起。在这里我找到了自己失落的东西，自信心油然而生，一切由失败引起的不快都随之消失。当你心里的郁闷排解不开时，你可以去拥抱大自然，忘掉过去，重新找回自信的自己。

3. 要学会自我激励

面对人生的挫折和失败，我们要面对现实，尝试给自己一种安慰，努力给自己找一种出路。李白的"天生我才必有用"就是一种对人生的超脱、潇洒的态度，这也是一种在精神上的自我肯定。人生要经历无数次的成功与失败，我们要学会不沉迷于一时成功的喜悦，也不困于一时失败的沮丧，要学会以一种潇洒的态度来对待人生。自我肯定是在失败中驱逐自卑的有力武器。

如果能把失败看作是人生中通往成功的必由之路,我们就会对自己充满信心,就会坚信自己能迎接新的挑战。不要把什么都看成是唯一的,"条条大道通罗马",成功的道路就在你的脚下。

4. 学会自我评价

当你驱逐掉心头的种种不快,转变低落的情绪后,接下来要做的第一件事就是面对现实、对自我进行一番冷静的分析,找出失败的原因。失败可能是由于紧张、求成心切;可能是由于功夫不到家;可能是由于粗心大意……分析时为了避免主观上的偏差,最好把自己当作一个"他"来看。找出失败的原因后再到"考场"一试,不要因为失败而放弃第二次尝试,也不要把高考作为自己唯一的出路。

当你确定新目标后,我们最好积极行动起来。当把全部精力都倾注到新的目标上时,就无暇顾及由那次失败和挫折所引起的不快。无论选择的新目标是什么,我们都要相信自己,相信自己在经历了挫折和失败后会更成熟、更坚定,相信明天会更好。

二、长效练习

1. 渐进式肌肉放松训练

渐进式肌肉放松训练法运用肌肉松弛反应来抵制恐惧或焦虑的发生。在一般情况下,放松训练程序要求练习者先自行紧张身体的某一部位,例如,用力握紧手掌10秒钟,使之有紧张感,然后放松5~10秒,这样经过紧张和放松多次交互练习,练习者在需要时,便能随时放松自己的身体。通常施行紧张松弛训练的身体部位主要是手、手臂、脸部、颈部、躯干以及腿部等肌肉。

2. 呼吸放松训练

"专注呼吸"能够降低大脑杏仁体的活动水平。采用鼻子呼吸,腹部吸气。双肩自然下垂,慢慢闭上双眼,然后慢慢地、深深地吸气,吸到足够多时,憋气2秒,再把吸进去的气缓缓地呼出。自己要配合呼吸的节奏给予一些暗示和指导语:"吸……呼……吸……呼……",呼气的时候尽量暗示自己现在很放松、很舒服,注意感觉自己的呼气、吸气,体会"深深吸进来,慢慢呼出去"的感觉。重复做这样的呼吸练习20遍,每天两次。这种方法虽然简单,却常常能起到一定的调节情绪的作用。如果遇到紧张的场合,或是不知道自己该怎么办、手足无措时,不妨先做一次呼吸放松训练。

主要参考文献

[1] 刘晓明.学校心理咨询百科全书 方法卷[M].长春:吉林人民出版社,2000.

[2] 星竹.沙鼠的焦虑[J].作文成功之路(小学版),2007,(Z1):12.

[3] 容小翔.考试焦虑:不是问题的问题[J].成人高教学刊,2002,(03):64.

走进情绪的课堂

摆脱焦虑的控制

哈尔滨市第四十九中学校　方　芳

【设计理念】

心理学家认为,焦虑情绪是应对外界刺激和困难的一种准备和一种有效的反应方式。日常生活、学习中,焦虑情绪是不可避免的,例如,接到一项重要的任务,在完成任务前,因焦虑可能辗转难眠;面对考试,过度焦虑会对身体造成不良影响,从而影响考试成绩;等等。对于初中生,本节内容旨在教会他们一些简单并行之有效的方法,以面对焦虑时能够有效地缓解焦虑情绪,用良好的心态面对生活中的各种挑战。

【活动目标】

认知目标:学生感受焦虑情绪给自己带来的影响,体会摆脱焦虑可以帮助自己获得成功。

情感目标:学生懂得在日常生活中保持一种良好的心态,可以减少焦虑的发生。

行为目标:学生践行缓解焦虑的方法,轻松摆脱焦虑情绪,增强环境适应能力。

【活动过程】

一、活动体验,引出紧张

体验活动:"击鼓传花"。

操作方法:教师敲鼓作为信号,让学生传递花束。

规则：

（1）鼓声响起时以"蛇"形的方式向后传递手中的花束。

（2）鼓声停止时，看看花落谁家。

师：在刚才的活动中你有哪些情绪感受呢？

生：开心。

生：兴奋。

生：紧张。

小结：游戏原本应该是开心的、愉快的，很多同学却是紧张的。我们的紧张从何而来呢？这源于我们对生活中未知事物的恐惧。我们怎样面对、怎样摆脱焦虑对我们的影响呢？今天我们就来谈谈"摆脱焦虑的控制"这个话题。

二、情景再现，感知焦虑

师：刚才的活动中我们为什么会产生紧张的情绪呢？

生：因为我怕花束落到我这里，不知道接下来会发生什么。

师：不知道会发生什么确实让我们很紧张。其实，紧张就是源于对未知的恐惧，是焦虑的一种表现。焦虑通常是压力作用下，对于未来某种不确定结果的担忧和恐惧。接下来，老师告诉你会发生什么，花落到你的手里，你要到前面给大家表演擅长的节目。

师：得知给大家表演节目，此时此刻你的情绪是怎样的呢？

生：现在我的心跳已经加速了，我的手脚都已经冰凉了，您别让我表演节目了。

师：你站到前面当众讲话、表演节目会紧张，这是正常的。其实不仅仅是你，即使是有成就的人当众讲话时也会有这样的情况发生。

师：同学们，你们紧张时都会有哪些表现呢？

生：我也会心跳加速，感觉心脏都要蹦出来了，然后觉得说不出话来。

生：我会不知所措，说话开始结结巴巴。

小结：紧张情绪出现了，我们不能任由它控制我们，我们要控制它，驾驭它，让本已精心准备的自己闪亮登场，获得成功。

三、实话实说,驾驭紧张,摆脱焦虑

(一)当众讲话时如何摆脱焦虑

师:当众讲话是我们最常遇到的一个场景,因为不知道表现如何,所以会产生焦虑情绪,这时就有了刚才同学们这些焦虑的表现,那面对这样的表现,我们通常都会用什么方法来帮助自己缓解、摆脱它对我们的影响呢?

生:我一般会深呼吸,深呼吸几次就好多了。

生:我在上台表演前会对自己说几句鼓励的话。

生:我一紧张的时候会用一些小动作、小手势激励自己,让自己更有自信。

生:我会闭上眼睛对自己说:"放松放松、平静平静。"

师:方法一:深呼吸放松法(采用鼻子呼吸,腹部吸气。慢慢地、深深地吸气,吸到足够多时,憋气2秒,再把吸进去的气缓缓地呼出)。

方法二:自我激励(给自己一个自信的微笑、给自己一个胜利的手势)。

方法三:自我暗示(对自己说:"放松放松、平静平静")。

方法四:自我安慰法。

小结:同学们可以用深呼吸、自我激励的话语、一个小小的动作或者手势等简单的方法让自己驾驭紧张,摆脱焦虑。老师真为你们开心,也感谢愿意把方法分享给大家的同学,这可以让我们在拥有已掌握的方法的同时还能获得更多的方法摆脱焦虑。

(二)在重大比赛、考试前,如何摆脱焦虑

师:有的焦虑会让我们当众尴尬,有的焦虑无形中会对我们的健康造成影响,老师曾收到过这样一封信。

小芳老师:

你好,马上就要期末考试了,又到了每学期的关键时刻了,我每天都按部就班地按照老师的要求进行复习,但还是担心因考试不理想而遭到家长的批评、指责和同学们异样的眼光。一想到这些我的心就会砰砰地跳个不停,手心出汗,而且还会经常睡不好觉。老师我该怎么办?

遇到这种情况我们可以尝试下面的活动。

体验活动:冥想放松。

操作方法:学生跟随老师的指导语进行冥想。

规则:

(1)请同学以最舒服的坐姿坐好。

(2)根据教师指导语,进行冥想训练。

冥想活动专业指导语:

我躺在美丽的大海边,沙子又细又柔软。我感到很舒服。我躺在温暖的沙滩上,一缕阳光照射过来,我感到温暖、舒服。耳边想起了海浪的声音,一阵微风吹过来,我感到一种说不出的舒畅。微风带走了我的思想,只剩下一片金色的阳光。我感到沙滩柔软,海风轻缓,阳光温暖。蓝色的天空和大海紧紧地笼罩着我,阳光照遍我的全身,我感到身体暖洋洋的,这股轻松的暖流,从我的头顶慢慢流进我的脖子,流进我的手臂,流进我的双手,让我感到温暖和轻松。接着流进我的双腿,流进我的双脚,最后流遍我的全身。轻松的暖流,让我感到温暖和轻松。我的整个身体变得平静,心里也平静极了。我已经感觉不到周围事物的存在了,我安静地躺在大自然中,感到非常轻松、自在。现在深深吸一口气慢慢地睁开眼睛。

在做此项活动时,要准备充分。做到熟练操作,细节明确,充分预案,增强自信,从容应对。例如,在考试之前,应知应会的内容一定要烂熟于心,将常用的解题方法列出提纲,容易记忆。多看一些重点题型的解题思路,为考试时拓宽思路做准备。

小结:冥想让我们储备体力上的能量,这样做在摆脱考前焦虑情绪时能事半功倍,也能让我们获得更多成功。

(三)不能倾诉时如何摆脱焦虑

师:每个人都会有难以启齿的事情,虽然没有说出口但我们也不能忽视它的存在。遇到这种情况时,我们可以尝试以下方法。

方法一:合理释放(听音乐、找朋友倾诉、体验放松球)

体验放松球:

请学生回忆生活、学习中那些使自己焦虑,但又不能向别人倾诉的事情(要求回忆细节,越详细越能体验焦虑的情绪),将这件事以吹气球的方式倾诉,把气球吹大吹满,最后将气球松手撒气,与这件事情挥手告别。

方法二:转移注意力(在焦虑的时候讲一个笑话、想想开心的事情)。

方法三:记录焦虑。

在焦虑的时候,把引起焦虑的事情写下来,可以使心情放松。

心理学家赛安贝尔洛克和赫拉尔拉米雷斯设计过一个实验:他们组织了两次考试,第一次考试用于测试学生的正常成绩,考试后做好记录并用于实验参考。然后,给学生们施加压力,告诉所有学生,考得好可以拿奖金,考得不好要通知家长。随后,把学生分成两组,要求一组学生考试前10分钟静静坐着,则让另一组学生把焦虑写在纸上。最后发现,静静坐着的这一组学生因为受到了外界更强烈的压力,成绩变得更差。而写下焦虑的这一组竟然比他们第一次取得的成绩要好,后来他们进行了一系列实验,最后得出的结论是,考前写下焦虑能有效地消除焦虑。

小结:当同学们把气球放飞、把焦虑写在纸上那一刻,相信紧张的情绪已经得到了一定释放,因为它已经跟着气球飞走了,随着笔尖流逝了。

通过今天的情绪管理课我们知道了焦虑并不可怕,因为它是可以缓解和控制的。所以,任何时候,都不要因为紧张而随便放弃。只要同学们善于运用科学的方法,相信大家一定能摆脱焦虑。

四、情景再现,思考"控制情绪,把握成功"

一位年轻人和一位老人在岸边钓鱼,时间慢慢地过去,老人不时地能钓到鱼,可是年轻人这边却没有动静。迷惑不解的年轻人向老人询问:"相同的时间、地点,您也没有特殊的鱼饵,为什么您能钓到鱼,而我却一无所获呢?"

老人微笑着说:"钓鱼时你一会儿动动鱼竿,一会儿又唉声叹气,这样的烦躁不安、情绪不稳定只会把鱼吓跑。我在钓鱼时,只是静静地守候,渐渐地忘我,让鱼感觉不到我的存在,它们当然就咬我的鱼饵啦。"

师:故事中,年轻人钓鱼时的表现是什么样的?

生:一会儿动动鱼竿,一会儿又唉声叹气,表现出烦躁的情绪。

师:老人的表现是什么样的?

生:静静地守候,渐渐地忘我,让鱼感觉不到自己的存在。

小结:故事中相同的条件下,年轻人和老人不同的情绪状态,让两个人有着完全不同的收获。很多时候，我们失败的原因不是因为我们的条件比谁差，而是因为我们没有控制好情绪。所以只有掌控好自己的情绪，才能把握住机会、收获成功。

五、课堂总结，升华主题

情绪一直在悄无声息地参与我们的思维和行动，对工作和学习的效率有着影响，甚至在改变我们的精神状态和行为方式。调节、利用得好，它可以成为我们的宝贵财富，否则就会成为经常压抑和束缚我们的精神枷锁，我们要正确地管理情绪，学会感知、控制、表达、转化情绪，真正地成为情绪的主人。

六、课后践行，驾驭紧张

最后，为了让大家能更好地记住方法，将我原创的一段"放松顺口溜"分享给大家。

遇事不慌也不急，面带微笑能帮你。
深呼吸、轻吐气，阳光沙滩心间记。
气球气球别生气，把你放飞心欢喜。

小结：在今后的生活中再遇到让你焦虑的事情时，别忘了念一念我们的"放松顺口溜"，可以让你在这里找到摆脱焦虑的方法，助你走向成功。

第二课　向厌倦说再见

有一部分学生上了初中之后因为自己有了独立思想,或多或少都会开始思考一些比较深层次的问题,例如,人为什么活着,人生有什么意义?由于想不明白这些问题,很多处于青春期的学生都会感到迷茫,假如这个时候在学习上或生活中再碰到一些困难和挫折,有些学生就会自暴自弃,被厌倦的情绪所笼罩。

 感受情绪的力量

厌倦是普遍存在于人们生活中的一种情绪,人们通常觉得厌倦的存在是正常的,或许这是因为厌倦不像愤怒、抑郁、焦虑、恐惧等情绪那样给个体带来强烈的体验。相比其他更为强烈的情绪,人们对厌倦的关注少,其实,厌倦与我们生活的很多方面都有联系。

高厌倦倾向的学生更容易对学习产生厌倦感,因而更可能逃避学业,产生学业拖延行为。Seib 和 Vodanvich 发现厌倦与认知需求呈负相关,体验到越多厌倦的人认知需求越低,即越不喜欢思考。学生如果长期处于厌倦情绪下,会对学业成绩造成不良影响。相反,减少厌倦情绪,可以促进时间管理,从而提高学习适应性。

Cheyne 等在测量大学生的注意力缺陷时发现,注意力缺陷与厌倦有关。这意味着,厌倦倾向性同注意力分散彼此作用,这种不专注状态从根本上来说就是厌倦,二者之间联系紧密。Jurich 提出具有注意力涣散特征者不能够对事物把握明晰的指向和准确的认知,因此时常会丧失对事物的掌握和控制,以至于无法顺利达成目标引发无意义感,厌倦情绪油然而生。

另外,厌倦倾向被证实与问题行为有关。高厌倦倾向者可能是由于迫切希望走出这种消极情绪的缘故,总是会沉迷于电视、网络,或者暴饮暴食等能够使自己及时获得大量刺激的行为中。厌倦还与辍学率、犯罪行为、酗酒、赌博或药物成瘾等社会适应不良行为有显著相关。Binnema 还发现,高厌倦倾向性会使人缺乏动机,行为拖沓。总之,陷于厌倦状态者其自我消耗程度更深,对今后行为的把握能力也较弱。

Tsapelas 认为有厌倦倾向的个体比常人有更多的负性情绪,抑郁、焦虑、孤独、绝望、愤怒、敌对等都被发现与厌倦倾向显著正相关,而长期处于这些情绪之下是不利于心理健康的。田志鹏等人提出,厌倦倾向与显性自恋、主观幸福感都具有显著的负相关,厌倦倾向与隐性自恋呈显著的正相关。这说明,针对厌倦问题采取有效干预措施可以减少自恋的负面作用,提升主观幸福感。

还有研究指出,厌倦倾向对人们的人际交往活动具有重要的影响,高厌倦倾向者的人际关系相对不和谐。高厌倦倾向者对事物兴趣减退,觉得在社会交往中体会不到乐趣,不能够获得高质量水平的人际关系。

生命意义感和厌倦倾向两者存在显著负相关,陷入严重的厌倦情绪中的个体会体验到生命意义感的流失,觉得活着没有什么价值或是意义,从而出现伤害自己的念头或行动。为了减少厌倦情绪,我们可以尝试改善或者提高个体对生命意义的认知水平。

综上所述,长期处于这种弥漫性的、低体验的厌倦心境下,个体的心理健康可能存在很大的隐患。

"快点起床啦,每天都得喊你好多遍,都多大了,还得别人催你,什么时候能让我省点心。"妈妈每天都重复这样的话,烦死了,真不知道爸爸这些年是怎么过来的,太佩服他了。"多喝牛奶长个儿,别总吃那些小零食,看看你都胖成什么样子了。"妈妈的要求真多啊!"没胃口,不吃了。"拎起椅子上的外套就往外冲,仿佛后面有洪水猛兽在追赶。一步,两步,三步……为什么必须去上学呢?老师好严厉呀,和同学交往也麻烦,每个人都有自己的小心思,在学校既要认真学习,又要与老师、同学交往,我真是力不从心。"把书翻到 32 页,第 1 题、第 4 题不用做,剩下的都要完成,半个小时之后收。""咦,是什么味道,真好闻。原来是窗外的丁香花,清新怡人,不愧为市花。老师今天好像心情不好,坐在那里,眉头紧皱,一动不动,心事重重的状态。""还有 10 分钟了,抓紧时间,别左顾右盼的!"日复一日,眼睛被试卷、教材、黑板锁牢,双手与纸笔纠缠,双脚围困在桌椅狭窄的缝隙之间,这样的日子究竟意义何在?

问题:

请阅读上述案例并进行分析,该同学厌倦的情绪对生活造成了哪些影响?

 解开情绪的密码

心理学家 Steger 提出,假设感受不到生命的意义,个体将体验到一种乏味枯燥、颇为沮丧的人生。尽管现今社会人们休闲减压的途径很多,但是厌烦、倦怠情绪也不能彻底被消除。

父母常常挂在嘴边的话引发孩子厌烦

"你看人家×××,上学期考了班级第八名,这学期一下子考到第二名了。"

"你总得去做点什么事,一个假期,不要整天游手好闲的。"

"你要好好读书,爸爸妈妈今后的生活就全靠你了。"

"你能不能长点记性啊。"

从外部刺激上界定厌倦,一类学者认为厌倦是单调的外部刺激重复过多所引起的。例如,很多孩子每天放学回家后对于父母的嘘寒问暖都不愿意过多地回应。另一类学者认为厌倦是因外部刺激不充分导致个体无事可做,从而体验到的空虚感。表 2-1 为不同学者对厌倦的分类及具体阐述。

表 2-1 不同学者对厌倦的分类及具体阐述

外部刺激	内部特性	弥散性
接受过多的外部刺激	内部动机或需要等受到压抑时所产生的无目的感	状态厌倦
缺乏充分的外部刺激		特质厌倦

内部特性通常包括动机、需要、能力、兴趣和人格等。从内部特性角度上定义厌倦,有些学者认为厌倦是当内部动机或需要等受到压抑时个体所产生的茫然

感。此时产生的厌倦并不是因为外界环境缺少刺激性,也不是由于个体无所事事,而是来自个体不同的内部特征。例如,个体因为自身的能力不足,无法完成某件事,对自己不满意,丧失信心,从而体验到紧张和无助,以至于产生厌倦体验。对于不同的个体,在一致的外在条件下,厌倦的感受是不一样的。

迎接重生的小黑猪

在辽阔的大草原上,住着一位农民。这位农民养了许多小动物,如鸡、羊、牛、马,还有一头小黑猪。其他的动物朋友总是嘲笑小黑猪,看不起它,除了一头老母牛。于是,小黑猪每天除了吃饭、排泄和在泥地里打滚,就只会一声接一声地哀号。

也难怪其他动物会奚落它,瞧它那副样子,真是丑不堪言:一双棕色的猪眼失去了生气,昏昏欲睡的;两个猪鼻孔吊挂着鼻涕,让人感觉十分恶心;一张巨大的嘴一直张着,不时地流着口水;两只呈三角形的耳朵里塞满了耳屎。它浑身是泥,泥巴散发出一阵阵恶臭,你要是走近它,一定会被它身上那股臭味熏晕。

一天早晨,小黑猪睁开它那双小小的眼睛,走向石槽时,看见一头老母牛向它走来,就是那头从来没有嘲笑过它的老母牛。小黑猪见它走来,恐慌地说:"你想干什么?""我想和你交朋友。"老母牛充满慈爱地说。这句话让小黑猪兴奋不已。小黑猪疑惑地问:"我没什么特长,你为什么要和我交朋友?""哪里,你有一个我们大伙儿都不会的本事呢!你会在泥地里打滚,而我们都不会。""你说的是真的吗?哈,我要在大伙儿面前好好表演表演!"

于是,老母牛召集了所有的动物朋友,让它们来观看小黑猪的表演。小黑猪跳进泥地里,给大家表演泥地打滚,还把水吸进鼻子里,向天空喷去。大家都鼓起了掌。小黑猪高兴极了,它的目光炯炯有神,耳屎和鼻涕也被洗掉了。农民走过来,要给小黑猪洗澡。洗好了澡,农民又抱了抱它。小黑猪心里乐开了花……

小黑猪最初因为外表问题饱受排挤,交友的欲望得不到满足,每天除了吃饭、排泄和在泥地里打滚,就只会一声接一声地哀号,生活没有任何目标,这就是典型的内部特性厌倦。

研究者将厌倦分为两类:情境型厌倦和特质型厌倦。情境型厌倦是个体在特定时刻、特定情境中的短暂体验,是状态厌倦(State Boredom),比如工作厌倦、学习厌倦、人际厌倦。特质型厌倦(Trait Boredom)则是一种相对稳定的厌倦倾向,是具有弥散性的心境。面对同样的情境时,高厌倦倾向者更容易产生厌倦感,产生厌倦的频率也更高。

Zuckerman(1979)从动机角度出发阐述厌倦,指出厌倦是一种追寻新刺激的状态,厌倦和注意、唤醒、信息加工及理解刺激等有联系。Zuckerman认为厌倦能够激发个体追求新异刺激,产生新的学习动机。Barbalet(1999)认为厌倦是个体在当下背景或者刺激中出现的非放松的烦躁状态,由此计划追寻新的有趣刺激的情绪,该定义侧重说明厌倦的具体状态和对动机的作用。

天天在班级里学习成绩一般,他认为不是自己笨,而是自己不想学。他认为学习很枯燥,根本让人提不起兴趣。在课堂上,天天总是做着与学习无关的事情,要么趴在课桌上昏昏欲睡,要么在纸上随意涂鸦,要么和其他同学打手势、传纸条、做鬼脸……日复一日,他对学习感到十分厌倦,认为生活没有任何挑战。一天,学校组织大家观看校园演说家活动,该活动的选手全部来自于高年级的学长、学姐。天天被这项活动吸引了,他感受到了思维、思辨的光芒,也发现了舞台的魅力,于是,他找到了语文老师与其探讨,回家还检索相关的影视资源。慢慢地,大家发现天天出现在各类活动的现场。

厌倦的情绪导致天天追求新异刺激,校园演说家的出现,正好激发了其新的学习动机。天天企图开始新的、有趣的活动,这就是厌倦对动机的影响。

观测情绪的信号

生活节奏快速而紧张,学习任务繁多复杂,社会竞争无处不在,这些在一定程度上影响着中学生的身心健康,一些学生甚至因此产生了不同程度的适应性应激反应。这种应激反应表现形式多种多样,如自卑、焦虑、胆怯、厌倦等,其中,厌倦心理倾向尤其值得教师和家长注意。有厌倦心理倾向的学生往往会有情绪悲观、

精神萎靡不振、行为拖沓及自我管控能力差等表现,具体内容如下:

1. 情绪悲观

对生活持悲观消极心态,内部世界灰暗色彩浓重,总是看到社会或生活中各种问题或黑暗面并将其夸张,时常用否定眼光看待一切,认为生活中到处都是苦难。比如,学习好辛苦,知识无用,与其在学校混日子,还不如退学。体育比赛反正也赢不了,索性弃权为好。时时刻刻担心自己会失败,做起事来,畏首畏尾。无法体验到生活的乐趣、知识的力量以及参加各项有益活动的价值。

2. 精神萎靡不振

具体表现为走路摇摆,站立倚靠,上课趴着,眼睛眯着,不知看向何处。被表扬时并不觉得高兴,受到批评时也不会感到难过。时时流露出疲惫的姿态。难以长时间集中注意力。陷入厌倦情绪的个体常常处于一种心智游移的状态,这种状态会使个体比别人感知到时间流逝得更慢。

3. 行为拖沓、自我管控能力差

往往会沉迷于电视或网络、暴饮暴食、手机依赖等能够使自己及时获得大量刺激的行为中。辍学、犯罪、酗酒、赌博或药物成瘾等社会适应不良行为发生也相当频繁。总之,处于厌倦状态的个体,其自我损耗水平更高,对将来行为的自我控制能力也更低。

有一位母亲最近颇感烦恼。她的儿子自上初二以来,不知道为什么只要一和他提起学习问题,他的脸上就会出现烦躁的神情。拿起书本,便哈欠不断。做作业时也磨磨蹭蹭,甚至一块橡皮也能玩儿半天。母亲叮嘱他把第二天上课要用到的书先看一看,他就冲母亲喊:"有什么好看的,烦不烦。"母亲心有不安,追问以上种种变化的缘由,儿子才冒出一句:"学习真没意思,好累呀!"母亲为此十分焦虑。

问题:
请阅读上述案例并进行分析,该同学出现了哪些典型的厌倦表现?

总而言之,陷入厌倦情绪中的学生,对什么事情都提不起兴趣。不知道自己喜欢做什么,不知道自己不喜欢做什么,百无聊赖却不肯迈出寻找兴趣的步伐。说好的要见想见的人,做想做的梦,去想去的地方,学想学的知识,到头来,没有一件事能坚持下来。

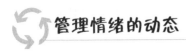
管理情绪的动态

对中学生进行专门的正念训练或传授一些可运用于生活中的正念技巧,可以提高其正念水平,从而降低厌倦倾向。现介绍正念训练方法之"正念式行走"。

正念式行走

选择一条能够来回走动的安全小路,室内或者室外都可以。站在小路的一端,双脚并列,与肩同宽,双臂松弛地放在身体两侧,也可以双手交叉放于胸前或者身后,两眼直视前方。

把全身的注意力都放到双脚上面,感受脚掌与地面接触的直观感觉,以及全身的重量通过双腿和双脚传递到地面的感觉。轻轻地抬起左脚脚跟,注意小腿肚肌肉感觉的变化,然后继续抬起整只左脚,把全身的重量转移到右腿上。全神贯注地觉察左腿和左脚向前迈进的感觉,以及左脚脚跟着地的感觉。

通过这种方式,一步一步地从小路的一头走到另一头,要特别注意脚底和脚后跟与地面接触时的感觉,还有两腿在迈动时肌肉拉动的感觉。

当你走到小路尽头时,请静止站立一会儿,接着慢慢转过身,用心去觉察转身时身体的动作,然后继续正念式行走。随着脚步的前进,你还能不时地欣赏到映入眼帘的风景。

当你发现思维从行走的觉察中游离时,请把行走中的某一个步骤作为注意的客体重新进行关注,利用它将你的思绪拉回到身体以及行走上来。

如果你的思绪非常焦躁,那么静止站立一会儿,双脚并列与肩同宽,把呼吸和身体作为一个整体进行觉察,直到思维和身体都慢慢平静下来,然后继续进行正念式行走。

有一个人厌倦了住在乡下的老房子里,想把房子出售,再买一栋好的。他经过很长时间的努力想把房子卖掉,可一直没有成功,因此最后决定找房地产经济人来解决这个问题。经纪人很快给这所房子登了广告。

几天以后,房子的主人在一本高价的杂志上看到了房子的照片,以及对房子花园所做的精彩描述。房子的主人认认真真地看完广告之后,赶紧拨通了房地产经纪人的电话,并对他说:"很抱歉,先生,我决定不卖房子了。看了你在那本杂志上登的广告之后,我才发现它正是我想终生居住的房子。"

问题:
房主对待一所房屋前后态度有何改变?你从中获得了怎样的启示?

合理情绪治疗(Rational – Emotive Therapy,RET)也称"理性情绪疗法",是帮助求助者解决因不合理信念产生的情绪困扰的一种心理治疗方法。其理论认为引起人们情绪困扰的并不是外界发生的事件,而是人们对事件的态度、看法、评价等认知内容,因此要改变情绪困扰不是致力于改变外界事件,而是应该改变认知。通过改变认知,进而改变情绪。本故事中,打算被售卖的房子从始至终并未发生任何变化,可是房子主人厌倦的情绪完全消散。这是因为经过房地产经纪人的宣传,房子主人换了一种角度来看待乡下的老房子,由此感到十分满意。

 走进情绪的课堂

向往的生活

哈尔滨市第四十九中学校　刘冬雪

【设计理念】

学生个性化转折的初始状态,以外显的、表层性的、接近世俗的表现为标志。

他们能理解复杂事物、变得现实,为后来内在深层次的个性发展打下基础。此时,引导其对自身未来的各阶段进行调配,做出各种角色的计划和安排,可以让学生学习目的更明确,学习动力更充足,并且更加积极主动地去建设和完善自己的生命。

【教学目标】

认知目标:学生懂得珍惜生命、热爱生活,在有限的生命中寻找个人价值。

情感目标:激发学生积极探寻美好生活的动力,与挫折抗争的斗志。

行为目标:做想做的事,主动建设和完善自己的生命。

【教学过程】

一、畅想的青春,是一个美好多梦的季节

师:有一个人叫阿巴格,在他差不多和我们这般年纪的时候,发生了一件事,令他终生难忘记。

5枚金币

有一个叫阿巴格的人年少时和父亲在草原上迷了路,他又累又怕,到最后快走不动了。阿巴格的父亲从兜里掏出5枚金币,把一枚金币埋在草地里,其余4枚放在阿巴格的手上,说:"人生有5枚金币,童年、少年、青年、中年、老年各有一枚,你现在才用了一枚,就是埋在草地里的那一枚,你不能把5枚都扔在草原里,你要一点点地用,每一次都用出不同来,这样才不枉人生一世。今天我们一定要走出草原,你将来也一定要走出草原。世界很大,人活着,就要多走一些地方,多看看,不要让你的金币没有用过就扔掉。"

问题:同学们,阿巴格的父亲想通过5枚金币告诉阿巴格一个什么道理?

生:_____

_____。

小结:人最宝贵的是生命,我们每个人的生命都只有一次。如果能够在有限的生命里做自己喜欢做的事,和温暖的人相依相伴,那么这样的生活将会是非常令人向往的!今天我们一起学习的课题就是"向往的生活"。

二、规划的青春,是一张凝神设计的图纸

美国斯坦福大学研究发现:心里的清晰图像最容易成为现实。人的一生,是很短的,短暂的岁月我们就该好好领会生活的进程。对于生活,大家都有过哪些憧憬呢?今天就让我们一起来描绘心中那种向往的生活。

人生愿望清单

师:小的时候,我们可能期盼父母带着自己到游乐园玩,若干年后,我们也许就希望自己能开车带着父母到处走一走;小的时候,我们会想和好朋友的座位离得近些再近些,长大后,我们可能会计划一起蹦个极,泡个温泉。如果明天就是生命的最后一天,你会不会觉得有很多遗憾?人的一生很漫长,还有很多美好等待我们去发现和创造。好,同学们,现在就展开手中的人生愿望清单(表2-2),开始设计你的人生吧。等音乐播放结束后,我们一起聆听各自对于生活的设想和安排。

表2-2 人生愿望清单

向往的生活				
愿望清单	愿望一	愿望二	愿望三	……
我和父母相约				
朋友,经常一起走				
学习,不止于校园				
工作会给予我们安全感				
兴趣爱好广泛,丰富个人空间				

(一)我和父母相约

生:完成一次徒步旅行;每年带父母去做一次全身体检;经常和家人拍照;为父母做几道精美的菜肴;共同种一棵果树;_____

（二）朋友，经常一起走

生：参加马拉松比赛；去撒哈拉沙漠看日出；去南极、去西藏；住一次胶囊旅馆；参加荒野求生的挑战赛；静静地在海边待上一整天；_____
_____

（三）学习，不止于校园

生：去国外访学；考取教师资格证；考驾照；看完100本英文原著；学习股票投资；学习演讲；_____
_____

（四）工作会给予我们安全感

生：成为飞行员；创作并出版小说；成为一名警察；开餐馆；成为一名时尚编辑；当代购、当买手；去咖啡学校，学做各式咖啡；_____
_____

（五）兴趣爱好广泛，丰富个人空间

生：学习制作巧克力；做一个美食博主；学会潜水；学习摄影；学会游泳，尤其是漂亮的自由泳；学会种多肉植物；学跳探戈；_____
_____

小结：我们很难判断，清单之中的哪件事情无法办到，因为昨天的憧憬，可以是今天的希望，还可以是明天的现实。

三、实践的青春，是一股敢想敢干的锐气

师：每一个愿望的实现，背后都积蓄了相当长的准备时间。例如：为父母做几道精美的菜肴，需要了解父母平时爱吃的食物以及口味，能够识别油盐酱醋，炒锅、汤锅、蒸锅、平底锅等。和朋友一起参加马拉松比赛,需要知晓报名程序,提前训练,熟悉赛事路线,提前出行到达比赛起点。同学们,你们的心愿又需要做哪些准备才能够实现呢?让我们开展一场清单守护行动吧!

清单守护行动

小组讨论:如何努力才能够让各自清单上的美好憧憬成为生活中实实在在的一部分?稍后每组派一位代表向大家讲述一个愿望的实现之路(这个愿望可以是自己的,也可以来自于组员)。

一组:

生:去国外访学,需要准备各院校所要求提交的报名材料,包括学业成绩证明、比赛荣誉证书、课外实践证明等,还需要准备面试。

生:_____

生:_____

二组:

生:成为飞行员,要求身体各项指数达标,尤其是双眼视力,以及具备一定英语听说能力。

生:_____

生:_____

三组:

生:学会弹吉他,要了解基础乐理知识,左右手训练、协调配合,长期坚持练习。

生:_____

生:_____

四、反思的青春,是一条艰难探索的道路

师:有信念,确立实际可行的学习、职场、生活目标;有行动,脚踏实地、不好高骛远,梦想将会离我们越来越近。当然,欲戴王冠,必承其重,生活不会是一帆风顺的。下面让我们一起观看电影《夺冠》的部分情节。

师:影片中,郎平教练问朱婷,为什么打球?朱婷的回答是什么?

生:为父母,为自己。

师:郎平继续追问朱婷,你自己要什么?

生:想要成为郎平教练那样的人。

师:郎平对朱婷说,你永远也不会成为我,郎平教练最后在短信中解释了她这样回复的理由是什么?

生:你不用成为我,你只要成为你自己。

小结:同学们,回头再看一眼我们手中的愿望清单,同样的问题问问自己,为什么会对生活有这些规划?若干年之后,当你在实现愿望的路上遇到困难时,老师希望大家能够记住,所谓人生不留遗憾,从来不是活成任何人的样子,而是通过憧憬、设计、拼搏、反思,对生活点点滴滴的经营,成就一个最好的自己,这才是我们追寻向往生活的最大动力。

五、提升的青春,是一段变好变强的年华

憧憬生活、设计生活、拼搏生活、反思生活,对生活点点滴滴的经营,将会成就一个更美好的自己。提升的青春,也将创造出一段变好变强的年华。

最后,老师为大家准备了一个课后的拓展学习活动。一个人是否有能力去完成一件事,影响因素有许多。在实现愿望的路上,不免会遇到一些挑战。面对挑战,我们需要努力突破自身的束缚。如果仅仅依靠个人的力量,无法保证愿望的实现,那么我们还可以寻求何种渠道的帮助和支援?请同学们回去后仔细思考,下节课我们继续交流。

第三课　浇灭愤怒的火苗

一个不会愤怒的人是庸人,一个只会愤怒的人是蠢人,一个能够控制自己情绪,做到尽量不发怒的人是聪明人。

 感受情绪的力量

愤怒是一种紧张且不愉悦的情绪,通常在个人愿望受阻或者无法达成时出现。在社会性群体中,也有由于对社会现象不满或者对他人遭遇感到不平而引发的愤怒。史料有载:"道济见收,愤怒气盛,目光如炬,俄尔间引饮一斛,乃脱帻投地曰:'乃坏汝万里长城。'"这就是典型的社会性原因引发的愤怒情绪。

愤怒是生活中一种比较常见的负面情绪,如婴儿期的孩子因身体被束缚表达自己的愤怒,会大声地哭闹,手脚在空中挥舞。幼儿时期的孩子会用力跺脚、握紧小拳头等方式表达自己的愤怒。青少年时期的男孩甚至会在愤怒状态下情绪失控地挥拳打人。性格极度内向的人甚至会在某些情况下做出过分的事情。由于年龄的不同、性格的差异等,人们表达愤怒情绪的方式也不尽相同。其中有一些方式对于排解愤怒情绪是有帮助的,有一些方式由于不当还可能造成严重后果。

 解开情绪的密码

1. 青少年愤怒情绪的特征

对于正处于青春期的初中生,愤怒情绪常常成为左右他们行为的重要因素。初中生由于生理和心理发育不够成熟,以及好奇心的驱使,他们还会模仿网络上的一些人和事件处理自己的情绪问题,最终愤怒情绪没有得到缓解还会引发一系列社会问题。

  一个八年级男孩,最近和老师发生了一次激烈的冲突。起因是作业写得不好,老师要求他重写,男孩不听,就对老师大发脾气。男孩的这种表现并非偶然,他经常因为一点小事就和老师发脾气,甚至还和同学大打出手。
  一个八年级女孩,平日里性情温婉,在班级里人缘也非常好。但是家长却找到班主任反馈,说孩子晚上学习时把房间门锁得死死的,家长担心孩子在房间玩手机,一提到收回手机孩子就暴跳如雷,不愿意上交,情绪特别激动。简直和平时的她判若两人。

  纵观一个学生的成长经历,每个阶段都有其鲜明的特征,每一个学生在相同阶段的性格特征也不尽相同。但初中生这个特殊群体也有其群体性特征。比如面对较大的升学压力,他们会经历不同程度的焦虑和烦躁。面对青春期体貌特征的变化有的学生会有困惑和不解。
  案例中的两个中学生在生活中表现出明显的愤怒情绪。青少年学生愤怒情绪的发生和表达方式都有鲜明的特点。
  首先,学校和家庭是青少年学生愤怒情绪产生的主要场所。青少年学生愤怒情绪的表达对象多为同学、老师和家长。当然,学校和家庭是学生学习和生活的主阵地,学生的成长和社会化都在学校和家庭中发生和完成,在与人沟通和相处中学生学会正确地认识世界,适应社会。那么学校对青少年学生进行的情绪管理教育就显得尤为重要了。通过学会控制情绪实现良好的人际沟通应当成为每一个学生的必修课。
  其次,诱发青少年学生愤怒情绪的主要因素可以分为两类:一类是来自愤怒者本身的性格特点,我们称之为内因,比如夸大、苛求、不成熟、不理智。另外一类是来自外界因素的影响,比如他人的威胁和伤害导致的愤怒。当然还有其他一些因素,比如自我价值得不到认可时引发的愤怒。但无论内因还是外因都有其不可控性。由于个体的性格特征具有鲜明的个人特色,因此对待事物的观点也千差万别,当然更无所谓对错。身为教师的我们想做的是通过我们的引导使不同的学生面对各种诱因时能够尽量控制自己的情绪,或者说不被愤怒情绪左右造成更加严重的后果。

2. 青少年愤怒情绪的危害

首先,愤怒情绪有损青少年身体健康。

"气"是危害我们身体健康的因素之一,咆哮如雷的"怒气",牢骚满腹的"怨气",有口难辩的"冤枉气"等汇聚成愤怒都会破坏机体的平衡,导致各部分器官功能紊乱,诱发疾病。正如《内经》有云:"百病生于气矣。"

青少年正处于身体生长发育的重要阶段,愤怒情绪对身体健康的影响也更为明显。长时间处于愤怒情绪影响下,肝脏和心脏的健康都会受到较大影响。

其次,愤怒情绪有损青少年自尊心的形成。

经常发怒的青少年往往把别人的不同意见理解为刁难自己或者挑衅,所以人际关系中莫名多了不理解和诋毁。其本质是不自信的表现。如此循环往复就造成了愤怒下的口无遮拦甚至是拳脚相向。

最后,愤怒情绪有损青少年良好人际关系的建立。

生活中经常动怒的人气量狭隘,不讨人喜欢,自然就很难交到真心的朋友。

如何帮助中学生正确表达自己的愤怒情绪,使负面情绪得到释放,如何控制自己的愤怒情绪,不因一时的愤怒引发错误的行为,如何在别人愤怒时合理应对,减少不必要的矛盾,等等,这些都是我们要研究的内容。

观测情绪的信号

1. 中学生常见愤怒情绪的诱因归类

第一,来自青春期年龄特征和生理特征带来的困扰引发的情绪波动。

青春期的学生正处于身体和心理变化较大的时期,身体的改变远超于心灵的成熟,由此带来的烦恼得不到合理的释放就会给学生带来烦恼。例如,有的同学把别人的第二性征发育当作玩笑,引发对方的愤怒情绪,最后愈演愈烈甚至大打出手。出现此类问题实质上是由于学生对青春期生理卫生知识了解不够,由于好奇心引发的错误行为,通过提前预防,合理干预是可以避免的。

第二,青少年学生好奇心强,在处理问题时往往缺乏谨慎思考,习惯于简单效仿。然而由于近年来网络的普及,学生通过网络平台接收到的某些信息并不适合青少年,也会引发效仿性愤怒情绪,甚至是攻击行为或者是超越学生年龄的不良行为。

第三,青少年学生的愤怒还常常来自于学业压力。有一些来自学业测试,有一些来自家长之间的比较。很多家长认为学生学习缺乏主动性是缺少学习压力造成的,于是想方设法地给孩子施加压力,在每次考试过后总结得失,哪些地方不应该失分,常常把很多问题归结于不认真,应该仔细,下次避免。其实这就在无形中给学生施加了学习压力,这里还没有分析某些本就对自己要求很高的学生给自己施加的压力。就是这些来自不同学科、不同施压者的无形压力成为引发青少年愤怒情绪的"稻草"。

第四,与同学、伙伴相处中的不愉快也可能成为引发青少年愤怒情绪的诱因。由于青少年人际交往圈子较小,家长、同学、老师是他们的主要交往对象,而同学、伙伴作为与他们朝夕相处且身份地位平等的相处对象,也是他们最看重的。所以很多时候他们的愤怒来自于伙伴的评价或者行为。例如,有家长反馈,孩子情绪低落是因为和好朋友吵架了,回家晚饭也不愿意吃,还跟家长横眉冷对的。其实,这就是学生人际交往引发的愤怒情绪在作祟。

第五,一些家庭原因也会成为引发青少年愤怒情绪的诱因。俗话说幸福的家庭是相同的,而不幸的家庭各有各的不幸。有些孩子一出生就开始承受来自不幸家庭的种种影响。家庭的拮据,父母生活的窘迫都迫使孩子过早地面对生活的疾苦。当然不乏很多孩子在逆境中找到更高的人生价值。但无论怎样,家庭的影响也都或多或少地引发出他们的愤怒情绪。面对无法改变的现实,他们也一定愤怒过,只是有人在愤怒过后找到了恰当的排解方式,把愤怒情绪转化为成长路上的动力。

2. 中学生处理愤怒情绪的常见方式

第一,一些青少年迫于年龄、身体等原因在愤怒情绪来临时选择了忍气吞声。例如,在访谈中,很多学生提到,当引发他们愤怒情绪的是家长的某些行为时,他们通常会选择默不作声,既不反抗也不表示认同。因为在家庭生活中家长的权威性不容藐视。

第二,有一部分学生在愤怒来袭时会暴跳如雷,会摔东西,甚至会对别人做出攻击性行为,但这样的学生比例非常小。从性格特征角度分析,这些学生本是属于胆汁质类性格,暴躁易怒是他们的典型特征。所以面对问题时他们通常会不计后果地做出直观反馈。

第三，还有一小部分学生属于缺乏主见的左右摇摆型。当愤怒情绪爆发时他们更倾向于听从周围人的意见，比较容易出现从众现象。例如，校园篮球赛，班级之间由于比赛原因发生冲突时，即便不了解事情原委，他也会先跟着火冒三丈，不分青红皂白地嚷嚷一番。

管理情绪的动态

对于低年级的学生而言，发脾气多是由于生理原因引起的，比如身体不舒服，感染疾病，受到外伤。类似情况通过关系亲密的人的安抚可以起到缓解和安慰的作用。

到了初中阶段，随着学生表达能力和控制能力的不断加强，被愤怒情绪所左右的情况也会随之减少。但是一旦愤怒情绪在中学生内心酝酿和升腾，控制该情绪的难度也会随之加大，造成的不良后果也可能更加严重，比如由愤怒情绪引发的攻击行为。

那么学校教育和家庭教育如何有效结合，才能引导学生学会控制自己的愤怒情绪呢？

1."冷处理"，给学生留出反思空间

学生乱发脾气时家长和老师千万不要急着处理，尤其是采取针锋相对的方式分出是非曲直。因为这样只能使孩子更加急躁，不但矛盾得不到解决，而且孩子受到不良影响，脾气会越发越大，最后甚至场面失控。

另外，有一些家长处理孩子问题的方法简单粗暴，倾向于立竿见影的解决方式，于是不乏一些打骂孩子的现象。其实这样更容易使孩子产生抵触情绪。

在孩子无理取闹或者不讲道理的时候，采取不予理睬的态度，等孩子冷静后再耐心地教育，循序渐进，慢慢地帮助孩子改掉乱发脾气的坏习惯。在孩子出现不良行为时，最好留给他一个"反省时间"，让孩子在远离其他同学的地方安静反思自己的行为，并对日后的行为举动做出思考。

老师和家长在处理问题时要有原则性，不能因为孩子发脾气就放弃自己的正确想法，顺着孩子的意志来做，这样只会助长他们任性的坏习惯。坚持原则，时间长了，孩子就会懂得，事情不会因为自己而改变，发脾气是徒劳的。与其用暴躁的方式释放情绪,不如用优雅的方式排解负面情绪。

2. 做有担当的"社会人"

当今社会,独生子女家庭占比较高,在一对夫妇两对老人身边成长的孩子,得到了无微不至的照顾,其抗挫折和抗打压能力却被剥夺了。很多孩子特别害怕失败,不愿意承认自己有错,在遇到问题的时候惯于采用迁怒于别的人或事物的方式来逃避面对自己的失败。这时愤怒和暴躁情绪就成了他们逃避面对的保护伞,此时如果老师和家长缺乏识别能力,一味纵容就会导致孩子缺乏自信担当。

另外,恰如其分地看待挫折,不能把困难等同于失败,要提醒孩子,任何人做事,一开始都会遇到困难。老师可以激励孩子坚持到底,当孩子勇于去面对自己的过失时老师要积极赞许孩子,鼓励孩子的行为。在家庭教育中,家长可以交付孩子与其年龄相符的任务,比如饭前摆放碗筷、选购家具等,一方面可以锻炼孩子处理问题的能力,另一方面能够让孩子在潜移默化中产生责任感。

3. 帮助孩子控制自己的情绪

由于愤怒常常是突发性的情绪反应,在所有的情绪控制中,对愤怒的控制是较难的,因为即使成人也会有"勃然大怒"的时候。但是,愤怒和其他情绪反应一样也是可以控制的。

①帮助年幼的孩子认识愤怒情绪。用一些简单的游戏帮助孩子认识自己的情绪,比如让孩子描述故事里的人在某个特定情境里是什么情绪状态。告诉孩子什么是愤怒,愤怒又有什么危害。可以采用游戏教育的方法(如愤怒的气球):准备一些五颜六色的气球,与孩子一起吹,在吹气球的时候让孩子回忆一件最近让自己很生气的事情,把气球当作发泄的对象使劲吹,告诉孩子吹出自己所有的生气,这样肚子里的生气都出来了,以此作为正当的发泄途径。气球吹好后把气球扎好,让孩子踩爆气球,有的孩子会执行,这时候老师可以告诉孩子气球就像自己的肚子,如果总是生气就会"爆炸",对身体有危害;有的孩子会很害怕,老师就可以引导孩子,气球就像受到伤害的小同伴或者是别的发泄对象,会因为自己的愤怒受到伤害,让孩子产生同理心,不要再去迁怒于无辜的人。

②转移孩子的注意力。在孩子发脾气的时候,老师可以采用转移孩子注意力的方式,待孩子情绪稳定后再加以教育。对于中高年级的学生可以告诉他们,如果遇到一些让自己愤怒的情境,要尽量躲一躲,避免愤怒升级导致攻击性行为。比如,可以出去走一走,听听音乐,或者和谈得来的朋友在一起聊聊天,做点儿自

己喜欢的事,心情就会慢慢好起来。

③情感宣泄法。如果遇到令人发怒的事情或人可以坦率地把心中的不满讲出来,也可以转移目标。教师或家长为孩子制作一个即便大喊大叫也不会反抗的"消气箱子",如可以随意踢打的布娃娃、沙袋或者是靠垫,也可以让孩子去跳跳健美操,这些都能够帮助孩子以健康的方式消除心中的怒气,都能减少愤怒对自身的伤害。但要注意情感的宣泄要以不损害他人的利益为前提,不可做出过激的行为。

④理智战胜情绪,在动怒时对自己下命令:坚持一分钟不生气!然后试一试那些能聚精会神的动作,例如,眼睛沿顺时针方向转动10圈,闭上眼睛从1数到10,再做3个深呼吸。再来想想刚才让自己愤怒的事情,问以下问题中的任何一个:"我为什么生气?""这件事或这个人值不值得我生气?""生气能解决问题吗?""生气对我有什么好处?"等,用理智来战胜愤怒情绪。可能过了一段时间后,就会感觉这件事或这个人已经不值得那么生气了。

"当你能控制自己的情绪时,你就是优雅的;当你能调整自己的心态时,你就是成功的。""如果连自己的情绪都控制不了,即便给你整个世界,你也早晚会毁掉一切。"帮助学生认识情绪,学会控制情绪的方法,就是教学生做一个优雅的人,成就一个成功的人生。

走进情绪的课堂

愤怒来了,我不气

【课程目标】

认知目标:明确愤怒是正常的情绪体验,会对人的健康造成不良影响。

情感目标:正确认识愤怒情绪,愿意主动控制愤怒情绪。

行为目标:能够在愤怒时有效实施自我调控,不做他人愤怒情绪的引发者。

【实施过程】

一、问题聚焦,分享交流

师:"喜、怒、忧、思、悲、恐、惊"是我们每个人生活中都要面对的7种情绪,今天我们就来认识一下愤怒这种情绪。

师：说到愤怒大家肯定特别熟悉，那你有没有愤怒的经历，当时是怎样的情况，你能用简短的语言描述一下当时的情况吗？

生：我和好朋友在操场上聊心事，小明突然从背后拽掉了我的发圈，我披头散发地站在操场上，小明太气人了，这简直就是欺负人。

生：一次测试我就差一个得数没写了，这时小组长抢走了我的卷子，说时间到了，不允许再答题了。真是气人，本来我能得满分的。

生：每天晚上写作业妈妈都要在旁边催，太烦人了。

师：这种情况，你遇到过吗？你也遇到过？可不是吗？多气人呀！看来同学们虽然年纪不大，但都遇到过不少令自己发怒的情况。

同学们还记得自己发怒时或者别人发怒时的样子吗？身体动作和表情都是什么样子的？

生：妈妈发怒时我见过，她的脸涨得通红，说话的声音也比平时大了好几倍。

生：那天小明被小亮激怒了，我看他攥紧了拳头，咬紧牙关，好像马上就要揍小亮了。

生：我也看到了，小亮也被气得身体直发抖。

师：大家都是特别细心观察的同学，留意到了人在发怒时难以自控的状态，其实还有一些成年人在愤怒时不是暴跳如雷，而是连续吸烟或者默不作声地攥紧拳头，但无论是哪一种表现他们都在无形中动了气，发了怒。

二、愤怒情绪我了解

（一）科学实验面对面

活动设计：引入心理学情绪效应实验，引导学生认识愤怒情绪的危害。

师：孩子们，你们了解这个"气"吗？请同学们一起看大屏幕。

美国生理学家爱尔马做过一个情绪效应实验，他把人在不同情绪状态下呼出的气体分别进行技术性收集采样，然后将这些气水混合物依次放入实验基样中，进行处理。他发现心平气和时呼出的气水，呈无杂色，清澈透明状。而生气时呼出的"生气水"呈紫色。爱尔马又把生气时呼出的气水混合物注射在实验用大白鼠的体内，几分钟之后，大白鼠死掉。听起来真是令人害怕。请同学们再次看大屏幕,不仅大白鼠怕愤怒,人在愤怒状态下身体健康也会受到威胁。一些疾病的产生都与我们的愤怒情绪有关。以脑细胞衰老加速为例,人在生气时大脑中枢神经受到刺激,大量血液涌向大脑,增加大脑血管压力,老年人脑血管脆弱就容易导致脑出血,而愤怒时血液中含有最多的毒素,最少的氧气,可能令脑细胞死亡,人也就随之变迟钝了。

(二)真实案例面对面

师:愤怒情绪得不到有效控制还会给身体造成伤害,请一个同学给大家读一读下面的真实案例。

生:读案例。

师:这些事件听来都不可思议,令人后怕。

师:看来不能有效控制情绪真是危害颇多。不仅危害健康,甚至会影响人际关系和正确决策,等等。因愤怒情绪引起的不良后果都是我们不想看到的。

三、愤怒情绪体验场

师:孩子们,当你感到愤怒,怒不可遏时,是用怎样的方式处理自己的愤怒情绪呢?

生:我妈妈说生气了就要表达出来,可以向妈妈倾诉,也可以向任何愿意倾听的人倾诉。

生:我特别生气时会去做自己喜欢的事,调整一下情绪。

生:有一次我很生气,摔了杯子,把妈妈吓坏了。

师:大家说得都很好,看来大家处理愤怒情绪的方式有很多。老师也收集到一些大家处理愤怒情绪的方式,有些大家提到了,有些大家没有提到,请大家看看这些方式,里面一定有你曾经使用过或者别人使用过的。老师把这些方式进行分类,总结出以下几种类型:忍气吞声,点火就着,迁怒于人,自我调节。

师:我们究竟应该如何控制愤怒情绪呢?我们一起来通过一个案例尝试着找一找方法。

中考临近,小明正在书房学习,不经意间却看到了门外目不转睛盯着自己的爸爸。"嘭"的一声,小明关上了房间的门。

"吱呦",这是小明爸爸打开书房门的声音,缓慢而坚定。

"嘭""吱呦""嘭""吱呦"……几次开关过后,几番对话下来,小明和爸爸都烦躁不安起来,一种愤怒在父子之间升腾……

请同学们通过模拟父亲和儿子的表情、动作、语言和眼神来再现父子之间的开关门大战。

生:根据情境现场表演。

师:如果说父子之间因意见不统一而发生了开关门之争,那么是什么让父子之间的愤怒情绪一点点加剧,甚至难以控制呢?

生:儿子对父亲缺少尊重,表情中流露出的不屑一顾非常惹人生气。

生:父亲不理解儿子,这个房间我老大,我说了算的神态,让儿子很难接受,很生气。

生:儿子摔门的动作会让爸爸觉得他是在跟爸爸耍脾气。

师:嗯,你观察得非常仔细,思考得也有深度,引发父子矛盾升级的就是他们对待彼此的态度,一个鄙夷的眼神,一句脱口而出的话,一脸的无所谓,甚至是摔门发出的声音。

师:请同学们猜一猜父子之间的开关门大战继续发展下去会怎么样?

生:依照目前的情形猜测父子之间的开关门大战要以双方的两败俱伤,愤怒爆发告终了。

师:如果你就是案例中的小明或者爸爸,这件事情发生了,你会怎样控制自己的情绪呢?

生:如果我是小明,我不会反复地摔门,我要告诉爸爸,关门是为了自己能静下心来学习,让爸爸放心,自己绝对不会偷懒。

生:如果我是小明,我可能会向妈妈求助,希望妈妈帮我调解和爸爸之间的矛盾。

生:如果我是爸爸,我会耐心地和小明谈谈,不是一味地以父亲的身份强制小明开门。

师:你们分析得真是透彻入理,父子之间的愤怒发展下去对谁都没有好处,还不如都站在对方的角度上思考,尝试理解一下对方的想法,多一点理解和宽容。与其让争吵和愤怒升级不如多想想办法解决问题,看来生活中你们都是乐于思考的孩子。通过同学们的分析和出谋划策,我相信小明父子之间的愤怒情绪是能控制的。

四、愤怒情绪我控制

(一)控制愤怒有方法

师:老师在同学们提出控制愤怒的方法之前先讲两种可以让人在突如其来的愤怒情绪下快速冷静下来的方法。第一,深呼吸。让我们经历缓慢地鼻吸口呼来调节自己的愤怒情绪。第二,放轻松。具体做法就是放开拳头,放慢语速,放低音量,通过这三个动作的调节,不仅可以让我们自己放松下来,也不会把我们的愤怒情绪传递给别人。这两种方法加上换位思考和找更好的解决办法就组成了我们的制怒四部曲。

(1)深呼吸。

(2)放轻松。

(3)换位想。

(4)找办法。

(二)控制愤怒小擂台

师:老师调查了本年级部分同学,整理出一些能够产生愤怒情绪的情况,老师把它们整理出来了,给大家两分钟时间仔细阅读,想一想,如果是你,在面对这些情况时应该怎样控制自己的情绪。

生:我们小组认为同学们在操场上游戏发生磕碰在所难免,受伤的同学应该坚强一点,其他同学也应该多一点关心,主动帮助受伤同学处理伤口,或者送受伤同学去医务室。

生:我们小组认为与别人相处要多一些宽容,别人虽然弄坏了你的心爱之物,但也是无心之举,不应该没完没了。俗话说得好,得饶人处且饶人嘛。

师:听了大家的分享,似乎在未来的生活、学习中我们都没机会被愤怒所左右了,因为在面对这些情景时我们可以用(生集体)深呼吸、放松自己、换位想、找办法的方法控制自己的愤怒情绪。

五、拓展总结——制怒有方,莫迁怒于人

师:美国著名认知疗法心理学家阿尔伯特·埃利斯在《控制愤怒》一书中说道:"掌控好情绪,才能掌控好人生。"拿破仑也曾说过:"能控制好自己情绪的人,比能拿下一座城池的将军更伟大。"

师:请同学们身体坐正,一起看大屏幕。通过这节情绪管理课我们深入了解了愤怒这种情绪,也学会了如何控制愤怒情绪。进而实现时刻保持平和的心态,和别人友好沟通,解决我们面对的各种矛盾和冲突。希望我们班的每一个成员在以后的日子里都能心平气和地思考问题,和谐友好地沟通问题,让我们的生活变得一团和气。

第四课　科学认识自卑情绪

　　自卑的人总是感叹命运不济。看着别人的时候,总是都好;审视自己的时候,总是很糟。其实不必这样,人和人都是一样的,你有你的一片风景,一束阳光,甚至有别人未曾拥有的一朵小花,一阵虫鸣……

 感受情绪的力量

　　自卑感是一种复杂的情感,是指一种觉得自己某些方面不如别人,面对问题无所适从,感觉自己没有能力应付所面临的问题和困难的消极感受。有自卑感的人容易轻视自己,总认为自己不如别人。奥地利心理学家阿德勒认为,自卑是人类普遍存在的现象,青少年成长的各个时期,他们与父母和整个世界的关系中都具有一种不能满足之感,即自卑感,因而在成长过程中要不断地弥补这种自卑感。对自卑感的弥补会成为人类努力成功的基础和动力,相反,如果一个人在生活中没有找到一种适当弥补自卑感的具体目标,就会形成带有浓厚色彩的自卑感的观念集团,阿德勒把这种自卑的观念集团称为自卑情结,自卑情结指的是一个人在面对问题时无能为力的表现。

【案例】

　　德国天才哲学家尼采,出生于勒肯的一个牧师之家,从小性情孤僻,而且多愁善感,身材瘦小,这样的外表使他总是有一种自卑感。他曾追求过一个美丽的姑娘,但因为他太笨拙,没有成功,这使他更加自卑。因此,他一生都是在追寻一种强有力的人生哲学来弥补自己内心深处的自卑。

　　有一些青少年感到自己在集体中没有一点儿位置,不知道怎么和同学们相处。有时候,看到其他同学之间愉快地聊天,悲观的他们很想加入,可就是无法找到话题;有时课堂上同学们共同讨论问题,他们也很想表明自己的想法,可是内心莫名的恐惧又使他们不清楚该从何处谈起。这种现象通常是由自卑而引起的,自卑使这些学生失去了表达的勇气,丧失了自信,也丧失了许许多多的融入集体的机会。

解开情绪的密码（概念、分类、诱因）

自卑是自我认知偏离后所产生的一种情绪变化,在这种不自信情绪的支配下常常设想自己会失去受别人尊重的心理。简而言之,自卑是一种自己瞧不起自己,总主观地认为别人也瞧不起自己的心理暗示。这是一种不正常的心理暗示,对自己的认知不自信、不客观。有自卑感的学生经常会对自己的能力等有偏低的或者消极的认识,认为自己做什么都不行,什么事情都胜任不了,从而在学习中失去信心,注意力无法集中,之后产生悲观失望的心理。到最后即使是对那些已经完成过的任务,或完全可以胜任的任务,也常常会因消极的想法而轻易放弃,长此以往对所有事都抱以冷淡的态度,更有甚者对生活失去希望。自卑情绪会影响青少年的健康成长,甚至影响到他们以后的工作和生活。

自卑形成的原因比较复杂,有来自社会方面的原因,也有学校和家庭环境的原因,也有个人的原因,归纳起来大致有以下几个方面。

一、个人的生理因素

一个人在体貌特征、身体素质等方面有某些不足,就会容易产生自我否定的心理。特别是处于青春期这个特殊时期的青少年学生,随着身体的发育以及自我意识的增强、理解能力的提升等,会更加关注自己的外貌。有些女学生常因为自己外貌不够完美,或者身材矮小、皮肤有缺陷而感到苦恼、自卑;还有的女学生甚至会因为自己的汗毛多少,或者脸上长有几颗雀斑而感到不自信。男学生中也有些会因为脸上长出了太多的青春痘,身材不够高大、魁梧而感到自卑。如果此时再受到他人的取笑和冷遇无异于雪上加霜,他们更会觉得无地自容,产生强烈的自卑感。至于本来就有一些先天性生理缺陷的人，如聋、哑、盲、肢残等，这种自卑的情绪就更加常见了。

有一名女生，她刚入学时行为习惯极差，入学考试成绩也特别不好。她整天都表现得很焦虑，不愿与人交流，思想负担很重。这时班主任多次找她谈话，得知这名女生认为自己成绩差，"名声"又不好，担心在班上受孤立，担心将来别人都考上理想高中而自己考不上，被淘汰的就是她。为此，她抬不起头，挺不起腰，上课听讲不专心，发言不积极，整天沉默寡言，跟同学相处也很被动，甚至想辍学，经常跟家长说："不读了！好烦！""读书没意思！"家长对此也大伤脑筋。

这名女生的表现，正是由于缺乏自信而产生了自卑，她抗挫折的能力差，心理承受能力较弱，因此才会有上述的表现。不过，她还处在自卑的初期，但如果不及时引导，发展下去，很可能会影响她的正常生活。

二、个人的成长经历因素

产生自卑的情绪，很多是外部环境因素引起的，有些因素是具体可见的，比如做几次难题都没有做出来，有些是隐而不显的，如大家组织活动时几次都没有邀请他。外部环境对于情绪的影响是大家所熟悉的，当一个人的能力不足，就会产生自卑心理，对分配给自己的任务几次都没有成功完成，就认为自己没有能力，就算别人不说什么，自卑感也会渐渐出现。所以说成长的经历可能就是你自卑的来源，可能是某件事、某种经历甚至是某句话。其中青少年时期的经历影响极为深刻。在这个时候学生的意识形态没有筑牢，很容易被一件事情而影响。

美国心理学家塞里格曼曾经做过一个有关狗的实验：让一些狗处在一种被动挨电击的情景中，由于无法逃脱，从而表现出"无助感"，那么在以后的另一种情景中，即使能够逃脱电击，这些狗也不会争取主动，而处于一种被动挨打的境地；训练另一些狗，使它们在一种情景中学会在经历第一次电击时就能成功逃脱，以后在其他类似的情景中就能很快逃脱。塞里格曼认为，这种情况与人类有相似之处。消沉者或受压抑者变得很被动，是因为他们相信努力是无效的，从而放弃一切努力，产生消极的人生态度，形成一种习得性无助感，从而形成自卑心理。

三、个性因素

即使是同样的经历对不同的人也会产生不同的影响，同样经历过心理创伤的人,也不是所有的人都会产生自卑情绪,因为心理创伤并不是完全因为外部的刺激,还有其主观个性化的原因。比如说有的人因为家庭遭受灾难,经济困顿就可能产生自卑感,他们感到自己不如别人,不想参加任何集体活动,但是有的人却会积极努力地去改变这种状况。从整体上看,就气质类型而言,抑郁质的人往往更容易形成自卑的情绪,他们的性格细致敏感、怯弱、孤独,遇事缺少主见、迟疑不决、多愁善感,所以在外界不适当的刺激下,就很容易形成自卑的情绪。

【案例】

两个人来到海边,其中一个人对生活已经失去了信心,对前途已经不抱任何希望,非常自卑,他准备在海水中结束自己的生命。而另一个人非常自信,从小就有一个梦想,成为一名出色的水手,他来到海边是想感受一下大海的气息。第一个人面对大海,说道:"看这海水,多么混浊,颜色多么暗淡,就如同我的人生一样充满了灰色。"而另一个人却说:"啊,我终于来到海边了,海边的空气真的好新鲜啊,海风吹在脸上的感觉真的好舒服啊!"第一个人接着说:"看这海里的水藻,如果我跳下去,它们一定会紧紧地缠住我的脚,这样也好,我就随它们去吧。"另一个人也接着说:"看这海里的鱼儿游得多么欢快,看这海边的贝壳多么漂亮啊!真希望我能早日梦想成真,遨游在这宽阔的大海之上!"最后,第一个人沉入了海底,而另外一个却成为一名远航的船长。

观测情绪的信号(分类、表达)

中学生常见自卑情绪的特征:

一、泛化性

一个怀有自卑感的学生,假如感到自己在某一方面不如别人,就会感到自己的其他方面也比不上别人,比如一次考试没有考好,接下来上课就不敢回答问题,这样的学生由于感到自己总是在各方面无法超过别人,所以总是唉声叹气,感叹自己的无能与懦弱。假如让这种自卑感无限盲目地放大,会对学生的身心健康产生极为严重的影响。

【案例】

有一次,一名士兵奉命将一封信送往自己景仰已久的统帅拿破仑的手中,由于过于兴奋,他拼命地策马前行,胯下的坐骑一到目的地就累死了。拿破仑读了信后,立即复信,命人牵过自己的战马,嘱咐那名士兵骑马回营。"不,尊敬的将军,"那名士兵看到统帅那匹心爱的骏马,恳切地说,"我只是一个普通的士兵,没有资格骑这匹高贵的马。"拿破仑不假思索地答道:"世上没有一样东西是法兰西战士不配享有的!"士兵一下子想明白了,立即上马,绝尘而去。

正如那个士兵一样,只是由于某方面的原因,很多人都把自己想得太卑微,这样他们往往无法实现自己的目标。在优秀人士身上,我们看不到自卑的影子。每个人都有自己独特的价值。

二、敏感性

人生活在一个集体中总会有不如意的地方,自卑的人总会怀疑别人看不起自己,也常常会把别人的一些与他无关的语言和动作看成与他有关,无论他人说什么做什么自己都十分容易对号入座。这些学生整日担心,对周围的声音、事物都十分敏感,尤其是关注自己的短处,比如一些学生有生理方面的缺陷,便对周围学生的眼神、话语十分敏感,对周围的学生也失去亲和力,逐渐使自己的自卑情绪蔓延,从而觉得自己无能,内心的自卑情绪会逐渐地加重。

三、掩饰性

一些人总是把自己封闭起来,不愿意与人交流,因为他们认为自己不如别人。这样的交往方式使他们在与人交往或者从事某项任务时一定会失败。他们越是封闭自己,就越会对自己没有信心,从而形成恶性循环。

自卑者越是怕别人知道自己的不足,越担心暴露自己的缺点,越会想办法掩饰自己的不足。自卑的学生也会这样掩饰学习等方面的不足,如他们学习成绩不好,平时做作业时遇到不会的题目,也不向别人请教,怕别人嘲笑自己。久而久之,养成了一些不良的习惯,胆小怕事,缺乏创新精神。

四、情绪化

自卑的学生表面上看好像逆来顺受,顺其自然,然而过多的压抑恰恰积聚了随时爆发的能量。由于缺少应对问题的能力,他们在完成学习、交流、生活等方面事情的时候很容易产生心理压力。他们经常为了一点小事大动干戈,大声叫喊,想引起身边人的注意。当受到不公正的待遇时,他们认为别人轻视自己,便难以忍受,经常产生过激言行,甚至用极端的方式表达自己的情绪。

大部分的学生会有不同程度的自卑感,我们每个成年人也都有不同程度的自卑感,自卑是人类正常情绪的表达。虽然自卑是一种不良的情绪体验,但适度的自卑可以使学生认识到自身的不足,力争改变现实,不断进行自我调整,以缩短与别人的差距。

管理情绪的动态(方法指导)

"人生不如意之事十之八九",自卑的情绪并不可怕,可怕的是被自卑所操纵,迷失了自我。一个人如果太看重别人的评价,因为自己的一点缺陷就感到自卑,势必会影响正常生活。严重自卑的人,并不一定是其本身具有某些缺陷或短处,而是不能接纳自己、自惭形秽、妄自菲薄,常把自己放在一个较低的位置上,并由此陷入不能自拔的痛苦境地,心灵笼罩着永不消散的愁云。其实,每个人身上都有闪光点,不管这个闪光点是多么微不足道,但它毕竟是优点,是别人没有的优点。

怎样克服自卑情绪?

一、摆正心态,正确认识自己

所谓尺有所短,寸有所长,任何人都有自己的优势和劣势,我们必须放弃虚无的幻想,发挥自己的优势。纵观历史,许多著名人物的优秀品格和辉煌成就,从某种意义上说,是个人的某些缺陷造成的:拿破仑的身材矮小,但是这反而使他立志要在军事上获得成就,结果他成了著名的军事家;苏格拉底是因为自惭形秽,在思想上痛下功夫,结果在哲学领域大放光芒;司马迁受腐刑而写《史记》……

相反,如果不能摆正心态,克服自卑心理,就会让自己在解决问题时出现不可挽回的错误。

二、增强信心，树立奋发自强精神

要正确面对人与人之间的差别，减少将自己与他人不必要的比较，把注意力集中在未完成的任务上或者自己既定的目标上。有这样一篇文章，我们可以从中看出自卑感是如何给人动力的。

  一个人被公认为是全班最胆小、最怯弱者。大学毕业时大家挥手告别，许多人预言十年后的相聚他将是最失败者之一。

  十年后的相聚如期举行。当年许多意气风发、指点江山的同学如今被生活改变成了一言不发的旁观者，许多才华横溢、认为一出校门即可拥有一切的同学，因苦苦挣扎而终无意料之中的成功有些垂头丧气，只有他——那个被公认为将是最失败者还是和当年一样平凡得如一抔尘土，不出众，不显眼，也不高谈阔论。

  聚会到了高潮，每人依次上台讲述自己的现状和理想，还有对目前生活的满意程度。大多数人的现状不如当年跨出校门时的理想，对目前生活满意者几乎没有。他上台后说："我目前拥有数家公司，总资产上亿元，远远超过当年走出校门时的理想。如果说还有什么遗憾的话，就是我认为离那些我所欣赏的成功者还很遥远。是的，无论是在学校还是走向社会，我一直很自卑，感觉每一个人都有特长，都比我强。所以我要学习每一个人的特长，并且丢掉自己的缺点。但我发现无论我如何努力也还是无法赶上所有的人，所以我就一直自卑下去。因为自卑，我把远大理想埋在心底，努力做好手头的每一件小事；因为自卑，我将所有的伟大目标转化成向别人学习的一点点的进步。进步一点，战胜一个自卑的理由，同时又会发现一个自卑的借口。这样，永远让自己处在自卑之中，我就会获得源源不断的前进动力。"

长久的沉默之后，优秀者或平凡者们才明白了自己竟然失败于自信！因为自信，总认为自己比别人优秀，所以不肯虚心求教，看不到别人的长处；因为自信，目光一直看向远方，却忽略了脚下的道路应该一步一个脚印地走。

学会自卑,为了生命中期望已久的成功。从某种角度说,当自卑化成了谦虚,化成了上进的动力的时候,自卑又何尝不是一种自信呢?

阿德勒指出:"自卑本身不是一种错误,它是改善人类地位的原因。例如,只有当人们感到他们的无知和需要预见未来时,科学本身才会出现;它是为改善他们的整个情境,了解周围的更多事物,以便能更好地控制它们而进行奋斗的结果。实际上,我们人类的一切文化看来都是以自卑感为基础的。"这就是说,有自卑感不是坏事,如果处理好了,它可能会成为一种动力。

三、从小事做起,逐渐证明自己

发现自己的长处,是自信的基础,但在不同的成长阶段,要不断地暗示自己,大胆尝试,接受挑战,把注意力集中到任务上,不断增强实力。

【案例】

> 班级有一个女学生,她刚刚来到我们班级时,其各科学习成绩都很难及格,而且孩子的性格有些孤僻,不喜欢与同学们接触,成为班级中孤独的一角。同时我了解到,这个孩子是单亲家庭,与妈妈同住,生活很艰辛。原来孩子的性格是很开朗的,在家庭出现了变故之后性格发生了改变,同时也开始放弃学习。

针对这种情况,我在课堂中尝试提问她一些简单的问题,让她在不断地回答中逐步寻回对学习的信心和兴趣。同时我也与各位科任老师沟通,及时了解她在其他课堂上的情况及表现,并适时地进行言语鼓励和表扬。课下我也经常找时间与她谈心,谈学习,谈生活,以一个朋友的身份了解她的内心世界,并通过生活中其他人的事例与她交流,从中明辨是非,寻找她对生活的积极态度。

记得刚刚到这个班级时,有一次她与班上的另外一个女同学发生了口角,两个人互不相让,场面很难控制,我当时采取了冷处理的方法,因为我深知,争吵中的孩子是很不冷静的,更何况是这些个性极强的孩子,应该转移她们的焦点所在,然后等其冷静后再进行矛盾的解决和处理。谈话中我采取了与朋友谈话的方式,从家庭情况聊起,从身边的一些小事聊起,让她更容易接受和面对问题,建议她从小事做起,从力所能及的事情做起。现在这个女孩子已经一改过去的消极态度,从家庭不幸的阴影里走出来,重新露出了那久违的笑容,并和同学们团结合作,学习成绩也在不断地进步。

回顾这个女孩子走出厌学、自卑情绪的这段过程,我深刻地认识到必须要发现学生的"闪光点",每个学生的内心都蕴藏着积极的资源,班主任的工作就是要在尊重、爱护的前提下,从学生的角度出发,运用教育智慧,开发这些内在资源,让学生建立积极的自我信念,让每一朵花都有开放的理由!在我的班主任工作经历中,我深感和同学们沟通的重要性,只有学生真正在心里接受你,你才能有效地开展各项教育教学工作,所以我们班主任一定要做学生的知心朋友,以你的言行来示范、影响我们的学生,帮助他们建立正确的人生观和世界观。

四、老师和家长的正能量评价

老师可以这样评价学生:下面这个对你的评价,你看是不是非常适合你。你很需要别人的喜欢和尊重。你愿意与人沟通,有自己的主观判断力。你有许多优势没有表现出来,同时你也有一些缺点,不过你可以克服它们。你期待与异性交往,尽管表面上显得很从容,其实是有些困难的。你有时怀疑自己所做的决定或所做的事是否正确。你喜欢多姿多彩、美好的生活。

这就是一个简单的心理学效应——巴纳姆效应,即人很容易相信一个抽象的、一般性的人格描述,认为它特别适合自己并准确地揭示了自己的人格特点,即使这种描述十分不具体,他仍然认为反映了自己的性格特点、真实感受。该效应的名称来源于一个名叫肖曼·巴纳姆的著名杂技师。他在评价自己的表演时说,他之所以很受欢迎是因为节目中包含了每个人都喜欢的成分,所以他使"每一分钟都有人上当受骗"。针对这一点,心理学家曾做过相关研究,他们用一段笼统的、几乎适用于任何人的话让大学生判断是否适合自己。结果,绝大多数大学生认为这段话将自己刻画得细致入微、准确至极。

巴纳姆效应的出现反映了个体在进行自我知觉,即了解自己的过程中,更容易受到外界信息的暗示,从而出现自我知觉的偏差。的确,在日常生活中,我们既不可能每时每刻反省自己,也不可能以局外人的角度来观察自己。正因为如此,个人只能借助外界信息来认识自己。对于青少年而言,正值青春期,是需要老师和家长及时地给予关注和评价的,也需要在情绪方面给予正确的引导。

主要参考文献

[1]汤晨龙.管理好心情让内心不良情绪远离[M].郑州:中原农民出版社,2014.

[2]沃建中.心理健康教育指导[M].北京:科学出版社,2009.

[3]融智.情绪控制方法[M].北京:中国华侨出版社,2018.

[4]小虫.有一种自卑叫自信[J].中等职业教育,2002,(08):3.

[5]秦赟.抓住学生的心理[M].吉林:吉林出版集团有限责任公司,2012.

 走进情绪的课堂

克服自卑,树立信心

【课程目标】

认知目标:明确自卑是正常的情绪体验,会对人的健康造成不良影响。

情感目标:正确认识自卑情绪,引导学生正确认识自我。

行为目标:帮助学生克服自卑心理、树立自信心,不做他人愤怒情绪引发者。

【活动重点】

认识自卑心理的危害,树立自信心。

【活动难点】

同学们讨论、概括自卑心理的危害和克服自卑心理的方法。

【实施过程】

一、创设情境,新课导入

最近老师看到一个小故事,大家看看故事中这个小女孩遇到了什么烦恼呢?

玲玲是一个年轻的女孩,但她并不像同龄人那样开朗,悲观情绪总是萦绕着她。她时常觉得生活没有目标,最近这种情绪越来越强烈,好像做什么都没有心情,她感到很孤独,周围的环境又让她觉得很无趣。她也想改变,但又觉得自己能力不够,越来越自卑,于是也就显得有些孤僻。她也是一个爱思考的人,曾用很长一段时间来思考活着的意义,但她发现自己找不到答案,她觉得很迷惘,马上就要初中毕业了,她不知道以后的路该怎么走。

在心理咨询室里,她对心理医生说:"我很不幸,可以说是在同学和邻居的指指点点下长大的。我从小就自卑,做事情很悲观,导致我交不到朋友,别人看我外表冷漠也不敢接近我。老师,我很难过。"话音未落,玲玲脸上已挂两行泪珠。这次测试数学没考好。"数学老师说我很多题目都应该做对的,可我在演算过程中出错了,我看了试卷都觉得不是我做的。我真笨,这样的成绩让我怎么去见父母呢?我对不起他们,我真没出息……其实我已经比上学期用功多了,为了考出好成绩,平时课外活动时间我都在教室里看书,能用的时间我都利用了,可现在……考试这段时间我一口饭也吃不下,晚上也睡不好,常常失眠……"

玲玲的这些烦恼你们也遇到过吗?我们应该怎样面对呢?同学们说说你的想法吧。

生:我感觉玲玲的朋友很少,没有倾诉的对象。

生:感觉玲玲有压力,做什么事情都不自信,好像还有些自卑的倾向。

师:是啊,这种表现就是我们心理学中所说的自卑,它是存在于我们每个人身上的一种情绪,如果你处理好了,它就会变为一种动力;如果你处理不好,它就会变为一种阻力。今天就让我们走近它、了解它。

师:你了解自卑都有什么表现吗?你遇到过自卑的情形吗?

生:我不敢在公开场合说话,害怕在陌生人面前及集体活动中说话,比如课堂发言,还有平时我也轻声细语,不敢大声说话。

生:有的人不敢在公开场合做事,比如在讲台上讲题,课下给同学们讲卷子,我想这也是自卑的一种表现。

生:不愿与别人交往,喜欢一个人独处,从不主动提出问题。而且做事没有自己的主见,优柔寡断,思前想后。

师:大家说的都有道理,他们还会经常说"我不会""我不行"这样的话。概括起来说就是怯弱。

师:还有一种表现大家也见到过,为了引起老师和其他同学的关注,上课故意不听课,做鬼脸和小动作。

小结:如果一个人长期被过重的自卑心理所笼罩、支配就会失去自信,影响自身潜在才能和智慧的发挥,难以享受成功的快乐,常处于忧郁之中,并丢失许多成功的机会。今天,我们来学习如何克服自卑心理,增加自信心。

二、理性认识,合理调节

1. 相关知识介绍

(1)什么叫自卑心理?

自卑心理是一种对自己的能力和品质评价过低而产生的消极心理活动。

(2)自卑心理有哪些具体表现?

怯弱、捣乱、我不会、我不行。

2. 活动设计

在学校里最常见的自卑心理是如何产生的? 请同学们在心灵卡片上写出可能让你产生自卑心理的几点原因(把认为自己不如别人的地方进行归纳)。

①学习成绩不佳。②长相、身材不好。③智力水平低,能力差。④家庭经济条件不好。⑤单亲家庭。⑥父母、教师的消极评价。⑦挫折经历。

3. 情景演绎

请一组同学到前面表演情景剧,体会自卑心理的负面影响。

萨拉,有超常的艺术才能,然而都身为教师的父母认为取得学术成就才是人生中最重要的事情。她父母明显对她的两个哥哥感到满意,因为他们的学习成绩很好。但是萨拉却是一个成绩平平的学生,她的学业也并不是特别差——仅仅是没有如她父母所期望的那么出色罢了。她真正的才能在于敏锐的眼光和灵巧的双手。她会素描,她的拼贴画也充满了生气和色彩。萨拉的父母努力去欣赏她的艺术才能,但是他们认为艺术和手工艺品在本质上就是微不足道的——一种浪费时间的事情。他们从未公开批评她,但是她能够看出,当他们听到她哥哥的成绩时,是多么容光焕发;而当她将艺术作品带回家时,他们有着掩饰不住的缺乏兴趣的表情。他们好像总有比看她的作品更重要的事情。萨拉认为,她比那些更聪明的人地位要低。

三、克服自卑,行为训练

首先要全面认识自我、发现自己的优势。若以自己之短比他人之长,越比越泄气;若以自己之长比他人之短,越比越有信心。

情境一:表现法——积极交往,表现自我。

用七巧板拼出各种不同的图案,然后向同学们展示。谈谈你拼出的是什么图案,在拼图时你是怎么想的?

小结:想不到我也具有自己的优势,只是自己没有发现而已。

情境二:补偿法——扬己之长,补己之短。

一技之长表演。讲——故事、笑话、新闻;演——唱、跳;写——画画、书法。

小结:用有价值的追求和进步来冲淡那些受客观条件限制而可能引起的自卑,从而淡化自卑心理。

情境三:尝试法——别人能行,我比他更行。

教师给学生讲一则故事。

迎难而上,有志者事竟成

美国联合保险公司有一位名叫艾伦的推销员,他很想当公司的明星推销员。因此他不断从励志书籍和杂志中学习培养积极的心态。有一次,他陷入了困境,这是对他平时进行积极心态训练的一次检验。那是一个寒冷的冬天,艾伦在威斯康星州一个城市里的某个街区推销保险单,结果没有售出一张保险单。他对自己很不满意,但当时他的这种不满是积极心态下的不满。他想起过去读过的一些保持积极心态的法则。

第二天,他在出发前对同事讲述了自己昨天的失败,并且对他们说:"你们等着瞧吧,今天我会再次拜访那些顾客,我会售出比你们售出总和还多的保险单。"基于这种心态,艾伦回到那个街区,又访问了前一天同他谈过话的每一个人,结果售出了66张新的事故保险单。这确实是一个了不起的成绩,而这个成绩是他当时所处的困境带来的,因为在这之前,他曾在风雪交加的天气里挨家挨户地走了8个多小时而一无所获,但艾伦能够把这种对大多数人来说都会感到的沮丧,变成第二天激励自己的动力,结果如愿以偿。

这个故事告诉我们:人生充满了选择,而生活的态度决定了一切。你用什么样的态度对待你的人生,生活就会以什么样的态度来对待你。你消极,生活便会暗淡;你积极向上,生活就会给你些许欢乐。要积极地面对挫折,消除自卑情绪,做最好的自己。

四、相信能,就会赢

全班一起合唱《相信自己》。

世界著名学者爱默生曾说过:"相信'能'的人就会赢!"这句话为许多成功人士的经历所证实。居里夫人有句名言:"我们要有恒心,尤其要有自信心。"自信心是一种积极的人格品质,对一个人的成长和发展起着重要的作用,我们要勇于面对问题,要迎难而上,相信自己一定会成功。

第五课　克服嫉妒心理，学会欣赏他人

别让嫉妒长成荆棘，那会扎伤别人，也会刺伤自己。

感受情绪的力量

嫉妒是一种看到别人胜过自己而引起排斥的消极感觉。当看到别人超过自己时，心里就不愿意面对甚至反感那个人，于是就产生一种厌恶与羡慕、气愤与埋怨、不甘与失望、屈辱感与虚荣心同时存在的复杂情感，这种情感就是嫉妒。生活中，嫉妒心理不但影响身心健康，还影响学习和工作。嫉妒心太强会直接影响人的心态，而不好的心态会大幅度降低学习或工作的效率。不仅如此，嫉妒心强很容易使我们无法结交到知心朋友，因为嫉妒心强的人往往事事好胜，在做事上常想方设法阻拦别人进步，总想压倒别人而突出自己。这只会使同学想躲开你，不愿意甚至不敢与你聊天，更不用提交朋友，最终制造出一个不良的社交氛围，让你感到孤单寂寞，但此时后悔已晚。

解开情绪的密码

嫉妒属于复杂的心理，如嫉妒他人的身材、美貌、荣誉、财产等，也就是说，因为别人胜过自己而出现怨恨的心理。长期有嫉妒心理会让人们产生恨的情感，所以必须及时克服嫉妒心理。

一、嫉妒的诱因

（一）优越感被破坏

其实嫉妒是一种被破坏的优越感，也就是说优越感被破坏之后出现的心理反应。当自己有优越感时,一旦被他人超越,就可能产生嫉妒心理。若曾经没有过优越感,只是表现为羡慕他人或自卑,则不会出现嫉妒心理。

【案例】

  洋洋,一个刚满九岁的小女孩,从外地转入我们班,她成绩优异,善于表现自己,喜欢参加学校和班级组织的各项活动。父母都在外地打工,收入较高,家庭条件较优越,她是家中的独苗,爷爷奶奶都围着她一个人转,再加上这孩子天资聪颖,家人更是十分溺爱。在学校,老师器重她,同学崇拜她。但稍加留意就会发现洋洋经常会因为其他同学多得一朵小红花或受到老师的表扬而闷闷不乐,看到别人衣服漂亮她也不高兴,甚至有时还会故意找别人的麻烦。

(二)在同一个领域竞争

在同一领域的两个竞争者才会出现嫉妒行为和心理。如在班级中争取考试排名第一、同事之间争取更高的职位,这样的情境下可能会让人们爆发激烈的嫉妒心理。

【案例】

  奥地利的维也纳号称音乐之都,没有人不知道在那里有一对父子音乐家——施特劳斯父子。可是父亲有一个致命的弱点就是爱嫉妒,甚至连自己的儿子也嫉妒。

  儿子小时候因偷学拉小提琴而导致父亲大发雷霆。出于音乐家的本能,父亲敏感地意识到儿子惊人的音乐天赋,他恐惧不远的未来,将被一位强有力的竞争者取而代之。

  按理说,子承父业,青出于蓝而胜于蓝,作为父亲应是欣慰且高兴的,但这位父亲恰恰相反。

  初出茅庐的儿子逐渐崭露头角,父亲利用个人的势力,禁止所有的饭店为他提供演出场所,但儿子的事业如火山爆发,势不可挡。当儿子顶住压力演奏他创作的那首《理性的诗篇》时,听众疯狂了,该曲应听众要求竟然连奏了19遍!

富有讽刺的是,演出中响起了几次稀稀拉拉的倒彩声,这几个捣乱者是父亲花钱雇来的。当然,这寥落的倒彩终究被淹没在热烈的掌声中。现在,小施特劳斯的不朽之作《蓝色的多瑙河》已经响彻世界的大街小巷了。

(三)报复心理

当自己在他人心目中的位置比较高时,确实会感觉到喜悦、安慰。相反,则会感觉到自卑、焦虑不安或烦躁以及恐惧,甚至伴随痛苦。

【故事】

古时候有个陶匠,他非常妒忌油刷匠,于是他请求皇帝让油刷匠把大象洗干净,并且洗成白色的。皇帝就让油刷匠去把大象洗成白色。

油刷匠说,我可以把大象洗成白色,但我需要一个大缸,好把大象放进去洗,于是陶匠就不得不领命去做大缸。

但是大象太重了,每当大象踏进那缸,缸就马上碎掉。于是陶匠一次又一次地做大缸,不停地做大缸。

二、嫉妒的心理特征

(1)偏激的反抗性。

古希腊斯葛多派的哲学家认为:"嫉妒是对别人幸运的一种烦恼。"嫉妒心理的表现特征具有明显的恶意攻击性,其攻击目的是抹黑被攻击者的形象,如朋友之间本来关系密切,却因为嫉妒使道德天平倾倒从而失去原本的情谊。产生嫉妒心理的人往往不看别人的优点和长处,只会挑剔别人的缺点,甚至不惜颠倒黑白,弄虚作假去诋毁别人。

【故事】

郑袖是楚怀王的宠姬,非常聪明,也非常美貌,但她善妒狡黠。魏国为了讨好楚国,给怀王送了一个美女,比郑袖漂亮。郑袖表面上善待魏女,背地里却想办法陷害魏女。她告诉魏女:"在怀王面前,得把鼻子捂住走路行事。"当魏女进见时就捂住了鼻子。怀王很奇怪,问寻为什么魏女总是在他面前捂住鼻子。郑袖解释说:"她嫌你臭呀!"于是,楚怀王下令把魏女的鼻子割了。

(2)明确的指向性。

嫉妒心理的指向性往往发生于同一时期、同一组织的同一水平的人之间,因为嫉妒心理是一种以自私为主要思想的绝对平均主义。曾经二人处于同一水平,或者曾经对方"不如自己",如今对方超过了自己,这便使嫉妒者产生抵触和对抗心理。

【故事】

戴维是英国著名的化学家,他曾把印刷徒工法拉第培养成一个科学家,受到人们的称赞。然而,后来由于法拉第在电磁学和化学上屡建奇功,被提名为英国皇家学会会员。身为会长的戴维却亲自出马反对,原因只有一个:生怕法拉第会超过自己。戴维被"嫉妒"牢牢地包围着,心中只有怨恨,从此他在科学的道路上止步不前,再也无所建树了。

(3)不断增强的宣泄性。

一般来说,除了少数轻微的嫉妒表现为仅有内心的怨恨而不付诸行为外,绝大多数的嫉妒心理的发生都伴随着发泄行为。发泄行为主要有三种方式:一种是在言语上的冷嘲热讽;一种是在行为上的冷淡,故意疏远被嫉妒者;一种是具体行为,有时甚至是攻击性的行为。

某班的学习尖子××,同学们都佩服她,都想从她那儿借鉴一点学习方法。于是,大家便经常提起她。有一次,当大家又提到××时,××愤愤地说:"××的成绩真么好吗,哼,考试打小抄、作弊,有时甚至把复习材料拿到桌上来抄,老师却看不见。要说本事,还真高明……"大家对此不以为然,可××为什么说出这些伤人的话呢,显然是嫉妒在作怪。

(4)不易察觉的伪装性。

由于社会道德的约束,嫉妒心理被大多数人所厌恶,因此有嫉妒心理的人一般都不愿直接地表现出来,而是费尽心思地去伪装,企图使别人无法察觉。例如,本来是嫉妒某人的能力,却不敢直言,故意拐弯抹角地从外貌对其进行嘲讽或攻击。

三、嫉妒的危害

（一）心理危害

1. 影响情绪

嫉妒心理会使人产生诸如愤怒、悲伤、抑郁等消极情绪,导致烦恼加剧,并忍受精神的折磨,这不利于身心健康。严重者甚至在妒火中烧时丧失理智,通过诽谤、攻击、造谣中伤他人,而不能利用空闲时间来提高自己,因此会陷入一种恶性循环中而不可自拔。

> 山东某大学的一个学生,他的成绩一向非常优秀,是班级里的佼佼者,正当他飘飘然的时候,别人已经悄悄地赶上他了。这时,他理应奋起直追,可惜他并不觉醒,反而产生了一种越来越强的嫉妒心,容不得别人超过自己。他心生邪念,决定去"报复"他人,阻止他人获得好成绩。开始,他只是藏起别人的书本。当别人焦急地苦苦寻找时,他就在一旁幸灾乐祸。后来,他无法控制自己,竟做出破坏别人正常学习的事情,最终还是被人发现,受到了处罚。

2. 容易引起偏见

嫉妒心在某种程度上可以说是与偏见相伴而生、相伴而长的。嫉妒有多深,偏见就有多深。有嫉妒心理者往往容易片面地看问题,因此会把现象当作本质,并根据自己的主观判断猜测他人。只有客观地摆出事实真相时,嫉妒者才能感到自己的片面、偏激或是误会。

3. 影响人际交往

嫉妒心理是人际交往中的一大障碍。首先,它会限制与同学的交往范围。嫉妒心理强的学生一般不会选择和各方面比自己优秀的同学交往。更有的学生,甚至会诽谤、诋毁比自己优秀的同学。其次,它会抑制人的热情。与他人交往时总有所保留，不愿真诚相待。另外，嫉妒心重者，甚至能反友为敌。他们不能忍受朋友超过自己，甚至怀恨在心，展开暗中攻击。

(二)身体危害

嫉妒心理会导致身心疾病。研究表明，嫉妒心理会引发人体内分泌的紊乱、胃肠功能失调、腰酸背痛、胃痛、失眠或者是神经衰弱等，还会产生性格怪异、脾气暴躁、敏感多疑等性格障碍。

观测情绪的信号

一、嫉妒行为的类型

通过对嫉妒行为进行观察，我们发现嫉妒行为有以下几种类型。

1. 独占性嫉妒

独占性嫉妒是指孩子不能容忍身边亲近的大人疼爱别的孩子。孩子最初的嫉妒总是与自己的父母等身边亲近的人有关，当看到大人们疼爱别的孩子时，往往会表现出不满、反叛等，有的甚至会出现一些倒退行为，故意做出比自己实际年龄幼稚的行为，以引起注意。

2. 敌对性嫉妒

敌对性嫉妒即对获得家长、老师等表扬的其他人怀有敌对情绪。这类孩子当发现别的孩子受到了家长、老师表扬时，往往表现得不高兴、不服气，认为自己不比受表扬的孩子差；有的还会当众揭发受表扬孩子的缺点或不足之处，尽管有些事实与其他孩子受表扬无任何关联。

3. 排斥性嫉妒

排斥性嫉妒是指对拥有比自己用品、零食多而又不和自己共享的伙伴进行排斥。一般情况下，孩子都愿意和拥有很多玩具、用品、零食的同伴在一起玩，但当同伴没有将自己拥有的东西与他们分享时，他们往往就会表现出嫉妒行为，如损害同伴的物品、孤立同伴等。

看看下面案例中的主人公的嫉妒行为属于哪一种？

【案例】

　　在幼儿园里孩子们学画蜻蜓,孩子们作画完毕后,老师总是将画得好的孩子的作品进行讲评并贴在黑板上让其他孩子学习和欣赏,每次都是彤彤的作品被第一个讲评,并贴在黑板最明显的位置。然而今天老师讲评过彤彤的作品后,对明明的画也格外赞赏,并将彤彤的画移贴到了明明的画的后面,此时只听见彤彤叫起来:"我不要!"老师问明了原因并安抚了彤彤。谁知彤彤趁大家不注意,将明明的画用勾线笔狠狠地刮了好几道,老师发现了彤彤的行为,对她进行了教育,可她却大声地哭闹,边哭边喊:"他的画太难看了,我不要把画放在他的后面。"任凭老师怎么劝说她都听不进去。

　　彤彤用笔破坏小伙伴的画,这一行为体现了彤彤的一种不良心理——嫉妒,彤彤的嫉妒行为属于敌对性嫉妒。当别人的东西比自己的好时,当别人的表现比自己强时,都会激发她的嫉妒心理,并表现出嫉妒行为。

二、嫉妒行为的特点

1. 外露性

嫉妒行为有两种表现方式,其不同之处是能否控制自己的情感。人在嫉妒时一种表现是会尽量忍受,心中虽然不高兴,但不会形之于色,而另一种表现则是无法忍受,就会向外界传递出嫉妒信号。

2. 攻击性

有嫉妒行为就会有相应的攻击性行为,如对比自己优秀的人直接而坦率地表露出相应的攻击行为,根本不考虑后果。

3. 破坏性

当有人因为看到他人赢得了荣誉而闷闷不乐,有人对他人在竞争时获得胜利而感到不快,有人因自己的好朋友穿上好看的新衣服而耿耿于怀时,这时嫉妒就悄悄地爬上了人们的心头。而产生嫉妒时,人最容易表现出破坏性行为。

【案例】

　　童童学习成绩优秀,做事积极主动,但为人多疑、爱计较,同学关系极差,以致发展到班上没人理她,这次班长竞选因没人投她票而落选。童童认为她的落选是这次当选为班长的璐璐搞的鬼,于是装病请假回寝室,把璐璐的一条漂亮的白裙子扔到地上踩踏,仍觉不解气,随后又用剪刀把裙子剪成一条条的……这件事令许多同学和老师都感到震惊和不解,成绩如此突出的她怎么会做这样的事呢?

当然这是嫉妒心在作怪,童童应该明白,挫折本就是生活中不可或缺的部分,生活中既要看到希望,也要看到困难;既要看到成功,也要看到挫折。这样长大后才能迎难而上,勇往直前。

管理情绪的动态(方法指导)

一、正确认识法

嫉妒心理往往是由于误解所引起的,即看到别人取得了成就,就误以为是对自己的否定,是自己前进的障碍。其实,这只是一种主观臆想。一个人的成功不仅要靠自己的努力,还要靠别人的帮助,荣誉既是自己的也是大家的,人们给予他人赞美、荣誉,事实上是对自己有利无弊的。

二、转移注意

不给自己留有嫉妒的时间。当有很多事情要做时,我们就无暇去嫉妒别人。积极参加有益的活动,认真学习,勤奋工作,使自己的生活充实起来,嫉妒心理就不会产生、变大。为了缓解因为自己的失败带来的心理上的不平衡感,可以找一些办法帮助自己不去嫉妒别人。身为中学生,我们可以做些什么来转移注意呢?

(1)想想别的事。
(2)参加一些自己喜欢的户外活动。
(3)和朋友聊天。
(4)提高自己的能力。
(5)把嫉妒当成动力。

三、"想开些"消除法

"想开些"就是乐观地思考问题。人生不如意之事十之八九,所谓"人人都有自己的困难去解决"即是此理。但是做到"想开些"属实也不是一件容易的事。随着时间的流逝,的确是可以改变个人观点的。一个人如果正处在愤怒、兴奋的情绪下,若此时能控制自己平静、客观地面对现实,是可以达到克服嫉妒心理的目标的。

四、不要与人攀比

通常嫉妒是因他人比自己优越,而产生消极的抵触情绪,比如看到别人拥有更多的钱财、幸福爱情、名牌服饰等。但是人生并非是"零和游戏",别人成功了并不表示你因此就没成功的机会了,而且每个人的价值观不同,也许当你羡慕某人时,有人正羡慕你呢!只有停止和他人的攀比,才能真正地珍惜眼前所拥有的一切。

【故事】

在果园的核桃树旁边,长着一棵桃树,它的嫉妒心很重,一看到核桃树上挂满了果实,心里就觉得很不是滋味。"为什么核桃树结的果子要比我多呢?"桃树愤愤不平地抱怨着,"我有哪一点不如它呢?老天爷真是太不公平了!不行,明年我一定要和它比个高低,结出比它还要多的桃子!让它看看我的本事!"

"你不要无端嫉妒别人了,"长在桃树附近的老李子树劝诫道,"难道你没有发现,核桃树有着多么粗壮的树干、多么坚韧的枝条吗?如果你也结出那么多的果实,你那瘦弱的枝干能承受得了吗?我劝你还是安分守己,老老实实地过日子吧!"

自傲的桃树可听不进李子树的忠告,嫉妒心蒙住了它的耳朵和眼睛,不管多么有道理的规劝,对它都不起作用了。桃树命令它的树根尽力钻得深些、再深些,要紧紧地咬住大地,把土壤中能够汲取的营养和水分统统都吸收上来。它还命令树枝要使出全部的力气,拼命地开花,开得越多越好,而且要保证让所有的花朵都结出果实。

它的命令生效了，第二年花期一过，这棵桃树浑身上下密密麻麻地挂满了桃子。桃树高兴极了，它认为今年可以和核桃树好好较量一下了。

充盈的果汁使得桃子一天天加重了分量，渐渐地，桃树的枝、权都被压弯了腰，连气都喘不过来了。它们纷纷向桃树发出请求，赶快抖掉一部分桃子，否则它们就要承受不住了。可是桃树不肯放弃即将到来的荣耀，它下令树枝与树权要坚持住，不能半途而废。

这一天，不堪重负的桃树发出一阵哀鸣，紧接着就听到"咔嚓"一声，树干齐腰折断了。尚未完全成熟的桃子滚落了一地，在核桃树脚下渐渐地腐烂了。

桃树的故事告诉我们不要与别人攀比，每个人都有自己的优秀！

五、将嫉妒转为善意

当开始嫉妒他人的成就时，试着有意识地以诚心善意替代嫉妒的思想，将嫉妒转为动力，把他人的成就作为自我激励的标杆。承认成功是需要辛勤努力、奋斗、机运，并真诚为身边成功的人祝贺的。

著名数学家华罗庚曾说，他小时候算术成绩很差，还常常不及格。他并没有因此去嫉妒优秀的同学，而是常常勉励自己：别人也是人，自己也是人，别人做得到的，我也做得到。于是，他研究别人为什么考得这么好，取人之长补己之短，最终成为一位著名的数学家，这是一种多么可贵的进取精神啊！

主要参考文献

[1] 严韧. 父子争雄[J]. 北方人, 2007, (06):49.

[2] 杨翠美, 渠彦超. 幼儿嫉妒行为点击[J]. 教育导刊. 幼儿教育, 2006, (09):33-34.

[3] 王旭飞. 不要给心灵留下隐患——青少年心理疾病治疗系列案例之三走出嫉妒的阴影[J]. 网络科技时代, 2005, (01):59-60.

 走进情绪的课堂

如何正确看待嫉妒心理

【设计理念】

嫉妒心理的危害很大,它不仅妨碍团结,影响进步,给同学和集体带来损失,而且对个人的身心健康也会造成不良影响,这种心理如果发展下去,还可能使人失去理智,甚至做出打击和伤害别人的事来。初中生往往以嫉妒别人的学习成果为多,因此,本活动通过学生喜欢的形式来调控学生的心理,缓解和消除学生的嫉妒心理,培养健康的心理。

【活动目标】

知识与能力目标:认清嫉妒心理,有效克服。

过程与方法目标:通过开展智力游戏、采访、事例、测试等活动,让学生探究学习,善于交流。

【活动过程】

今天,欢迎大家走进心理课堂,我们一起来探讨生活中容易出现的心理问题,这些问题也许正在困扰着你,那今天我们的探讨说不定会让你"拨开乌云见月明"、打开自己的心结;也许你不存在这方面的问题,那请将今天的课程作为你人生路上的一个小小的航标,让你在前进的路上不会迷失方向。现在让我们放飞心灵的翅膀,一起行动起来吧!

一、暖身活动(脑筋急转弯,旨在消除彼此的陌生感和戒备心理,营造一个轻松愉悦的交流环境)

(1)在什么时候"1+2"不等于3?(答案:算错了的时候)

(2)使冰变成水最快的方法是什么?(答案:去掉冰字的两点水)

二、创设情境(采访,事例)

(1)借脑筋急转弯的机会,表扬几位表现突出的同学,随后采访旁边的若干同

学:"老师表扬了××同学,你有什么感受?"

教师适当引导:比如说,你是感觉高兴还是生气?或者无关痛痒?你会觉得自己技不如人、以后迎头赶上,还是自我感觉良好、对老师和这个同学有意见?或许还有自卑、胆怯、嫉妒、骄傲、冷漠等情绪?

(2)列举身边的事例。

①小敏过去的学习成绩在班里总是第一名,这次期中考试,她的好朋友小兰超过了她。她很高兴地和小兰说:"咱们共同努力,共同进步吧!"

②小华和小英本来是很要好的朋友,曾经都是班委成员,这次小华继续当选班委成员,而小英落选。从此,小英就不理小华了,而且还在背后说,班委成员没什么了不起的,有本事成绩超过我,拿张三好学生奖状给我瞧瞧……

讨论:你觉得小敏和小英谁的做法好?为什么?

教师小结:小英总想着自己比别人强,一旦别人超过自己时,心里就不舒服。这就是嫉妒心理。其实,只要是心智正常的人或轻或重都有嫉妒心理,只不过是有些人表露得明显,有些人善于掩饰而已。可以这样说,有一定程度的嫉妒心理并不可怕,可怕的是不加以控制,使其越变越强,导致产生不正常的心理,这对自己和别人都很不利。那如果有了这种心理应该怎么办呢?今天我们就一起来讨论如何正确看待嫉妒心理。

三、讨论主题

1. 什么是嫉妒心理

嫉妒心理是一种有害心理,简言之就是憎恨,不甘心别人在某方面超越自己的心理状态。

2. 了解嫉妒心理产生的原因

嫉妒心理往往是缺乏自信、心胸狭隘、过分要强造成的。

3. 明确嫉妒心理的危害

(1)给同学造成心理压力,打击上进的同学。

(2)不能正确认识自己及别人,看不到别人的长处,自己很难进步。

(3)破坏集体团结,使人际关系不和谐,不能与他人共同进步。

教师小结:有嫉妒心理的人如果不加以控制,就会使嫉妒心理加剧,最终总会一味地贬低别人,抬高自己,这会严重伤害同学之间的友谊,影响同学之间的相互了解、相互学习,也会影响自己的进步。

四、自测评价(让学生独立思考并作答)

同学们对嫉妒心理不必诚惶诚恐,但我们有必要思考自己的嫉妒心理强不强,以便正确对待自己的嫉妒心理。

五、分析处理

(1)通过事例,教师引导学生进行角色扮演,并对事例中的情境进行讨论:我应该怎么做? 进而选择正确的做法,掌握克服嫉妒心理的方法。

事例一:小明平时学习成绩比小强好,可一次期末考试,小强的成绩超过了小明,如果你是小明,你应该怎么想?

A. 小强有什么了不起的。

B. 小强的学习成绩超过我,证明他有比我强的地方,我可不能服输啊,要迎头赶上。

消除嫉妒"妙方":化嫉妒为竞争。

事例二:小刚这回在比赛中获得了一等奖,而小勇获得了三等奖,但小勇的体育成绩比小刚要好得多,小勇应该怎么想?

A. 小刚太可恨了,竟敢比我强!

B. 尺有所短,寸有所长,每个人各有长处,也各有短处,我数学成绩不如小刚,但我的体育成绩要比他好啊,我可不能丧失信心。

消除嫉妒"妙方":心理平衡,恢复自信心。

事例三:小丽和小芳都被同学提名为班长候选人。投票结果,小丽获胜,小芳应该怎么想?

A. 小丽当班长,一定是作弊了,真讨厌!

B. 那么多同学选小丽当班长,看来她是很优秀呀! 我可得好好向她学学。

消除嫉妒"妙方":虚心学习,取人所长。

事例四:小玲和小欣是好朋友,两个人都去报名参加校田径队,结果小玲入选,小欣落选,小欣该怎么做?

A. 不再理小玲。

B. 继续和小玲做朋友,为小玲入选而高兴。

消除嫉妒"妙方":真诚交往,通过人际沟通缓解及消除嫉妒心理。

(2)引导学生继续讨论:这四种方法是针对嫉妒者本人的,那么作为被嫉妒者,是否也有办法消除嫉妒者的嫉妒心理?

列举身边或听或看过的事例,讨论得出:被嫉妒者主动耐心与嫉妒者交往,对其热情关心,在真诚、善意的交往中可以逐步消除嫉妒者的嫉妒心理。

六、课堂总结

嫉妒心理并不可怕,有了嫉妒心理,只要善于利用以上几种方法,嫉妒心理是可以缓解或消除的。当然,最好的办法是预防嫉妒心理的产生。让我们一起努力,正确对待嫉妒心理,培养良好的心态,愿我们每天都拥有一份"美丽的心情"!最后,老师送给你们几句话,也许对你们的成长有帮助。

(1)阻碍他人进步,不利自身发展;中伤他人才华,有损自己尊严。

(2)自私是嫉妒的起源,嫉妒是心灵的毒瘤。

(3)学会宽容,学会理解,学会尊重;消除自私,消除猜疑,消除嫉妒。

(4)真诚相待,和睦团结;心胸开阔,为人喝彩。

(5)你成功,我祝贺,决不愤愤不平;你失败,我鼓励,决不幸灾乐祸。

第六课　悲伤不再逆流成河

生命击你以风雪,你报之以阳光;命运置你于悲伤,你馈之以歌唱。

感受情绪的力量

悲伤是人类的一种基本情绪,艾克曼(Ekman)认为悲伤是较为持久的一种情绪,是指个体失去所期待的、追求的或有价值的事物而表现出来的一种多层面情感、行为和认知反应的集合体,其强度依赖于失去事物的价值[1]。悲伤情绪大多来源于个体的理想与现实的巨大落差,几乎不可避免。个体表现出来的悲伤情绪会带来消极的影响,如进一步引发焦虑、自卑、抑郁等更为严重的负面情绪,甚至成为恶性事件的诱因。

正处于青春期的青少年,自我意识逐步形成,这让他们处于一种绝对理想的状态。当理想因种种原因无法实现或遭受重大变故、情感纽带断裂时,理想与现实之间出现巨大的鸿沟,悲伤感也就伴随而来,如不加以正确引导将很容易演化为抑郁。相关研究表明,我国青少年抑郁症发生率为25.5%~44%,而中学生非自杀性自伤行为检出率高,与悲伤情绪密切相关[2]。可以说悲伤的情绪严重制约着青少年身心的健康发展,也给家庭、学校和社会带来不稳定因素。

解开情绪的密码

一、青少年悲伤情绪的解析

青春期是青少年形成自己鲜明个性的时期,此时,他们开始面对来自家庭、学校和同伴的压力。他们渴望独立的同时,应对和处理学习、生活和人际关系等问题的能力明显不足。他们一旦遭遇挫折极易出现较大的情绪波动,青少年长期处于悲伤的情绪下会对身心健康造成持续伤害。

在某种意义上,适度的悲伤是青少年成长过程中一种必不可少的情绪体验。在心理学范畴,根据个体功能丧失的程度将悲伤分为正常悲伤、异常悲伤、复杂性悲伤。其中,将长期无法随时间消解甚至占据个体一生的悲伤称之为复杂性悲伤。同样的创伤事件对不同个体成长的不同阶段会造成不同程度的悲伤。以丧亲为例,约7%的实验个体悲伤程度不会随时间而减轻,甚至部分个体会加剧为到更严重的悲伤,也就是复杂性悲伤。下面将结合两个案例具体解析悲伤情绪。

【案例1】

小李是一个成绩非常优异的学生。他从小学开始就是班级的班长。升入六年级后,他依然认真努力,勤奋好学。课堂上,经常能看到他聚精会神、积极踊跃的身影。小王是小李的同班同学,和小李一样都是班级同学们学习的榜样。两个人都是大家羡慕的对象。短暂的几个月相处,同学们发现两个品学兼优的人同亦不同。与小李不同的是,小王更擅长表达,不仅文采出众而且乐于助人,深受同学们的喜欢。班级竞选班干部时,他们两个同时竞选班长的职务,在竞选演讲的过程中,小王的精彩发言更胜一筹,博得一片掌声。在激动人心的投票环节中,小李以10票之差落选。看着黑板上刺眼的票数,小李再也抑制不住心中的悲伤,大哭起来。经过老师一番耐心的开导,小李虽然意识到自己竞选失败的原因,也认识到了自身的不足,但是心中的悲伤久久不能释怀。悲伤的情绪甚至影响了他以后的学习和生活。在接下来长达两个星期的时间里,小李一直闷闷不乐,少言寡语。不愿意和同学交流,心中的悲伤情绪难以消解。

【案例2】

某校每年都会在各个学年组织篮球比赛。在比赛前各个班级要选出自己班的参赛队员。老师让同学们选出了篮球打得特别好的两个同学担任队长,然后由两个队长分别在男、女同学中选出实力较强的其他队员。在选拔班级的女生队最后一名队员时,小静和小雨成了同学们纠结的人选。小静打篮球的技术水平一般,但是在训练中总是能够配合队长和其他队友传球,这让团队间的合作非常紧密。而小雨的篮球技术还不错,只是在训练中一有机会就自己投篮,不愿意配合队长和其他队员传球,也不管其他队员的处境。同学们找到了老师,分别分析了两个同学的优势和劣势。最终大家投票让小静参赛,小雨做替补。小雨一直认为自己志在必得,得知这个结果后,跑到操场大哭了起来。随后老师找到小雨与她进行了及时的沟通,小雨告诉老师她感到非常难过、非常委屈,她认为自己才是最佳人选。明明她的技术比小静好,为什么大家都不选她呢? 老师耐心地听小雨哭诉并安抚她的情绪。经过老师的一翻开导,小雨明白了篮球比赛中队员间的配合和篮球技能同样重要。她也清楚了同学们不选她是因为她不愿意配合大家。小雨虽然能够理解事情的缘由,但是心里的悲伤情绪迟迟无法消散。在整个学期的体育课中,她都没有再玩过篮球。

两个同学都是由于创伤事件导致理想与现实的巨大心理落差,个人情感得不到有效释放引起的悲伤情绪,这是悲伤情绪的共性。悲伤情绪往往包含沮丧、自卑、失望、气馁、消沉、孤独等附加消极情绪。通过对两个案例的横向比较,可以看出:悲伤的程度取决于失去所期待的、追求的或有价值事物于个体的重要性,也依赖于主观的意识倾向及个体特征。异常悲伤及复杂性悲伤对青少年的身心健康危害巨大,使人感到孤独、无助、失望,甚至引发抑郁;持续悲伤还会影响人体的免疫功能,增加消化系统疾病、心血管疾病、肿瘤等心因性疾病的患病风险,甚至影响生理机能导致猝死等。

二、悲伤情绪的来源及诱因

在社会发展的过程中,人类除了物质和生理需求之外,情感需求也是不可忽视的。人们内心的情感得不到慰藉,就会引发悲伤情绪。学校和家庭作为青少年社交活动的主体环境,悲伤情绪的来源一般也与二者紧密相关。悲伤情绪的诱因与依恋、失落等情感有关。青少年的悲伤情绪往往是多方面因素共同作用的结果,如自身因素、家庭环境因素、学校环境因素等。

1. 自身因素

青少年悲伤情绪的产生与他们自身的性格有关。不同性格的个体面对一定程度的刺激时,会做出不同的应激行为反应,以此产生了个体情绪差异。因此,悲伤情绪有其特定的易感人群。

(1)内向型性格人群。

内向型性格人群较为享受个体独处,与其他个体的互动交流并不积极,不易被人走进内心,与人保持"礼貌"的心理距离。因此,长期的压抑得不到有效释放,积郁于心,很容易产生悲伤的负面情绪。

(2)自我认知偏差人群。

这类个体在青少年群体内的存在较为普遍,青少年处于生理与心理的双重快速发育期,心智不够成熟且极易受到外界因素的影响和打击。因此,很多青少年,尤其处于青春期的青少年,难以形成客观、正确的自我评价。他们过于在乎他人的看法,过于自信或自卑,进而导致情绪波动过大或产生较为严重的自我认知偏差,陷入悲伤的情绪中[3]。

2. 家庭环境因素

家庭是青少年健康成长的主阵地。家庭环境对青少年个体的成长是至关重要的。不同的家庭环境、教育方式、相处模式都会对青少年的情绪产生不同的影响。

(1)教育方式的差异。

根据相关研究表明,不合理的家庭教育方式使青少年面临较大概率的情绪问题[4]。冷淡型家庭会使青少年在成长过程中长期缺乏关爱,内心情感得不到表达和释放,容易造成个体情绪不稳定,经常陷入自我悲伤的情绪中;强势教育型的教育方式会使青少年在生活中感到自卑、消极和敏感,任何微小的刺激都有可能引起悲伤的情绪。

(2)经济条件与家庭结构的差异。

青少年会由于家庭经济条件或家庭生活不和谐等状况引发个体的长期担忧,常常产生悲伤情绪。不恰当的家庭沟通方式和氛围在一定程度上影响着青少年的情绪,部分父母缺乏对青少年心理状态的关注,不能正确引导青少年的情绪问题。

3. 学校环境因素

学校是青少年学习、活动的重要场所,因此,青少年在校期间常常会因各种原因产生悲伤情绪,如青少年学习压力过重,考试过于频繁,课业成绩不理想,无法与同学和谐相处,甚至存在蓄意或恶意通过肢体、语言及网络等手段实施欺凌、侮辱等现象。青少年心智尚未成熟,无法有效、理性地面对及处理此类事件。教师精力有限,无法及时顾及学生的心理问题时,他们内心的苦闷无法及时疏导,不良情绪反复出现、振荡、累积,最终引发青少年的悲伤情绪,甚至抑郁。

观测情绪的信号

青少年的心智尚未成熟,无法合理有效地表达自己的情绪,导致观察者不能轻而易举地识别其悲伤情绪。根据弗洛伊德的无意识学说,情绪作为人类的本能属性,构成了个体心理的深层基础,个体的行为模式不受客观现实的调节和制约。也就是说,悲伤情绪会在个体心理及生理层面触发特定的行为模式且具备唯一性,这些行为模式可以使观察者较为容易地识别出个体的悲伤情绪信号。

一、悲伤情绪的表现

1. 面部肌肉动作

根据 Izard 的情绪动机分化理论,悲伤体验的产生依赖于能够表现情绪的面部肌肉活动,即悲伤事件作用于个体,激活存储于下丘脑的情绪先天预成程序,传出的信息产生模式化的面部肌肉活动,面部肌肉活动的感觉反馈信息进入边缘皮层区,使悲伤情绪进入意识之中,从而形成悲伤的情绪体验。因此,当个体产生悲伤情绪时都带有一定的面部肌肉动作,如蹙眉、双眉下垂、嘴角下垂、双颊上抬、嘴唇颤动等。

2. 生理表现

在潜意识层面上,产生悲伤情绪的青少年,其心理总是向消极方向发展的。因此,悲伤情绪通常会导致一些潜意识生理性障碍,这可以方便观察者准确地识别情绪信号。当一个人悲伤时,往往呼吸急促,甚至泣不成声。交感神经分泌出大量的压力激素,导致动脉收缩、心跳加速。当长期处于悲伤状态时,个体会出现免疫系统问题,身体症状有头晕、头痛失眠、体重下降、食欲不振等。

3. 行为表现

在日常行为上,处于悲伤状态的青少年通常会出现情绪反常现象,如情绪低落、伤心、哭泣、对事物缺乏兴趣等。对以往感兴趣的文体活动感到平淡乏味,甚至封闭自我、不愿与他人沟通等。这些严重影响个体的身心健康。根据相关研究,男生与女生面对悲伤情绪时,在行为模式上存在一定程度的差异:女生多表现为悲伤哭泣;男生则表现为越发内向,甚至离群索居,通常伴有间歇性烦躁等症状,部分男生存在严重躁郁倾向。

二、悲伤情绪的表达

个体因性格、性别等方面的差异使其悲伤情绪的表达方式也不尽相同。面对不同的事件,个体在不同的阶段其表达方式也各不相同。从性格上看,内向型群体在悲伤情绪的表达方面处于弱势地位,他们更倾向于隐藏自己的情绪,将悲伤的情绪内部消化或进行自我调节。这也导致其悲伤情绪水平相对较高。另外,女生的抗压能力较差,但相对于男生而言,悲伤程度却处于相对较低的水平。这是由于女生更加感性,更倾向于向家长、老师、同学及朋友倾诉自己的悲伤情绪。短时间的哭泣和诉说本身就是一个有效的负面情绪释放过程。

管理情绪的动态

《人民日报》发表的一篇文章中曾提出,人类70%以上的疾病都与情绪有关,已经证明200多种疾病的诱因是长期的负面情绪导致的。近年来,青少年心理疾病显著增多。从现实角度来看,关注青少年的情绪问题,帮助他们培养情绪管理的能力对其自身成长和发展具有重要作用。由于悲伤是长期作用的情绪反应,对青少年的危害巨大,影响深远,找到正确地控制悲伤情绪的途径无疑是至关重要的。

一、正确释放悲伤情绪

心理学家为了研究情绪释放对悲伤程度的影响曾做过这样一个实验:将58例癌症晚期患者分为两组:干预组(30人)、对照组(28人)。其中,对照组进行常规护理,包括饮食、用药、健康宣教等,干预组在对照组基础上实施被动情绪释放,包括穴位敲打及朗读提示语。实验期间定期以预期性悲伤量表评估患者情绪状态。4周后,干预组预期性悲伤总分显著低于对照组,以此证明情绪释放可降低个体的悲伤程度。那么正确地释放悲伤情绪的有效途径有哪些呢?

1. 心理疏导

心理疏导是缓解悲伤情绪的有效方法之一。具有悲伤情绪的个体往往不愿意与人交流,面对陌生环境感到不安、紧张。为了顺利引导青少年摆脱悲伤情绪,教师及家长应善于把握机会,有效挖掘其内心活动,理解他们,与其构建和谐关系。这样方能突破青少年的心理排斥反应,走进他们的内心,让青少年从内心依赖你、认可你、信任你,彼此之间创造一个轻松舒适的交流氛围。这样和谐、轻松的环境有利于青少年获得安全感,打开心扉,为他们走出悲伤阴霾奠定一个坚实的基础。

真诚地接纳和倾听青少年的诉求也是必要的。站在青少年的立场考虑问题,对他们的情绪、情感充分感知和体验,恰当的共情可以引起青少年强烈的情感共鸣。在尊重和客观的基础上为其分忧解难,对青少年进行认知辅导以消除其非理性观念,有助于青少年摆脱悲伤情绪。在情绪疏导过程中,要注意青少年自身的优势,多给予他们积极正面的评价来提高他们的自我认同感和自信心。

2. 加强体育锻炼

体育锻炼是以增进身心健康、增强体质为目的的从事体力活动的过程。在主观心理上具有减少情绪紧张、缓解压力、提升主观幸福感和生活满意度,改善心理压抑的作用。加强青少年的体育锻炼,提升身体素质、改善形体条件是有助于青少年自信心的培养的。良好的身体素质有助于改善青少年的精神风貌,使其形成积极向上的心理,从而摆脱悲伤情绪。身体状态在一定程度上直接反映青少年的心理健康程度。

3. 创造成功体验

悲伤情绪通常是由分离、丧失、失败引起的情绪反应。从根本上来讲,悲伤情绪是内心满足感的消失造成的。因此,摆脱悲伤情绪也要依托于个体的成功体验,在获取成功体验的同时,获得一定的内心满足感,形成自我认知过程,逐渐产生强大的自我认同感。因此,可以有针对性地创造一些有助于青少年获取成功体验的机会。在教学或活动过程中,结合青少年特点,教师要为青少年创造一些自我表现的机会,如鼓励青少年当众发言、赞扬青少年正确合理的言行、多表达对青少年的肯定等,使他们在体验成功的基础上摆脱悲伤情绪。

4. 营造良好环境

学校和家庭环境对青少年的成长意义重大。通常来讲,青少年悲伤情绪的产生与学校生活或家庭生活密不可分。追本溯源,青少年悲伤情绪的管理需要营造一个良好的生活环境。基于此,教师与家长之间需要建立有效及时的沟通机制,时刻关注青少年的思想动态,教师与家长的通力配合,共同引导才能使青少年远离悲伤情绪,达到健康、自信的心理状态。

二、有效调节悲伤情绪

除了通过外界疏导释放悲伤情绪外,青少年应该加强自身修养,做好自我情绪管理。青少年应该清醒地认识到悲伤情绪不会消失,也无法压制。只能在理解和完全接受悲伤情绪的前提下,用理性的思维去引导和控制自己的悲伤情绪。

1. 保持乐观的心态

乐观的心态是抵抗一切负面情绪最有效的"保护伞"。美国心理学之父威廉·詹姆斯曾说:"我们这一代人最伟大的发现就是,人类可以借由改变心中的态度来改变人生。"乐观可能不会改善孩子所要面对的客观状况,但确是积极向上人生态度的源泉,也是保持直面困难、永不退缩的勇气的来源。当我们面对事物的态度由"悲观"转向"乐观"时,我们心中的悲伤情绪便会一扫而空。人生就像一个"瓶子",欢乐装得多,悲伤自然装得就少。也许我们不能左右事物的客观发展,但可以选择用怎样的态度去面对。"顾影自怜"抑或"不畏浮云遮望眼"皆由我们做主。所有的欢乐与悲伤,都是由我们的心态决定的。

2. 积极的心理暗示

悲伤时可以尝试强装笑脸,这种心理假动作反馈给自身积极的心理暗示,能显著改善心理状态,有利于释放悲伤情绪。此外,用积极的语言给自己一定的心理暗示也常常能收到奇效。心理学研究表明,每天对自己施加积极的心理暗示,可以在短时间内摆脱悲伤情绪。通常来讲,语句越简短,情感传达得越多,就越有效果。

3. 转移注意力

一件事情带来的悲伤感受,通常只会持续 10~20 分钟,超过这一时间段的感受都是由于过度回想、长时间陷入过去的事件中无法自拔所造成的。因此,当一件事情让你感到悲伤时,你可以做一些让自己开心的事情来分散注意力,比如回想愉快的事情、做运动、打扫房间、看喜欢的电影、听欢快的音乐、享受美食等。通过做一些令自己愉快的事情来协助我们赶走悲伤情绪。转移注意力还可以通过改变环境来达到。当悲伤情绪积郁于心时,你可以离开自己熟悉的环境,到室外走走,感受大自然的美妙,或者来一趟说走就走的旅行,让自己在旅途的美景中忘却悲伤的事情。

4. 及时沟通

当悲伤程度较深,自己一时无法排解时,及时有效的沟通便是我们最佳的选择。和家人、朋友讲述令自己悲伤的事情,并不代表把自己的情绪传递给别人,也不意味着给别人添麻烦。与家人、朋友及时有效的沟通是科学合理宣泄悲伤情绪的方式。

5. 适当地哭一场

有研究表明,哭是人类自我心理保护的一种措施。它可以释放不良情绪产生的能量,调节机体的平衡。大多数人在大哭一场后,内心的悲伤、痛苦情绪就会在很大程度上减轻。日常生活中,女性比男性更愿意选择以哭泣的方式来释放情绪。只有当悲伤的情绪得以适当的宣泄,我们才能乐观积极地迎接新生活。

主要参考文献

[1] 保罗·艾克曼. 情绪的解析[M]. 杨旭,译. 海南:南海出版公司,2008.

[2] 操小兰,文丝莹,刘剑波,等. 深圳市中学生非自杀性自伤行为检出率及相关危险因素调查[J]. 四川精神卫生,2019,32(5):449-452.

[3] 郑曼. 初中生情绪智力、社交焦虑的关系及干预研究[D]. 石家庄:河北师范大学,2017.

[4] 刘慧娟,张璟. 高中生不良情绪状态及其影响因素研究[J]. 心理科学,2003,26(1):111-114.

走进情绪的课堂

【设计理念】

悲伤是人类的一种本能,它使人在无力和情绪低落时,引起他人的关注,满足个体内心的需求。短暂的、轻微的悲伤对个体的影响不大,然而如果不及时干预、调节,悲伤的情绪可能会给个体带来危害,甚至导致抑郁轻生,危害自己和他人的生命。因此,青少年应该学会合理有效地应对悲伤情绪。本活动通过各种形式来帮助青少年认识并学会缓解、释放悲伤情绪,培养青少年健康的心理。

【教学目标】

知识与能力目标:了解悲伤并能找到合适的方法缓解内心的悲伤情绪。

过程与方法目标:开展智力游戏、采访、事例、测试等活动,让学生探究学习,善于交流。

【教学过程】

(一)暖场活动

活动目的:教师和学生进行互动,让学生在短时间内体验到悲伤情绪,同时引出主题。

师:同学们,老师今天有一个好消息、两个坏消息要告诉大家,你们想先听哪一种?

生:坏消息。

师:好的。第一个坏消息就是,今天体育老师出差了,下一节的体育课我们要在室内进行了。

生:啊?这真是一个天大的坏消息啊!

生:第二个坏消息是什么啊?

师:第二个坏消息是,昨天咱们年级书写比赛的结果出来了,很遗憾的是,咱们班同学无一获奖。

生:啊?不是吧?伤心了。

(此刻学生内心的情绪全部写在脸上。)

师:好啦,大家先别难过,还有一个好消息呢。

生:什么好消息啊?

师:这个好消息就是,刚才我说的两个坏消息都是假的。

生:太好了!

师:同学们平复一下心情。老师想采访一下大家,刚才听到这三个消息的时候,你们内心的感受分别是什么样的?

生:最开始是难过的,然后是有点失望、悲伤,最后是开心。

师:同学们说得非常好。刚才的三个消息让我们深刻地体会到了自己内心情绪的变化。其实,喜怒哀乐是我们每个人在生活中都会经历的情绪。与此同时,我们的情绪每天会因为不同事件的发生而变化。老师注意到,听到两个坏消息时你们脸上出现了失落的表情。当理想中的状态与现实之间的差距让我们产生巨大的心理落差时,我们心中悲伤的情绪便油然而生。"悲"这个字本身就揭示了它的含义,上"非"下"心",意思即有违心中所愿。今天我们就来走进悲伤这种情绪。

(二)讨论主题

1. 什么是悲伤情绪

悲伤是人类的一种基本情绪,是指个体失去所期待的、追求的或有价值的事物而表现出来的一种多层面情感、行为和认知反应的集合体,其强度依赖于失去事物的价值。悲伤情绪来源于个体理想与现实的巨大心理落差。

2. 悲伤的产生

我的悲伤体验:通过同学们分享自身悲伤的经历,让同学们进一步认识到悲伤情绪如何产生,同时反思这种情绪对我们的学习、生活有什么影响。

师:悲伤是我们日常生活中经常体验到的一种情绪。你有过哪些悲伤的体验呢?谁来说一说?

生:我有过一次特别悲伤的经历。小的时候父母带我去外地的姥姥家,说好了住几天后一起回家,结果第三天早上我起床的时候,发现父母已经离开了。他们没有跟我打招呼就先走了,我以为他们不要我了,所以我就特别悲伤难过。我在姥姥家一直哭,后来妈妈打来了电话,我才相信他们是临时有事才突然返程的。从那以后我再也不敢去外地居住了。

生:我也有过一次特别悲伤的经历。上小学的时候,我参加过很多次朗读比赛,每次都能获得一等奖。小学阶段的最后一次比赛,我很紧张,虽然提前也做了很多准备,可是比赛一开始,我就出现了口误,朗读错了两个地方,后面的发挥受到了很大的影响,最终我没有获奖。知道比赛结果后,我特别难过。我总是想:"要是我当时没口误,就不会是这个结果了。"直到现在一想起那次经历,我都会感到莫名的悲伤。而且还预感自己再也不能参加朗读比赛了。

教师小结:孩子们,你们描述得都特别生动!老师听后,也能感同身受!悲伤的产生可能来自家庭,来自学校,也可能是来自我们自身的性格。总结我们的经历,我们不难发现,悲伤通常是由分离、丧失、失败引起的情绪反应,比如跟父母的分开、失去朋友、比赛失利……这些事情都会引发悲伤的情绪。另外悲伤情绪也来源于个体理想与现实的巨大心理落差。

师：悲伤不是我们现代人的专属，古代的文人墨客也时常悲伤。下面我们来具体看一下。

宋代著名诗人陆游在《示儿》中的诗句：

死去元知万事空，但悲不见九州同，王师北定中原日，家祭无忘告乃翁。

师：通过这首诗，我们看到了爱国诗人陆游在弥留之际，依然盼望祖国统一的爱国情怀。同时我们也能通过第二句诗，看到他内心的遗憾和悲痛，悲痛于自己的国家尚未统一。他为国而忧的情怀感动了世人。像陆游一样为国而悲、为国而忧的古人不胜枚举。由此我们更能感受到悲伤情绪的沉重。

3. 悲伤的影响

师：同学们，我们都知道悲伤情绪通常情况下对我们并不友好，下面老师跟大家分享一个我们身边的故事。同学们来分析一下悲伤情绪对我们会有什么影响。

【故事】

小×是一个性格内向的女生，成绩和相貌的普通让她从小就不够自信，不愿意与别人交流。父母忙于工作缺少时间陪伴她，她难以获得父母持续的关爱。这使得她从不将喜怒哀乐跟家人分享。孤僻的性格致使她在班级里没有真正的朋友。面对缺少关爱的现状以及较大的人际交往障碍，郁积的负面情绪始终得不到有效疏解，她总是不自觉地沉浸在悲伤的世界里，时常一个人躲在角落里暗自哭泣。渐渐地，小×的父母发现了孩子生理、心理皆出现了不同程度的症状，立即带她就医，结果被医生诊断为轻微的抑郁症。

师：听完这个故事，同学们来分析一下，悲伤情绪对我们有什么影响呢？

生：悲伤让我们对自己失去信心，对生活失去希望。

生：悲伤情绪会使我们对事物缺乏兴趣。

生：悲伤情绪还会引起免疫系统问题，如头痛失眠、食欲不振等。

生:我认为悲伤情绪会让人变得内向,容易烦躁。

师:同学们分析得太棒了!悲伤情绪不仅让我们对自己、对生活失去信心,同时又对我们的身体健康造成了一定的危害,让我们身心都处于亚健康状态。当然不可否认,悲伤情绪对于很多的艺术家、作家来说,有时候是他们创作灵感的来源,而对于我们普通人来说,通常是弊大于利的。所以在生活中,找到释放或缓解悲伤情绪的方式就尤为重要。

(三)释放或缓解悲伤情绪

通过事例,教师引导学生进行角色扮演,并对事例中的情境进行讨论:我该怎么做才能缓解内心的悲伤情绪。

师:老师相信你们每个人都有释放或缓解悲伤情绪的方法,我们故事中的主人公深受悲伤情绪的影响,聪明的你们能不能帮助他们找到释放或缓解悲伤情绪的方法呢?

事例一:平日里关系非常好的朋友突然不理我了。这让并不擅长与人交流的小雪很难过。她只能远远地看着自己的好朋友跟别的同学一起吃饭,一起说笑。小雪情绪非常低落,对最喜欢的体育课也失去了兴趣,躲在教室的角落里一个人发呆,内心的悲伤只有她自己能体会。

师:如果你是小雪,你会怎么办?

生:如果我是小雪,我不会让悲伤的情绪一直在我心里。我会主动跟爸爸妈妈交流,让他们给我提供一些解决问题的办法,或者直接去问我的好朋友,为什么突然不理我,如果我哪里做得不对,她可以告诉我。

生:如果我是小雪,我不会让这种悲伤的情绪影响我的生活。如果不想再和原来的朋友继续做好朋友了,我会调整自己。出去跑跑步,或者放学回家以后看看电影,听听音乐,做点我喜欢做的事情。然后我就不会那么悲伤了。

生:如果我是小雪,既然别人不想跟我做朋友了,我也没必要非跟她做朋友。我会把注意力都放在学习上,好好学习。争取把每科都学得特别好,学习上的成就感,会让我忘记悲伤。

师:孩子们,你们说得太好了。其实无论什么事情让我们感到悲伤,我们都可以采取以下的方式去应对,比如:与自己信赖的人沟通、做自己喜欢做的事情转移注意力、给自己积极的心理暗示、甚至是大哭一场等等。这些方式能有效地释放压力、缓解悲伤,让我们不再受悲伤情绪的影响。当然还有一个对抗悲伤的好方法,你们知道是什么吗?下面我们结合一个案例来说一说。

事例二:有一位粗心的医生,无意间将两个患者的诊断报告互换了。他将一位肝癌患者的诊断报告给了没有患肝癌的患者,而将没有患肝癌患者的诊断报告给了患肝癌的患者。原本没有大碍的患者因为拿到了肝癌诊断报告,陷入了极度悲伤、痛苦中。没过多久,在医院的再次检查中,果真出现了癌症的明显征兆。而那位患肝癌的患者,由于拿到了没有肝癌的诊断报告,情绪高涨,心情舒畅,对生活充满了热情。再次检查中发现,其病情已渐渐好转。

师:同学们,从这个事例中,你们找到应对悲伤情绪的最佳方法了吗?

生:老师,我发现了,如果想让自己不处于悲伤、痛苦的情境中,我们无论面对什么情况,哪怕是关乎生死的事情,都应该保持一个乐观的心态。

师:回答得特别精彩!美国心理学之父威廉·詹姆斯曾说过:"我们这一代人最伟大的发现是人类可以借由改变心中的态度来改变人生。"乐观可能不会改变我们所要面对的客观现状,但却能让我们有直面困难和悲伤的勇气。当我们面对事物的态度由"悲观"转向"乐观"时,我们心中的悲伤情绪便会一扫而空。我们的一个"转念",事物就会朝着不同的方向发展,我们乐观的态度,正是应对一切不良情绪的一剂良药。

(四)课堂总结

悲伤情绪并不可怕,只要我们报之以乐观的心态,并且学会上述我们总结的释放和缓解悲伤情绪的几种方法,悲伤的负面情绪就很难隐匿于心、表现于形。在未来的学习、生活中我们要学会用正确的方式接纳自己的悲伤情绪、消解自己的悲伤情绪。当我们练就了不以物喜、不以己悲的淡然胸怀,我们的人生就披上了一层铠甲。生命击你以风雪,你报之以阳光;命运置你于悲伤,你馈之以歌唱。让我们用行动去捍卫我们健康的情绪,让悲伤不再逆流成河。

第七课　克服自满情绪 成就自信人生

劳谦虚己,则附之者众;骄慢倨傲,则去之者多。

感受情绪的力量

骄傲自满是不踏实的表现,是违背科学的,是注定要失败的。应对骄傲自满的策略是先找出产生骄傲自满的原因,然后分别采取矫正错误认识、适当增加压力、重新制订学习计划、严格约束、增加一些体力劳动锻炼磨炼意志等,以克服其娇气、傲气、满气和惰性。骄傲自满的学生都比较聪明,一般表现为一听就懂,一看就会。听别人的赞扬多,批评少。家长每次听到别人的赞扬心里总是美滋滋的,视之如宝,不忍心让其参加体力劳动,忽视了对其意志力的锻炼和培养。这些都增加了他们的优越感。时间一长,这些同学就不能正确地看待自己,自以为聪明,听不进批评,喜欢表扬,虚荣心极强,经不起挫折,遇到挫折会惊慌失措,失去平衡。"聪明反被聪明误"已经是一种典型的人格障碍。

"虚心使人进步,骄傲使人落后。"想必大家听说过。这句话早在几千年前就被人们广泛使用,它出自《尚书·大禹谟》中的"满招损,谦受益"一语,后被毛泽东同志古为今用,即"虚心使人进步,骄傲使人落后"。这句话是一句俗语,是一句名言,更是一个真理！相对而言,如今广为流传的寓言故事《龟兔赛跑》又很好地证实了"骄傲使人落后"这一观点。

著名科学家爱因斯坦发表相对论后,享誉盛名,但他却谦虚地说:"用一个大圆圈代表我所学的知识,而圆圈外面的空白,对我来说意味着无知,由此可见,我不懂的东西还很多。"即使已经获得了巨大的科学成就,爱因斯坦依然能保持谦虚谨慎的科学态度,我们为什么不学习他呢？兔子的骄傲自满以及爱因斯坦的谦虚谨慎都很好地证明了"虚心使人进步,骄傲使人落后"这一观点,同时也在提醒着我们不能骄傲自满,应当谦虚处事。

三国时期,周瑜一直把诸葛亮当成自己的竞争对手,产生了"既生亮,何生瑜"的念头,很多次想陷害诸葛亮。这都是周瑜的骄傲情绪在作怪,他认为自己绝顶聪明,可是由于诸葛亮的出现,自己被"比下去"了,于是心里越发憎恨诸葛亮,这样,越发不能处理好自己的工作。而诸葛亮则心胸宽阔,他一直不满足自己的知识,总认为自己有许多不足,所以总是虚心地向他人请教。就这样,诸葛亮因为虚心请教而不断充实自己,积累了丰富的经验,终于成了一代军师。诸葛亮的谦虚帮了自己,而周瑜的骄傲则害了自己。

其实在生活中关于"虚心使人进步,骄傲使人落后"的例子还有很多,只要你细心体会,就能发现其中的含义,"虚心使人进步,骄傲使人落后""失败是成功之母"这是被无数事实证明的真理,在通向成功的路上,失败几乎是难以避免的。对奋斗者来说,失败就意味着向成功又迈进一步。而我们当中的一些人一遇到失败,就常常沉浸在沮丧、痛苦之中,失去了信心,有的人甚至还放弃了反败为胜的机会。

因此,我们应当学会克服自满情绪,努力学习,不断大胆尝试,为取得成功而奋斗,面对成功,也不要骄傲自满,忘乎所以,要总结成功的经验,去迎接下一个挑战。

解开情绪的密码(概念、分类、诱因)

自满,多指满足于自己已有的成绩而沾沾自喜的心理状态。个体产生这种心理后,会使人缺少继续求知或工作的动力,变得骄傲自大,不思进取。

【故事】

宋国有一个叫曹商的人,宋王派他出使秦国,到秦国后他获得了几辆马车,回来后宋王很高兴,就又赏了他一百辆马车。从此,这个人便扬扬自得,骄傲地对庄子说:"在陋巷过苦日子,我可没有这种本事,但游说大国的君主,让他悔悟,因而得到百辆马车,这是我的长处。"庄子见他如此骄狂,便说:"秦王有病召医,破痈溃痤者得车一乘,舔痔者得车五乘,所治愈下,得车愈多。子岂治其痔邪?何得车之多也?子行矣!"

——引自延边人民出版社《高调理事 低调做人》

同学们,对这个故事你怎么看?

___

___

一个人即使很有能力,在某方面做出了一点成绩,但也不要骄狂自满,要注意谦虚待人,才能得到他人的尊重与认可。每个人都有独立的人格,都有权利维护自己的尊严,不受侮辱,不被歧视。因此,在和别人交往时,要尊重他人的人格,做到平等待人,礼貌待人,不能谄上而慢下。另外,还要有自知之明,每个人都有长处,所以要多学习别人的长处,不要因自身的优点而骄傲自大。要有谦虚宽容的胸襟,自然能以谦和平等的态度待人,不致给人留下骄狂傲慢的不良印象。"海不辞水,故能成其大;山不辞石,故能成其高。"只有谦虚谨慎、永不自满的人,才能追求有所作为、有所成就的人生。

请思考以下问题:

(1)有没有绝对化的认识。如"我这么聪明,考上重点高中没问题"。

(2)有没有过于普遍化的认识。如"我一看就会,一听就懂,考大学没有什么了不起"。

(3)有没有放大或缩小事情。如把自己的优点放大,把自己的缺点缩小;把别人的优点缩小,把别人的缺点放大。

(4)有没有只看到自己的长处,而忽略了自己的短处。

接下来对自己这些认识进行理智地剖析,从而得出正确的结论。如对"一听就懂,一看就会"的分析批判:"一听就懂,一看就会"就是全懂、全会吗?如果是只懂其一不懂其二,只会其一不会其二能行吗?即使懂了会了,能应用吗?对于科学知识,只有烂熟于心,融会贯通,举一反三,能正确应用,才能考试过关。如果今天懂明天忘,一知半解又有什么用?所以,对于学习结果,不能凭感觉下结论,要经过实践的检验才是正确的。科学知识是实实在在的学问,学习过程中不能有半点的虚伪和骄傲。在科学的道路上,没有平坦的道路可走,"只有那些沿着陡峭山路勇敢攀登的人,才有希望达到光辉的顶点"。那种浅尝辄止,随遇而安,不舍得花力气,不愿吃苦耐劳,是不能取得好成绩的。再说,升学考试不会考你做过的题目,如果不能融会贯通,举一反三,仅凭"一听一看"是不能取得高分的。面对"千军万马的厮杀",仅凭对书本的一知半解是不能取得好成绩的。踏踏实实,一步一个脚印,是唯一的选择。

　　优秀学生在校内外都处于优越地位,他们自尊心强,充满自信,富于进取精神。这些特点如能得到积极引导,可以促使他们积极向上,不断进步。如果不适时引导,他们容易滋长骄傲情绪。我们班有些优秀学生就是这样,他们在班里都处于拔尖的地位,经常受到老师的表扬,同学的拥戴,亲友的奖励……受着众星拱月般的优待,久而久之产生了"比别人高一头"的骄傲情绪,同学们向他们请教问题,开始还比较乐于指点,如果问问题的同学接受能力较差,他们就不耐烦了,甚至个别同学在校内外比赛获奖后,就孤芳自赏起来。

观测情绪的信号

　　在学习中,每当人们取得成绩时,总会感到高兴和自豪,这是正常的、必要的,因为,人的自信心也就是在这一过程中得以形成的。但是,如果一个人总是为自己取得的一点成绩而沾沾自喜、自我陶醉,甚至认为自己非常了不起,这就是我们所说的骄傲自满。这种情绪容易使个体失去进取心,沉浸在自己的"成功"中,失去了前进的动力。

　　骄傲自满的人往往具有以下特征:

　　(1)遇事缺少感恩的心。骄傲的人总觉得他们享受一切的美好是理所应当的。因此,他们对于收获,不懂感恩,甚至还会抱怨他们本该得到的应比现在的更好才对。这样的人很容易挑剔苛责,怨言不断,永不知足。

　　(2)总看自己比别人好。骄傲的人往往趾高气扬,居高临下。他们很容易感到厌烦,对人与人的差异毫无包容之心。

　　(3)对自己的地位、恩赐、能力自视过高,自我膨胀。

　　(4)过多地谈论自己。骄傲的人常常在与人交流时控制话题,自吹自擂。借与别人分享他的个人成就、良好品质之名,行夸夸其谈、炫耀自己之实。

　　(5)容不得别人的批评。骄傲的人面对别人的批评会感到非常痛苦。这样的人不能容忍别人指出自己不完美、有缺点的事实。他们不能面对、接受真实的自己。

　　(6)缺乏受教之心。许多骄傲的人似乎什么都懂,好像是"超人"。他们怎么能学习别人身上的优点他们能把谁放在眼里?

（7）冷嘲热讽，伤害、羞辱别人。骄傲的人往往不是很友善。他们贬低别人，通常是为了抬高自己。他们耍小聪明，借着开玩笑的方式来贬低别人，还为自己开脱说："我就是这样的人，可不是故意的哦。"

（8）没有怜悯之心。骄傲的人很少关心他人。除了自己的想法和追求，他们再也想不到还有什么事让自己牵挂。

（9）强词夺理、自我辩解、怪罪他人。你常常会听到一个骄傲的人这样说："你是说这是我的错吗？"或者"好吧，那你呢？"

（10）拒不认错。骄傲的人会为自己的错误找一大堆借口，比如"我当时累了""那天我过得很糟"。

（11）从不请求别人的原谅。骄傲的人很少承认他们有过错或请求别人的原谅。他们看不到自己的错误，即使他们知道自己错了，但因为自尊心，也不会谦卑下来，开口请求原谅。

管理情绪的动态

那么如何来克服骄傲自满呢？

第一，当自己取得成绩时，应该保持冷静的态度。我国著名的乒乓球运动员邓亚萍，多次获得世界冠军，她之所以能够不断取得成功，和她对成功的态度有关。在成功面前，她总是保持冷静的态度，认真思考自己成功在哪里，还有哪些不足的地方，这种在成功面前寻找差距，以期待下一次做得更好的态度，是她保持不败的根本原因。

第二，建议同学们做一本改错本，把每一次考试中做错的地方记下来，并做具体分析，弄清做错的原因。每次考试前，认真仔细地看一看，这样一来，就能使自己有的放矢地提高学习成绩。调整自己的心态，其实这个世界上比你强的人有很多，人各有所长，你懂的你会的也许别人不懂不会，别人能做好的事情你可能会搞砸。所以，不要因为自己在某些方面比别人优秀就高傲自大、目中无人，你要明白，"强中更有强中手"这个道理。其实每个人都是一个普通人，还有很多知识需要学习，需要保持平和的心态，宠辱不惊地去面对一切，虚心地学习，才可能获得更大的进步和成功。

第三，用行动克服。实践是检验真理的唯一标准。如果你行动起来，样样精通,得心应手,学业有成,能力强大,不费吹灰之力就前途光明,甚至你觉得自己只用了三分力气去行动。这时候骄傲自满可能是你继续行动的动力,你应该感谢它。如果你行动时四处碰壁,你还有什么理由骄傲自满呢。总之,行动起来就好。

第四,勇于承认自己的自负。当你感到没有知心朋友、形单影只、经常感到受压抑、才华得不到施展的时候,你就要反思一下自己是否有骄傲自满的情绪。假如上述所列特征你大部分都有,那么你得承认你确实自负了。

假如你是因生活上的一帆风顺而产生的自负,那你就应该看看比你更优秀的人,正所谓"山外有山,天外有天"。

假如你是由于片面的自我认识产生的自负,那么你就应及时调整看自己的角度,以前只看到了自己的优点,这时你就应该看到自己的缺点,如朋友少、自私、不守纪律等。但要注意别矫枉过正、转向自卑了。

最后,你应看到,世界是不断发展变化的,你现今拥有的优势在未来不一定还是优势。你可以找一些名人传记看一看,看看伟人的虚怀若谷,他们在取得巨大成绩后是如何做的。

主要参考文献

[1]刘晓明.学校心理咨询百科全书 方法卷[M].长春:吉林人民出版社,2000.

 **走进情绪的课堂**

一瓶不满,半瓶子晃荡,努力进步才能成功

【设计思想】

自满心理是学生在成长过程中滋生的一种不良的心理状态,主要表现为对自己的认识不足、产生盲目自信的情绪等。这种心理状态会直接影响学生的未来发展,给学生的学习、生活带来一定的负面影响,成为阻碍学生发展和成长的主要因素。在中学教育过程中,教师一定要注意帮助学生克服自满心理,让学生能够更加准确地认识自己,能够树立良好的心态,锻炼学生的自信心,杜绝学生的盲目自信行为。本部分将从教学实际出发,简单讲述几个帮助学生克服自满心理的方式,让学生能够从真实案例中认识到自满心理对自己未来发展造成的负面影响,从正面案例中学习预防和克服自满心理的方法,助力学生身心健康成长。

【活动目标】

(1)帮助学生正确认识自己,能够了解自身的优点和缺点,并能够正确看待个人的优缺点,优点继续保持,缺点及时更正。

(2)教会学生辨别自信和自满的方式,让学生明白什么情况是自信,什么情况是自满,并学会建立自信心,预防自满情绪。

教会学生做自我评价,从自我行为方面做好自我认知。

【活动准备】

(1)视频课件。

(2)每人准备一张白纸。

(3)每人准备一张便利贴。

(4)盲盒。

【活动过程】

一、活动导入

(一)教师暖场

师:同学们,大家好,今天老师将带领大家上一堂非常有趣的课,这堂课会对你们有重要的指导作用,相信在未来你们回想起这堂课时,会由衷地说一句:"这堂课印象深刻,很有意义,感谢老师。"相信现在有很多同学已经开始思考,到底是什么课有这样的魅力呢?首先,老师邀请几个同学来评价一下老师。谁愿意,请举手。

生 A:老师知识渊博。

生 B:老师积极正面。

生 C:老师讲课有趣。

师:都是好的吗,有没有更加中肯的评价呢?老师也不是十全十美的人,老师能够勇敢地接受批评和质疑。

生 D:老师对我们要求太严格了。

生 E:老师太不近人情了。

生 F:老师布置课后作业太多了(学生笑)。

师:看来还是有很多同学愿意说出自己对老师的意见的,这种行为特别好。从大家对老师的评价中,老师可以发现,老师自身有优点也有缺点。是一个人的真实情况。老师能够通过自我观察以及他人的评价正确地认识自己。做得好的地方,我会不断地精进,使自己变得更好。当然,做得不好的地方,我也一定会改正。这就是今天要讲解的主题——"一瓶不满,半瓶子晃荡,努力进步才能成功"。

(二)开启活动

师:为了让同学们都能够准确地认识自己的优缺点,老师准备了一个小活动。首先,我们在一起相处已经近一年的时间,互相都很熟悉了,相信每个同学对班级中的其他人都有自己的认识。其次,我们有独立思考和判断的能力,现在同学们一起完成一个相互评价活动。

活动规则:老师手上有一个盲盒,盲盒中有很多小纸条,每张小纸条上有一个名字,同学们轮流上来抽取纸条,每人抽取一张并保密(抽到自己的及时更换)。抽到纸条之后,给纸条上面与人名对应的人做一个客观评价,主要包含这个人的优点和缺点,每个方面至少要提出一点。写完之后,将纸条重新放到盲盒中。过程中请大家保密且保持安静。相信大家会有不一样的收获。

(抽取纸条并写评价。)

师:好的,现在同学们都写好了评价,我们在认识自己的过程中,除了他人的评价之外,还需要做好自我评价和自我定位,现在请同学们以"Z"字形进行自我评价,每个同学站起来说出自己认为自己的优点和缺点,由于时间关系,每个人的优缺点最多说3个,最少说1个。

(学生自我评价,其他学生认真倾听。)

师:从同学们的发言中,老师可以清楚地感受到,同学们对自己都有明确的认识,知道自己的优点和缺点分别是什么,这是客观的自我评价,稍后请大家将自我评价和同学的评价做对比,帮助大家更充分地了解自己。

二、教育故事

同学们,我们都对自己做出了客观评价,那么什么是自满心理,自满心理又会对我们造成什么影响呢?下面请同学们看屏幕,老师将为大家播放四个短视频,短视频中会有四种形象,看完短视频后,大家将自己和短视频中的人物形象做对比,觉得哪个形象和自己更加贴近,请在便利贴上写上自己的名字和人物形象的名字。

故事一:《伤仲永》

人物形象:仲永、仲永父亲

故事二:《江郎才尽》

人物形象:江淹

故事三:《龟兔赛跑》

人物形象:龟、兔

故事四:《伽利略的故事》

人物形象:伽利略

师:现在故事已经播放完了,请大家结合自身情况,对自己做出评价,老师将会将这些人的品质列举出来,然后老师每说到一种品质,大家觉得和自己相似的请举手。可以重复举手,每举一次手,请在便利贴上画一条线。

才华横溢

能力超群

非常漂亮,非常帅气

有怀疑精神

有探索精神

聪明伶俐

善解人意

积极上进

师:现在活动结束了,请大家将自己的便利贴交给班委,由班委负责统计,并将统计数据交给老师。通过便利贴数据,老师发现有的同学举了8次手,而有的同学只举了1次手,举1次手的同学,老师要问问,为什么会这么认为?F同学,请你说说,你认为自己有什么优点呢?

生F:我认为自己积极上进。

师:还有呢?

生F:没有了。

师:你觉得哪个人物形象和自己最贴近?

生F:没有。

师:那你对自己了解还不够哦,老师发现你的作业很工整,桌面也很整洁,你是一个讲卫生的学生,你和同学相处融洽,你是一个热情的学生。当然你还有很多优点,请你一定要在生活中善于发现、勇敢展示自己的优点,正确认识自己。那么G同学,老师想问你,在刚才播放的短片中,哪个人物形象和你最贴近?

生G:伽利略。

师:还有吗?

生G:乌龟。

师:为什么呢?

生G:因为我觉得我很优秀,我有很强的探索能力,具备怀疑精神,同时我还能虚心求教,不断进步。

师:很好,老师认为你在这些方面做得很棒,值得表扬。但是老师还发现你有较强的竞争意识和好胜心,这很好,但是保证合理良好的竞争意识会更好,过强的竞争意识会给自己和同学带来压力,因此需要做好调整。能理解老师的意思吗?

生 G:能。

师:同学们,老师带领大家做的简单测试游戏,其实是一个帮助大家认识自我、了解自我的过程,老师希望通过这个游戏,同学们能够发现自己的优点和缺点,并能够不断地发扬自己的优点,纠正自己的缺点,让自己更加完美。

三、探讨概念

师:同学们,本堂课的重点是让我们认识自己,培养自信心,杜绝自满心理的滋长,现在请大家认真思考什么是自信,什么是自满,老师会邀请几名同学分享自信的故事和自满的故事,给大家一分钟时间思考。

师:谁愿意来分享一个自满的故事。

生 H:期中考试考了 100 分,就认为自己全都学会了,在接下来的学习中不再认真学习,最终期末考试成绩不理想,这是自满心理造成的后果。

师:说得很好,希望同学们不要出现这种情况。谁能分享一个自信的事例。

生 I:在学校举办的朗诵比赛中,我积极参与,并取得优异成绩。

师:对,讲得很好,希望班级中有更多这样的人,拿到优异成绩很棒,但是无论是否获得优异成绩,只要能够自信地站在讲台上,就是自信的表现。当然相信同学们还有很多关于自信和自满的事例,请同学们认真辨别,希望每一个同学都能够准确地认识自己。最后请班委将盲盒中的纸条,按照名字发放给同学们,大家可以结合纸条上同学们对自己的评价来认识自己。

师:《伤仲永》的故事告诉我们天赋很重要,但我们仍然需要不断地完善自己,才能让自己变得更加优秀,才能帮助自己成就精彩人生。伤仲永的故事,时刻警醒着我们,无论天赋有多高,都不能完全依靠天赋,我们需要虚心学习,不断成长,不断进步,才能让自己更加优秀,才不会辜负自己的天赋。《龟兔赛跑》的故事告诉我们无论起点多低,无论与别人的差距有多大,我们只要不放弃、不抛弃,努力学习、坚持进步,总有一天我们会达到属于自己的高度。大部分人都拥有相同的起点,而未来有些人将会获得不同的成就,这就是努力的结果。

第八课　改善紧张情绪的影响

对青少年来说，过度的紧张情绪会影响其社会发展、身心健康、自信心、人格发展和幸福指数等。教师要合理地引导青少年的紧张情绪使他们顺利度过人生的关键转折点。

 感受情绪的力量

紧张是个体的身心对外界事物反应的加强。好的变化，如结婚、生子；坏的如离婚、待业，都会使人紧张。紧张的程度常与生活变化的大小成比例。紧张使人不安，注意力不能集中，头痛，心悸，腹背疼痛，疲累。心理学家认为，紧张是一种有效的反应方式，是应对外界刺激和困难的一种准备。有了这种准备，便可产生应对瞬息万变的力量。因此适度的紧张并不一定是坏事。然而，持续的紧张状态，则能严重扰乱机体内部的平衡，导致疾病。所以我们应该学会自我消除紧张的情绪。

当今世界是一个竞争激烈、快节奏、高效率的社会，这就不可避免地给人带来许多压力。精神紧张一般分为弱的、适度的和加强的三种。人们需要适度的精神紧张，因为这是人们解决问题的必要条件。但是，过度的精神紧张，却不利于问题的解决。从生理学和心理学的角度来看，人若长期、反复地处于超生理强度的紧张状态中，就容易急躁、激动、恼怒，严重者会导致大脑神经功能紊乱，有损身体健康。因此，要克服紧张的心理，设法把自己从紧张的情绪中解脱出来。

解开情绪的密码（概念、分类、诱因）

1.青少年紧张情绪的体现

对于正处于青春期的中学生，紧张情绪常常伴随在他们的学习、生活中。考试前的紧张是一种很复杂的情绪现象，它是由一定的应考情境引起的，以担心为基本特征，以防御或逃避为行为方式。常见的表现为，一听说要考试就紧张起来，考前睡不好觉，考试时情绪紧张、心慌意乱、记忆间断，等等，某些平时学习成绩不错的学生一到考试就惊慌失措，无法发挥自己应有的水平，严重的紧张情绪不仅对学习有极大的影响，对中学生的身心健康也会造成潜在的威胁。除了最常见的考试紧张情绪，青少年随着年龄的增长，想要挑战的项目也日益增多，如要主持一次班会，参加学校的大型活动，甚至更小的想法，在同学和老师面前勇敢发言，等等，这些展示自己的瞬间都需要克服紧张情绪。

【案例】

刚入初中，同学们第一次参加初中的大型考试，作为班主任，我习惯在学生进考场前给他们打打气。在队伍中我看到一个我班的女孩，脸上透着与平时不同的白，心想她是不是不舒服，于是走近问询，女孩很腼腆地说："老师，我一考试就这样，紧张。"我拉起女孩的手，手心里都是汗，冬天，女孩的额头、鼻尖都浮起一层细细的汗珠，可见孩子此时是多么紧张，而这仅仅是一次普通的考试，那以后中考、高考这样的大型考试，这个女孩要怎样面对呢？

在初中和高中毕业生中普遍存在着不同程度的考试紧张情绪，但紧张的产生不完全是因为临近中考或高考，更是由于他们缺少调控紧张情绪的方法和能力。其实在初中一年级甚至是小学时，学生在学习、生活中就会产生各种各样的紧张情绪体验，例如，大的方面参加大型比赛或活动，小的方面参加班级内部的小型比赛、竞选，甚至，每天都要经历的上课提问、回答问题……如果在这些时候对学生进行及时的辅导，帮助他们掌握调控紧张情绪的方法，就可避免以后再出现紧张情绪。

【案例】

　　一个开朗活泼的女孩，日常生活中能与老师、同学正常交流，可当课堂提问时这个女孩就会躲避老师的眼神，叫她回答问题，每次都是涨红了脸也说不出一句完整的话，课后老师与她单独交流，这些问题就能很顺利地答出来，问其原因，是因为紧张。

　　案例中的两个中学生都有明显的紧张情绪体验，一个体现在考试中，一个体现在参加竞赛活动或当众讲话方面。青少年紧张情绪的发生和表达方式都有鲜明的特点。

　　每当考试来临，很多学生的紧张情绪也日益加剧，适度的紧张能够协助学生提升兴奋度，但过度紧张会打击学生的自信，需要想办法加以缓解和克服。可以淡化考前目标意识，目标是希望，目标是前进的方向，从小目标到大目标，从近期目标到远期目标，目标意识已经伴随学生和家长多年了，这个目标意识必须淡化。如果过度强调，则会加重学生的心理负担，结果可能适得其反。所以，每当考试前夕，家长和学生应尽量少提及目标，不要规定必须考多少分，必须考到多少名。淡化目标意识，减轻思想压力，放下包袱，轻松上阵，将有利于考试时的正常发挥。进入适度紧张状态，因为紧张未必就是坏事，适度的紧张、焦虑，可使大脑预警水平提升、兴奋性增强，意识的清晰度、注意力的集中性等均有提升。在考试之前，适度紧张将有利于提升学习效率，增强记忆力，能提升个人对外界环境的适合水平。如运动员比赛之前，心里适度紧张，心跳加快，血管收缩，调动身体的潜能，有利于发挥出较好的水平。适度紧张还能使身体处于戒备状态，使疾病难以发生和扩展，我们常常发现在紧张工作、学习的状态下一般不会生病，任务完成后，松弛状态下反而容易生病。

2. 青少年紧张情绪的危害

　　青少年在一定的应试情景的激发下，由于过度担心考试结果而紧张、焦虑，导致发挥失常，考试屡屡失败，严重者会因此而丧失学习的信心。更有甚者，形成习惯性焦虑，严重危害身体健康。

　　首先，过度紧张会阻碍个体进行正常的认知活动。在考试情景中，青少年高度关注试卷上的试题，而过度紧张的时候，注意力难以集中在试题上，各种担忧的事情一大堆,影响思路,对考场上偶然发生的轻微刺激特别敏感,东张西望,因监考老师的目光和来回走动而心神不定。

其次,过度的紧张会干扰回忆过程。回忆是指将脑中已有的经验或信息有序地检索并提取出来的过程。考试是有时间限制的,这就要求应试者迅速做出正确判断,从大脑的记忆库中提取出相应的信息。而过度紧张的人,尽管他们对考试有充足的准备,大脑的记忆库中有足够的信息,但是存储的有序性发生了混乱,检索提取装置也几乎失灵,造成莫名其妙的错答、漏答,犹豫不决,答对了再给改成错的,所以考试紧张情绪影响了考试成绩。

最后,过度紧张会瓦解思维过程。良好的思维特征具有独立性、广阔性、深刻性、灵活性、敏捷性和批判性。而过度的紧张使思维陷于呆滞和凝固状态,使分析、比较、综合、抽象、概括等思维活动得不到正常发挥,发散性思维、创造性和想象力便无从谈起。对一些灵活性的题目尤其是作文,过度紧张会导致作文语言枯燥,结构混乱。

观测情绪的信号(分类、表达)

青少年常见紧张情绪的诱因归类。

青少年的主要任务虽然说是学习,但是学习也不能占据他们全部的生活。青少年压力过大,会严重影响青少年的身心健康,老师、家长通过了解青少年的压力要懂得适当地给他们解压,缓解他们的紧张情绪。

青少年紧张情绪的诱因主要归纳为两个方面:外在因素和个人因素。

(一)外在因素

(1)学习的压力。学习压力无疑是初中生心理压力的主要来源。进入初中以后学习负担加重,表现为科目增加,课程加深,对学生的自学能力要求有所提高。一些学生入学之初便没有调整心态,导致对这一转折点感到压力很大。

(2)考试的压力。学生小萱,平时上课注意听讲,学习成绩优异,且一直稳定,但是一遇到重要考试就非常紧张,考试前吃不好睡不香,经常生病,考试时更加紧张,拿到试卷便思维迟钝,长时间进入不了状态,平时得心应手的题目,也答不出来,甚至一片空白,这就是常见的"考试紧张症状",所以青少年要用一颗平常心来面对考试,使压力转化为动力。

(3)同学间的竞争力。有的优秀学生害怕别的同学超过她,整天争分夺秒地学习,从不参加课外活动。由于长期紧张,且焦虑过度,这部分学生渐渐地可能会出现思想不集中,不能正常思维,心里很害怕等现象,竞争是不可避免的,但是过分的竞争和敏感不会成为学习的动力,反而适得其反,这需要同学们自己去调节。

(4)家庭的压力。学生小涵在一次跟我的对话中谈到,她家庭十分拮据,父母挣钱很难,但他们都极力支持她读书,并说只要她能考上大学,即使倾家荡产,也要供她读书。回到家里,父母也不让她做家务,因为她的任务就是学习。在别人看来,她是一个很幸福的孩子,要知道,在这幸福里,她背负了多么沉重的心理压力,她怕考试,她怕自己考不好对不起父母。的确,家长为孩子学习创造条件是必要的,但要做得适当,不要让孩子有过大的压力,否则会适得其反。

(二)个人因素

学业、考试等方面对学生固然造成了很大的压力,但是在同样的压力下,个人所感受到的压力程度却不同,有的甚至产生截然不同的效果,这与人的个性特质有关。

(1)当个人追求成就目标过高,但是又没有足够的能力达到预期目标的时候就会给自己增加无形的压力,造成紧张情绪。

(2)个人自控力差,易受外界影响,等到验收时固然会紧张。

(3)个人已经很努力了,但是就是心里不踏实,缺乏自信,也会让自己处在紧张的情绪之中。

适度的压力能使人情绪处于兴奋状态,活跃思维,增强反应速度,对人是有益的,反之,如果完全没有压力,身心处于一种松散或不紧张状态,个人的潜力可能会无法发挥,还可能会走向另一个极端。

 管理情绪的动态(方法指导)

考试临近,如何缓解考试紧张情绪。

(1)感到紧张、烦躁时,可以暂停学习,适当地休息一会儿,如活动一下手脚,做做操,洗洗脸,因为运动可以休息大脑,减轻疲劳,也可以缓解情绪。

（2）考试进考场前，不要总想着自己还有哪些题不太明白，也不要独自地待在一边。可以高强度地运动一两分钟，可以和同学们大声说笑，把注意力从考场转移到嬉闹中来，嬉闹令人愉快，紧张情绪自然被减轻了。

（3）在考场中，深呼吸是缓解紧张的好办法，因为深呼吸可以给大脑充氧，可以减慢心脏的跳动速度，可以使注意力从担心考试转移到身体的感觉上来，直到呼吸平稳为止。在考场上不要舍不得时间来调节紧张的状态，因为如果不缓解不良的情绪，受到不良情绪的干扰，可能会浪费更多的时间，不仅如此，在没有经过良好调节的大脑的支配下，会使做题效率和正确率降低。心理学研究指出，当紧张时，可以做几次深呼吸或采用呼吸数点的方法，即双眼只看一个固定目标，做深而且均匀的呼吸来调整心率，从而使自己平静下来。考前也可以找一个比较安静的地方，站立，眼睛微闭，全身放松，深呼吸，同时默念"1、2、3"，心想，放松、放松……这样可以使血液循环减慢、心平气和、全身有一种轻松感。

（4）闭目养神，回忆一件令自己愉快的往事，也可以想象，自己在考试中已经取得了优异的成绩，心里有一种说不出的喜悦，通过这种想象来消除紧张心理。

（5）可用简短、有力、肯定的语句反复默念："我的能力很强。""我一定能考好。""我一定会胜利。"只要选择以上任何一句反复默念几遍，以自我暗示的方法来稳定情绪，也可消除紧张情绪。

以上方法适合马上进考场之前，快速地缓解紧张情绪，让自己达到最平和的状态。

在日常的生活中，我们也会遇到令自己紧张的事，例如我们要参加学校组织的大型展示活动，参加各类兴趣班的考级等，如何消除紧张情绪，让我们顺利参加这些活动并正常或超常发挥呢？

有效消除紧张心理情绪，从根本上来说一是要降低对自己的要求。一个人如果争强好胜，事事都力求完美，事事都要争先，自然就会经常感到时间紧迫，匆匆忙忙（心理学家称之为"A型性格"）。而如果能够认清自己能力和精力的限制，放低对自己的要求，凡事从长远和整体考虑，不过分在乎一时一地的得失，不过分在乎别人对自己的看法和评价，情绪自然就会松弛一些。二是要学会调整节奏，劳逸结合。工作和学习时要思想集中，休息时要放松。要保证充足的睡眠时间，适当安排一些文娱、体育活动。做到有张有弛，劳逸结合。

当一个人已经出现了紧张的情绪反应时，该怎么调适呢？对于这种情况，人们习惯上常常会劝慰当事人:"别紧张!""有什么大不了的!"而当事人自己也通常会这样劝解自己:"别紧张!""有什么了不起的!"然而,可惜的是,这种办法几乎是行不通的,实际上这种做法使人感到更加不安。正所谓:"情绪如潮,越堵越高。"

当紧张的情绪反应已经出现时,有效的调适方法应该是:第一,坦然面对和接受自己的紧张。你应该想到自己的紧张是正常的,很多人在某种情境下可能比你更紧张。不要与这种不安的情绪对抗,而是体验它、接受它。要训练自己像局外人一样观察你害怕的心理,注意不要陷入里边,不要让这种情绪完全控制住你。此刻你甚至可以选择和你的紧张心理对话,如"如果我感到紧张,那我确实就是紧张,但是我不能因为紧张而无所作为。"或问自己为什么这样紧张,自己所担心的可能最坏的结果是怎样的,这样你就做到了正视并接受这种紧张的情绪,坦然从容地应对,有条不紊地做自己的该做的事情。

第二,做一些放松身心的活动。具体做法:①选择一个空气清新、四周安静、光线柔和、不受打扰、活动自如的地方,取一个自我感觉比较舒适的姿势,站、坐或躺下。②活动一下身体的一些大关节和肌肉,活动的时候速度要均匀缓慢,动作不需要有一定的格式,只要感到关节放开,肌肉松弛就行了。③做深呼吸,慢慢吸气然后慢慢呼出,每当呼出的时候在心中默念"放松"。④将注意力集中到一些日常物品上。比如,看着一朵花、一点烛光或任何一件柔和美好的东西,细心观察它的细微之处。点燃一些香料,微微吸它散发出来的芳香。⑤闭上眼睛,着意去想象一些恬静美好的景物,如蓝色的海水、金黄色的沙滩、朵朵白云、高山流水等。⑥做一些与当前具体事项无关的自己比较喜爱的活动,比如游泳、洗热水澡、逛街购物、听音乐、看电视等。

以上方法适合在考前或比赛前一段时间,如果一直处于紧张情绪中,并且对自己的备战产生了负面影响,就可以用上面的方法尝试缓解紧张情绪。

 走进情绪的课堂

对紧张情绪说再见

【课程目标】

认知目标:让学生了解紧张情绪的具体表现,学会运用心理暗示法、自我调节训练法和冥想训练法调节紧张情绪。

情感目标:体会紧张情绪解除后的轻松感。

行为目标:掌握调控紧张情绪的方法,提高控制紧张情绪的能力。

【实施过程】

一、问题聚焦,分享交流

(一)心理体验:紧张的感觉

师:(老师抱着一沓卷子急匆匆地冲进教室)快快,班会课不上了,赶快收拾一下,马上进行周考,这次的考试能够检验大家近一周的学习情况,大家一定要重视。我马上发卷子了……(学生这时必然一片哗然。有议论声、有埋怨声……)为什么这么大的反应?谁能告诉老师?

生:老师,今天要考试,您怎么不提前说一声?现在,把大家搞得这么紧张的。

师:紧张吗?

生:紧张。

师:哪些表现体现你们紧张了?

生1:我的心跳加快了。

生2:我的手心都出汗了。

生3:我的脑子一片空白。

……

师:我们今天不考试了,刚才是想让大家感受一下紧张情绪,让大家知道什么是紧张情绪。

(二)情景剧表演:紧张的奥秘

师:刚才,大家体验了紧张的情绪。在日常生活中,我们也会遇到令我们紧张的情景,我们怎样克服紧张情绪呢?

请大家欣赏自编自演的小品。

情景剧表演:《战胜自己》

情节:

(画外音)小航平时胆子很小,同别人说话声音都很小,但她朗诵时很有激情,学校组织"12·9"大型会演活动,我们班的节目里有朗诵,同学们都一致推荐她来参加。这可是她第一次登台演出,内心十分紧张。她的手心都在冒汗,要是在台上一紧张,忘了词怎么办?她越想心跳得越快,甚至产生了打退堂鼓的念头。

生:(慢慢地走上讲台,手不停地在裤子上蹭,嘴里喃喃地说)这可怎么办呀?我紧张得把词都给忘了,这可怎么办呀?

师:(笑着走过来,随手将一张纸条塞到她的手里)轻声说道:这里面写着你要诵读的内容,如果你在台上忘了,就打开看。(说完拍了拍她的肩膀走开了。)

生:(小航握着这张纸条,像握着一根救命的稻草,匆匆上了台。也许有那张纸条握在手心,她的心里踏实了许多。她在台上发挥得相当好,完全没有失常。)

师:(小航高兴地走下台,向老师致谢。)老师却笑着说,是你战胜了自己,找回了自信。其实,我给你的是一张白纸,上面根本没有写任何内容!

生:(她展开手心里的纸条,上面果然什么也没写。她感到惊讶,自己凭着手里的一张白纸,竟顺利地渡过了难关,获得了演出的成功。)

师:看了这个情景剧,你们认为小航成功的原因是什么?

学生自由发言,谈看法……

小结:在生活中,每个人都会感到紧张,只要找到引起紧张的原因,排除它,紧张的情绪可以得到缓解。刚才情景剧中老师用到的是心理暗示法。老师解释一下:心理暗示是通过某种措施实现自我体会的一种过程。譬如,要发怒时,暗示自己不要发怒,当遇到引起情绪紧张的事时,给自己不能紧张、紧张要出差错的暗示等,往往可以起到缓解、稳定紧张情绪的作用。

(三)交流感悟:名人的启示

师:紧张的状态随时可见,不但大家有紧张的时候,名人也有紧张的窘态。让我们来一起看看名人光鲜背后紧张的样子吧！

学生讲故事。

生 A：著名男高音歌唱家帕瓦罗蒂，一生演出过的场次不计其数,仅仅在纽约大都会歌剧院的演出就有 379 场。但是,他每次上台的时候,依然无法完全克服自己紧张的情绪。帕瓦罗蒂的父亲是一位具有男高音天赋的人,但是由于太过害羞而与舞台无缘,帕瓦罗蒂可谓继承了父亲的弱点。于是,帕瓦罗蒂就有了暴饮暴食的习惯,每次上台前,他都要毫无节制地吃喝一顿,方能缓解紧张的情绪,这也是他体型巨胖的原因。直到后来医生提醒他再这样吃下去将会有生命危险,他才放弃了这种方法,转而依赖一枚钉子。因为在帕瓦罗蒂的家乡流传着生了锈的弯钉子会给人带来好运的传说,所以帕瓦罗蒂不管在全世界哪一座歌剧院演出,在开演前,人们总是能在后台昏暗的灯光下,看到他弯曲着肥硕的身躯,在那里认真地寻找着一枚弯头的钉子。如果演出前帕瓦罗蒂没能在后台找到一枚弯头钉子,那么即便这场演出的报酬再高,他也会毫不犹豫地取消。他也曾因为罢唱无奈地得罪了不少朋友,其中芝加哥歌剧院就永久地拒绝了他的演出。因此,承接帕瓦罗蒂演出的单位往往都会特意为他留一枚钉子。

生 B：美国前总统林肯被称为伟大的政治家。林肯出身于一个农民家庭,他曾是一个内心自卑却又渴望成功的人。他当上美国总统后,复杂的政事令他患上了较严重的抑郁症。他常常失眠,精神紧张,甚至对生活感到绝望。但是后来他却在没有心理医生帮助的情况下调整了过来,因为他喜欢上做一件事情,那就是剪报。他每天都会剪下报纸上人们对他的赞誉之词,然后揣在口袋里。在每一个重大会议召开之前,在每一次情绪紧张的时候,他就会掏出一张剪报,然后给自己鼓劲。将别人的鼓励随身携带,以舒缓紧张的神经,这个完成美国南北统一大任的总统一直保持着这种习惯,因为人们在他遇刺后,从他的上衣口袋里,发现了那些赞美他的报道剪纸。

生 C：在赛车界,舒马赫的名字为世人所熟知,他是不折不扣的赛车王。然而,在瞬息万变的赛道上,每一次判断和决定都是在毫秒之间做出的,紧张情绪成了赛车手们最大的隐患。即便是已获得无法超越成就的舒马赫,也会在每次比赛前感到紧张。为了舒缓情绪,每次比赛之前,他都要玩一会儿电子游戏。不玩电子游戏,他的情绪就无法得到放松。

生 D：在围棋界,赵治勋被日本人称为"棋圣"。这个棋圣也有自己的怪癖,那就是在激烈的对弈中撕废纸和折火柴杆,他通过这种方式来舒缓自己的情绪。因此,每当他出场比赛时,总要求工作人员为他准备一大堆火柴和废纸,一边折火柴杆、撕废纸,一边运筹帷幄。比赛结束后,细心的人们总会发现,他的座位旁边满是折断的火柴和撕成长条的废纸。

学生E:当年丘吉尔在演讲台上,他曾脸色发白、四肢颤抖,直到被轰下台去。他说:"每次演讲,我都觉得胃里像放着一块冰。"

师:听到了吗,无论多么杰出的人,都未必能完全摆脱紧张的情绪。不过只要像他们一样,找到合适的排遣和放松方式,你就可以轻松地克服那令人浑身战栗的紧张情绪,取得完美的胜利。

(四)如何克服心中的紧张

心理训练:冥想训练法

(1)出示训练要求。

播放轻音乐、闭上眼睛、松松头颈、松松肩,想象自己或像小鸟一样在天空自由地飞翔,或像鱼儿一样在水中自由地游来游去……

训练时身体要放松,闭目,呼气和吸气要充分。

(播放:肖邦《雨滴》前奏曲)

(2)老师示范。

(3)学生练习。

(五)分析讨论:总结方法

1. 出示材料内容

蒙悉尼斯的演讲。

蒙悉尼斯第一次演讲时特别紧张,结果影响了他的演讲,被别人赶下了台。第二次演讲时,由于一次次练习,他已做好了充分的准备,格外自信,他克服了过度紧张的情绪,博得观众的喝彩。

2. 学生分析讨论

演说家蒙悉尼斯采取了什么方法,克服了过度紧张的情绪?

3. 学生交流

通过本次活动,我们学习了调节与控制紧张情绪的一些方法,同学们可以用学到的方法,在学习、生活中调节和控制自己的紧张情绪,把自己的最佳水平发挥出来。

(播放音乐《我相信》)

生1:林肯在最初走上演讲台时,恐惧得甚至连一句话都说不出来。

生2:美国的雄辩家查理斯,初次登台时两个膝盖抖得不停地相碰。

生3:"圣雄甘地"首次演讲时不敢看听众。

生4:大科学家牛顿承认自己在演讲前抖动不已,大喊大叫……

生5:沈从文第一次走上讲台时,慕名而来听课的人很多,他竟紧张得不知说什么了。很久之后,他才慢慢平静下来,开始讲课。然而原本要讲授一个课时的内容,被他10分钟就说完了。可是,离下课时间还早呢!他再次陷入窘境,后来,他急中生智,转身在黑板上写了一句话:今天是我第一次上课,人很多,我害怕了。全场爆发出一阵善意的笑声。

生:听了以上小故事,关于紧张,你想说什么?

生1:紧张是一种恐惧感。

生2:紧张是因为对未知的恐惧。

生3:紧张是因为想博取别人的关注,同时又有些担心。

生4:在做事之前,我们做到胸有成竹、反复地练习,就可以避免紧张。

生5:紧张是一种本能……

紧张是人的精神处于高度准备状态,思想上感到不安,如第一次表演、第一次演讲、第一次当主持人……都免不了有一些紧张。大家一定要正确地对待紧张情绪,认识到自己紧张不可笑、不可怕,就连名人都会紧张,更何况自己还是一个学生呢。

(六)心理训练:紧张的消除

师:大家的回答真精彩!看来,大家对紧张有自己的认识,怎样才能不紧张呢?请心理老师给大家讲讲吧!

心理教师提出问题,学生进行思考。

(1)我紧张什么?

(2)为什么紧张?

(3)自己所担心的事情真的发生了,最坏的结果是什么?它是不是真的那么可怕？

心理训练：自我调节法，出示训练要求。

迅速紧缩所有的肌肉，然后立即解除，反复多次。

现实和未来都要求人们从小学会学习，学会做事，学会生活，学会生存，这些都与人的心理素质有关。如果没有较好的心理素质，就很难适应各项工作。五年级是小学中的高年级，也是冲刺的阶段，面临着升学的压力。很多学生在学习的最后阶段，特别是考试中，情绪十分焦虑和紧张，从而影响到能力的正常发挥，由于不懂得如何调整自己的情绪，导致学业的失败。所以，指导学生学会一些基本的心理调控方法，缓解紧张情绪，轻松应对生活中的压力是十分必要的。

第九课　克服恐惧心理　养成阳光心态

恐惧会使人的知觉、记忆和思维过程发生障碍，失去对当前情景分析、判断的能力，并可能会行为失调。我们不要因为恐惧而回避，要勇敢地去面对恐惧，战胜它。

 感受情绪的力量

恐惧是情绪的一种，恐惧是因为周围有不可预料、不可确定的因素而导致的无所适从的心理或生理的一种强烈反应，是只有人与动物才有的一种特有现象。

当我们的心理受到外界突发事件干扰的时候，我们就会产生一种莫名的恐惧。很多人运用很多方法想改变这种情绪，但都徒劳。下面我们来试试这些方法，希望对大家能有所帮助。

恐惧感源自人类自我保护的生理本能，会发生在任何会使人觉得可怕的情境下，这里所说的可怕情境通常是指那些能威胁到人的生命、财产、尊严的情况下。有些人的恐惧心理是一过性的，也有一些人的恐惧心理会持续很长时间，严重危害到人的身心健康，这就需要对恐惧心理进行干预介入。

恐惧主要表现出对某些事物产生恐惧、不安、焦虑、逃避等心理状态。引起恐惧的原因有很多，一般分为先天性的原因和后天的素质，或者自身的生理因素等。之所以心理学家对恐惧心理的治疗研究一直颇为热衷，是因为外部环境和躯体本身的致病因素，常常使人产生恐惧的情绪反应，然后才产生其他心理、生理功能的异常变化。恐惧产生时，常伴随一系列的生理变化，如心跳加速或心律不齐、呼吸短促或停顿、血压升高、脸色苍白、嘴唇颤抖、嘴发干、身体冒冷汗、四肢无力等，这些生理功能紊乱的现象，往往会导致或促使躯体疾病的发生，如下面的两位同学。

【案例1】

　　一次数学课上小力发呆时被老师点名回答问题,小力没有听清老师的问题是什么,就根据当堂所讲内容猜测回答,结果被老师严厉批评,老师平日的威严加上严厉的批评让小力的心跳加速,双手发抖。第二天上数学课前就感觉紧张害怕、心发慌,不敢抬头看老师。

【案例2】

　　小刚是一个性格内向、乖巧的男孩,学习成绩一般,常因为写作业慢、字迹潦草等遭到父亲的责备,也常因为成绩不好遭到父亲的毒打。写作业时如果他父亲在身边,他越是想把字写好、写快越是做不到,甚至右手发抖握不住笔。考试的时候更加紧张,注意力无法集中,答不完卷子。

解开情绪的密码

青少年产生恐惧心理的原因:

(1)学生的某些经历。

(2)与学生欠缺生活经验有关。

(3)学生受他人恐惧情绪的感染。

恐惧是如何产生的?

多次重复出现令人紧张的、受到身心伤害的威胁是恐惧的诱因、主题及其变体。一般情况下的恐惧倾向都有先天预置的特征,并始终贯穿婴儿到老年的全过程。那么恐惧是如何产生的呢?

恐惧心理就是平常所说的"害怕",恐惧类似威胁但在程度上较轻。人们在面临某种险境时,想摆脱险境而又无能力摆脱时,就会产生恐惧。

有恐惧心理的人都是缺乏安全感的人,他们要强、完美、害怕失败、喜欢思考、在乎他人的看法(也有的不在乎他人的看法、想说就说、想做就做),他们喜欢无意识地去维护自己的完美形象,对自己的要求很高,做事很认真,不允许自己失败,做任何事情前都喜欢思考一下,尽量做到完美,他们非常在意自己在别人眼中的形象。如果某一天,在某个重要的人面前或是某个重要的场合做了某件事情,而这件事情并没有达到自己预想的结果,事后他们就喜欢去想,因为这件事情别人会怎么看我?别人会怎么评价我?然后开始自责继而开始后悔和内疚,接下来就会非常在意这件事情,经常回想这件事情,总觉得这件事情没做好,总想着下次有时间或是有机会要挽救一下,于是乎,便非常在意挽救行动。但是,意想不到的是,他越是在意便越紧张,越紧张就越出现失误,越失误就越内疚,越内疚就越在意,于是这样恶性循环下来,自己就不敢见那些让他丢了面子的人,更不敢去跟那些人对视了,因为他觉得自己心虚了,害怕别人看透自己内心的感受,他觉得自己在那些人眼里已经不优秀了,慢慢地开始回避那些人、不敢看那些人,然后症状就开始慢慢泛化,慢慢发展到不敢看跟那些人有点类似的人,再泛化到不敢看所有的人,最后不敢和所有人对视。这就是它的形成过程!

管理情绪的动态

恐惧心理是存在身边的或自己想象出来的不安全,人们会感受到压抑到一定程度的情感状态。恐惧时会感到神经紧张,内心不安,注意力无法集中,大脑空白,控制不好自己的行为,容易冲动。学生由于缺乏社交经验,当与陌生人接触时,在众目睽睽之下回答问题时,由于过度紧张便会出现脸红心跳、语无伦次、动作拘谨等失常现象。平时讲起话来滔滔不绝,可一到正规场合让他发言就十分紧张,支支吾吾的什么也说不上来。

恐惧心理的产生与以往的感受和生活经历有关,是一种恐怖的经历形成阴影。有的人在过去受过某种刺激,大脑中形成了一个兴奋点,当再遇到同样的情景时,过去的经验被唤起,就会产生恐惧感。恐惧心理也是由性格决定的。易有恐惧感的人大多是害羞、胆小、不善交际、孤独、内向的。下面介绍几种恐惧行为。

(1)恐惧检查:对自己的行为不确信。有的时候自己都知道某件小事已经做好,可就是不放心,一遍又一遍检查,如出门时明明自己反锁的门,怕没锁上,经常开门重锁,甚至有的时候走到楼下又回来检查是不是锁好了。

(2)恐惧洗涤:反复多次洗,比如洗手或者洗物品,明明知道不脏却不放心,一遍一遍地洗。

(3)恐惧计数:不自觉地数眼前来往的车辆、数自己走路的步数,经常强迫自己做某个动作达到多少次,否则内心感到不安,若数少了要重新数。

(4)恐惧回忆:反复想起过去做过的琐碎的小事,明知没有必要,却不能控制自己,非得反复琢磨。

(5)恐惧联想:反复回忆一系列不幸事件会发生,虽明知不可能,却不能克制,并引起紧张情绪和恐惧。

(6)恐惧意向:心里知道有些事情不应该做,但是总有一种冲动去做,在特定的情景下这种念头难以控制,非常苦恼。

(7)广场恐惧:恐惧在特定情境中发生,多数场合是拥挤人群、封闭场所、难以立即逃到安全地方等情境。担心在公共场所昏倒而无亲友救助,或失去自控又无法迅速离开。这种恐惧是对即将发生危险的一种预期,预感到自己或所爱的人将发生可怕的后果,且伴有植物性神经功能激活的表现,在焦虑程度严重时出现惊恐发作。

(8)社交恐惧,不会与除了家人以外的人相处,不愿意甚至回避和他人相处。如不会与人相处,也不想去与人相处。像有的学生不愿意与同学交往,甚至不知道怎么去打招呼,见到同学可能绕路走过去。恐惧被别人注视,在班级把自己的存在感降到最低,怕自己的言行举止哪里不得当会被别人笑话。

管理情绪的动态

有些恐惧是人类对人、事物的认知不够,自己拟定出来的。要提高认知能力,扩大认知视野,正确地判断恐惧的真正原因,增强心理承受能力、提高对恐惧的免疫能力。因此,首先正确认识事物的规律,认识人类需求与事物规律间存在的关系,提高预见力,对将来可能发生的变化做好充分的思想准备,其次,要培养乐观的心态和顽强的意志,通过学习成功人士的成长经历,用榜样的拼搏精神激发自己的斗志。在日常的学习和生活中有目的地锻炼自己,培养勇敢顽强的精神。这样,将来即使陷入困境,也能从容面对。

当你感受到内心恐惧情绪的细微迹象,当你认识它、正确地撬动它时,恐惧情绪是成功的助推器,但是如果你忽略它,则预示着失利。下面谈谈如何克服内心的恐惧。

要根本地克服恐惧,有三个阶段需要经历,也可以说是不可省略的三个步骤:自我觉察、接纳、转化。

第一阶段：自我觉察。

觉察的对象不是别人，而是自己的内心状态。在每一次情绪升起时，觉察自己正在害怕什么，内心有什么担忧。

情绪背后，往往都指向一个最深的恐惧，恐惧被他人触发，使得我们开始害怕，开始延伸出许多愤怒、伤心、紧张的情绪，然后才会驱动我们做出某些行为，以预防我们害怕的事情发生。恐惧多半源自过去的伤痛，是需要疗愈的。无论是否记得恐惧的根源，都可以进行疗愈，帮助恐惧释放。举例来说，当你需要陪伴、关心的时候，这就是你为避免恐惧而做出的行为。此时可以觉察看看：为何自己会有这样的行为，内心深处在害怕什么？

无法自我察觉的人，直接改变外在的人或事物往往是徒劳无功的，只有了解自己内心深处的恐惧或创伤，才是从根本转化生命的方法。能够自我觉察的人，一旦让觉察照亮内在的恐惧，从内在疗愈转化，进而改变外在行为，生命的剧情就会开始改变。因此，自我觉察，是非常重要的第一步，一旦有了觉察，你就等于开启了消除恐惧之路，生命也将因此有更多可能性。

第二阶段：接纳。

当我们觉察到内心在的恐惧时，切记不要批判，如实地接纳它。

批判与谴责非常容易在觉察之后产生，因为我们都不愿意痛苦、排斥痛苦，往往觉得恐惧、负面情绪会带来痛苦，而面对恐惧，第一个反应就是批判。然而，越多的批判，越无法让恐惧情绪消失。所有恐惧情绪，就像一个受伤、胆怯的孩子一样，当他害怕的时候，如果对他说："你不应该害怕，你这样太胆小了。"孩子只会觉得自己不够勇敢，勉强自己表面上忍下来，但内心还是害怕得不得了。同样，恐惧情绪受到批判后，或许会暂时压抑下来，但不会消失。恐惧情绪累积，经过长时间后又在同样的情境下被勾起，变成更严重的恐惧。

接纳是一种爱的表现，意味着我不认为这样好或不好，我就是全然地接受它，接受它本来的样子，接受它存在着。容纳一切，当然也就包含我们所面临的恐惧、伤痛等。这些表面上看起来负面的情绪，是为了帮助我们找回内心的爱与力量，其实无法区分好坏，它们只是此时此刻你的状态之一。

第三阶段：转化。

当一个恐惧或伤痛已经被觉察，也被接纳之后，就可以来到第三阶段——转化。放下因为恐惧所形成的旧模式、重复的行为，重新选择新的行为模式。所以这个阶段也包含放下。放下,谈何容易。人是有惯性的,因为需要安全感。用过去的模式生活,虽然不一定舒服,但至少熟悉、可预测,不会出现意料之外的结果,相对来说是安全的。为了这份安全感,我们往往紧抓着一种固定的想法、做法,即常常用惯性来生活。直到我们能够觉察到自己需要转化了,我们便有了"自觉","自觉"就会帮我们打破惯性,突破旧的生命模式,促使我们改变。

没有谁是天生的勇者,当感到害怕、内心恐惧时,我们应该怎么办呢?下面分享几种快速消除内心恐惧的方法供大家参考。

(一)信念激励法

心理学表明,一个人的信念对自己的心理有着非常大的影响,信念是激励人前进的精神支柱。通过班训、班级学习口号、即兴演讲等形式来激发学生学习的豪情壮志,同学们主动努力学习,为取得好成绩而不断奋斗。

(二)情绪放松法

情绪是指人的需要是否得到满足而产生的内心体验。情绪与人的想法是息息相关的,恐惧心理就是人对需要引起的情绪体验。由于恐惧而引发紧张情绪时,要注意运用放松法缓解紧张的心理状态,如可唱歌,听音乐,参加故事会、演讲会等。

(三)行为示范法

心理学研究认为,人的行为受心理活动的支配,同时,行为又能带动和引导心理活动的变化。可见,行为有较好的示范、引导和带动作用。中学生产生恐惧心理时,其恐惧程度表现在个体身上是千差万变的。举行重要活动时,班级会派应变能力强,心理素质过硬,勇于拼搏的学生参加。让这些学生以活动表现带动心理素质弱、恐惧感重的学生鼓起勇气战胜困难。

(四)需要诱导法

需要是人脑生理需求和社会需求的反映。需要同人的行为相联系,是人的行为内部动力。在任何情况下,个人的有意活动都是从一定需要出发的。需要诱导法,就是通过了解学生的各种心理需求,科学地预测他们的动机,并创造有利条件尽快满足其最需要,以此来激发其内动力的方法。学生的需要是多方面的,完成考试时,环境、时间、条件都不可能全面地满足他们,这就要求他们必须在不同环境,准确、科学地预测出其最大的需求,在条件允许的情况下满足他们。

（五）情感渲染法

学生产生恐惧心理时,情绪低落、情感淡漠。这时要组织学生进行演讲、表决心,以慷慨的陈词,高昂的激情,点燃学生心中那爱憎分明、无所畏惧的情感火焰,以此来驱走心中的恐惧阴影。

（六）想象引导法

想象是指人对自己头脑中已有的表象加工改造成新形象的过程。想象引导法是指针对不同的险恶环境,通过引导学生向有利、美好的方面展开联想,引起他们对美好事物的向往和憧憬,以达到缓解、削弱恐惧心理的一种方法。

（七）注意力转移法

注意力是人的心理活动对一定对象或目标的指向和集中。学生在参加中考时,在各种压力下,其心理活动往往集中指向中考成绩的重要性,考试对未来的影响,对考试结果想得越多、内心就越会感到恐惧,不良情绪对自身的影响就会越明显。这时候,引导学生学会转移注意力,把内心关注点引向其他问题,引导学生想自己最开心的事情,调节心情,转移注意力。

主要参考文献

[1] 保罗·梅森.与内心的恐惧对话[M].李寒,译.北京:北京联合出版公司,2020.

[2] 林甲真,陈如优.中学心理辅导实用技巧与案例[M].上海:华东师范大学出版社,2019.

走进情绪的课堂

打败恐惧情绪

【设计理念】

学生的恐惧,可以看作是学生的心理活动状态。恐惧会影响学生正常的学习、生活,有恐惧感的学生对生活感到困惑,无法向其他学生一样正常生活。大多数恐惧都是在日常的学习、生活中特殊的原因形成的。其实有些恐惧在实践中已经慢慢改变,只有再次尝试后才会发现以前感到恐惧的事情现在未必恐惧,所以我们是会成长的,要学会大胆地面对恐惧,寻找消除恐惧的方法。

【活动目标】

认知目标:学生感受恐惧情绪给自己带来的影响,体会战胜恐惧可以帮助自己获得成功。

情感目标:学生懂得在日常生活中保持一种良好的心态,可以减少恐惧情绪的发生。

行为目标:学生践行缓解恐惧的方法、消除恐惧情绪,增强环境适应能力。

【活动过程】

一、活动体验

1. 明确规则、引出恐惧

听教师念词语,然后将你听到这个词语后的第一反应不加修饰地表演出来。

词语:

辣椒、棒棒糖、棉花、考试、礼物、阳光、菜刀、鬼、做错事、春风、柠檬、死亡、狗狗、蟑螂、毕业、班主任老师。

2. 教师提问

"你听到辣椒这个词(选择感觉不舒服的词)时是什么表情,你还记得吗?为什么你会是这个表情?"

3. 板书同学的回答

可怕(还可能是,恐惧、恐怖、害怕、不安……)

4. 教师小结

活动原本应该是开心的、愉快的,很多同学却是恐惧的。我们的恐惧从何而来呢?就是源于我们对生活中未知事物的恐惧而产生的一种恐惧的表现。我们怎样面对、怎样摆脱恐惧对我们的影响呢?今天我们就来谈谈"克服恐惧情绪"这个话题。

二、情景再现,感知恐惧

师:老师采访一些刚刚表达出不安和恐惧经历的同学,请他们简单描述一下因为什么、做了什么以及自己的心情。

生:因为曾经发生在我身上的一些事情让我感到不安和恐惧,一段时间我都不敢听见这样的词语。

师:当我们感到紧张或恐惧时,我们要勇敢地去做我们想做的事,勇于面对困难,承担责任去改变自己,让自己充满正能量。

生:勇敢与不害怕是一回事吗?

师:勇敢并不意味着不害怕,而是当你感觉害怕时,却选择了做你想做的事情。

师:同学们你们对恐惧有哪些了解?

生:我觉得恐惧是意识到有危险,或者感觉到压迫势力的存在而产生的一种本能的情绪。

生:我认为恐惧是人类遇到危险的一种焦虑反应。恐惧是在人类生活及自身安全受到威胁的情况下产生的情绪。

生:恐惧是人们感到被欺负、被排挤而又没有能力反抗产生的一种情绪,是因关心某人或某事是否安全而产生的焦虑情绪。

师:恐惧有哪些特征呢?

生:恐惧是感到危险时产生的情绪,恐惧能引起强烈的生理反应,恐惧为行动做好准备,特别是在逃跑前。

生:恐惧常常是下意识的情绪,恐惧具有典型面部特征,其表达方式具有普遍性。

生:恐惧与应对行为相联系,特别是与逃避或回避行为有更紧密的联系。

生:老师,恐惧情绪是不是有很多消极的影响?

师:是的,但是有时恐惧也会让人更加警惕,适度恐惧是有益的。

三、实话实说

1.学生在组内讲述他们感到恐惧但却选择勇敢面对的经历,写出他们勇敢的表现(情绪、行为)

(1)分享回忆并将同学们的表现用表格记录下来。

(2)是什么帮助我克服了恐惧。

(3)没有帮助的表现是什么?

(4)如何帮助其他人克服恐惧情绪。

2.分小组汇报讨论结果

第一组汇报:克服恐惧的方法。

接受恐惧,不要因为恐惧而羞愧,尽力让恐惧消失。

积极面对恐惧。

要在自己的控制下逐渐地、长时间地、有规律地面对恐惧。

培养控制能力,恐惧常与不能控制的局面有关。

控制恐惧的最好方式是掌握信息,自我调控。

第二组汇报:克服恐惧的几个方法。

方法1:克服恐惧从相信自己开始。

克服恐惧首先要做的是相信自己,对自己充满自信,自始至终都相信自己能够成功克服一切困难,尝试、琢磨、思考自己做什么能克服恐惧。

方法2:提高能力摆脱恐惧。

能力越是不足的人,做事越会没有自信,越会对自己能力的不足感到恐惧。

当一个人能力越大的时候,就越不容易感到害怕。能力是摆脱恐惧的好帮手,能力提升了,恐惧就会渐渐消失了。

方法3:逃脱舒适区,直面恐惧。

当一个人在舒适区待久了,就容易对外在的变化无感,就容易越害怕外在环境的变化、害怕陌生人、害怕被淘汰等。你越是害怕逃脱自己的舒适区,你就越容易感到恐惧。勇敢地逃脱舒适区吧,不试着走出去就无法知道其实自己也可以很坚强!

方法4：积极行动,克服恐惧。

当一个人勇于改变时,就会变得更好。积极行动可以使我们不害怕恐惧。越是积极行动,越会发现自己慢慢不再感到害怕,即使面对外在环境的变化,还能适应得很好。

第三组汇报：克服当众说话的恐惧心理。

(1)不论任何社交场合,幽默都会帮助你克服当众说话的恐惧心理。

(2)"知识是医治恐惧的良药",如果对可能发生的各种变故都做好了充分的思想准备,就会提高心理承受能力,使恐惧难以侵入。

(3)通过学习,提高对事物的认知能力,扩大认知视野,正确判定恐惧源。

四、情景再现,谈自己是如何控制情绪

师：哪位同学曾经有过恐惧的情绪,并且通过自己的努力战胜了它？你愿意在这个时候和同学们一起分享吗？

生：老师,我给大家讲一个我的故事吧。

我是一个胆小的人,特别怕黑,尤其是一个人的时候。

前天晚上爸爸妈妈不在家,我把所有房间里的灯都打开了,然后坐在床上看电视。"砰!"突然,停电了。真讨厌,怎么偏偏这个时候停电！夜,黑沉沉的,仿佛一张无形的黑色大网笼罩人间。外面无月也无星,伸手不见五指,一种恐惧感油然而生。

屋里静悄悄的,我害怕急了,想到大厅里去点蜡烛,但是在这漆黑的世界里,我不敢挪动一步,只好蜷缩在床上。"呼——呼——"刮风了,窗外的树叶"哗啦啦"直响,我更害怕了。这时,《聊斋》里的镜头在我的脑海里闪现,那些鬼魂就是在这样的夜晚出没！"早知这样,就不该看《聊斋》了。"我这样想着,双手紧紧地抓着被单。

"呼——呼呼——"风更大了,树叶沙沙作响,声音是那样凄厉。"啊!"我尖叫起来,一下子钻进被窝里,用被子蒙住头,浑身颤抖着。

我躲在被窝里,渐渐地平静下来。我想,我堂堂男子汉这样躲着太窝囊！再说,老师常告诉我们要勇敢。于是,我慢慢把头探出了被窝。风似乎停了,房间里依旧静悄悄的。

我胆子大了起来,索性掀开被子,一骨碌爬下了床,摸黑来到大厅,点亮了蜡烛。看着摇曳的烛光,心中别提有多高兴!

唉,原来是虚惊一场!但是,我要感谢这场虚惊,因为它让我战胜了恐惧——黑夜,我不再怕你了!

五、课堂总结,升华主题

克服恐惧的办法有很多,效果也因人而异,这节课我们探讨了较有效的一些方法,希望对大家能有所帮助。

策划编辑　闻　竹
责任编辑　那兰兰
封面设计　郝　棣